KT
Kaiser Taschenbücher
84

Leo Baeck

Albert H. Friedlander

Leo Baeck

Leben und Lehre

Mit einem Nachwort in der Taschenbuchauflage
von Albert H. Friedlander und Bertold Klappert

Chr. Kaiser

Dieses Buch ist eine vom Autor selbst hergestellte neue Fassung des 1968 bei
HOLT, RINEHART AND WINSTON, NEW YORK,
erschienenen Werkes LEO BAECK – TEACHER OF THERESIENSTADT
Die Übersetzung aus dem Englischen besorgte Eva Gärtner

Die Deutsche Bibliothek – CIP-Einheitsaufnahme

Friedlander, Albert H.:
Leo Baeck: Leben und Lehre / Albert H. Friedlander.
[Übers. aus dem Engl. besorgte Eva Gärtner]. –
2. Aufl. – Gütersloh: Kaiser, Gütersloher Verl.-Haus, 1996
(Kaiser-Taschenbücher; 84)
Einheitssacht.: Leo Baeck ⟨dt.⟩
ISBN 3-579-05084-2
NE: GT

ISBN 3-579-05084-2
2. Auflage, 1996

Umschlaggestaltung: Ingeborg Geith, München
Satz: Buch- und Offsetdruckerei Wagner GmbH, Nördlingen
Druck und Bindung: Clausen & Bosse, Leck
Gedruckt auf chlorfrei gebleichtem Werkdruckpapier
Printed in Germany

Für Evelyn

Inhalt

Vorwort

Leo Baecks 100. Geburtstag am 23. Mai 1973 wird in aller Welt begangen werden, denn seine ehemaligen Schüler sind an den fernsten Orten zu finden. Auch in Deutschland wird man dieses letzten großen Repräsentanten des deutschen Judentums gedenken. Der Autor dieses Buches hofft, daß seine Arbeit den Lesern zur tieferen Kenntnis eines Menschen verhelfen wird, in dem sich zwei Kulturen verbanden, der nach Brüderlichkeit und Versöhnung strebte und der in dunklen Zeiten ein Zeuge des Göttlichen in der Welt war.

Dieses Buch hätte nicht geschrieben werden können ohne die vielen Gelehrten und Sachkenner, die im Text zitiert werden und die auf unterschiedliche Art mitwirkten. Ganz besonderer Dank gebühren Dr. Max Kreutzberger und dem Leo Baeck Institut, das im Grunde als Co-Autor gelten sollte. Alle Mitarbeiter des Institutes, in erster Linie Dr. Fred Grubel, haben mir in den verschiedenen Stadien der Arbeit wesentlich geholfen. Rat und Anleitung erfuhr der Autor auch durch einige Wissenschaftler, deren Lehren sich im Text spiegeln: Professor Jakob Taubes von der Freien Universität Berlin, Professor Joseph Blau und Salo Baron von der Columbia University New York, Arthur A. Cohen; und Paul Tillich und Abraham Heschel, an die der Autor mit Verehrung denkt. In letzter Zeit hatten dann persönliche Begegnungen mit Heinrich Ott und Dorothee Sölle Einfluß auf den Autor.

Mit einiger Hoffnung darf man von den neuen Strömungen im Christentum erwarten, daß sie mit noch größerem Nachdruck für die Notwendigkeit des Dialogs zwischen den Glaubensrichtungen eintreten, jenes Dialogs, der im Zentrum der Lehre Leo Baecks stand.

Ich danke auch den Mitarbeitern der DVA für die Lösung der mit der Publikation verbundenen Probleme und vor allem Frau Eva Gärtner für die einfühlsame Übersetzung des oft schwierigen Textes.

London, März 1973 *Albert Hoschander Friedlander*

Erstes Kapitel
Präludium in Theresienstadt

I

Der Müllwagen war mit Abfall überladen. Mit unendlicher Langsamkeit bewegte er sich im grauen Regen durch das Lager, ein häßliches, schweres Ding, das seine Zugtiere an den Schmutz fesselte, vor dem es kein Entrinnen gab. Der Gestank der Fäulnis verstopfte ihnen die Poren, das Gewicht schnitt in Schultern und Arme, während sie vorsichtig die Füße voreinandersetzten und den Wagen zentimeterweise an den Kasernen vorbeizogen. Ab und zu, wenn auf- oder abgeladen wurde, kam der Wagen zu einem Halt. Schmutzig, müde, zitternd von der Anstrengung in der rauhen Winterluft, wendeten sich die Zugtiere einander zu.

„Aber, lieber Professor", sagte das eine, „Sie können doch gewiß nicht das Verhalten der Protagonisten in dem Symposion einfach übergehen. Sogar die Richtung, in der sie die Gläser kreisen lassen, ist von Bedeutung. Und der stürmische Eintritt von Alkibiades – Ihre Studenten in Leyden müssen das doch mit dem Text in Beziehung gesetzt haben. Oder glauben Sie etwa wirklich –"

„Bedaure, Dr. Baeck", unterbrach das andere Zugtier, „aber die Wache winkt, wir müssen weiter. Warten wir, bis wir um die Ecke sind." Und der Müllwagen setzte sich wieder in Bewegung, durch die Straßen von Theresienstadt, durch Hitlers „Musterlager", durch die Stadt, die er den Juden „gegeben" hatte.

In der folgenden Woche sollte Leo Baeck siebzig Jahre alt werden. Bärtig und von eindrucksvoller Größe, war er für kräftig genug erachtet worden, eines der Zugtiere des Lagers abzugeben. Hinter dieser Beurteilung verbarg sich die hinterhältige Hoffnung, eine derartige Arbeit könnte diesen Menschen vielleicht brechen und zerstören. In Theresienstadt vergaste man die Opfer nicht. Hunger, Not und der Kampf mit den Naturelementen und dem Fieber reichten aus, um die Gefangenen zu Tausenden zu vernichten. Für diejenigen, die das aushielten, gab es periodische Transporte ach Auschwitz und die „Umsiedlung" in den Osten. Für Leo Baeck indessen galten besondere Umstände. Je rascher sein Geist gebrochen, seine Würde befleckt, seine moralische und physische Kraft zerstört würden, um so gewisser wäre der Beifall aus Berlin, ja von Eichmann persönlich. Denn schließlich war

Leo Baeck nicht nur irgendein Jude, den die Nazis geholt und in das Feuer von Hitlers „Endlösung“ geworfen hatten: Er war der Führer des deutschen Judentums, der letzte rechtmäßig gewählte und nominierte Führer einer Gemeinde, die nach mehr als tausendjähriger Dauer aufgehört hatte, zu existieren. Er war einer der großen Gelehrten seiner Generation, und was er über das Christentum, über Mystik oder alte Philosophie zu sagen hatte, wurde mit der gleichen Aufmerksamkeit aufgenommen wie seine großen Schriften zum Wesen des Judentums. Als Großpräsident des deutschen Distrikts des Bne Briss-Ordens, als der letzte führende Rabbiner der jüdischen Gemeinde zu Berlin, als Dozent des letzten jüdischen Seminars in Deutschland, der für eine sterbende Gemeinde noch immer heimlich Diplome an junge Rabbiner erteilte, hatte Leo Baeck sich geweigert, Deutschland zu verlassen – trotz des Drängens der deutschen Regierung. Jetzt, nach fünf Verhaftungen und vielen Leiden, befand er sich in Theresienstadt.

Die Tage und Nächte in Theresienstadt – Terezin nennen es die Tschechen – sind von anderen Überlebenden geschildert worden. Leo Baeck hatte bereits vorher diesbezügliche Berichte erhalten. Drei seiner Schwestern waren gestorben, eine vierte starb kurz nach seiner Ankunft. Und nun war er selbst hier, einer der vielen sogenannten „prominenten“ Häftlinge, die in ihrer Umgebung als die Großen ihrer Zeit galten. Hier sollten sie verspottet und gebrochen, als Marionetten in dem entsetzlichen Spiel der Nazis mißbraucht werden. Denn es gab Zeiten, in denen der Außenwelt ein Blick in das Lager gestattet wurde. Dann wurden die Kranken und Sterbenden in die oberen Stockwerke der Kasernen gestopft (da man den würdigen Besuchern kaum zumuten konnte, Treppen zu steigen), Musiker mußten aufspielen, saubere Decken wurden ausgegeben, und all die, die ja die Wahrheit im Grunde gar nicht wissen wollten, konnten sich in dem Glauben beruhigen, daß alles schließlich gar nicht so schlimm war.

Baeck gestattete es sich und ihnen nicht, mißbraucht zu werden. Er nahm als Nr. 187 894 seinen Platz im Lager ein, als Zugtier für den Müllwagen und bereit für jede andere Aufgabe, die ihm die Wachen zuwiesen. Aber sie konnten das eine Zugtier nicht davon abhalten, mit dem anderen über Philosophie zu diskutieren, und sie konnten Baeck nicht daran hindern, er selbst zu sein, ein Rabbiner, ein Lehrer.

Man erhitzt Metalle im Ofen bis zu dem Punkt, an dem jeder Fremdkörper ausgeschmolzen ist und nur der reine Stoff übrigbleibt. In dieser lodernden Hölle des Konzentrationslagers enthüllte sich Baecks innerstes Wesen: Er war ein Rabbiner. Er wollte keine aktive Rolle in der internen Verwaltung des Lagers spielen, nicht einmal als Mitglied des Ältestenrates. Dort war die Macht, eine Macht, die korrumpieren konnte; denen, die an der Macht waren, winkte die Verlängerung des Lebens. Irgend jemand mußte zwar in diesen Gremien sitzen, aber Anwärter dafür gab es genug. Für Baeck eröffneten sich in jenen Tagen und Nächten von Theresienstadt andere Aufgaben. Die Kranken mußten getröstet, die Sterbenden versorgt werden, der Tod verlangte nach der Würde des Rituals. Und die Lebenden mußten gelehrt werden. Theresienstadt brauchte den Lehrer.

Das Zugtier konnte sich den Aufgaben des Lehrens und Predigens zuwenden. Baeck stand allen Insassen des Lagers zur Verfügung. Man vergißt häufig, wieviele Christen den Weg in diese Hölle nahmen, denn ein einziger jüdischer Großelternteil konnte genügen, um einen Menschen dorthin zu bringen. Diese Menschen waren in besonderer Not. Obwohl sie oft fest in ihrem christlichen Glauben waren, fehlten ihnen hier religiöser Unterricht und Gottesdienst; sie entbehrten die Tröstungen ihres Glaubens in einem Augenblick, in dem sie diese verzweifelt brauchten. Auch sie fanden den Weg zu Leo Baeck, um von ihm unterwiesen und getröstet zu werden. Auch sie nannten ihn Rabbiner.

Und aus Theresienstadt kam das Wort der Tora.

Was lernten die Häftlinge? Gab es Samen, die die Flammen überlebten und eine Ernte hinterließen für die Zeit danach, für unsere eigene Zeit?

Wilde Tiere in Uniform strichen durch die Straßen, bewachten die Tore und versuchten, die noch immer in den hageren grauen Gesichtern der Häftlinge aufflackernde Menschlichkeit auszulöschen. Sie konnten aber keinen Erfolg haben, denn spätabends, eng zusammengepfercht in einem kleinen Raum der Kasernen, der sie nicht alle fassen konnte, opferten die Gefangenen wichtige Ruhestunden, um Leo Baeck und anderen zuzuhören, die ihnen Vorträge über Platon und Aristoteles, über griechische und römische Philosophie hielten. Mit Hilfe seines ungewöhnlichen Gedächtnisses zitierte Baeck seitenweise die Schriften der großen Historiker Thukydides und Herodot. Dunkel lag über dem Lager und in dem Raum. Aber seine Stimme hörte man, schwach und melodisch, leise, aber sehr deutlich, wie sie andere Zeiten und andere Orte beschwor. Viele seiner Zuhörer müssen sich zuweilen gefragt haben: Warum hören wir diesem allem zu? Warum beten wir nicht? Wo bleibt der Aufruf zum Widerstand? Wozu das alles?

Sie kannten die Antwort. In den warmen Baracken der Wachmannschaften lachte man über sie, über das, was sie taten: Tote, die toten Dingen zuhörten. Aber in dem überfüllten kleinen Raum waren sich die Häftlinge bewußt, daß schon dieses Zuhören eine Rebellion bedeutete, eine Auflehnung gegen die Unmenschlichkeit ihrer Wächter, eine Verteidigung ihrer eigenen Menschenwürde. Dies war keine bloße Geste wie das Teetrinken eines englischen Lords unter Wilden oder das Menuett-Tanzen des französischen Adels beim Warten auf die Guillotine. Die Zeiten der Gesten waren vorbei. Man konnte seine Würde nicht mehr dort wahren, wo das Wachpersonal die Reihen der vor den Toiletten Wartenden auflöste, um zuzusehen, wie sich alte Leute beschmutzten. Man existierte, man lebte von einem Tag zum anderen, aber solange man wußte, daß es in dieser Existenz einen unzerstörbaren Kern gab, daß in dem Augenblick des Verlöschens das Endliche über seine Grenzen hinausgreift, war die Niederlage gebannt. Und so hörten sie Leo Baeck zu. Nicht, weil er ein Gelehrter war, der es ihnen ermöglichte, sich als kultivierte Menschen zu fühlen, sondern weil er ihr Rabbiner war, der sie lehrte, daß ihr Menschentum nicht notwendigerweise ausgelöscht sein mußte. Baeck war der Lehrer von Theresienstadt, nicht der „Heilige von Theresienstadt“, wie manche meinten. Er war ein Mensch mit Unzulänglichkeiten und Schwächen. Er machte Fehler. Wichtig ist, daß er sich selbst treu blieb, seiner Berufung als Lehrer und Rabbiner. So leuchten sein Leben und seine Lehren aus jenen dunklen Tagen in unser eigenes Leben herüber als ein mahnender Aufruf.

Der Müllwagen rollte weiter durch Schmutz und Schnee, er bog um eine Ecke. Irgendwo in der Ferne hingen Klänge in der Luft, die aus einer anderen Welt zu kommen schienen: die Musiker probten Verdis *Requiem*. Es war ihre letzte Probe, denn nach der Vorstellung würde man sie mit einem Transport nach Auschwitz schicken. Ganz nah malte ein Kind einen Schmetterling auf ein Stück Papier, blickte um sich und schrieb ein kleines Gedicht darunter: „Aber einen Schmetterling habe ich hier nie gesehen.“ Zwei Straßen weiter sank ein erschöpfter Häftling zu Boden und rührte sich nicht mehr. Und hinter der Ecke hielten die beiden Zugtiere wieder an, wandten sich erneut einander zu: „Die klarste Definition von Liebe im platonischen Sinn enthält vielleicht der Mythos, der als Höhepunkt des Symposions erzählt wird.“
In der Finsternis von Theresienstadt fuhren die Häftlinge fort, sich als Menschen zu empfinden, die, nach Gottes Ebenbild geschaffen, dem Lichte zustreben.

II

Im neunzehnten Jahrhundert glaubte die Menschheit noch an das baldige Erscheinen des Messias. Und wenn sie nicht mehr an den Messias der Religion glaubte, dann glaubte sie an den Messias der Vernunft oder des sozialen Fortschritts. Jedenfalls glaubte sie an den Menschen.

Im zwanzigsten Jahrhundert starben diese Glaubensmöglichkeiten. Franz Kafka betrachtet in einer seiner Parabeln den Messias. Mit einiger Resignation kommt er zu dem Schluß, daß der Messias erst dann kommen würde, wenn man ihn nicht mehr brauchte, er würde sozusagen am Tage nach seiner Ankunft kommen, nicht am letzten Tag, sondern am allerletzten. Andere dunkle Zeiten hatten ihre Qualen als Geburtswehen des Messias empfunden. Noch in unserer Zeit sangen die Juden, als sie die Todeslager betraten, von ihrem ungeminderten Glauben an das Kommen des Messias – und starben. Der Glaube an die Vernunft, an den sozialen Fortschritt, der Glaube an den Menschen starb in jenen Tagen. Elie Wiesel schrieb aus der Nacht von Auschwitz, daß er Gott dort am Galgen hängen sah. Und William Hamilton, einer der führenden „Gott-ist-tot"-Theologen, ist der Ansicht, daß „Gott in Auschwitz und Bergen-Belsen mit dem Tod von sechs Millionen Juden starb".

Wie können wir dann Leo Baeck und seine religiöse Botschaft begreifen, die aus der gleichen Finsternis kam, aus den tiefsten Tiefen menschlicher Qual? Wie können wir das Gleichnis seines Lebens erfassen, das eine Paradoxie ist und die Paradoxie zeitgenössischen Lebens, die sich der Komprimierung in ein Gleichnis verweigert? Vielleicht ist das überhaupt nie ganz möglich, und ganz gewiß haben wir nicht die Antworten, nach denen unsere Zeit und unser Leben verlangen und die uns nur bruchstückweise im täglichen Leben zuteil werden. Aber es gibt Wege, in die Wirklichkeiten der Vergangenheit einzudringen, in die inneren und äußeren Dimensionen des Lebens und der Lehren von Leo Baeck. Denn das Wesentliche an Baeck war, daß er ein Lehrer war; das Vermögen, Wissen zu vermitteln, war eine der Wirklichkeiten seines Lebens. Da wir die Gegenwart begreifen wollen, müssen wir aus der Vergangenheit lernen und uns Menschen wie Leo Baeck stellen. Und da sich unsere Zeit des tragischen Zwiespalts zwischen menschlicher Erfahrung und den überlieferten Lehren der Religion bewußt ist, ist es um so wichtiger, sich einem Menschen zuzuwenden, der in den Traditionen seines Glaubens verwurzelt war, der das Wesen des Judentums in das Dunkel der Erfahrung des zwanzigsten Jahrhunderts hineinnahm – und der aus diesem Dunkel mit unversehrtem Glauben heraustrat. Mit einem gewandelten Glauben allerdings, der eine neue Betonung auf die Existenz und weniger auf die Essenz legte.

Aber es war immer noch der Glaube des biblischen Menschen, ein Tor zum Verständnis menschlicher Existenz, in dem Mythos, Allegorie und das Heilige der Religion lehren, daß es Dimensionen im Menschen gibt, die nur zu verstehen sind, wenn der Mensch als *individuum ineffabile* definiert ist – als Mensch nach Gottes Ebenbild.

Es ist nicht ganz einfach, Leo Baecks Lehren knapp zu umreißen oder zu erfassen. Auf ganz außerordentliche Weise bildete er im jüdischen Denken die Brücke zwischen dem neunzehnten und dem zwanzigsten Jahrhundert. Innerhalb der jüdischen Gemeinschaft jedoch hat man seiner subtilen Theologie wesentlich weniger Aufmerksamkeit geschenkt als der Theologie seiner Kollegen Martin Buber und Franz Rosenzweig. Dennoch war es Baeck, der das allen dreien gemeinsame Erbe der Lehren von Hermann Cohen am klarsten weiterentwickelte und der das jüdische Denken in den Hauptstrom des europäischen Geisteslebens, der von Dilthey und seiner *Einfühlung* zu einer Auseinandersetzung mit den führenden christlichen Denkern seiner Zeit führte, einbettete.

Wer in Leo Baeck „nur" einen Rabbiner und Gemeindeleiter sieht, weiß nichts von den intellektuellen Dimensionen seines religiösen Führertums. Baeck war der größte Apologet und Polemiker der jüdischen Gemeinde und brachte eine gänzlich neue Eindringlichkeit in den jüdisch-christlichen Dialog. Innerhalb der eigenen Gemeinde war er *der* Systematiker moderner jüdischer Theologie. Der jüdischen Forschung erschloß er neue Gebiete im Bereich früher jüdischer Predigt und jüdischer Mystik, und die christliche Forschung erkennt erst jetzt das Gewicht seines Beitrags zur Interpretation des Neuen Testaments, dessen Betonung der jüdischen Überlieferung durch neuere Funde erhärtet ist. Die vielfältigen Aspekte von Baecks Denken zu erfassen, ist vor allem deshalb schwierig, weil sie über ungefähr vierhundert Artikel verteilt sind, die in einem Zeitraum von sechzig Jahren entstanden. Aber er schrieb zwei grundlegende Werke: *Das Wesen des Judentums* von 1905 und – ein halbes Jahrhundert später – *Dieses Volk. Jüdische Existenz.* Die gemeinsame innere Struktur dieser beiden Werke wird aber erst dann ersichtlich, wenn man seine übrigen Schriften, die den meisten Gelehrten oft gar nicht bekannt sind, hinzuzieht. Leider ist das Material in alle Winde verstreut und manches verloren, und es existieren weder eingehende Arbeiten über Baecks Werke noch eine Biographie seines Lebens. Aber seine Schriften werden gelesen, und wenn wir die Befunde zu einem Ganzen zusammentragen, erhalten wir einen Eindruck von den wesentlichen Zügen der Lehren Baecks.

Beginnen muß man mit seinem Leben. Eine vollständige Biographie wäre zwar sehr wichtig, doch kann uns auch ein Nachzeichnen der Umrisse seiner geistigen Biographie zu Aufschlüssen über ihn, über seine Zeit und über die letzten Versuche der deutschen jüdischen Gemeinde, eine Symbiose mit der deutschen Umwelt einzugehen, verhelfen. (Das Auftreten neuer rechtsradikaler Gruppen in Deutschland rückt überdies die Notwendigkeit, dieses Land und seine Beziehungen zu Juden und Judentum zu verstehen, in die vorderste Linie zeitgenössischer Fragen, und Baecks Leben und Schriften könnten auch heute als Mahnung dienen.)

Langsam, nach und nach, wachsen die einzelnen Texte zu einer Struktur – nicht zu einem „System" – zusammen; Baeck lehnte energisch jedes System ab, Systeme waren für ihn Versteinerungen des religiösen Denkens. So der Begriff „System" überhaupt angewendet werden darf, bewegt sich Baeck innerhalb des Geistes und des Systems des Midrasch, jener frühen rabbinischen Predigten, mit denen er sich besonders beschäftigte: Ein Text wird von den verschiedensten Seiten her angegangen, bis schließlich der verborgene Sinn in aller Klarheit durchbricht. Scheinbar geschmeidig, ist diese Methode jedoch in ihrer Suche nach absoluter Klarheit unerbittlich. Auf eben diese Weise umkreist Baeck das Problem deutsch-jüdischer Existenz mit stiller Ausdauer, und sein Leben und seine Lehre vereinigen sich zum Schluß zu einer Antwort, die an unseren Grundfesten rüttelt. Dennoch ist Baecks Leben kein Kapitel der Märtyrergeschichte, denn unter der Milde verbirgt sich ein diamantharter Kern, und niemals strebte er den Status eines Heiligen an. Weder Leben noch Lehre können getrennt voneinander, für sich allein, wirklich deutlich werden.

Daher führt das Studium der von Baeck in einem Zeitraum von mehr als sechzig Jahren geschriebenen Arbeiten immer wieder zu seinem Leben zurück. In den ersten, um die Jahrhundertwende veröffentlichten Schriften setzt er sich mit Adolf Harnack auseinander. Ein großer Teil der Theologie des zwanzigsten Jahrhunderts wird erst dann verständlich, wenn man sich vergegenwärtigt, in welchem Maß das Christentum der Zeit sich in Harnack bündelte. Die Auseinandersetzung zwischen Harnack und Barth ist ausreichend behandelt worden. Für das Verständnis der westlichen Religion im zwanzigsten Jahrhundert ist aber auch eine genaue Kenntnis der weniger bekannten Kontroverse zwischen Harnack und Baeck – beide hatten wesentlich mehr gemeinsam, als sie je zugeben wollten – unbedingt notwendig. In dieser Begegnung zwischen Judentum und Christentum treten auch jene widersprüchlichen Kräfte zutage, die beide Glaubensrichtungen wandelten und das moderne Europa in das hineinsteuerten, das wesentlich mehr als nur eine Tragödie war.

Grundlegender Text für jede Untersuchung muß Baecks *Wesen des Judentums* sein. In gewisser Weise ist die Ausgabe von 1905 zu einer „verlorenen" geworden, vor die sich die zweite Ausgabe von 1922 geschoben hat. Der Höhepunkt des Denkens im neunzehnten Jahrhundert, Hermann Cohens idealistische Philosophie mit ihrem ethischen Messianismus und dem großen Gebot des „du sollst", kommt hier zu vollem Ausdruck. Allmählich, unterirdisch, dringt dann das zwanzigste Jahrhundert in den Rahmen des neukantianischen Idealismus ein. Die Offenbarung erhält ihre bindende Gültigkeit nicht mehr durch die Tradition oder innerhalb der Vernunft, sondern durch die Erfahrung des Einzelnen. Baecks System der Polaritäten setzt hier an, der Begriff „Paradoxie" führt zu dem Geheimnis, das hinter dem Gebot steht. Dies ist der Anfang einer Struktur, die nicht christliches Denken der jüdischen Tradition anpaßt, sondern die unabhängig von christlicher Systematik besteht. Mit der Betrachtung von Baecks „mittlerer Periode", seiner polemischen Schriften gegen das Christentum, erscheint die ganze Epoche der zwanziger Jahre in einem neuen Licht. Bultmann, Barth, Tillich, Gogarten und andere dieser Zeit sind Zeugen dafür, wie schicksalhaft die Diskussionen aus den zwanziger Jahren für die zweite Hälfte des zwanzigsten Jahrhunderts waren. Die jüdischen Beteiligten an dieser theologischen Suche sind heute vergessen. Was sie aber sagten oder schrieben, blieb nicht ohne Wirkung. Auch die Erkenntnis, daß Baecks Kritik am Christentum als einem „romantischen" Glauben eine ganz bestimmte Beziehung zu Fritz Strichs *Klassik und Romantik* und zu Carl Schmitts bedauerlicher Schrift *Politische Romantik* hat, läßt die Textur jener Zeiten deutlicher werden, in der die Religion in so vieler Hinsicht versagte und starb, um schließlich doch zu überleben.

Forschern christlichen Denkens ist vieles von dem, was Baeck zu sagen hatte, vertraut und altbekannt. Er spricht die Sprache der protestantischen Epoche. Zum Teil steht die Sprache noch immer im Bann des 19. Jahrhunderts, in der Zeit des Kulturprotestantismus. Aber jetzt kommt die neue Welle, der Angriff gegen einen liberalen Begriff welcher Religion nur als ein Element innerhalb der absoluten Kultur betrachtete. Die dialektische Theologie Karl Barths und Friedrich Gogartens bekämpfte diesen Absolutismus, und die Offenbarung wurde wieder in der Welt gehört.

Etwas Außerordentliches wurde jetzt in Leo Baecks Lehre gesagt: die jüdische Geschichte ist selbst Offenbarung! Hier steht Baeck zwischen Barth und Tillich dessen Kairos Lehre etwas Neues sagte. Heute haben wir ein tieferes Verständnis Für Baecks Verbindung mit Karl Barth, obgleich der Vergleich mit Paul Tillich näher liegt.

Baecks Lehre existiert im Zentrum des jüdischen Lebens, innerhalb der Welt. Seine Theologie ist die der „Besinnung", die sich der Geschichte und der Tradition des Judentums nähert. Da diese Geschichte auch Offenbarung ist, ist sie vom Historismus befreit und findet den Weg zurück zu Gottes kategorischem Gebot. Baeck findet sich hier zwischen Barth und Tillich. Baeck denkt in wichtigen Punkten ähnlich wie Tillich. Gerade aus dem Streben nach dem Universalen, was Christen bei Tillich als Schwäche empfinden, da es ihnen das Eigentümliche und die Ansprüche des Christentums zu verwischen scheint, ergibt sich die gemeinsame Basis der christlichen Theologen und der neuen Denker des Judentums Baeck, Buber und Rosenzweig. Tillichs echtes Christentum wird hier durch die Berührung mit Baecks echtem Judentum bestätigt. Die gemeinsame Sprache – Spannung, Polarität, der Mittelweg, Korrelation, Apologetik – erhält verschiedene Bedeutung in den verschiedenen Bezugsrahmen. Tillich lehrt die christliche Offenbarung im Evangelium, *logos* in dem spezifischen *kairos*. Seine Theologie vermittelt zwischen jener Zeit und dem Menschen der eigenen Zeit, indem er den Menschen und seine Kultur in möglichst breiten Verzweigungen als notwendigen Teil jener Zeit der Erlösung definiert. Das Evangelium wird zum Symbol der existentiellen Begegnung zwischen dem Menschen und der ganzen Wahrheit, soweit dies möglich ist. Baeck andererseits gebraucht die Theologie nicht, „um zwischen dem ewigen Kriterium der Wahrheit, wie es sich in dem Bild von Jesus als Christus und in den sich wandelnden Erfahrungen von Individuen und Gruppen, in ihren veränderten Fragen und ihren Kategorien des Erfassens der Wirklichkeit manifestiert, zu vermitteln ... zwischen dem Mysterium, das *theos*, und dem Verständnis, das *logos* ist.“[2] Für Baeck hat die Offenbarung ihren Ort in der fortdauernden Existenz des jüdischen Volkes. Sie ist nicht der besondere Gehalt eines besonderen Augenblicks der Geschichte, der sich wandelnden Gruppen vermittelt werden muß, sondern sie bildet eine Konstante im jüdischen Leben. *Das jüdische Volk selbst ist die Offenbarung.* Die Vermittlung an die übrige Welt gehört zu der Mission Israels. Aber das Geheimnis liegt nicht in den Symbolen der Vergangenheit: Israel ist der biblische Mensch, eine ungebrochene Erfahrung, in der Golgatha nur ein Ereignis unter vielen darstellt, das der Tochterreligion dazu diente, von der jüdischen Erfahrung in eine eigene Welt auszubrechen, in der Gefühle zu einer Entfremdung vom Göttlichen führten, das doch auf dem Wege sittlichen Handelns im täglichen Leben erreicht werden kann. Dieses Wissen trennt Baeck von Tillich, wenn es auch beide in ihrem Widerstand gegen die nazistischen Übel vereinte. Beide sind Kinder des ewigen Gottes und bekämpfen die falschen „Götter der Räume“: der eine geht jedoch zum *kairos* von Golgatha, der andere lebt im *toledot*, der fortdauernden Existenz Israels.

Baecks Polaritätsreligion muß im Rahmen der Existenz Israels begriffen werden. Es ist eine Religion der Erfahrung, eine humanistische Theologie, die Gottes Existenz dennoch unzweideutig in jüdischen Begriffen bestätigt. Vieles von Baecks Schriften ist metaphysische Poesie, eine offene Sprache, die an die Grenzen der Theologie rührt und nicht so sehr ein System aufrichten als eine Richtung andeuten will, in der die wechselseitige Durchdringung von Rationalem und Nichtrationalem zu dem Wissen um das Zwiefältige der menschlichen Existenz führt.

Im Zusammenhang gesehen bringen uns seine Schriften zurück zu seinem Leben. Der Lehrer von Theresienstadt, der auf winzige Papierfetzen schrieb, die er ständig vor den Wachmannschaften verstecken mußte, wandte sich den Problemen des Lebens zu, die sich allen Menschen stellen. Nicht jeder, zu dem Baeck spricht, wird ihm zuhören. Radikale christliche „Gott-ist-tot"-Theologen wie Hamilton und Vahanian und ebenso radikale jüdische Theologen wie Richard Rubenstein verschließen ihre Ohren der Sprache, die Baeck gebraucht. Man hat den Verdacht, daß diese Denker auch ihr Gemüt dem Leben verschließen, das Baeck gelebt hat. Da sie unter den Verhältnissen und den Begünstigungen der Freiheit leben und nicht selbst der Hölle ausgesetzt waren, hat moralischer Eifer einige dieser Theologen zu einem stellvertretenden Nach-Erleben von Auschwitz gedrängt, neben dem alles übrige der Existenz verblaßt. Hier geschieht etwas Bemerkenswertes: Ein Richard Rubenstein, der außerhalb des Todeslagers steht, definiert den Menschen in seiner Begrenzung; für ihn ist der Mensch in dem Maße, in dem Auschwitz als *anus mundi* die Welt erfüllt, nur Auswurf. Ein Leo Baeck, der im inneren Kreis jener Hölle lebte, kann die Natur des Menschen, die dieses Übel transzendiert, würdigen. Beide verweisen auf Auschwitz als auf die Grunderfahrung unserer Zeit, die nicht übergangen werden darf. Aber bei Baeck gibt es eine Vorwärtsbewegung, die bezeichnend für das jüdische Leben ist: eine Wiedergeburt findet statt, der Mensch kann die Vergangenheit transzendieren, und während er Sühne leistet, wird diese nicht vernichtet. Baeck setzt Israel als Beispiel für das Leben, das nicht den Göttern der Räume versklavt bleibt, und er sieht Israel als Paradigma für das Menschentum überhaupt. Wir unsererseits können in Baeck ein Paradigma für den Juden als Zeugen Gottes in der Welt nehmen. Dann müssen wir den Lehren seines Lebens zuhören.

Baecks Lehren zufolge verfügt das Leben, das einmal begonnen ist, über grenzenlose Dimensionen. Immer wieder zeigt die Lehre vom *individuum ineffabile* das Endliche als den Bereich, von dem unser Forschen ausgreift, bis es das Unendliche erreicht. Und an diesem Punkt setzt unsere Untersuchung ein – mit dem Leben von Leo Baeck.

Zweites Kapitel
Zwischen zwei Generationen: Das Leben von Leo Baeck

I

Unsere Generation zieht es vor, Biographien in Gestalt von Romanen zu lesen. In dieser Form sind sie unterhaltender, und manche Probleme der Darstellung können damit gelöst oder zumindest gemieden werden. Indessen geht damit eine sehr alte Dimension der Biographie verloren: ihr Vermögen, spätere Generationen zu belehren und zu formen. Plutarch und Herodot schrieben die Leben großer Männer in diesem Sinne, wenige würden das heute wagen. Zudem sind die Schwierigkeiten, unsere unmittelbare Vergangenheit zu begreifen, fast unüberwindlich geworden. Jene Tage der Finsternis verstehen wir einfach nicht mehr. Wie konnten die Menschen damals überhaupt leben? Wie konnten sie lieben? Wie konnten sie beten?
Diese Fragen stellt auch Dorothee Sölle in *Das Recht, ein anderer zu werden* (1971):

„Als Deutscher, der nach Auschwitz lebt, frage ich mich, was wohl zwischen 1939 und 1945 in Deutschland gebetet worden ist. Wofür und mit welchen Worten. Ich denke dabei nicht in erster Linie an die Kollaborateure . . . Eine ernsthaftere Gefahr scheint mir eigentlich die schweigende Mehrheit der Traditionalisten darzustellen, die beteten, wie sie es immer getan hatten; sie brauchten die Sprache ihrer Väter, eine richtige und schöne vergangene Sprache, die niemandem wehtat und die folgerichtig erlaubt war. Die Protestanten sprachen von der Rechtfertigung allein aus Glauben und die Katholiken vom Schutz der Heiligen Jungfrau, aber was hatte das mit dem geplünderten Geschaft des jüdischen Nachbarn zu tun.“[1]

Die Gebete der jüdischen Gemeinschaft jener Zeit sind auch nicht immun gegen derartige Vorwürfe: man kann vor der Gegenwart immer in die Gebete der Vergangenheit fliehen. Nur gab es hier einen Unterschied. Diese Gebete waren vor Tausenden von Jahren geschrieben und ebenfalls in Zeiten der Verfolgung. Sie waren in allen Zeiten der Verfolgung gesprochen worden, und sie waren für diese Zeit und diesen Ort relevant. Neue Gebete wurden von Leo Baeck und anderen, die in der alten Überlieferung Kraft fanden, geschrieben als Akte des Widerstands gegen die neue Not. Man könnte also sagen, wir sollten die Leben großer Menschen studieren, um uns den Problemen einer Welt zu stellen, der wir entfremdet sind, in die wir aber durch individuelle Leben anderer eintreten könnten. Aber, war Leo Baeck ein großer Mensch?

In seinem *Weltgeschichtlichen Betrachtungen* schrieb Jacob Burckhardt einst: „Sprichwörtlich heißt es: ‚Kein Mensch ist unersetzlich' – aber die wenigen, die es eben doch sind, sind groß." Mit einigem Bedacht können diese Worte für Leo Baeck gelten. Die deutsch-jüdische Gemeinschaft, die ihn sich wählte, um sie durch die dunkelsten Tage zu leiten, fand, daß es Zeiten gibt, in denen ein großer Mensch unentbehrlich ist. Zu jener Zeit und in jenen Tagen war Leo Baeck sowohl unentbehrlich wie groß. Er repräsentierte die deutsche Judenheit und das Judentum in einer Weise, die unauslöschliche Spuren von geschichtlicher Bedeutung hinterließ. Da waren Würde, Anstand und persönliche Furchtlosigkeit, die aus jüdischer Überlieferung stammten, zur Zeit der Massenvernichtung ihrer selbst tief bewußt: in Leo Baeck war all das vereinigt.

Baeck ragt aus der jüngsten jüdischen Geschichte als eschatologische, mythische Figur empor – und daraus ergeben sich Probleme. Für die Überlebenden, die sich mit Baeck identifizieren konnten und es auch taten, wurde er zu einem Symbol nicht nur ihres Überlebens, sondern auch für die Rechtfertigung ihrer Vergangenheit. Ein Mythos bildete sich, in dem Baeck zum Heiligen wurde. Aber ebenso wie es Menschen gibt, die einen Mythos brauchen, gibt es andere, die einen Mythos angreifen müssen, die keine mythische Rekonstruktion der Vergangenheit akzeptieren können, in der jedes Schwanken und jede Dunkelheit sich verliert in der Selbstsicherheit des Guten, das überwog. Über Tatsachen in Baecks Leben ist mit wenig Beweisen auf beiden Seiten gestritten worden. Fragen zum Leben im Konzentrationslager sind erhoben worden, die vielleicht berechtigt sind im Zusammenhang mit der allgemeinen Geschichte jener Zeit, die aber ihren Wert verlieren, wenn sie in einer gegenwartsbezogenen Auseinandersetzung auftauchen und absehen von der historischen Situation, wie sie wirklich war.

Eine vollständige Biographie muß diese Fragen einmal in ausgewogener Weise beantworten. Baecks Leistungen und Integrität sind niemals ernsthaft in Frage gestellt worden. Baecks vielleicht schärfste Kritikerin, Recha Freier, macht ausdrücklich darauf aufmerksam, daß es ihr nicht so sehr um Baeck geht, gegen den sich die Angriffe richten, als vielmehr um die Legende Baeck. Sie stellt allerdings seine Rolle in den vierziger Jahren, als die Reichsvertretung zur Reichsvereinigung wurde, in Frage. Wenn sie dann nicht nur Baecks richtiges Urteil, sondern auch seine Integrität anzweifelt, kommen sehr schnell unglücklicher Fanatismus und ein Mißbrauch der Quellen zum Vorschein. Hannah Arendt hingegen hat eine Kritik an Baeck aus ihrem Buch über Eichmann entfernt und, in einem Interview mit dem Autor dieses Buches am 7. Januar 1966 in New York, Baecks „unbezweifelbaren Mut und seine Nichtachtung jeder persönlichen Gefahr" anerkannt. Aber das Komplexe seines Charakters und seines Platzes in der jüdischen Geschichte kann erst dann wirklich bestimmt werden, wenn alles historische Material einmal erreichbar geworden und ein größeres Maß an Objektivität auf diesem Gebiet der Geschichtsschreibung eingetreten ist. Unterdessen müssen wir Baeck durch seine Werke kennenzulernen versuchen.

In Rosenzweigs Einführung zu Hermann Cohens *Jüdische Schriften* finden wir den Satz: „So groß das philosophische Werk dieses Mannes dasteht . . ., so ist er selber doch immer noch größer gewesen als sein Werk." [96, S. XIX][2]

In Baecks Fall hatte nur eines seiner Werke, *Das Wesen des Judentums*, wirklich ein Publikum, und die meisten Menschen sind eigentlich zu dem Schluß gekommen, daß er im Grunde mehr durch sein Leben als durch seine Schriften zu einer bedeutenden Gestalt der deutsch-jüdischen Geschichte geworden ist. Vielleicht wird die eingehende Darlegung seines Denkens zu einem ausgewogeneren Bild verhelfen. Allerdings ist ein volles Verständnis von Baecks Schriften nur im Rahmen der Kenntnis seines Lebens möglich. Es ist ein Leben, das fast als Paradigma des deutschen Judentums im zwanzigsten Jahrhundert gelten kann, mit allen inneren und äußeren Problemen.[3] Es bewegte sich in der Spannung deutschen und europäischen Denkens, inmitten sterbender Gedankensysteme und neuer Methoden, bei denen es um die alten Probleme von Glauben und Wissen im Leben des Menschen ging. Die wirtschaftliche und gesellschaftliche Position der Juden in jener Welt hatte weitreichende Konsequenzen für seine Art zu denken. Im jüdischen Dasein selbst gab es den Konflikt zwischen dem Alten und dem Neuen. Traditionelles Denken mußte lernen, in einer neuen Welt zu bestehen. Die „Wissenschaft des Judentums", früher damit zufrieden, die Disziplinen moderner Forschung auf die jüdische Geschichte anzuwenden, begann jetzt sich selbst zu befragen, ob die Natur des Stoffes, den sie bearbeitete, nicht nach einer Erweiterung der Methoden verlangte. Baecks eigene Lehrer, Hermann Cohen und Wilhelm Dilthey, repräsentierten verschiedene Methoden. Und Baeck selbst, der mit den klassischen jüdischen Quellen vollkommen vertraut war, war ebenso vertraut mit den griechischen und lateinischen Texten. All diese Verflechtungen müssen bei einem Studium seines Lebens in Betracht gezogen werden. Und doch ist es letzten Endes ein klassisches jüdisches Leben gewesen, erwachsen aus Generationen rabbinischer Existenz, und das verleiht seiner Theologie eine letzte Einheit und bildet das Fundament ihres Gehalts.

II

Als Baeck starb, zitierte einer seiner Schüler die Worte, mit denen Baeck selbst Franz Rosenzweig gewürdigt hatte: *Malach Adonai, b'malachut Adonai* (Ein Bote von Ihm-der-ist mit der Botschaft vom Ihm-der-ist").[1] Baeck hätte zwar die hiermit erwiesene Ehre zurückgewiesen, aber er hätte die Grundvorstellung des Rabbiners, der die prophetische Aufgabe als Bote Gottes erfüllt, akzeptiert. Denn Baeck war ein Rabbiner. Die Familientradition des Dienstes an der jüdischen Gemeinde hatte in jeder Generation Rabbiner hervorgebracht, und in Baecks Vorstellung von der jüdischen Geschichte als *toledot* und weniger als *historia* wies die Kette der Generationen der Aufgabe des Rabbinats größere Intensität und Tiefe zu, als es die Dimensionen seiner eigenen Existenz vermocht hätten. Samuel Bäck, sein Vater, war Rabbiner der jüdischen Gemeinde in Lissa (Posen), im Grenzgebiet zwischen Deutschland und Polen. Samuel Bäcks Vater und Großvater, Nathan und Abraham Bäck, waren beide hervorragende Rabbiner gewesen. Leo Baeck hatte die Tochter von Abraham Platchet, des Hauptrabbiners von Mähren, geheiratet und lebte stets in einer Atmosphäre jüdischer Tradition. Zugleich war er sich der modernen Welt jedoch sehr bewußt. Samuel Bäck hatte an der Universität in Wien studiert, und einige seiner Schriften, vor allem seine *Geschichte des Jüdischen Volkes und seiner Literatur* (1878), lassen erkennen, daß ihm die Wissenschaft des Judentums vertraut war.

Leo Baeck wurde am 23. Mai 1873 in Lissa geboren. Er wuchs dort auf und besuchte das bekannte Gymnasium der Stadt. Es war von Amos Comenius (1592–1670) gegründet worden und bot ihm das Wissen der christlichen Gemeinschaft. Aber die jüdische Gemeinde von Lissa hielt eine hervorragende eigene Überlieferung in Ehren: der große Rabbi Akiba Eger (1761 bis 1837) und Rabbi Jacob Lissa waren ihre Lehrer gewesen.

Das Leben in einer Grenzstadt kann zu größerer Aufgeschlossenheit des Geistes führen. Verschiedene Kulturen stoßen aufeinander – in diesem Fall mischten sich westliches und östliches europäisches Denken –, und die verschiedenen Gemeinden können miteinander in Konflikte geraten. Die jüdische Gemeinde, die sich in einer gefährlichen Position zwischen den polnischen und den deutschen Gruppen befand, wurde dadurch zu einer tieferen Selbstkenntnis als auch zu einem größeren Verständnis für die Überlieferungen ihrer Nachbarn gebracht. Rückblickend war die Stellung des deutschen Juden hier mit weniger Zwiespältigkeit belastet. Er blieb Außenseiter, aber es gab viele Verbindungen zwischen ihm und seiner Umwelt. Der Terminus „posenscher Jude" hatte im deutschen jüdischen Dasein fast sprichwörtliche Bedeutung, gehörte auch zum Bild des Berliner Judentums.

Einer von Baecks Freunden aus frühesten Tagen war der große jüdische

Historiker Eugen Täubler. Täubler war der einzige jüdische Gelehrte, der ordentlicher Professor und Mitglied der Akademie in Heidelberg war, und zudem der einzige, der alte, mittelalterliche und moderne Geschichte an der Universität lehrte. In der Erinnerung an ihre gemeinsame Jugend in Lissa schrieb Täubler:

„Für die Erweckung und Entwicklung meines geschichtlichen und politischen Sinns halte ich nichts für so wesentlich wie dies, daß ich in früher Jugend in einer überwiegend polnisch gebliebenen Kleinstadt, in welcher mein Vater der Vertrauensmann beider Volksteile war, diese Spannungen nicht nur beobachten konnte, sondern mich in sie hineingezogen fühlte ... Ich habe das Empfinden und Bewußtsein, meiner Grundlage nach ein posenscher Jude zu sein, nicht verloren.“ *[160, S. 14]*

Dieses Erbe hatten Baeck und Täubler gemeinsam. Die gleichen Probleme bewegten sie, und aus den gleichen Spannungen deutsch-jüdischer Existenz kamen sie zu verschiedenen Wegen, die sich erst in den letzten Jahren ihres Lebens wieder vereinten: Beide, Leo Baeck und Eugen Täubler, wurden Lehrer am Hebrew Union College in Cincinnati, USA. Dazwischen hatte sich Täubler als Gelehrter betätigt, der sich in sein europäisches Erbe vertiefte, war Famulus gewesen und dann, im gewissen Sinn, Nachfolger des großen Historikers Theodor Mommsen. Baecks Judentum hingegen schloß die Kultur der Außenwelt in sich ein. Baeck war in erster Linie ein Rabbiner und ein Lehrer für Rabbiner. Täublers Judentum war ebenfalls klar und unzweideutig. Er hatte das „Gesamtarchiv der deutschen Juden“ gegründet und war, nachdem er die Abweisung durch die deutsche Gemeinschaft gespürt hatte, als Lehrer an die „Lehranstalt für die Wissenschaft des Judentums“ in Berlin gegangen, wo Baeck seit langem lehrte. In Täubler indessen dominierte die Kultur der äußeren Umgebung. Eine kleine, aber bedeutsame Tatsache: In ihren letzten Lebensjahren in Cincinnati standen Baeck und Täubler immer sehr früh auf und machten einen gemeinsamen Spaziergang durch die Wälder in der Nähe des Seminars. Baeck hatte dann seine Morgengebete nach überlieferter Weise hinter sich, und Täubler die Eintragungen in ein kleines Tagebuch – in lateinischer Sprache, „der einzigen exakten Sprache der Welt“, wie er seinen Schülern anvertraute.

In Lissa kam Baeck auch in Berührung mit den Spannungen innerhalb des Christentums, denn Katholizismus und Calvinismus waren beide in der Gemeinde tief verwurzelt. Der calvinistische Pfarrer war der Besitzer von Rabbi Samuel Bäcks Haus. Zwischen den Geistlichen bestand ein freundschaftliches Vertrauensverhältnis, und der junge Leo Baeck konnte verfolgen, wie bereichernd eine Beziehung zwischen beiden Konfessionen sein konnte, wenn jeder die eigene Überlieferung liebte und den Glauben des anderen achtete.

In Samuel Bäcks Haus war die Liebe zur jüdischen Tradition sehr lebendig; sie war um so stärker, als sie nicht fanatisch, sondern überlegt war. Leo Baecks Vater war ein Gelehrter. Er hatte eine achtenswerte Geschichte des jüdischen Lebens und der jüdischen Literatur geschrieben, und er liebte die rabbinische Lehre, in die er seinen Sohn bereits in jungen Jahren einführte.

Sein ganzes Leben hindurch blieb Baeck der Tradition des väterlichen Hauses in Lissa treu. Die Zeremonien jener Tage waren nicht automatisch, sondern in einer Atmosphäre von Ehrfurcht und Andacht beobachtet worden, die sie zu einem heiteren, poetischen Attribut des Lebens machten. In späteren Jahren sind Baeck und seine Lehren in erster Linie dem liberalen Flügel des Judentums zugeordnet worden, und das zu Recht. Aber wenn Baecks Schriften Ungeduld und Zorn gegenüber den Traditionalisten aufweisen, welche die Zeremonien über das in ihnen enthaltene moralische Handeln setzen, dann ist das damit begründet, daß er eben die Tradition im besten Sinne kennengelernt hatte. Er sprach aus der Liebe zur Tradition heraus und nicht aus Streitsucht wie jemand, der das, was er selbst aufgegeben hat, nun angreift.

Es ist wichtig, sich dieser der Tradition verhafteten Komponente in Baecks Leben bewußt zu sein. In seinem Privatleben wurden die jüdischen Speisegesetze beobachtet, und kein Tag ging vorüber, ohne das Studium des Talmud.[5] Seine Freundschaft mit dem gelehrten Rabbi Nehemia Anton Nobel wäre ohne das auch nicht möglich gewesen. Baeck setzte während seiner Berliner Jahre das „Lernen“ fort, das Studium der talmudischen Texte am *beth hamidrasch*, wo Rabbi Nobel ebenfalls studierte.[6] Der traditionalistische jüdische Gelehrte Aviad Wolfsberg schrieb darüber:

> Baeck hat also Fähigkeiten und Funktionen des Rabbiners ererbt, gepflegt und mit Sorgfalt ausgebaut. Seine geistige Welt fand kein Genüge lediglich an der Bibel, Agada und dem Schrifttum der jüdischen Moderne. Die Wissenschaft des Judentums, die er selbst bereicherte und deren Meister er verehrte, war für ihn kein Ersatz für das klassische Gut. Zu diesem gehört die Halacha, das Rückgrat der mündlichen Lehre, und ihre Rolle stand für ihn fest. *[159, S. 142]*

Ihre Rolle blieb für Baeck zwar bestehen, ihre Macht über die Formen seines Lebens verringerte sich jedoch mit der Zeit. In den früheren Jahren hatte die Halacha einen unmittelbaren Einfluß auf Baeck gehabt. Sie gestaltete seine täglichen halachischen Bräuche. Später begab sich Baeck auf ein mehr liberales Gelände. Die Halacha wurde zur Idee, zu einer Vorstellung, die er schätzte und ehrte, die er aber jetzt als Abstraktion und nicht als Realität seines Lebens empfand. Selbst in Lissa hatte er in den Lehren seines Vaters einen Liberalismus erlebt, der das Gewicht der Halacha etwas milderte. Die Außenwelt, das Zwiespältige des jüdischen Lebens in Posen, legte dem Gesetz Belastungen auf. Aber der Halacha ist eine Elastizität eigen, welche die sich wandelnden Formen aller jüdischen Gemeinden zu absorbieren fähig gewesen war, solange die Halacha als Grundgesetz im jüdischen Leben anerkannt ist. Wäre Baeck in dieser Tradition von Posen verblieben, die sich auf das Andenken an Rabbi·Akiba Eger und Rabbi Jacob Lissa (eigentlich Jacob Lorbeerbaum, Autor der *Netivoth)* stützte, dann wäre die Halacha zu seinem „Weg" geworden. Aber Baeck blieb nicht. Er verließ das traditionelle Leben. Im Alter von siebzehn Jahren ging er nach Breslau an das Jüdisch-Theologische Seminar und an die Universität.

III

Das Breslauer Seminar bot in seiner eigenen turbulenten Geschichte eine Zusammenfassung allen jüdischen Denkens vom Ende des neunzehnten Jahrhunderts. Es war ein Traum des liberalen Abraham Geiger gewesen, wurde dann aber die Selbstverwirklichung des mehr konservativen Zacharias Frankel. Die sogenannte Historische Schule des Judentums, auf der das heutige amerikanische konservative Judentum aufbaut, hatte ihren Mittelpunkt in Breslau. Der Liberalismus der ersten Reformer von Breslau war ein klarer Bruch mit dem traditionellen Judentum. Die „Wissenschaft des Judentums" beherrschte den Stundenplan, und Heinrich Graetz beherrschte schließlich die Fakultät.

Baeck trat im Mai 1891 in das Seminar ein und konnte noch die letzten Vorlesungen von Heinrich Graetz vor dessen Tod im September des gleichen Jahres hören. Marcus Brann, ein Schüler von Graetz, wurde sein Nachfolger und Lehrer von Baeck. So begegnete Baeck einem dynamischen Zugang zum Judentum in Form eines Historizismus, der antiromantisch, rational und dennoch auf einen Nationalismus gegründet war, der sich zu dem Universalismus von Männern wie Leopold von Ranke, welche die europäische Bühne demonierten, in Gegensatz befand.[7] Graetz ging häufig zu weit in seiner Antipathie gegen jede Art von Romantik, und seine Fehlurteile über jüdische Mystik und Ostjudentum sind oft genug erwähnt worden. Aber er führte die Ehrfurcht vor dem Detail in die jüdische Geschichtsschreibung ein, und die Quellenforschung, die unendlich viel Stoff bewältigte und ein Bild der Vergangenheit entwarf, in dem beides, Liberalismus wie Konservatismus zu Worte kamen.

Baeck begegnete dem Historiker als schöpferischem Künstler. Und wenn er nicht mit dem Bild einverstanden war, das Graetz vom Juden zeichnete, als einem Pilger oft auf dem Weg des Martyriums durch eine feindliche Welt, so konnte er doch dessen grundlegende Ansicht von Israel als einem besonderen, einem einzigartigem Volk, akzeptieren. Wo jedoch bei Graetz die Geschichte Vorrang vor der Theologie hatte, fand Baeck Verständnis für Israels Rolle außerhalb des Rahmens der Geschichte. Die gleichen Kräfte, die Troeltsch und Dilthey gegen die Historische Schule aufbrachten, begründeten Baecks Angriff gegen den jüdischen Historizismus auf der Grundlage dieser Theologie.

Rabbi Israel Lewy war Baecks Lieblingslehrer in Breslau; er unterrichtete ihn im Talmud. Zwischen Lehrer und Schüler entwickelte sich damals eine dauerhafte Freundschaft. Dr. David Rosin, Baecks Lehrer in Homiletik und Philosophie, war achtzig Jahre alt, ein warmherziger und anregender Mensch, den Baeck und andere Schüler sowohl seiner Gelehrsamkeit als der Integrität seines Charakters wegen bewundern konnten. Baecks wichtigster Lehrer war Marcus Brann, der schließlich alle Kurse der älteren Mitglieder der Fakultät, die um jene Zeit starben, übernahm und die *Monatsschrift für Geschichte und Wissenschaft des Judentums* herausgab.

Trotz allem verließ Baeck die Stadt Breslau im Sommer 1894 und ging nach Berlin, das mehr zu bieten hatte. Dem „Geiste von Breslau", der Notwendigkeit, von den Traditionen jüdischer Erfahrung auszugehen, blieb er weiterhin ungemindert verbunden. Sehr viel später sprach er es aus:

Der Rabbiner muß ein Mensch jüdischer Lebensform sein, und vielleicht heißt jüdische Lebensform auch ein wenig Puritanismus, ein wenig Askese. Der neue Rabbiner beedeutet nicht modischer Rabbiner. Seine Predigten müssen Teil seines eigenen Lebens sein. Der Rabbiner muß das jüdische Leben leben, und dann wird er nicht nur Predigten und Vorträge halten, sondern er wird sich selbst geben.[8]

Baeck war durchaus dieser „neue Rabbiner", der an allen Bereichen des jüdischen Lebens teilnahm und in zwei Kulturen lebte, die in vielen Sprachen auf ihn eindrangen. Er las das biblische Hebräisch und Aramäisch, die verschlungene Sprache der mystischen Texte, Glückel von Hameln auf jiddisch – und andererseits Platon auf griechisch, Tertullian auf lateinisch, Hobbes auf englisch, und sein Deutsch war, obwohl es zuweilen schwer verständlich schien, von hoher dichterischer Qualität. Aber der Aufenthalt in Breslau hatte die traditionalistischen Eigenschaften Baecks gestärkt. Es gab viele, die ihn gegen Ende seines Lebens als „einen alten Raw . . . eine Gestalt, herabgestiegen, aus der Antike und dem Mittelalter, unberührt von modernen

Zeiten – als den *Lehrer der Gemeinde*, nicht als Mittler zwischen Mensch und Gott" empfanden. *[144, S. 421]*

Baecks Weg von der traditionellen zur konservativen und weiter zur liberalen jüdischen Schulung war niemals ein Aufbruch von einem Stadium zum nächsten. Jedes Gebiet seiner jüdischen Studien lief weiter innerhalb der anderen, und alle zusammen bildeten die Grundlage für eine Religion der Polarität und für eine Persönlichkeit, die niemals „das andere" verwarf, sondern es immer einbezog.

Zwischen dem Jüdisch-Theologischen Seminar in Breslau und der Lehranstalt in Berlin bestand eine organische innere Beziehung. Beide waren von den Männern der „Wissenschaft des Judentums" gegründet. Breslau war Geigers unvollendeter Traum, Berlin war die Wirklichkeit (aber viel weniger als der Traum).

Abraham Geiger hielt seine Vorlesungen über die „Wissenschaft des Judentums" an der Berliner Lehranstalt bis zu seinem Tode im Jahre 1874. Die Anstalt wirkte fort in seinem Geiste. Trotzdem sollte man nicht vergessen, daß Salomon Schechter, späterer Präsident des Conservative Jewish Theological Seminary in New York, von 1879 bis 1883 dort als Student eingeschrieben war.[9] Die Lehranstalt unterschied sich vom Breslauer Seminar in ihrer Betonung des zeitgenössischen jüdischen Lebens, der vergleichenden Religionswissenschaft und in dem systematischen Studium der Ethik (Moritz Lazarus lehrte in Berlin) und der Religionsphilosophie (Heyman Steinthal wurde Baecks Professor auf diesem Gebiet). Aber auch die rabbinischen Texte wurden in Berlin nicht vernachlässigt. Der Unterschied im Akzent zwischen Breslau und Berlin stellte keinen wirklichen Bruch zwischen diesen beiden fortschrittlichen Seminaren dar. Die gegensätzlichen Züge kamen vielmehr in der Gemeinde zum Ausdruck zwischen denen, die aus diesen Institutionen hervorgegangen waren.

Samuel Bäck war nicht gegen die Entwicklung, die er bei seinem Sohn beobachtete. Der Wechsel von Breslau nach Berlin bewirkte für Leo Baecks persönliches Leben keine Neuerung. Der traditionalistische Lebensstil blieb weiter Teil seiner Existenz. Er selbst blieb ungewandelt – und rückblickend kann man hier schon den Ansatz jener unbeirrbaren Individualität feststellen, die sich sein ganzes Leben hindurch manifestierte. Er lernte von jeder Begegnung etwas, seine Begabungen entfalteten sich allmählich, aber er verfügte über das Bewußtsein dessen, was er war und was er werden würde, über eine Art störrischen Selbstbewußtseins, das für sein Alter oder überhaupt für jedes Alter selten ist. Nachdem er aus dem Konzentrationslager kam, schrieb er:

Der Mensch soll selbst auch ein Schöpfer, gleichsam sein eigener Schöpfer sein, er selbst auch soll seine Individualität, seine Existenzform, seine Einheit und Ganzheit formen ... Individualität ist hier nicht nur Tatsache, sondern sie wird verwirklichte Tatsache. Sie ist nicht nur ein a priori, sondern ist zugleich ein Ziel, zu dem ein gewollter Weg hinführt. *[54, S. 400]*

In Berlin hatte Baeck wieder ausgezeichnete Lehrer, wenn auch die Arbeitsmöglichkeiten der Berliner Lehranstalt zu jener Zeit dem Breslauer Seminar unterlegen waren (erst 1907 zog es in ein eigenes Gebäude). Seine Lehrer waren Steinthal, Martin Schreiber und Siegmund Maybaum, dessen Gebiet Midrasch und Homiletik auf das ganz besondere Interesse von Baeck traf. Baeck studierte den Talmud und die nach-talmudische Epoche bei Joel Miller (gestorben 1895) und später bei Dr. Eduard Baneth. Er hatte sich in die Wissensgebiete des Judentums versenkt, aber in Berlin waren die modernen Disziplinen der Forschung hinzugekommen, und der Leo Baeck, der 1896/1897 zum Rabbiner ordiniert wurde, hätte 1897 bereits den Verstandeskult von Rabbi Akiba Eger oder Rabbi Jacob Lissa auf eine harte Probe gestellt. Baeck war ein moderner Rabbiner, ein Gelehrter und Denker. In den Jahren vor der Jahrhundertwende schien er der typische deutsche Jude zu sein, der seinen Platz in der deutschen kulturellen und wissenschaftlichen Welt gefunden hatte. Aber er hatte ihn als Rabbiner gefunden, als ein Sprecher für sein Volk, dessen Vergangenheit in ihm lebte und zu vollem Ausdruck kam.

IV

Übte auf Baeck während seiner Berliner Zeit die Lehranstalt den stärksten Einfluß aus? Unsere Antwort liegt in dem Hinweis auf die Zwiefältigkeit der geistigen Gestalt Leo Baecks, in der das Allgemeine und das Besondere sich ständig durchdrangen. So war er nicht nur der Lehranstalt wegen nach Berlin gegangen. Ebensosehr oder viel mehr zog ihn die Berliner Universität an. Der Lehrer Baecks, der alle überragte, war Wilhelm Dilthey, und er las an der Universität. Obwohl er von vielen angegriffen wurde, bedeutete er für Leo Baeck die Universität schlechthin.

Die Berliner Universität ist ein Konzept für sich. Franz Rosenzweigs aufschlußreiche Einleitung zu Hermann Cohens *Jüdische Schriften* von 1924 feiert die Figur des deutschen Professors im neunzehnten Jahrhundert und die Einrichtung der deutschen Universität überhaupt. Ein und derselbe Weg führte von der Universität Jena nach Göttingen und weiter zur Universität Berlin, in der die Größe deutschen geistigen Lebens Gestalt fand:

> Kant ... und Goethe ... verbanden sich: ein weltgeschichtliches Wunder geschah. Die universale Philosophie feiert ihre Versöhnung mit der nationalen Kultur, die Sprache der Dichter verlebendigte die Gedanken der Denker. So entstand das, was man den deutschen Idealismus nennt, Deutschlands Anspruch auf die geistige Vorherrschaft, die es tatsächlich das neunzehnte Jahrhundert lang ausgeübt hat ... Erst das Zusammenfließen der beiden Ströme, die von diesen zwei Männern ausgingen, hat jene Weltmacht des deutschen Geistes begründet. Und dieser Zusammenfluß geschah nun in einer Universität. *[96, S. XV]*

Eine Zeitlang waren Philosophieprofessor und Philosoph in einer Person vereint. Das war zwar ein Übergangsstadium, aber eine gewisse Erweiterung der Rolle des deutschen Professors dauerte an. Er hielt sich selbst sowohl für einen Denker wie für einen Lehrer. Das Berlin von Ranke, Savigny, Gans, Grimm und Helmholtz stellte den Rahmen für diese Lehrer. Rosenzweig nannte sie „Mittler zwischen dem Weltgeist und dem eigenen Volk, berufen, diesem die Wege jenes zu deuten und ihm seine Botschaften auszurichten.“ *[96, S. XVI]*

Als Baeck an die Universität von Berlin kam, bröckelte das System auseinander, und die Selbstsicherheit des deutschen Denkens war befallen von nagenden, inneren Zweifeln. Aber unter den vielen, die die Rolle des deutschen Professors spielten, ohne sich klar darüber zu sein, daß diese mehr zu einer Rolle und weniger zu einer prophetischen Berufung geworden war, gab es noch immer einige, die sich selbst als die Erben jener früheren Generation und als Lehrer der Nation fühlten. Das waren die Männer, die sich nicht mit ihrer Vorherrschaft über einen kleinen Bereich irgendeiner wissenschaftlichen Disziplin zufriedengaben, sondern denen es um das Gesamtbild des Menschen in der Welt ging, die auf dem Wege Hegels wandelten. Rosenzweig erkannte einen solchen Menschen in Hermann Cohen, dem Sohn eines Kantors, der die Rolle des Professors in der Fülle ihrer Möglichkeiten begriff. Baeck wurde Hermann Cohens Schüler. Aber seine erste Begegnung mit einem solchen Professor, einem Giganten, der in gewisser Weise als eine kleinere Ausgabe von Hegel gelten konnte, fand statt, als Baeck unter Dilthey studierte.

Dilthey war 1882 als Nachfolger von Lotze nach Berlin gekommen. Ein Jahr später veröffentlichte er seine *Einleitung in die Geisteswissenschaften*, welche die Anfänge seiner verstehenden Psychologie enthält, die versucht, mit Verständnis in die Denkmuster einzudringen, die den literarischen

Schöpfungen der Vergangenheit unterliegen. Dilthey unterschied zwischen den Sozial- und den Naturwissenschaften. Erstere befassen sich mit der äußeren Struktur und die Naturwissenschaften mit dem inneren Gehalt. Und Diltheys neues Instrument ist diese analytische und beschreibende *verstehende* Psychologie, mit der dieser innere Gehalt verstanden werden kann. Psychologie wird hier zum Schlüssel eines neuen Systems, welches das Wissen um die Natur des Bewußtseins mit der inneren Einheit des individuellen und sozialen Lebens (Strukturzusammenhang) kombinierte. Er sah eine organische Einheit im Leben (Lebenszusammenhang), die in künstlerischen und religiösen Formen ebenso wie in wissenschaftlichen Strukturen aufscheint, und seine Untersuchungen großer Schriftsteller zeigten eine bemerkenswerte Sensibilität für das innere Schaffen des begabten Künstlers, die eine neue Dimension des Verständnisses der Begegnung mit der Vergangenheit hinzufügte. Es war die Gesamtgestalt, die Dilthey wichtig war, nicht die einzelnen, isolierten Elemente.

Diltheys System sprach Baeck an. Wenn wir Baecks Gesamtwerk betrachten, erkennen wir, daß zwei große Schriften, eine zu Beginn und eine am Ende seines Lebens – *Das Wesen des Judentums* und *Dieses Volk. Jüdische Existenz* – eine morphologische Einheit haben, eine Diltheysche Gestalt. Das Judentum und der Jude bildeten für Baeck eine Struktur, die mit Diltheys Einfühlung erforscht und mit etwas erfaßt wird, das zuweilen sich zu einer Religionsphilosophie weitet. Und Diltheys Lebensphilosophie, die den Unterschied zwischen Intellekt und Wirklichkeit auslöscht (und damit zwischen Geist und Stoff), hält Einzug in Baecks Grundsystem der Polaritäten, der Polaritäten von Geheimnis und Gebot, von Endlichem im Unendlichen und dem Unendlichen, das stets durch das reicht, was Endlich ist. Hinter Dilthey spürt man auch Schleiermacher[10]; Tiefenpsychologie bringt eine tiefere Würdigung des Phänomens *Gefühl* im Religiösen mit sich. An diesem Punkt jedoch behält die jüdische Überlieferung ihren Einfluß auf Baeck. Der ethische Aktivismus des rabbinischen Judentums, der in den neuen und für Baeck absolut überzeugenden philosophischen und ethischen Lehren von Hermann Cohen enthalten war, kontrollierte diesen Aspekt von Baecks Lehre. Er verwendete Diltheys Methode, um der inneren Struktur des Juden und seines Glaubens auf die Spur zu kommen: er errichtete seine religiösen Lehren mit Hilfe der psychologischen Erforschung der Natur des Menschen. Baeck ging nicht von der Glaubenslehre aus, sondern zeigte, wie der Glaube aus einer Sorge um den Sinn des Lebens entstanden war. Religion sollte seiner Ansicht nach nicht als Schleiermachers Gefühl schlechthinniger Abhängigkeit und Empfindsamkeit betrachtet werden. Die ethische Struktur herrschte vor. Religion war sittliches Gefühl, in dem der rationale

Aspekt des Menschen den Willen Gottes durch die Imperative des „du sollst" erfuhr und kennenlernte; das Geheimnis war ein Weg zum Gebot.

An sich hätte man erwarten können, daß Baecks Doktorarbeit über Spinoza, die er unter Diltheys Aufsicht schrieb, den Einfluß des Systems aufweisen würde, das Dilthey damals entwickelte. Statt dessen handelt es sich um eine überlegene Arbeit, in der auch die Ehrfurcht vor dem unbedeutenden Detail nicht fehlt. Baeck untersucht die früheste Literatur über Spinoza in Deutschland, und nur eine Nebenbemerkung deutet seine Gefühle für Spinoza an[11], was aber deutlich zutage tritt, ist der Ansatz seiner Polemik gegen das Christentum. Hier schon finden wir eine Charakterisierung von Luther und der Reformation, die in seinen gesamten Schriften später wieder auftaucht – daß dabei die Religion dem Staate diente.

Vieles von der Kritik an Spinoza scheint aus diesen Quellen zu stammen. Baeck siebt diese ganzen Kritiken mit aller Gelehrsamkeit und mit Phantasie. Wenn die Dissertation eine eher traditionelle Doktorarbeit geworden ist ohne jeden Versuch, irgendeine neue wissenschaftliche Methode einzuführen, dann ist das nicht erstaunlich. Die Natur des untersuchten Stoffes war nicht geeignet für einen Versuch, *Erlebnis* und *Dichtung* zu verbinden. Aber in seiner Analyse der deutschen Reaktionen auf Spinoza beschränkt sich Baeck nicht auf die rationale Debatte zwischen den verschiedenen Schulen des Denkens. Er hat ein Gespür für die Psychologie des deutschen Gelehrten, für die inneren Gründe, die die manchmal hysterische Reaktion auf den *petit juif d'Amsterdam* auslösten. Und Baeck befindet sich mit seinem Lehrer in Übereinstimmung, wenn er die Grenzen der psychologischen Einsicht erkennt, die nicht vermag, eine geistige Struktur, die ihre eigene Gesetzlichkeit und ihre eigene Integrität hat, zu erschüttern. Die Dissertation weist sich somit als die verantwortungsvolle Arbeit eines deutschen Gelehrten aus, der sich das notwendige Rüstzeug erworben hat, um sich dem Studium der Geistesgeschichte zu widmen.

V

Baeck war jetzt auch in der Lage, seinen Platz in der Führung der jüdischen Gemeinde einzunehmen. In den zwei Jahren vor seiner Ordination zum Rabbiner, von 1895 bis 1897, hatte er eine Reihe von Artikeln in der böhmischen Zeitschrift *Jüdische Chronik* veröffentlicht, die von dem Rabbiner Dr. Simon Stern (dem späteren Schwager Baecks) herausgegeben wurde.

Aus diesen Artikeln wird deutlich, wie sehr Baecks Denkweise von frühesten Zeiten an feststand. Liberalismus und Bejahung der Wissenschaft. Der eine

Artikel beginnt mit den Worten: „Wir rechnen Spinoza stets und stolz zu den Unseren." *[14, S. 12]* – begreiflich genug für einen Spinoza-Forscher, aber ziemlich gewagt im Hinblick auf eine jüdische Gemeinde, die sehr konservative Seiten hatte.

Von Anfang an war Leo Baeck absolut furchtlos und selbstsicher. Sehr charakteristisch ist, was er als junger Mann in der *Jüdischen Chronik* in seiner Kritik über eine Gelehrtenarbeit schreibt. Viele junge Schriftsteller üben sich mit Hochgefühlen in scharfer Kritik, aber wenige nur verbinden diese wie Baeck mit der ernsten Höflichkeit, die dann die ätzende Kritik in eine diplomatische Ausdrucksweise bettet: Der Autor sei in dieser Arbeit der von ihm behandelten Stellungnahme „nicht ganz gerecht geworden, jedoch verdient der auf die Zusammenstellung verwendete Fleiß Lob". *[13, S. 13]*

Das sind kleinere Aufsätze. Aber einer von ihnen nimmt viel von Baecks späteren Schriften voraus: das Judentum wird als Spannung zwischen dem Individuum und der Gemeinschaft, im Konflikt zwischen zeitgenössischem Ausdruck und Erbe der Vergangenheit, zwischen Liberalismus des Denkens und dem Konservatismus des Rituals betrachtet. In einer sehr realen Weise wird der im Winter 1896 geschriebene Artikel „Orthodox oder ceremoniös?" zu einem programmatischen Entwurf von Baecks späteren Lehren, ähnlich wie die Schriften des jungen Leopold Zunz in der *Zeitschrift für Cultur und Wissenschaft der Juden*, als Zunz ebenfalls am Anfang seiner Laufbahn (als Begründer der *Wissenschaft des Judentums*) stand.

Grundsätzliche Themen werden angeschlagen. Jahre später wurde Baeck wegen seiner Aussage angegriffen, das Judentum habe keine Dogmen. Das steht bereits in diesem Artikel:

> Wenn man den Begriff Dogma nicht gar zu weit faßt, kann man behaupten, daß das Judentum keine Dogmen habe, wenigstens nicht mehr, seit es die Grundlage einer einheitlichen Organisation im Synhedrion verloren hat; deshalb hat es auch keine Orthodoxie *[13, S. 13]*

Und die Polemik gegen das Christentum beginnt auch nicht mit Harnack oder dem Aufsatz „Romantische Religion" *[27]*. Baecks Dissertation über Spinoza enthielt bereits Spuren davon und auch dieser Artikel:

> In ihrer vollen Konsequenz zeigte sich diese Dogmenbildung bei den christlichen Sekten, die in den ersten Jahrhunderten unserer Zeitrechnung mit den Waffen die Gültigkeit und Richtigkeit einer Glaubenslehre entschieden, und dann später, nach der Reformation, als das Prinzip aufgestellt wurde, daß der Landesherr der Glaubensherr sei. *[13, S. 14]*

Die Lehre vom Judentum als einem dynamischen, sich weiter entwickelnden Glauben, als einer Individualität, die mit jeder Generation wiedergeboren wird, kommt klar zum Ausdruck:

‚Die Zeiten ändern sich, und wir ändern uns mit ihnen.' Zumal vom religiösen Denken gilt dies, weil es, wie nichts anderes, in der innersten Individualität wurzelt. Jede Epoche soll sich über das, was sie glaubt und hofft, klarzuwerden Suchen; aber die Form, in welche sie dies kleidet, für allgemein und ewig verbindlich erklären, das heißt den Nachkommen die eigene Auffassungsweise aufzudrängen. *[13, S. 14]*

Für Baeck ist Religion nur durch den Kampf jeder Generation um Wiedergeburt, um die eigene Individualität, vor Erstarrung und Tod bewahrt. Selbst wenn eine Generation die Vergangenheit annimmt, muß sie eine zeitgemäße Form für sie finden: „Nur so wird die Lehre des Glaubens zur Wahrheit des Glaubens ..." *[13, S. 15–16]*
Die Tora muß gelernt werden und nicht nur befolgt. Sie sagt immer „du sollst" und niemals „du sollst glauben". Aus diesem Grunde bleibt sie ein ewig neues Buch.
Israels Mission ist für Baeck von seinen ersten Schriften bis zu den letzten Ausführungen zur jüdischen Existenz grundlegend. Auch hier sind Israels Mission und Auserwähltheit Kern seiner Thesen:

Der Begriff „jüdische Religion" schließt so im Grunde nichts weiter ein als die Überzeugung, daß die Lehre vom einig einzigen Gott mit allen ihren Konsequenzen, wie sie in der Lehre des Judentums bewahrt wurde, die wahre Religion sei. Die Idee einer besonderen Aufgabe und Mission, welche der jüdischen Gemeinschaft obliegt, ist darin ohne weiteres enthalten, denn an eine Wahrheit zu glauben, heißt zugleich auch an die Auserwähltheit und Bestimmung aller ihrer Anhänger glauben *[13, S. 16]*

Indem er beharrlich davon ausging, daß alle jüdischen Gruppen am Wesen des Judentums teilhaben und die Unterschiede hauptsächlich in der Beobachtung der Bräuche liegen, legitimierte sich Baeck als Rabbiner für die gesamte Gemeinde Israel. Da er selbst die Bräuche jedoch in weit größerem Maße beobachtete als die meisten Liberalen seiner Umgebung, konnte er die allumfassende Einheit der jüdischen Gemeinde unterstreichen und seine eigenen Beziehungen zu dieser Einheit. In seiner Rechtfertigung des Rituals sind seine späteren Vorstellungen von Geheimnis und Geburt bereits erkennbar:

Eine religiöse Ceremonie ist jede Handlung, welche einen religiösen Gedanken ausprägt und zu sinnfälligem Ausdruck bringt; sie hat also, im Gegensatz zum eigentlichen religiösen Pflichtgebot, ihren Zweck außer sich. Die Beobachtung der Speisegesetze ist z. B. die Übung einer Ceremonie, durch die uns die Idee der Heiligung ... dargestellt werden soll. *[13, S. 16–17]*

Das leitet über in den Bereich der jüdischen Erfahrung, in das persönliche Leben, das bei Baeck später einen zentralen Rang einnehmen sollte. Das Judentum ist nicht die klare und endgültige Offenbarung eines Augenblicks in der Zeit, der in der Synagoge bewahrt und hervorgeholt wird, damit ihn der Gläubige annehme. Die Symbole der Religion haben Gültigkeit als Konkretisierung des Jenseitigen:

Die Religion kommt in der Wirklichkeit nur als geschichtliche Religion vor, die durch die Jahrhunderte hindurch weiter vererbt wird. Als reine Seele kann sie, weil zu wenig faßbar, nicht überliefert werden, sie muß in einer gewissen Verkörperung und Versinnbildlichung den Menschen nahe treten. Eine sogenannte natürliche Religion existiert nur in Systemen, nicht aber im Leben. Diesen Zweck erfüllen die symbolischen Ceremonien, sie sind die Sprache, in welcher religiöse Gedanken zum Ausdruck gelangen. *[13, S. 17]*

Baeck findet seinen Ort im *K'lal Yisrael* (in der Totalität jüdischen Lebens), indem er versichert, daß die Zeremonien, die noch immer zu der Gemeinde, die die „politische“ Funktion des Zusammenhaltens der Gruppe hat, sprechen, von unzerstörbarer Gültigkeit sind. Aber er behält seinen Liberalismus für die eigene Person, wenn er darauf hinweist, daß das Individuum selbst beurteilen muß, ob die Zeremonien, die nicht die pragmatische Funktion der Bewahrung der Gemeinschaft haben, religiösen Gehalt für ihn haben oder ihm zu einem leeren Zeremoniell geworden sind.
Aus diesen ersten Schriften spricht der spätere Rabbiner und Lehrer. Weniger als ein Jahr darauf wurde Baeck Rabbiner und trat seine erste Stellung in Oppeln an. Das war eine der wenigen liberalen Kanzeln in Schlesien.

VI

Die liberale Gemeinde in Oppeln bot dem jungen Gelehrten Gelegenheit genug, das Schreiben fortzusetzen, und dem jungen Rabbiner, sich mit den vielfältigen Verantwortungen geistlicher Führung vertraut zu machen. Dennoch verhielt sich Baeck damals, ganz zu Anfang seiner Laufbahn, in einer Art und Weise, durch die er sich eindeutig von all seinen Kollegen unterschied und die durchaus das Ende seiner Bestrebungen hätte bedeuten können. Mit seinem Verhalten während eines Rabbinerkongresses, das einer absolut furchtlosen Haltung gleichkam, bewies er, daß er dem zeitgenössi-

schen jüdischen Denken weit voraus war – etwas, das zu einem wesentlichen Charakteristikum seiner gesamten Laufbahn werden sollte.
Im Jahre 1897, zwei Monate vor dem Ersten Zionistenkongreß in Basel, hatten die fünf Rabbiner, die den Geschäftsführenden Ausschuß des Rabbinerverbandes in Deutschland bildeten, eine Erklärung veröffentlicht, die den Zionismus verurteilte, „um die jüdische Religion vor politischem Zionismus zu bewahren". Theodor Herzl hatte in der Wochenzeitung *Die Welt* vom 16. Juli 1897 diese fünf Rabbiner verächtlich *Protestrabbiner* genannt. Aber die nach dem Zionistenkongreß zusammengetretene Generalversammlung des Verbandes billigte nach längerer Prüfung die Erklärung „mit einer an Einstimmigkeit grenzenden Majorität".[12] Zwar kam es nicht ins Protokoll, wurde jedoch bald allgemein bekannt und durch glaubwürdige Zeugen bekräftigt, daß drei Rabbiner gegen die Erklärung gestimmt hatten. Zwei wurden bekannt: Rabbi Saul Katz aus Hindenburg (Zabrze) in Oberschlesien und Rabbi Leo Baeck aus Oppeln. Baeck war zu jener Zeit kein Zionist, aber damals wie später fand er, daß gegensätzliche Standpunkte zur Gesamtheit der jüdischen Existenz gehörten, daß die fünf Rabbiner nicht das Recht hatten, sich in dieser Form gegen ihre jüdischen Glaubensgenossen zu stellen und daß der Zionismus wertvolle Ziele verfolgte. Seine Haltung bei diesem Anlaß schadete dann seiner Laufbahn letzten Endes doch nicht: fünfundzwanzig Jahre später wurde er Vorsitzender des gleichen Rabbinerverbandes.[13]
In Oppeln blieb Baeck zehn Jahre lang. Es war ein guter Ort für ihn. Von Beginn an bestand zwischen der Gemeinde und ihrem Rabbiner eine warme und glückliche Beziehung. Georg Wiener, der letzte Vorsitzende der Gemeinde zu Oppeln, erinnerte 1943 an die Gründe, die die Gemeinde dazu bewogen hatten, den jungen Baeck als geistliches Oberhaupt zu wählen:

Als die Oppeln Gemeinde den leitenden Dozenten der Hochschule für die Wissenschaft des Judenthums Professor Maybaum bat, ihr Kandidaten für ihr vakantes Rabbinat vorzuschlagen, nannte er in erster Reihe den nur 24 Jahre alten Baeck. Dieser wurde als Einziger vom Vorstande vorgeschlagen und einstimmig von den Repräsentanten gewählt. Seine Tätigkeit als Rabbiner, Lehrer und Wissenschaftler ist von Anderen ... gewürdigt worden. Ich erwähne daher nur, daß von dem innigen Verhältnis zur Gemeinde die Worte in seiner Abschiedspredigt ‚mir ist als nähme ich Abschied von meinem Glück' Zeugnis gaben. *[Georg Wiener, „Rede zum 70ten Geburtstag Leo Baecks, Cochabamba Loge", Original im Besitz des Leo Baeck Institutes, New York]*

Es waren für ihn glückliche Jahre. Er hatte Zeit zu studieren, zu wachsen und sich zu entwickeln. In Oppeln heiratete er auch. Seine Frau Natalie

Hamburger war die Enkelin seines Vorgängers Rabbi Dr. Adolf Wiener. Bis zu ihrem Tode im Jahre 1937 sorgte sie für eine harmonische Häuslichkeit. Auch sie kam aus einer Gelehrtenfamilie; ihr Großvater hatte ein viel beachtetes Buch veröffentlicht, das die *Jüdischen Speisegesetze* (1895) nach modernen kritischen Methoden analysierte. Liebe zur Wissenschaft und zur jüdischen Überlieferung erfüllte ihr Haus. In dieser Umgebung gelangte Baeck als Rabbiner und Gelehrter zu voller Reife.

1900 erschien Harnacks *Wesen des Christentums*. Die Christenheit jener Tage war über die Fragen der historischen Bibelkritik und ihrer Bedeutung für die Wahrheit der christlichen Offenbarung in zwei sich heftig bekämpfende Lager gespalten; ebenso hinsichtlich des Problems von Wissenschaft und Entwicklung im Hinblick auf die Lehren von Schöpfung und Vorsehung sowie über die durch die industrielle Revolution geschaffenen sozialen Probleme und deren Auswirkung auf die christliche Ethik und die Hoffnung auf das Reich Gottes.

Damals verbreitete sich der religiöse Liberalismus in zunehmendem Maße, da er auf diese Fragen klarere Antworten zu haben schien als die Orthodoxie. Aber auch innerhalb des liberalen Lagers gab es Meinungsverschiedenheiten. „Die große Debatte" um die Jahrhundertwende fand statt zwischen Harnack, dem liberalen Protestanten, und Alfred Loisy, dem liberalen Katholiken. Loisy forderte Harnack vor allem auf dem Gebiet der liberalen Bibelkritik heraus. Außerdem stritt er sich mit ihm als Katholik (zu dieser Zeit verteidigte er die Kirche noch, die ihn später seiner modernen Anschauungen wegen exkommunizierte): das spätere Dogma von der alleinseligmachenden Kirche sah Loisy im Evangelium begründet. Er betonte die Kernpunkte der Evangelien – Autorität der Kirche, Sakramente, Dogmen –, während Baeck Harnack vorwarf, das Evangelium von seinen jüdischen Wurzeln trennen zu wollen. Zusammen mit Baeck lehnte Loisy eine Bibelkritik ab, die den jüdischen Hintergrund der Evangelien unberücksichtigt ließ und die apokalyptischen Seiten der Lehren Jesu (die nicht in Harnacks liberales Denken paßten) unterdrückte. Trotzdem hatten alle drei, Harnack, Loisy und Baeck, mehr Gemeinsames als Trennendes. Sie hatten von Ritschl und Schleiermacher den Glauben an die Immanenz Gottes im Menschen wie in der Natur übernommen. Sowohl Loisy wie Baeck stellten die Dogmenstruktur innerhalb ihres eigenen Glaubens in Frage und leiteten die Gültigkeit der Lehre aus der Erfahrung menschlicher Existenz ab. Wo aber Loisy in eine „Humanitätsreligion" abglitt, die derjenigen von Auguste Comte nicht unähnlich war *[138, S. 257]*[14], gaben die jüdischen Wurzeln Baecks Leben nicht nur den zeremoniellen Rahmen, sondern auch das tiefe Bewußtsein von der Transzendenz Gottes, die alle menschliche Existenz durchdringt als Offenbarung, die vom Individuum ebenso erfahren wird wie von dem jüdischen Volk am Sinai.

Baecks Kritik zu Harnacks Schrift erschien 1901, eine erweiterte Fassung 1902. Ihren Höhepunkt erreichte die Auseinandersetzung mit Harnack jedoch 1905, als das *Wesen des Judentums* [1] erschien, mit dem Baeck die Aufmerksamkeit der gesamten jüdischen Gemeinschaft auf sich zog.

Zwei Jahre danach nahm Baeck den Ruf an eine größere Gemeinde, nach Düsseldorf, an. In seiner Abschiedspredigt in Oppeln erinnerte er daran, daß er die Aufgabe des Rabbiners stets in ihrer ganzen Tragweite und niemals lediglich als Selbstverwirklichung aufgefaßt habe: „Das Wort ‚ich' ist nie auf dieser Kanzel gebraucht worden", erklärte er den Mitgliedern seiner Gemeinde.[15] Daß er nach Düsseldorf ging und fünf Jahre später nach Berlin, entsprach nicht so sehr der „Erfolgslinie" eines Mannes, der zu den Höhen seines Berufsstandes aufsteigt, als vielmehr der persönlichen Verwirklichung eines Rabbiners par excellence. Die Spitzen der Berliner Gemeinde bewahrten immer ein gewisses Unbehagen in ihren Beziehungen zu Leo Baeck. Er war ihr Beamter, aber er war ihnen überlegen, er war ihr Lehrer und schien immer auf der Suche nach größerer Wahrheit, er drang in Bereiche vor, in die sie ihm nicht zu folgen vermochten. Die kleinen Kinder lehrte er nicht; er hatte keinen großen Kreis enger Freunde, und er war keine erregende oder dynamische Persönlichkeit, die jeden in Reichweite in Bann zog. Aber er war – und mußte es sein – innerhalb der nicht geringen Zahl der Berliner Gemeinderabbiner der Maßgebliche ihrer Gemeinde. Wo lagen die Gründe für seine Autorität?

Toledot. Die Kette der Generationen, das Bewußtsein der Juden, in der Kontinuität der Geschichte zu leben, brachte die Berliner Gemeinde zu der Erkenntnis, daß sie in Leo Baeck einen Rabbiner vor sich hatte, der über alle Autorität der Vergangenheit verfügte. Die liberalen Kreise der Gemeinde würdigten den Gelehrten, der von der gesamten Umgebung respektiert wurde, der indessen immer und zu jeder Zeit ein jüdischer Gelehrter, ein Rabbiner war. Und die konservativen Juden konnten, obwohl er ihnen irgendwie verdächtig vorkam, keinen Makel an seinem Verhalten finden. Baecks persönliche Eigenschaften, äußerste Furchtlosigkeit, Integrität, Hingabe an jüdische Gelehrsamkeit – vielleicht sogar die gewisse Unnahbarkeit eines Menschen, der sich stets in dem erhabenen Bereich des Heiligen bewegt –, all dies bewirkte zwangsläufig, daß Leo Baeck die Führung seiner Gemeinschaft übernehmen würde.

Baeck kam 1912 in einer doppelten Funktion nach Berlin: als einer der Rabbiner der jüdischen Gemeinde und als Dozent für Midraschforschung und Homiletik an der Lehranstalt für die Wissenschaft des Judentums, an der er zum Rabbiner ordiniert worden war. Die jüdische Gemeinde zählte zu jener Zeit ungefähr 150 000 Mitglieder.[16] Sie hatte niemals einen „Oberrabbiner", jedoch viele Rabbiner von überragendem Format gehabt. Der einzige Unterschied zwischen Leo Baeck und seinen Kollegen bestand darin, daß ihn der Vorstand von einigen der Routineaufgaben innerhalb der Gemeinde entband, damit er mehr Zeit hatte für seine Forschungsarbeit und später für seine nationalen Pflichten und Verantwortlichkeiten. Er betreute die Berliner Gemeinde von 1912, dem Jahr seiner Rückkehr nach Berlin, bis zu ihrem Untergang in den vierziger Jahren. Nur eine Unterbrechung gab es: beim Ausbruch des Ersten Weltkriegs meldet sich Baeck freiwillig als Feldgeistlicher. Er erlebte das Kampfgeschehen sowohl an der West- wie an der Ostfront, und seine Berichte, die im Berliner Gemeindeblatt erschienen[17], vermitteln uns Einblick in das Leben eines mutigen und selbstlosen Geistlichen, den die Soldaten, denen er beistand, auch voll anerkannten. Sie vermitteln aber mehr als das. Baeck empfand seinen Dienst als einen solchen an der gesamten Menschheit. Niemals in der Hitze des Krieges ließ er sich zu Chauvinismus verleiten, sondern versuchte stets, die Ideale universaler Gerechtigkeit zu lehren. Mehr noch denn als Feldgeistlicher für die deutschen Soldaten wirkte er als Rabbiner für die größere Anzahl von jüdischen Zivilisten, die in unermeßlicher Bedrängnis in Rußland lebten. Seine Kenntnis von der Not jüdischer Existenz gewann neue Tiefen, und hier, angesichts der absoluten Qual des Krieges, muß ihm auch das Ungenügen der Theologie des neunzehnten Jahrhunderts klargeworden sein. Wenn Baecks Frontberichte, die zum großen Teil erst jetzt wieder aufgetaucht sind, einmal sorgfältig gesichtet sein werden, mag eine persönliche Reaktion zu dem Schrecken jener Tage sichtbar werden, vergleichbar derjenigen von Franz Rosenzweig, der seinen *Stern der Erlösung* als Postkarten von der Front schrieb, oder derjenigen von Paul Tillich. Tillich, der ebenfalls als deutscher Feldgeistlicher eine Schlacht erlebte, in der viele seiner Freunde um ihn herum verstümmelt und getötet wurden, geriet in eine persönliche Krise, die er folgendermaßen beschrieb: „Diese ganze entsetzlich lange Nacht hindurch ging ich an Reihen sterbender Männer entlang, und vieles von meiner klassischen deutschen Philosophie brach in jener Nacht zusammen – der Glaube an die Identität von Essenz und Existenz . . . der überlieferte Gottesbegriff war tot."[18] So radikal wie bei Rosenzweig und Tillich war Baecks Wandlung nicht. Essenz und Existenz gingen für ihn ineinander über, waren aber nicht identisch, und er hatte sich bereits von dem Bereich des Geistes in denjenigen menschlicher Erfahrung als den Ort der Bewährung hinausbegeben. Er brauchte niemals ein zusammengebrochenes System neu aufzubauen, die Spannung der Polaritäten gestattete eine stetige Erweiterung und Neubewertung seiner Einstellung zu einer jüdischen Theologie, die er als selbstreflexiv und in ewiger Weiterentwicklung begriff. Da er jedoch dem Zeitgeist geöffnet war und den Zusammenbruch des Liberalismus und der Philosophie des Idealismus im europäischen Denken nach dem Ersten Weltkrieg deutlich spürte, war ihm vollkommen klar, daß die Formulierungen des vergangenen Jahrhunderts nicht mehr ausreichten. Und zusammen mit dem Gebot, das den Kern der ersten Ausgabe vom *Wesen des Judentums* darstellt, bildete sich in ihm das Bewußtsein eines Geheimnisses, das die Ausgabe dieses Werkes von 1922 zu einer neuen Aussage über das Judentum werden ließ.

Baeck als Feldrabbiner ist eine faszinierende Figur. Von allen wurde er anerkannt und respektiert, von den Soldaten, von seinen Kollegen unter den Feldgeistlichen und von seinen Kollegen unter den Offizieren. Seine enge Beziehung zu manchen Mitgliedern des deutschen Adels mag sich bei den verschiedenen Begegnungen mit ihnen an der West- und Ostfront ergeben haben. In Notsituationen wirkte seine Integrität eindrucksvoll – und wurde nicht vergessen. Er war außerdem – für damalige Verhältnisse klingt das merkwürdig – ein Organisationsmensch: er glaubte an die Struktur des Gesetzes und erkannte, daß der Einzelne Halt und Entwicklungsmöglichkeiten innerhalb eines alles umfassenden Gefüges finden konnte. Wieder verhelfen Worte des späteren Baeck zum Verständnis des jungen Feldrabbiners:

> Individualität, System, Gesetz sind so nur die verschiedenen Benennungen für diese Einheit und Ganzheit, welche die Form ist, in der alle Existenz erscheint. Nur begrifflich können diese beiden, System und Gesetz, geschieden werden, ganz wie sie beide von der Individualität nur begrifflich gesondert sein können ... Überall, wo Existenz ist, ist Individualität; wo Individualität ist, ist System; wo System ist, ist Gesetz. *[Individuum ineffabile, Eranos Jahrbuch XV (1947), p. 389]*

Sein besonderer Beitrag zur Organisation des Militärlebens geschah im Rahmen der rabbinischen Konferenzen mit seinen Kollegen im Feld. Und doch ist es wichtig zu wissen, daß seine Individualität stets durchbrach und auf zuweilen ungewöhnliche Weise zum Ausdruck kam.

Man berichtete, daß er während seines Dienstes an der Ostfront russische Kriegsgefangene besuchte und darunter einen jüdischen Gefangenen entdeckte. Er veranlaßte, daß der Mann unter seiner persönlichen Zuständigkeit für den Sabbat Urlaub bekam. In diesem Augenblick kamen Befehle zur Truppenverlegung, und Baeck fand sich in der Situation, seinen eigenen russischen Kriegsgefangenen zu haben, für den er verantwortlich war und der mit ihm längere Zeit reisen mußte.

Es gibt andere Geschehnisse, besonders in bezug auf Baecks Begegnungen mit den ostjüdischen Gemeinden, die darauf schließen lassen, daß er seine Aufgabe als Feldrabbiner im weitesten Sinne auffaßte. All diese Erfahrungen besprach er mit seinen Kollegen bei den rabbinischen Konferenzen.
Rabbi Dr. Georg Salzberger war Feldrabbiner an der Westfront. In seinem Kriegstagebuch erinnert er sich an die Beratung und Hilfe, die Leo Baeck all seinen Kollegen zukommen ließ, und berichtet über die verschiedenen Konferenzen an der Westfront und über Baecks Beiträge hierzu:

Bei unserer letzten Sitzung vermißten wir Kollegen Baeck, unseren bisherigen Vorsitzenden. Sein Wirken als Feldrabbiner im Westen war für uns vorbildlich. Er ist nach dem Osten versetzt. Vielleicht gelingt es ihm, unter viel schwierigeren Verhältnissen auch dort mit den Kollegen bei den anderen Armeen Fühlung zu nehmen. Uns Westlichen sind unsere regelmäßigen Konferenzen so vertraut geworden ... sie bezeichnen gewissermaßen Abschnitte unserer Tätigkeit und gewähren Rückschau und Ausblick. *[Rabbiner Dr. Salzberger, Aus meinem Kriegstagebuch, Sonderabdruck aus der Monatsschrift „Liberales Judentum" 1916, S. 89–90]*

Baecks eigener Bericht für die jüdische Gemeinde in Berlin schildert die Notwendigkeit dieser Konferenzen an der Ostfront. Sein eigenes Prinzip der allgemeinen Verständigung gehört ganz wesentlich zu den Konferenzmethoden: nicht die Entscheidung der Mehrheit, sondern gänzliche Übereinstimmung aller beherrschte die Besprechungen der Gruppe. Und Baecks Nachdruck auf Disziplin und Ordnung nimmt erneut Gedanken seiner späteren Schriften vorweg. Er berichtete nach Berlin:

Bericht Nr. 48 Den 20. September 1916

In den beiden ersten Wochen des September habe ich Gottesdienste abgehalten in Schödern, Sziwischki, Benki, Uzjany und Smolina. In der zweiten Woche des Monats fand auch, wie schon früher wiederholt, eine Konferenz der Rabbiner an der Ostfront statt.
Diese Tagungen mit ihrem Austausch der Erfahrungen und der gegenseitigen Belehrung, die dieser bringt, geben den Rabbinern im Felde die Möglichkeit, die Arbeit aller einheitlich zu gestalten. Für die Feldgeistlichen der anderen Bekenntnisse ist von vornherein dieser Zusammenhang damit gewährleistet, daß die gesamte Militärseelsorge durch den Feldprobst, den evangelischen und den katholischen, geordnet und geleitet wird ...
Den jüdischen Feldgeistlichen fehlte jene dienstliche Zusammenfassung. Zwischen den einzelnen Kollegen lag zudem ein verhältnismäßig weiter Weg, im Osten, nach der Zeit gemessen, die er verlangt, ein noch weiterer als im Westen,

und eine nachbarliche Beziehung war daher kaum möglich. So wurden die Konferenzen, die mit ihrer Aussprache und ihren Anregungen eine einheitliche Arbeit anbahnen sollten, ein wesentliches Erfordernis.
Der Rückblick auf eine größere Reihe dieser Tagungen im Westen wie im Osten erlaubt es zu sagen, daß sie ihre Aufgabe erfüllt haben. Es war stets unausgesprochener Grundsatz, daß die Regeln und Leitsätze der Arbeit nicht in einer Übereinstimmung einzelner durch die Mehrheit festgelegt werden sollten, sondern ausschließlich durch die Übereinstimmung aller. Sie hat sich auch immer erreichen lassen, trotz aller Verschiedenheit in den Anschauungen und in den Temperamenten; sie hat sich eingestellt, weil der verständnisvolle Wille vorhanden war, die Person der Sache, und nicht die Sache der Person, dienen zu lassen, und die besonderen Wünsche in die große Aufgabe einzuordnen.
Es war stets das erforderliche Maß von Disziplin wirksam, ohne welches ein geordnetes und rasches Zusammenarbeiten nicht möglich ist. Es hätte verwunderlich sein müssen, wenn es hier anders geworden wäre. Zeigte hier doch jeder Blick, wie ein Ziel erreicht werden kann, nur wenn der Gedanke des Gemeinsamen und sein Gebot in allen leben. Die Sorge um die Individualität mit ihrer Eigentümlichkeit ist etwas Wertvolles und Notwendiges in der Pflege des Gemütes und des Geistes. In der Welt der Arbeit, die auf unserer Erde nur ein Zusammenarbeiten sein kann, muß zu der Individualität, wenn sie ein Segen sein soll, der starke Sinn für den Zusammenhang und den Zusammenhalt hinzukommen. Erst dieser Sinn für Disziplin gibt der Individualität ihren festen Boden, auf dem sie, in Gemeinschaft mit anderen, etwas schaffen kann.

Der letzte Bericht von der Front an die Berliner Gemeinde erschien im Juni 1918. Müde und erschöpft kehrte Baeck nach Berlin, zu seiner Familie und seiner Arbeit zurück. Interessanterweise hatte er es in seiner Privatkorrespondenz mit der Familie den ganzen Krieg hindurch kategorisch vermieden, von seinen eigenen Erfahrungen zu sprechen. „Übst Du Dich im Schreiben?" „Lernst Du gut?" waren die Fragen, die er in diesen Briefen an seine Tochter richtete. Das ist nicht untypisch für Briefe in Kriegszeiten, die Familienneuigkeiten erörtern, aber für Leo Baeck ist es ganz besonders typisch.

VII

Als Baeck auf seine Kanzel und zu seinem Lehramt zurückkehrte, befand er sich im Vollbesitz seiner Kraft. Ruhig in seiner Rede, aber von ungeheurer Vitalität und Energie, stürzte sich der fünfundvierzigjährige Rabbiner in eine ganze Anzahl von Tätigkeiten. Für die Weimarer Republik war er Ratgeber für jüdische Angelegenheiten, er repräsentierte jüdisches Denken bei den Tagungen der „Schule der Weisheit“ des Grafen Hermann Keyserling in Darmstadt und erwies sich als der hervorragendste Gelehrte dieser Versammlungen. Er beteiligte sich an der zweiten Ausgabe eines klassischen Nachschlagewerks, *Religion in Geschichte und Gegenwart*[19], setzte seine jüdischen Forschungen fort – mehr als zwanzig Arbeiten weist seine Bibliographie zwischen 1918 und 1924 auf – und lehrte an der Lehranstalt, lehrte auch von der Kanzel.

Eine Würdigung Baecks aus der Zeit nach dem Zweiten Weltkrieg berichtet, daß „die jüdische Bourgeoisie der Jahre vor 1933 Baeck mißverstand und sich fast nie angesprochen fühlte.“ *[121, S. 13]*

Das ist allerdings ein recht oberflächliches Urteil. Fritz Bamberger zufolge gab es vor 1933 viele, die meinten, daß „Baeck kein populärer Geistlicher“ gewesen sei, und Bamberger sagt mit Recht, daß diese Kritiker Volkstümlichkeit mit Erfolg verwechselten *[159, S. 75]*.

Baeck warb nicht um die Massen durch eine große Anzahl öffentlicher Auftritte, noch durch volkstümliche Reden oder sensationelle Predigten. Seine Predigten stellten hohe geistige Anforderungen an die Gemeinde. Dr. Bamberger erinnert sich, daß ein Vorstandsmitglied der Berliner Jüdischen Gemeinde diese Predigten „Baecks Privatunterhaltungen mit Gott“ nannte. Dazu Bamberger:

Das Bonmot sollte eine vernichtende Kritik sein; aber keine freundlich gemeinte Bezeichnung hätte sie treffender charakterisieren können. Wenn Leo Baeck predigte, wandte er sich nicht von oben herab an die Zuhörer. Er wählte sorgsam jedes Wort, er formte jeden Satz nach Gewicht und Klang, sprach etwas monoton mit einer sonderbar vibrierenden hochliegenden Stimme, hie und da einen Satz mit einer Bewegung seiner sensitiven Hände unterstreichend, öfter aber die Wichtigkeit eines Gedankens durch die größere Schärfe seines Blicks enthüllend; er schien die Antwort auf seine Worte nicht aus der Gemeinde, sondern von irgendwoher weit darüber hinaus zu erwarten. *[159, S. 76]*

Baeck strebte auf der Kanzel und im Leben stets über das hinaus, was bekannt und gesichert war. Er war ein Sucher und bezog die Gemeinde in seine Suche ein, während sie seinen mit angenehmer Stimme vorgetragenen revolutionären Wahrheiten zuhörte.

Als er 1912 seine Vorlesungen an der Lehranstalt aufgenommen hatte, hatte er angekündigt, daß er sein Gebiet der Midraschforschung und Homiletik im weitestem Sinne begriffe: Homiletik und Religionsgeschichte sollten in einem gelehrt werden. Seine Antrittsvorlesung war ein sorgfältiger Vergleich zwischen griechischer und jüdischer Predigt gewesen *[20]*. Baecks tiefes Eindringen in diese frühen Jahrhunderte kam hier zum Ausdruck. Er

unterstrich das Bewußtsein des griechischen Bürgers, der zum Weltbürger wurde, für die *polis*, für die Stadt – ein Bewußtsein, das Philosophie und Religion als nützliche Führer in die neue Welt einschloß. Die Kanzel erhielt in jenen Tagen eine neue Bedeutung. Und die jüdische Kanzel begegnete dem griechischen Denken mit einem einzigartigen Vorteil: die starke Kette der Überlieferung bildete eine fest verankerte Position, die sie aller Vielfalt und allen Widersprüchlichkeiten der griechischen Kanzel entgegensetzen konnte. Im Flusse griechischen Denkens stand das Judentum als fester Fels. Aber es war nicht nur etwas, das die Vergangenheit ohne Elemente des Wandels überdauert hatte. Die mündliche Überlieferung ermöglichte es den Rabbinern, gegenwärtige Erfahrungen in den alten Rahmen hineinzunehmen und das Judentum zu einer wahrhaft lebendigen Religion zu gestalten.
Diese Einsicht machte Baeck zum Kern seiner Lehren. Ihm schien, daß die uralte Situation erneut für den Juden lebendig geworden sei. In den verschiedensten Strömungen europäischen Denkens lebend, mußte er sie kennen und auf ihre Herausforderung antworten, aber das mußte begründet sein auf das Wissen um den ewigen Kern des Judentums, um das „Wesen des Judentums". Und die Predigt sollte diesen schöpferischen Konflikt spiegeln. Sie mußte zur Gegenwart sprechen, jedoch aus der Vergangenheit heraus, mußte „dem Eigenen und Besten des Judentums treu bleiben. Predigen heißt ‚lernen und lehren'." *[6, S. 156]*
Als Baeck 1918 zu seinen Studenten zurückkehrte, mit noch tieferer Einsicht in die Krise der Gegenwart, die in einen Bezug zur Vergangenheit gesetzt werden mußte, zeigte einer seiner ersten Vorträge (Heimgegangene des Krieges, 1919/23), wie sehr er sich darüber im klaren war:

Zu einer Stunde des Gedenkens und des Begrüßens ... sind wir hier zusammengekommen. Aber wer vermag heute, in durchwühlter flutender Zeit, nur in der Stunde zu bleiben, sein Fragen und Sinnen dem fernzuhalten, was jetzt unsere Tage durchströmt, was jeden von uns bis in sein Persönlichstes hinein erfaßt hat! *[4, S. 283]*

Baeck blickte zurück in die Vergangenheit, die Gedenkrede für die im Kriege Gefallenen wurde zu einer Gedenkrede für den preußischen Staat und seine Idee, die ebenfalls gefallen war. Sein Gegensatz zu den Gedanken Luthers kommt hier am klarsten zum Ausdruck, als er die beiden Kräfte, die in diesem Staate am Werke waren, betrachtete: die alten konservativen Kräfte des Luthertums mit Staat und Staatskirche und die andere, die spätere treibende Kraft der Aufklärung, mit dem Geist des Staatrechts und der Kantischen Philosophie. „Der alles bevormundende Polizeistaat ist in gerader Linie aus dem Luthertum hervorgegangen" *[4, S. 386]*, lautete sein Vorwurf.

Und innerhalb des Christentums, gegen das Luthertum, pries Baeck den Calvinismus, in dem das messianische Streben des Judentums Boden gefaßt hätte. Baeck schloß seinen Vortrag mit einem seltsamen Auftrag an seine Studenten:

Eine neue Zeit will beginnen, eine Zeit, die an den alten preußischen Idealismus wieder anknüpfen will, in der weithin auch Ideen, die aus dem jüdischen Geiste geboren sind, sich durchsetzen wollen. Die Welt will anders werden. Eine eigentliche Aufgabe, wie eine Schicksalsfrage, steht in alledem vor uns deutschen Juden. *[4, S. 399]*

Hier hört man Hermann Cohen sprechen. Es ist zwar nicht zulässig, diese Äußerungen von Baeck mit Cohens *Deutschtum und Judentum*[20] in Verbindung zu setzen, aber ein Aspekt von Baecks Persönlichkeit, der völlig verdunkelt oder von den Wissenschaftlern auf diesem Gebiet nicht beachtet wurde, ist der, daß Baeck nicht nur ein deutscher Jude war. Er war auch ein Deutscher. Immer seiner selbst bewußt, immer im Rahmen des Rabbinats, teilte er dennoch mit Hermann Cohen den glühenden Patriotismus für den preußischen Staat. Er war in ihm zu Hause und gab seine Bande zur deutschen Gemeinschaft niemals auf. Eine Arbeit nach dem Zweiten Weltkrieg bestätigt seine eigenen Aussagen zu diesem Punkt: Baeck „war der Mann, der vielleicht als einziger unter den Juden Deutschlands bis in die allerdunkelsten Tage Kontakt zu den Männern des Widerstandes, vor allem dem Adel hatte". *[121, S. 11]*[21]

Was für die dunkelsten Zeiten galt, galt ebenso für den Anfang. Loyalität der jungen jüdischen Generation und seinem Vaterland gegenüber brachte ihn an beide Fronten des Krieges. Loyalität dem gegenüber, was er als „preußischen Idealismus" bezeichnete und ihn an die Berliner Universität fesselte und er dort studierte, hielt ihn im Strom der deutschen Kultur. Selbst im Konzentrationslager schrieb er von der Loyalität den Ländern gegenüber, in denen das jüdische Volk gelebt hatte:

Mit den Ländern, in welche die Schicksalsstraße geführt hatte, sich zu verweben, das neue Land auch innerlich zur Heimat zu gewinnen, in seiner Luft zu atmen, in seiner Sprache zu denken, ihr, und sich selber damit, neuen Ausdruck und neue Form zu schaffen, das haben die Menschen dieses Volkes versucht und vermocht, wo immer und wann immer ein Land sie wahrhaft aufnahm. Treuere und dankbarere Menschen hat kaum je ein Boden getragen ... wo immer und wann immer eine Bereitschaft da war, sie zu verstehen, und dem Gepräge, mit dem Gott sie geprägt hat, das Recht zu gewähren. Für Völker und Kulturen hat das wie zu einem Geschenk, ja zu einem Segen werden können. *[7, S. 152]*

Das ist autobiographisch. Es beschreibt Leo Baeck, den Rabbiner, der die Tradition von Goethe und Kant als Teil seines eigenen Erbes empfand und sie neben Hillel und Akiba, Halevi und Maimonides stellte.
Aus dem Vortrag von 1919 spricht noch etwas anderes: Es zeigt uns Leo Baeck als Lehrer von Rabbinern, als jemanden, der nicht durch Bücher vom Leben getrennt ist, sondern sich seinen Mitmenschen zuwendet. In diesem Vortrag wird, was ganz selten geschah, auch das persönliche Fürwort benutzt. Baeck spricht zu den Studenten, die zur Lehranstalt zurückgekehrt sind, von denen, die im Kriege gefallen sind. Er spricht von einem dieser Studenten, der mit ihm durch den Park gewandert und seine Hoffnungen und Träume teilte, er spricht von einem anderen, der ihm lange Briefe von der Front schrieb. Und allmählich vereint der Vortrag Prediger und Gemeinde zu einer trauernden Familie, so daß das persönliche Fürwort keinen unstatthaften Einbruch mehr bedeutet, sondern Ausdruck für die Einheit ist, in der Rabbiner und Studenten zu einem weiteren Glied der Kette der Generation werden, welche die jüdische Geschichte ist. Die letzten Worte des Vortrags sind eine Bekräftigung des *toledot*, dieser Geschichte der Generationen, in der die sittlichen Gebote die menschliche Existenz definieren. In Analogie zu einer alten rabbinischen Weisheit, die die Worte Salomons umkehrt, schließt Baeck:

Eine Erde geht, und eine Erde kommt, und das Menschengeschlecht bleibt ewiglich. Es wechseln die Zeiten, und so manche hat ihre neue Erde; aber der Mensch, derselbe Mensch steht immer auf ihr. Der Mensch bleibt, und darum bleibt die Pflicht. Arbeiten und vorwärtsschauen, das ist daher das Gebot für uns. Eine Erde geht, und eine Erde kommt, aber der Mensch bleibt – der Mensch und seine Pflicht. Mit diesem Worte gedenken wir des Vergangenen, mit ihm grüßen wir die Zukunft. *[4, S. 400]*

VIII

Die Führung der Gemeinschaft fiel Baeck zu, gesucht hatte er sie sich nicht. 1922 wurde er zum Vorsitzenden des Allgemeinen Deutschen Rabbinerverbands gewählt. Dieser Verband umfaßte Rabbiner aller Richtungen – Traditionalisten wie Progressive. Daß Baeck ihr Leiter sein konnte, spricht für seine Universalität, aber auch für die Fähigkeit der deutsch-jüdischen Gemeinschaft, unter Respektierung der Unterschiede sich zu gemeinsamer Arbeit zusammenzutun. Dieser Aspekt der deutsch-jüdischen Gemeinschaft – andere Meinungen zu respektieren – spiegelt sich wider in Baecks Persönlichkeit. Die Austrittsgemeinde, in der strenge Orthodoxie ein starres Regiment führte, war für diese Gruppe ein notwendiges Bedürfnis, da sie sich nicht von einer umfassenden Gemeindeorganisation, in der nichttraditionales Denken vorherrschte, verwaltet wissen wollte. An beiden Rändern der religiösen Skala waren ein gewisser Fanatismus und ein Mangel an Verständnis für die Gegenseite zu verzeichnen. Baeck, der die Mittelposition einnahm, war im Grunde Repräsentant für Haltung und Denken der Mehrheit, und er wurde respektiert auch von denen, die nicht mit ihm übereinstimmten.

Von Beginn an sah man mehr in ihm als den religiösen Denker oder Leiter des Rabbinerverbandes. Gemeindeorganisationen wandten sich an ihn. 1924 wurde er zum deutschen Großpräsidenten der Bne Briss-Loge gewählt, der aktivsten Loge des Judentums. Sie hatte ein ausgedehntes kulturelles, soziales und karitatives Programm, und unter Baecks Leitung erweiterte es den Bereich der Erwachsenenbildung. Eine der Bne Briss-Losungen lautete: „zusammen mit der Weisheit des Geistes die Weisheit des Herzens zu erlangen, um eine neue Höhe und Intensität des Lebens zu erreichen." Und Baeck setzte dem das hinzu, was er den Leitsatz für den jüdischen Menschen nannte: „Nicht von unserem Judentum fort, sondern durch unser Judentum hindurch führt der Weg zu unserem Menschentum." *[159, S. 179]*

In diesem eher weltlichen Rahmen sollte man an die theologische Position Baecks erinnern. Manche Kritiker betonen noch immer seinen „Humanismus", den sie als dominierend empfinden. Baeck bezieht seine Begriffe aus der menschlichen Erfahrung, der Mensch steht im Mittelpunkt seiner Theologie. Aber der Mittelpunkt des Menschen ist der Glaube an Gott, der Glaube an die Offenbarung, wie sie sich in der jüdischen Geschichte manifestiert hat, und an ein gebieterisches Geheimnis, das Nachdruck auf die sittliche Aufgabe legt. Das war es, was Baeck dazu bewegte, den religiösen Überlieferungen in diesem größten jüdischen Orden, den es gab, ein neues Gewicht zuzuweisen. Bis 1937 die Bne Briss-Loge in Deutschland aufgelöst wurde, übte er einen großen Einfluß auf alle Logen aus, die fühlten, daß die höchsten Bestrebungen und tiefsten Einsichten ihres Ordens in ihm nicht nur Symbol waren, sondern Realität.

In der deutschen jüdischen Gemeinschaft des zwanzigsten Jahrhunderts gab es viele Fraktionen. Baeck stand über ihnen allen, und alle wandten sich an ihn. Der „Central Verein deutscher Staatsbürger jüdischen Glaubens" war keine zionistische Organisation. Sein riesiges Programm ähnelte in gewisser Weise dem mancher amerikanisch-jüdischen Organisationen wie dem des „American Jewish Committee" oder des „American Jewish Congress". Der Centralverein, der als eine Verteidigungsorganisation gegründet war, wurde bald zum Sprecher für die emanzipierten Mitglieder der jüdischen Gemeinde, besonders durch seine Zeitung mit einer Auflage von über 60 000 Exemplaren. Baeck wurde Mitglied des Exekutivausschusses, man verließ sich auf seinen Rat und akzeptierte ihn. Es gab auch niemanden, der gegen Baeck den Vorwurf von Inkonsequenz erhob, als er Mitglied des Präsidiums der „Jewish Agency for Palestine" und des „Keren Hajessod" wurde, die die Aufbau- und Pionierleistungen der Siedler in Palästina unterstützten. Baeck konnte mit jüdischen Gruppen verschiedenster Richtungen zusammenarbeiten, in den Programmen aller Gruppen fand er wesentliche Aspekte jüdischen Lebens, die zu unterstützen waren. Manche Vorstellungen der ehemaligen Kriegsteilnehmer, die sich im „Reichsbund Jüdischer Frontsoldaten" zusammengeschlossen hatten, entsprachen ihm nicht, er hatte nie etwas übrig für Menschen, die „aus deutschem Patriotismus so eine Art Ersatzreligion für sich machen wollten". Aber er konnte die Arbeit dieser Organisation fördern und tat es auch, soweit es sich um karitative Aufgaben handelte, der Sorge für die Kriegsopfer. Sein bereitwilliger Einsatz für karitative Werke zeigte sich sein ganzes Leben hindurch in vielfacher Weise; als Vorsitzender der „Zentralwohlfahrtsstelle der deutschen Juden" und als Mitglied des Präsidiums der „Deutschen Liga der Freien Wohlfahrtspflege", die alle nationalen Wohlfahrtsorganisationen in Deutschland verband. Er sprach für die jüdische Gemeinschaft mit den christlichen Nachbarn, er repräsentierte das Judentum in der Darmstädter „Schule der Weisheit" und galt als Experte für jüdische Fragen bei der Regierung. Bei so vielen Aufgaben, die seine Tage ausfüllten, ist es erstaunlich, daß seine eigenen Schriften weiterhin in regelmäßigen Abständen erschienen. Viel schrieb er nicht, viele Schriftsteller geringerer Bedeutung veröffentlichten sehr viel mehr in dieser Zeit. Aber alles, was Baeck veröffentlichte, war aufs gründlichste durchgearbeitet. In seinen späteren Schriften verwendete er keine Fußnoten mehr, die er als „unfertige Gedanken" ansah – alles, was er publizierte, hatte den Zustand des Fertigen.

Betrachtet man die Schriften eines Jahres – 1922 –, dann erkennt man, daß Baeck dem Zeitgeist wie der jüdischen Überlieferung verhaftet war. Die erste, in Wieners Bibliographie *[192]* aufgeführte Arbeit ist Baecks berühmter Essay „Geheimnis und Gebot". *[25]* Ein Teil dieses Essays wird dann von Wiener als Wiederveröffentlichung in einem Buch über die jüdischen Feiertage angeführt und dann noch einmal in der zionistischen *Jüdischen Rundschau.*[22] Es folgt ein für eine Veröffentlichung der Bne Briss-Loge verfaßter Aufsatz über die jüdische Kultur in Deutschland.[23] Danach kommt Baecks großartige Gedenkrede auf Nehemia Anton Nobel, in welcher der liberale Denker sein Einvernehmen und seine Freundschaft mit einem Rabbiner zeigte, der das Beste der deutschen orthodox-jüdischen Tradition verkörperte.[24] Baeck hatte viel mit Nobel gemeinsam. Zwischen ihnen bestand eine Verwandtschaft des Geistes, und beide gaben dem Begriff „Rabbiner" eine zeitgemäße Bedeutung, die auf der Vergangenheit aufbaute, aber Neues hinzufügte. Baecks andere Arbeiten in jenem Jahr, unter ihnen ein Bericht über die Versammlung der liberalen Rabbiner in Berlin[25], schlossen Vorträge ein, die seine Beziehungen zum liberalen Judentum erneut bekräftigen. Seine tiefe Gelehrsamkeit stellte er in den Dienst des großen Vorhabens des „Verbandes der deutschen Juden": den „Lehren des Judentums nach den Quellen" *[24]*.[26] Aber seine wichtigste Veröffentlichung in diesem Jahr war zweifellos die Arbeit über die „Romantische Religion" *[27]* in der Festschrift seiner Schule 1922.[27] Alle Aspekte Baecks, seine Polemik gegen das Christentum, sein Mißtrauen gegenüber dem Gefühl, der klassische Nachdruck auf rabbinischem ethischen Aktivismus und der Einfluß zeitgenössischen Denkens vereinen sich hier. Aus seiner deutschen Tradition heraus stützte sich Baeck auf Wissenschaftler wie Fritz Strich, die Woelfflins ästhetische Kategorien von Klassik und Romantik auf die geistigen Strukturen der Zeit anwendeten. *[182]* Gleichzeitig halfen ihm Carl Schmitts Formulierungen zur politischen Romantik, seine Kritik einer Religion zuzuwenden, die, wie er fand, sich zum Schaden sowohl des Staates wie der Religion dem Staate verbunden hatte. *[166]*[28]

Es war die Zeit, in der Buber, Rosenzweig und Baeck zu Sprechern des jüdischen religiösen Denkens wurden. Buber, in dem der neue Nationalismus durch neue Bereiche des Denkens und Wertens seinen Ausdruck fand, hatte große Kontroversen mit Hermann Cohen. Rosenzweig fand durch die eigene Interpretation von Cohens Theorie der Korrelation in Hermann Cohens Schriften eine Brücke zwischen dem alten und dem neuen Denken.[29] Baeck stand Cohen näher, doch teilte er einige von Rosenzweigs Ansichten. Manches von dieser inneren Auseinandersetzung im jüdischen Denken in Deutschland findet sich in Baecks Aufsatz „Theologie und Geschichte". *[45]*

Aber noch etwas anderes hatten die drei gemeinsam: den Traum vom Frankfurter Lehrhaus, eine Methode jüdischer Erziehung, die den Erwachsenen in den Mittelpunkt eines Lernprozesses stellte, in dem das religiöse Erbe in seiner Bedeutung für das Ganze der jüdischen Existenz und des täglichen Lebens unterstrichen wurde. Jeder von ihnen ging dabei seinen eigenen Weg (der tragische Tod von Rosenzweig beraubte die Gemeinschaft vielleicht um den Größten des Trios). Baeck muß indessen auch als der Erzieher verstanden werden, der sein Volk mit dem Wesen seines Glaubens verbinden wollte, als einer, der niemals als Theoretiker ohne unmittelbare Beziehung zu seinem Volk zufrieden sein konnte. Berlin war nicht Frankfurt, aber seit

Baeck nach Berlin kam, leitete er ein Programm öffentlicher Abendkurse ein, das die jüdische Gemeinde in das Studium der vergleichenden Religionswissenschaften einführte. Alle Seiten der jüdischen Erziehung lagen ihm sehr am Herzen. Das zeitgenössische jüdische Leben – so empfand er – könnte die Vision des pharisäischen Judentums wiedererwecken, eine Vision, die er in seiner Schrift „Die Pharisäer" *[39]*[30] gefeiert hatte als eine Heiligung aller Lebensbereiche, die das jüdische Volk zu einem wahrhaften Zeugen göttlicher Mission machen würde. Das Ausmaß dessen zu beurteilen, was sich auf diesen Wegen in der deutschen jüdischen Gemeinde hätte erreichen lassen, die gerade mit sich selbst und ihrem Erbe ins reine zu kommen versuchte, ist schwierig. Was dann 1933 geschah, war Hitlers Machtübernahme, und die tausendjährige Geschichte des deutschen Judentums fand damit ihr Ende.

IX

Die Nürnberger Gesetze von 1935 führten für die deutschen Juden wieder eine Staatsbürgerschaft zweiter Klasse ein und waren damit der erste Schritt zum Völkermord und zur Massenvernichtung. Deutschland wurde zum Konzentrationslager, dessen Tödlichkeit zu jener Zeit erst potentiell vorhanden war. Die Wachen waren noch sorglos, sie konnten bestochen werden, um Insassen laufen zu lassen, oder sie gestatteten sich gelegentlich den Luxus von Gefühlen und verbargen manche Übel ihrer Herrschaft sogar vor sich selber. Aber der Außenwall wurde immer enger gezogen, und im Innern entstanden Orte des Todes.

Das deutsche Judentum wußte das nicht, konnte es nicht wissen. Aus der ihnen bekannten jüdischen Geschichte durch die Jahrhunderte hindurch leiteten sie ab, daß eine weitere Zeit des Leidens auf sie zukäme, ähnlich den früher erlebten Verfolgungen. Und wie zuvor zogen sie sich in sich selbst zurück. Wenn die Außenwelt feindlich würde, hätten sie innere Kraftquellen, die ihren Bedürfnissen dienen würden. So schlossen sich die deutschen Juden 1933 in der „Reichsvertretung der Juden in Deutschland" zusammen. Als Bürger zweiter Klasse brauchten sie eine eigene Regierung, brauchten sie jemanden, der für sie diplomatische Verhandlungen mit den Gefängniswachen aufnahm, der die ungeheuer komplexe Maschinerie der Selbstregierung in diesem unsichtbaren Getto, in dem sie jetzt lebten, in Bewegung halten konnte. Die Geschichte der Gründung der Reichsvertretung ist vielerorts festgehalten.[31] Die diplomatische Geschichte muß erst noch geschrieben werden. Eines Tages werden die Leistungen von Leo

Baeck, der von den Juden Deutschlands zum Präsidenten der Reichsvertretung gewählt wurde, von seinem Kollegen Otto Hirsch, von Frauen wie Cora Berliner und Hannah Karminski in angemessener Weise gewürdigt werden. Es war entscheidend, daß alle deutschen jüdischen Organisationen in dem Gefüge dieser Vereinigung zusammengefaßt waren: die Zionisten wie der nichtzionistische Centralverein, die großen und kleinen Gemeinden und ihre Gemeindeverbände, die Rabbiner, die Frontkämpfer und alle anderen jüdischen Organisationen, die von der deutschen Regierung noch geduldet waren.

Einer Gemeinschaft, die reich war an früheren Staatsmännern, fähigen Anwälten, Unternehmern und hervorragenden Organisatoren, standen viele führende Köpfe zur Verfügung. Warum wählte man Baeck? Einer seiner Kollegen, Bruno Italiener, begründete das folgendermaßen:

Sie beriefen ... einen Rabbiner, und zwar denjenigen, der unter allen anderen der größte war. Die jüdischen Menschen fühlten mit dem Ahnungsvermögen, das uns Juden durch das lange Leid eingeboren zu sein scheint, daß in einer solchen Zeit der Not ein Mann erforderlich sei, der dem Todfeind nicht nur mit den Waffen weltlicher Klugheit zu begegnen versuchte, sondern mit dem Rüstzeug, das unsere Propheten besaßen, als sie im Namen des gerechten und heiligen Gottes die Machthaber ihrer Zeit in die Schranken forderten, ein Mann, der aus seinem lebendigen Gottesglauben und der heißen Liebe zum jüdischen Volke die tiefsten Kräfte zog. *[160, S. 41–42]*

Baeck war ein Mann Gottes, und er repräsentierte das Volk Gottes.

Er übernahm die Leitung einer Gemeinschaft, die isoliert und in Gefangenschaft geraten war. Wenn es je einen deutsch-jüdischen Dialog gegeben hatte, dann hatte dieser aufgehört *[17, S. 278–280]*. Die Juden lebten nun in einer feindlichen Umwelt, in der alle geistigen und kulturellen Beiträge der Juden als anstößig erklärt wurden. Und jeden Tag hämmerten Zeitungen und Radio, jede öffentliche Versammlung und das gesamte Arsenal der Möglichkeiten des Staates die Behauptung in die Menschen ein, daß das jüdische Volk abscheulich, minderwertig, untermenschlich, daß die jüdische Religion Betrug und Schwindel sei, und daß sie Haß, Diebstahl und Unmoral predige.

Die jüdische Gemeinschaft hatte keine Chance, den Kampf gegen die Nazis zu gewinnen. Sie hatte der demokratischen Opposition gegen die Nationalsozialisten angehört, aber diese Opposition wurde 1933 vernichtet. Von außen kam keine wirkliche Hilfe. Aller Widerstand mußte von innen, aus der jüdischen Gruppe selbst kommen. Der „neue Midrasch" der Zeit, wie ihn Ernst Simon *[177]* beschreibt, erstarkte und formulierte Dinge, die die

Gefangenen trösteten und den Feind auf vielfältigen geheimen Wegen in Frage stellten. Aber die Hauptarbeit der von Baeck geleiteten Reichsvertretung lag im Verlangsamen des Unvermeidlichen; es war ein Kampf um Aufschub, ein Kampf darum, daß Kinder ihre Eltern verlassen und ins Ausland gehen konnten, ein Kampf um ein möglichst langes Hinauszögern der Brutalität. Baeck konnte sich nicht an die anständigen Elemente der deutschen Bevölkerung wenden, sie fanden wenig Gehör bei der Regierung. Er konnte nicht öffentlich für seine Sache eintreten, es wäre ein ebenso vergeblicher, wie selbstmörderischer Versuch gewesen. Statt dessen mußte er sich immer wieder in die Höhle des Löwen begeben, mußte im Hauptquartier der Gestapo für Zeitaufschub, für mildere Formen der antijüdischen Gesetze eintreten. Die Reichsvertretung stellte sich zwischen das jüdische Volk und seine Verfolger. Sie versuchte, die Heftigkeit des Angriffs zu dämpfen. Manche Historiker haben das bezweifelt[32], haben sich gefragt, ob das nicht als Kollaboration mit dem Feinde angesehen werden könne. Derartige Fragen gehen an der existentiellen Wirklichkeit jener Zeit vorbei und machen aus der Not dieser Erfahrung eine Lehrbuchübung. Hatten denn die Juden wirklich eine Wahl? Eine Illusion von Freiheit bestand, aber die einzige Alternative lag zwischen Tod und Tod – Tod sofort oder Tod sehr bald. Der größte Teil des Auslands hatte seine Türen verschlossen. Und jüdische Gemeindeleiter, die glaubten, sie hätten eine Wahl zwischen der Flucht und einem Gefangenengetto, das schließlich entsprechend der alten Dramen die Mauern durchbrechen würde, sahen in ihrem Entschluß zu bleiben nicht nur die moralische Entscheidung, sondern auch die Entscheidung für das Bessere. Die Reichsvertretung intervenierte bei den Behörden, immer dort wo es möglich und angängig war. Es stimmt, daß der Kontakt mit dem Bösen leicht zu Korruption führen kann und aus diesen Verhandlungen Kollaboration hätte werden können: die Atmosphäre des Gestapohauptquartiers stellte die Charakterfestigkeit eines jeden auf die Probe, der ihr ausgesetzt war. Deshalb wandte sich die jüdische Gemeinschaft instinktiv an Baeck, sie wußte, daß er nicht zu korrumpieren war.

Wie nutzte die jüdische Gemeinschaft diese gewonnene Zeit? Zunächst einmal mußte sie sich gänzlich neu organisieren. Die organisatorische Struktur des deutschen Judentums ist von Historikern häufig gelobt worden. Mit den Gesetzen von 1933 war ihr jedoch eine unmögliche Last aufgebürdet worden. Juden wurde die Ausübung vieler Berufe verboten, sie wurden schwer besteuert und ihr Eigentum schrittweise durch eine Reihe von gesetzlichen Tricks enteignet. Das Einkommen der jüdischen Gemeinde nahm daher in alarmierendem Tempo ab, und die Ausgaben stiegen laufend. Bei weniger eingehendem Geld brauchten mehr und mehr Menschen Hilfe, junge wie alte; jüdische Kinder, die bis dahin öffentliche Schulen besucht hatten, mußten in das jüdische Schulsystem integriert werden; diejenigen, die emigrieren konnten, mußten in Ausbildungsschulen neue Berufe lernen, und noch mehr Geld mußte ständig aufgebracht werden, um zumindest die Auswanderungsbereiten ins Ausland zu schicken. Dies alles gehörte zu den Aufgaben von Baeck und seiner „Regierung" und den Hilfsorganisationen, die entweder ausgebaut oder neu ins Leben gerufen wurden.

Manches davon wurde durch die diplomatischen Verhandlungen am Konferenztisch erreicht. Eine gewisse Autonomie war erzielt. Konzessionen für den Transfer von Gütern nach Palästina[33] ermöglichten es einer beträchtlichen Anzahl zu emigrieren, andere Konzessionen ermöglichten es, Kinder ins Ausland zu schicken und sie von Deutschland aus zu unterhalten. Auf diese Weise wurden unter dem Vorsitz von Baeck viele Millionen Mark (von denen ein gewichtiger Teil aus dem Ausland kam) jährlich für ganz bestimmte Zwecke ausgegeben: Emigration, wirtschaftliche Hilfe, Fürsorge, Erziehung und Kultur. Eine autonome Regierung war für ein unsichtbares Getto errichtet, in dem die Juden hofften, das Ende des Sturms abwarten zu können. Jedenfalls gab es viele, die sich an diese Hoffnung klammerten. Leo Baeck, der weiter sah als die meisten, hatte die erste Sitzung der Reichsvertretung mit den düstern Worten eröffnet: „Die tausendjährige Geschichte des deutschen Judentums ist zu Ende." Er tat, was er glaubte tun zu müssen, ohne Rücksicht auf die kommende Zeit. Er hatte sich entschlossen, bei seinem Volk als Rabbiner, Lehrer und Prediger zu bleiben, „so lange noch ein einziger Jude in Deutschland geblieben ist".[34]

Es ist beachtlich, wieviel Gewicht auf die Kontinuität der Pflege jüdischer Kultur und jüdischer Erziehung gelegt wurde.[35] Martin Bubers Wirken war von zentraler Bedeutung. Musiker und Schauspieler, die man von ihrem früheren Platz vertrieben hatte, fanden eine neue Bühne für ihre Talente innerhalb der jüdischen Gemeinden, es war ein letzter Ausbruch schöpferischer Leistungen im Angesicht des Todes. Hier gab es kein „Versagen der Nerven", keine Hinnahme des nazistischen Urteils von Minderwertigkeit. Robert Weltschs Leitartikel in der *Jüdischen Rundschau* vom 4. April 1933 [186] zeugt für die Stärke der zionistischen Position wie für die inneren Quellen der Kraft im Leben der deutschen Juden. Dreißig Jahre später warf er diesem Leben Mangel an historischer Einsicht vor, aber den moralischen Mut zu dieser Existenz stellte auch er nie in Frage.

Die Leitung der jüdischen Gemeinschaft ab 1933 brachte Baeck naturgemäß häufig in Konflikte. Da alle Gruppierungen im „Kabinett" der Reichsvertretung Sitz und Stimme hatten, waren grundlegende Konflikte, die nicht so einfach zu lösen waren, unvermeidlich. Einige von Baecks Kompromißlösungen befriedigten niemanden, bewahrten aber den Zusammenhalt der Gruppen und dienten damit der allgemein jüdischen Gemeinschaft. Baecks Integrität war ein Fels, auf den die Reichsvertretung bauen konnte. Ein Beobachter aus jenen Tagen berichtet:

In der Reichsvertretung in Berlin wurde er zuweilen ‚der Kardinal' genannt. Eine repräsentative Kraft strahlte von ihm aus, die einen wohl an einen Kirchenfürsten erinnern mochte, von wohlwollender Weisheit und aristokratischer Weltklugheit, der sich in Sprechweise oder Auftreten nie auf eine rein politische Ebene herabläßt. Die Autorität, mit der Baeck sprach und handelte, war nicht die einer mächtigen Kirche, sondern das Gebot, dem ein Menschenalter lang sein Denken galt ... Für ihn war in einer heidnischen Welt die ethische Idee des Judentums wieder zu dem geworden, was sie in der Frühzeit der jüdischen Religion gewesen war: eine revolutionäre Idee, unbedingt in ihrer Neuheit und unbedingt in ihrem Widerspruch zur Gegenwart. Dieser Glaube trug ihn durch die Jahre der Verfolgung. Aus ihm entsprang der ethische Widerstand ..., der seine Führung kennzeichnete. *[159, S. 85–86]*

Baeck war mehr als ein Symbol, er war das Zentrum des deutschen Judentums.

X

Im Jahre 1939 zerschnitt Deutschland alle Bande zu den übrigen Nationen. Jetzt brauchte man keine Rücksicht mehr auf die Empfindlichkeiten der übrigen Menschheit zu nehmen; vorher hatten sich die Nationalsozialisten bereits von der Rücksichtnahme auf die Empfindsamkeit der Deutschen befreit. Nachdem Leo Baeck aus dem Konzentrationslager gekommen war, analysierte er die Lage jener Tage 1949 in einem Brief:

Das Unglück in den Jahren des Verhängnisses war, daß das Individuum weithin abdankte und sich seine Philosophie der Collectivität zurecht machte oder fertig liefern ließ ... und nun überhoben war, selber zu denken, und dafür auf das Kommando wartete. Das Gottesgebot richtet sich an das Individuum, das Kommando an das Bataillon, und das Eigentümliche dieser Zeit war, daß es auch das Bataillon der in Reih und Glied stehenden Generäle, der kommandierten Generäle, das Generalskollektiv, nun gab. Man könnte die Geschichte dieser Jahre überschreiben: der Krieg des Kommandos gegen das Gottesgebot.[36]

Aber auch wenn die Deutschen Kollektive schufen, die das Gewissen des Einzelnen zum Verstummen brachten, mußten sie die Verantwortung für das, was geschah, übernehmen. Der Unterschied zwischen „Nazi" und „Deutscher" darf nicht außer acht gelassen werden bei Betrachtung dieser Geschichtsperiode, die gemeinsame Verantwortung aber ist nicht zu vergessen. Und eine der harten Fragen an jene Zeit ist die von Hannah Arendt gestellte, ob nämlich nicht sogar eine gemeinsame Verantwortung zwischen den Nazi-Verbrechern und ihren Opfern besteht.

Diese Frage erhebt sich, wenn man die Struktur der jüdischen Gemeinde nach 1939 untersucht. Die von den Mitgliedern der jüdischen Gemeinschaft selbst gegründete Reichsvertretung wurde abgeschafft und an ihre Stelle setzten die Deutschen eine Nachfolgeorganisation, die „Reichsvereinigung", und bestanden darauf, daß die gleichen Männer an der Spitze blieben. Eine simple Methode argumentiert nun, daß die „Reichsvereinigung" ihrer Entstehung nach eine Naziorganisation gewesen sei und jeder mit ihr verbundene jüdische Mensch wäre demnach als Kollaborateur gebrandmarkt.[37]

Das geht jedoch an der Realität der Situation vorbei. Diejenigen als „Nazi" zu bezeichnen, die Gefangene des Hitler-Regimes waren, sagt wenig aus über die Wirklichkeit der Existenz dieser Gefangenen. Das, was die Gefangenen in diese Situation gebracht hat, das ist das Entscheidende. Und da innerer Widerstand, private Motive und Selbstdefinitionen nicht immer an die Oberfläche dringen, zumal die Geschichte jener Tage meist durch die Unterdrücker geschrieben wurde, ist das Verstehen der Art und Weise, in der sich die Gefangenen selbst definieren, eine Vorbedingung für jegliches historische Urteil.

Die unfreiwilligen Beamten der „Reichsvereinigung" sahen sich in ähnlicher Situation wie ein „Offiziersrat" in einem Kriegsgefangenenlager, der die Anordnungen der Wachmannschaften weiterzugeben hat. Derartige Räte – besonders wenn ihre Mitglieder einen nationalen Ruf haben – können leicht zu Kollaborateurs-Organisationen nach dem Vorbild von Quisling in Norwegen werden. Sie können aber auch Zentren des passiven Widerstands bilden, in denen man erneut den Versuch macht, den Zeitplan der Unterdrücker zu verlangsamen. Auf die „Reichsvereinigung", die aus Männern wie Leo Baeck, Otto Hirsch und Julius Seligsohn bestand, und aus Frauen wie Hannah Karminski, Cora Berliner und Paula Fuerst, traf letzteres zu. Diese Menschen setzten ihre Arbeit in der Fürsorge, Erziehung und im Interesse des allgemeinen Zusammenhalts der jüdischen Gemeinde so lange fort, bis sie alle in Konzentrationslager abtransportiert waren, wo die meisten von ihnen starben. So ist, obwohl über der Organisation der „Reichsvereinigung" der dunkle Schatten der Gestapo liegt, trotzdem die Größe der in ihr gefangenen Persönlichkeiten zu spüren. Letzte Gewißheit ist in dieser Frage nicht möglich, denn die Tatsachen, die nach der Massenvernichtung zutage kamen, sind wenige und unvollständig. Betrachtet man aber die Gesamtstruktur, die den „neuen Midrasch“ der dreißiger Jahre, die fraglosen Leistungen der Reichsvertretung und die bekannte Integrität der mit ihr verbundenen Personen umfaßt, dann stellt das sich daraus ergebende Bild einen Tribut an die tausendjährige Geschichte des deutschen Judentums dar, die nun zu Ende ging.

Baeck hatte sich geweigert, Deutschland zu verlassen. Als Präsident der Reichsvertretung hatte er Verantwortungen übernommen, die ihn auf seinem Posten festhielten. Er hatte eine ganz besondere Beziehung zu seiner Herde: er war ihr Hirte, eine Quelle der Kraft und des Trostes. Außerdem hatte er auch eine besondere Beziehung zu Deutschland, zu dem Deutschland, das hinter dem Terror des damaligen Staates existierte.

Hans Reichmann hat über Baecks Beziehungen zur Bewegung des deutschen Widerstandes geschrieben (H. Reichmann, „The Fate of a Manuscript“, *Leo Baeck Institute Yearbook* III, 1958, S. 361 ff.). Baecks Position ermöglichte direkten wie indirekten Kontakt zu einflußreichen Männern, Industriellen und Politikern, die Gegner des Regimes waren. Auf ihre Bitten schrieb er ein „Manifest an das deutsche Volk“ (dessen Text verloren ist) für den Tag, an dem das Regime stürzen würde. Und zwischen 1938 und 1941 arbeitete er an einer Untersuchung über die Juden in Europa, die nach der Befreiung publiziert werden sollte, um einer Öffentlichkeit, die von der Propaganda der Zeit vergiftet war, ein korrektes Bild des jüdischen Lebens zu vermitteln. Irgendwie brachte er es fertig, seine wissenschaftlichen Arbeiten neben seinen täglichen Aufgaben im Interesse der Bewahrung der jüdischen Existenz in einer Zeit der Verfolgung fortzusetzen. Und er lehrte und schrieb weiterhin, sogar noch dann, als die Verfolger beschlossen, daß sie nunmehr das Urteil der Welt nicht mehr zu berücksichtigen brauchten und Baeck ins Konzentrationslager schickten. Die Nummer 187 894 sollte seine Persönlichkeit auslöschen und ihn zu einem unbekannten Juden mehr machen, der in die Gaskammern verfrachtet werden würde.

XI

Theresienstadt wurde von Maria Theresia als Festung erbaut ... Es liegt im sogenannten Bauschowitzer Kessel, je drei Kilometer von den Bahnstationen Leitmeritz und Bauschowitz entfernt. Die Entfernung von Prag ist ca. 60 km. Es ist von zwei großen Festungswällen, zwischen denen ein tiefer Graben liegt, völlig umschlossen bis auf zwei Stellen, wo sich die Ausfallstraßen ... befinden. Diese beiden Straßen waren durch Barrieren abgesperrt und von tschechischer

Gendarmerie bewacht . . . Die Belegung durch Juden begann im November 1941 . . . Die Arbeitskommandos . . . wurden in eine seit sehr langer Zeit unbenutzte Kaserne gebracht. Sie mußten auf dem Fußboden schlafen, hatten keine Decken zum Zudecken, keine Herde zum Kochen . . . *[Notizen eines Häftlings]*

Selbst die Berichte von Häftlingen, die die äußeren und inneren Aspekte des Lagers beschreiben, können nicht mehr als Umrisse jener Düsternis vermitteln, die wir Konzentrationslager nennen. Theresienstadt war ursprünglich als Propagandalager geplant, als „bevorzugtes" Konzentrationslager. Dabei muß man sich vergegenwärtigen, daß von den 140 000 Juden, die nach Theresienstadt geschickt waren, weniger als 9000 überlebten. Und es war auch nicht beabsichtigt, daß Leo Baeck das Lager überleben sollte. Übertüchtigkeit hatte den Unterdrückern in diesem Fall einen Streich gespielt. Ein Rabbi Beck, ein frommer und alter Lehrer aus Mähren, war kurz nach Baecks Ankunft in Theresienstadt gestorben, und der Nazibehörde, der das Lager unterstand, wurde mitgeteilt, daß *der* Rabbi Baeck gestorben sei. Damit war er tatsächlich nur noch eine weitere Nummer in der grausamen Todeslotterie, und durch ein Wunder wurde sie nicht gezogen. Im Lager selbst war Baeck in hohem Grade tätig. Er war umgeben von so manchen, die den verschiedenen Arten von Druck und Verfolgung erlagen und ihre führenden Positionen, ihre Autorität, ihre Kontakte mit den Wachen dazu nutzten, dem eigenen Leben noch eine Spanne Zeit hinzuzufügen. Über all das war Baeck erhaben. Er beteiligte sich nicht aktiv in der Lagerverwaltung und war nur Ehrenmitglied des Ältestenrates. Aber er blieb ein Mittelpunkt des moralischen Widerstands. Letzten Endes kommt das wahre Urteil über Konzentrationslager von denen, die überlebten und Zeugen für die Unmenschlichkeit des Menschen am Menschen wurden. H. G. Adler, einer der Überlebenden von Theresienstadt, schrieb in seinem klassischen Erlebnisbericht über Baeck:

Die denkwürdigste Persönlichkeit im Ältestenrat wurde Rabbiner Dr. Leo Baeck aus Berlin . . . unter den Gefangenen aller Herkunftsländer war er allgemein geachtet und um seiner Hilfsbereitschaft willen wurde er immer höher geschätzt. Nie entzog er sich dem Lager, doch in seiner Nähe schien es nicht zu bestehen, was daran liegen mochte, daß all der Schmutz rundum ihn nicht beflecken konnte . . . Sanftmütig konnte er sein, doch darin hat er sich hier nicht erfüllt, er konnte zürnen und eifern, er kannte das Gebot der Stunde und wußte auch das verhängnisvolle Versagen, dem er und jeder in dieser Geschichte unterworfen war. Es hat ihn gebeugt und in Trauer gestürzt, aber es hat ihn nicht geknickt, weil er sich für neue Aufgaben bereit hielt, denen er sich zäh und mutig nie verschloß. Er wußte sich als Zeugen dafür, daß es immer auch eine andere Welt geben müsse als dieses unheilvolle „Ghetto". Unbestechlich sah er Schwächen und Verderbnis seiner Umgebung, der er entgegenzuwirken trachtete, wie es ging, vor allem aber durch ein lauteres Beispiel ... jene Macht aber hat er bewiesen: in Einem Leuchtturm und das Tränenmeer im Gewoge der Verzweiflung. *[69, S. 254]*

In Theresienstadt kamen die Menschen zu Leo Baeck, und er kam zu ihnen. Sieben- bis achthundert Menschen drängten sich in einen kleinen Kasernenraum, um seinen Vorträgen über Platon und Kant zuzuhören.[38] Aber es gab auch viele private Begegnungen, in denen er sich seinen Mithäftlingen widmete, ihnen als Rabbiner und Tröster diente.

Eine ganze Reihe von Berichten runden das Bild von Baeck im Konzentrationslager ab.[39] Ganz klar wird es nicht, aber man muß das Chaotische der Situation, die geringe Anzahl der Überlebenden und den tödlichen Druck, der nie nachließ, berücksichtigen. Nach allem, was wir dennoch wissen, wurden Baecks Lehren hier zu seinem Leben, und sein Leben wurde zu einer der bedeutenden Lehren unserer Zeit. Aber eine große Frage stellt sich jedoch, die nicht so sehr seine Integrität als seine Urteilskraft betrifft: Hatte Baeck zu irgendeiner Zeit Kenntnis von der wahren Natur der Todeslager und hielt er sie vor seinen Mithäftlingen geheim?
Eric Boehm zitiert Baeck in einem unausgewogenen Buch mit dem Titel *We Survived* (Wir überlebten *[81]*), ein Ingenieur Grünberg, ebenfalls Häftling in Theresienstadt, sei im August 1944 an Baeck herangetreten und habe ihm unter dem Siegel der Verschwiegenheit erzählt, daß Auschwitz, das sogenannte „Umsiedlungs"-Lager im Osten, in das die Gefangenen aus Theresienstadt gruppenweise geschickt wurden, ein Vernichtungslager sei, dessen Insassen vergast wurden. Boehm zufolge habe ihm Baeck daraufhin gesagt:

Ich habe hart mit mir gekämpft, um die Entscheidung, ob es meine Pflicht war, Grünberg davon zu überzeugen, daß er vor dem Ältestenrat, dessen Ehrenmitglied ich war, wiederholen müsse, was er gehört hatte. Schließlich beschloß ich, daß es niemand wissen sollte. Wenn der Ältestenrat informiert wäre, würde es das ganze Lager innerhalb weniger Stunden wissen. In der Erwartung des Todes durch Vergasung zu leben, würde das Leben nur noch schwerer machen.
Und dieser Tod war ja nicht allen gewiß; es gab eine Selektion zur Sklavenarbeit, und vielleicht gingen nicht alle Transporte nach Auschwitz. So kam ich zu dem schwerwiegenden Entschluß, niemandem etwas zu sagen. Gerüchte jeder Art verbreiteten sich ständig im Ghetto, und nicht lange darauf auch Gerüchte über Auschwitz. Aber zumindest wußte es niemand ganz sicher. *[81, S. 293]*

Wenn Baeck das wirklich gesagt hat und dieses seine Gründe für sein Schweigen waren (und nicht Zweifel an dem Bericht und Widerstreben, ein vielleicht falsches Gerücht zu verbreiten), dann haben wir ein moralisches Problem vor uns, das in jener Zeit vor vielen stand: Wann ist Schweigen hilfreich, und wann sollte die Wahrheit gesagt werden, selbst wenn sie vernichtet?

Kurz vor seinem Tode unterhielt sich Paul Tillich mit dem Autor dieses Buches über seine echte Bewunderung für Leo Baeck und auch über das Problem von Baecks Schweigen:

Niemand kann die Geschehnisse innerhalb des Konzentrationslagers wirklich beurteilen. Aber in gewisser Weise würde ich Baeck doch den Vorwurf machen, daß er nicht das Geringste von der Information weitergab, die er besaß. Wenn er wußte, daß Auschwitz den sicheren Tod bedeutete, hätte er es sagen müssen. Die ganze existentielle Wahrheit sollte immer zugänglich gemacht werden, ebenso wie dem unheilbaren Patienten immer die ganze Wahrheit gesagt werden sollte.[40]

Andere, schärfere Kritiker haben hinzugefügt, daß, wenn Baeck etwas gesagt hätte, manche von denen, die nach Auschwitz geschickt wurden, sich mehr um eine – unter Umständen erfolgreiche – Flucht bemüht hätten. Und andere, die sich freiwillig zu Arbeitslagern meldeten, hätten die größere Gefahr erkannt und die Transporte in den Osten vielleicht vermieden.

Die historische Frage ist schwer zu beantworten. Die meisten Historiker sind der Ansicht, daß die Machtposition der Nazis zu diesem Zeitpunkt eine vollständige war, und daß Leben oder Tod in keinem wesentlichen Grade durch das Verhalten der in der Falle gefangenen Juden beeinflußt werden konnte. Wenn das zutrifft, wäre das Entscheidende das Motiv zum Handeln und nicht das Resultat. Aber jedes Handeln eines Gemeindeleiters muß mit dem möglichen Höchstmaß an Einschätzung der Ergebnisse vor sich gehen. Baeck handelte in einer existentiellen Situation, in der Schmerz und Not seines Volkes mit Sicherheit nur noch vergrößert werden konnten und in der er wenig Änderung für die Zukunft sah, wenn er die ihm zugekommene Information weitergab.[41] Nach dem heutigen Stand des Wissens ist der Schluß nicht zulässig, daß Baecks Urteilskraft möglicherweise versagt hat.

Das moralische Problem ist wieder etwas anderes. Paul Tillichs Forderung nach der „vollen existentiellen Wahrheit" bei allen Gelegenheiten kann auf Schwierigkeiten bei der Anwendung stoßen. Sicher war Baecks Entscheidung, Schweigen zu bewahren, ein tief moralischer Akt, der diktiert war von der Sorge um seine Mitmenschen. Soweit wir auf der Suche nach Baecks Persönlichkeit die historischen Situationen beleuchtet haben, sind wir einem Menschen begegnet, der in einer moralischen Entscheidung nicht fehlgehen konnte und es auch nicht tat. Angesichts der Qual seiner Wahl in jenem Augenblick scheint es daher weniger wichtig, die Position des Richters einzunehmen und ein endgültiges Verdikt darüber zu fällen, ob Baeck richtig gehandelt hat oder nicht.

Eine andere Handlung ergänzt das Bild seiner sittlichen Persönlichkeit, die vom Konzentrationslager nicht zerstört wurde, sondern immer fähig war, moralische Entscheidungen zu fällen und diesen treu zu bleiben. Das Lager wurde im Mai 1945 befreit. Die Mehrzahl der überlebenden Insassen befanden sich im Sterben, und eine Typhusepidemie wütete im ganzen Lager. Baeck, der seine Mitgefangenen davor zurückgehalten hatte, die Lagerwachen umzubringen, die ihnen von den russischen Soldaten, die Theresienstadt befreit hatten, übergeben worden waren, blieb bei den Kranken, die Pflege und Tröstung brauchten. Er war noch immer Rabbiner. Erst als seine Aufgabe erfüllt war, willigte er in den Transport nach England ein; dort erwarteten ihn seine wenigen überlebenden Angehörigen.

Die meisten Mitglieder seiner Familie waren gestorben, einige in Theresienstadt selbst. Eine letzte traurige Ironie wurde Baeck dabei nicht erspart. Die wenigen Überlebenden von Theresienstadt wurden nach Deggendorf gebracht und unter ihnen eine Nichte von Baeck. Nachdem sie nun in Sicherheit gelangt war, starb sie in Deggendorf – bei einem Verkehrsunfall. Aber noch viele mußten sterben, und Baecks Beziehung zu ihnen war noch nicht beendet.

Eva Reichmann sprach kurz nach seiner Ankunft aus Theresienstadt in London mit ihm über diesen Zwischenfall. Die Erfahrungen der letzten Tage standen ihm klar und lebendig vor Augen, und er schilderte sie ihr. Es gab auch komische, ironische Aspekte darunter. Die Russen hatten ihn mit Respekt, fast mit Ehrerbietung behandelt – und ihm ein Kavalleriepferd gegeben. Seine früheren Erfahrungen als Heeresgeistlicher kamen ihm zustatten, und er benutzte das Pferd tatsächlich. Aber es gab ein anderes, tragisches Erlebnis: sein Zusammentreffen mit den Typhuskranken.

Als die Russen Theresienstadt befreit hatten, war eine der festungsähnlichen Kasernen vollgestopft mit Häftlingen im letzten Stadium der Typhus-Epidemie. Sie baten herausgelassen zu werden und zu den anderen zu dürfen. „Auch wir sind jetzt frei!“ riefen sie. Baeck betrat die Kaserne und schloß die Tür hinter sich zu. Stimmengewirr begrüßte ihn, und er wurde niedergebrüllt, als er zu sprechen versuchte. Seine Antwort darauf war, daß er seine Stimme bis zu einem Flüstern senkte – und der Raum wurde still. „Versteht ihr denn nicht“, sagte er, „daß eure Forderung in einem letzten Sieg für eure Unterdrücker enden wird? Durch euch wird der Tod zu all denen kommen, die überlebt haben, und jeder Tod wird ein Sieg der Nazis sein." Im Raum blieb es still, bis einer flüsterte: „Aber was wird aus uns?" „Ich werde bei euch bleiben", sagte Leo Baeck. Da sahen sie, daß er ein kleines Bündel mit seinen Sachen und seinem Schlafzeug mitgebracht hatte. Die Stimmung im Raum wandelte sich. Baeck konnte den meisten von ihnen nicht zum Leben verhelfen, aber er brachte ihnen Liebe. Zum Schluß drangen sie darauf, daß er sie verließ, damit er sich nicht auch ansteckte. Sie konnten Liebe mit Leben zurückzahlen.

Erich Warburg, der Sohn des bekannten Hamburger Bankiers, ein hoher Intelligence-Offizier der amerikanischen Armee, hatte inzwischen in Erfahrung gebracht, daß Leo Baeck sich in Theresienstadt befand, allerdings waren keinerlei Nachrichten aus den letzten Kriegsmonaten erhältlich. Beim Vormarsch der amerikanischen Armee befand er sich mit seiner Abteilung in der Vorhut. Ohne Genehmigung unternahm er das Wagnis, einen Jeep mit einem Offizier und zwei Begleitern durch die herannahende russische Armee zu entsenden. Dieser Offizier erreichte Theresienstadt, traf Leo Baeck, der allerdings sich weigerte als erster das Lager zu verlassen. So kehrte er erfolglos zu Erich Warburg zurück, aber doch mit der höchst erfreulichen Nachricht, daß Leo Baeck am Leben sei. Nach einiger Zeit entsandte Erich Warburg einen weiteren Jeep – ebenso erfolglos. (Ein genauer Bericht Erich Warburgs über die versuchte Rettungsaktion befindet sich im Archiv des Leo Baeck Institutes in New York.)

Leo Baeck war weit über Siebzig, als er schließlich mit einem englischen Sonderflugzeug nach London ins Leben zurückkehrte. Es blieb ihm ein weiteres Jahrzehnt, eine Zeit intensiver Wirksamkeit als Lehrer und Gelehrter und als Vorsitzender der Weltorganisation der in allen Kontinenten verstreuten Reste der deutschen Judenheit.

XII

Aus dem Jahre 1953 existiert eine Photographie, die Baeck in lebhafter Unterhaltung mit Albert Schweitzer zeigt. Ein Vergleich mit Schweitzer liegt in der Tat nahe. Beide Männer waren während ihrer Lebzeiten zu Legenden geworden. Beide hatten innerhalb der eigenen Tradition dem religiösen Denken bedeutenden Auftrieb gegeben. Beide hatten, wie es sich herausstellte, ihre Verleumder (die Gestalt des Heiligen ist im Religiösen stets Anathema gewesen). Ob man Baeck mit Tillich oder Schweitzer vergleicht, es handelt sich um Persönlichkeiten, die ihm verwandt im Denken und im Leben sind, und die Schwierigkeiten der Beurteilung liegen letztlich bei uns selbst und nicht bei ihm. Baeck war ein Mann von Integrität, der vom Bösen umgeben war. Warum berührte es ihn nicht? Er ging nicht aus Deutschland fort. Warum nicht? Aber er überlebte. Wieder: warum? Man kann nicht umhin, bei der Suche nach der Antwort alle Einzelheiten seines Lebens zu überprüfen, und die Tatsache, daß ein guter Mensch in bösen Zeiten leben und sie überleben kann, ist von vitaler Wichtigkeit für unser eigenes Überleben in diesen Zeiten.

Baeck war der Führer des deutschen Judentums gewesen. Seine Lehren wurden gehört und studiert, er selbst wurde geehrt und respektiert. Jetzt war der Respekt noch größer als vorher. Aber seine Schüler waren gestorben, und er hatte in den letzten Jahren nur noch wenige Schüler. Das deutsche Judentum als Ganzheit war gestorben, seine Reste in aller Welt verstreut. In gewissem Sinne hatten manche von Baecks Kritikern recht, wenn sie sagten, er gehörte mehr der Vergangenheit an als der Gegenwart. Baeck war ein Überlebender. Und Überlebende bleiben im allgemeinen an der Peripherie. Sie verfügen über Wissen und Erinnerungen, die nicht voll geteilt werden können. Sie bringen Wissen und Lehren aus früheren Tagen von anderen Zeiten und Orten. Wie emigrierte Gelehrte bald entdecken mußten, gibt es kulturelle Unterschiede, auch Eifersucht, Unsicherheit und Unbeholfenheit in den Gastgemeinden, die ihre Verantwortlichkeit den Flüchtlingen gegenüber etwas zögernd auf sich nehmen.
Baeck kam in die Vereinigten Staaten. Er hatte in den zwanziger und dreißiger Jahren die amerikanisch-jüdische Gemeinschaft bereits besucht. 1925 kam er als einer der Leiter einer großen jüdischen Gemeinde, die anscheinend in ein goldenes Zeitalter wissenschaftlicher Arbeit und Leistungen eintrat. Das amerikanische Judentum, besonders die progressive Gemeinde, blickte ratsuchend nach Deutschland. Die frühe Zeit des Reformjudentums war vorbei: deutsche Predigten, Gebetbücher und Zeitschriften gehörten nicht mehr zur amerikanischen Szenerie. Aber die deutsche Wissenschaft, besonders auf dem Gebiet der Bibelforschung und Geschichte, war vorherrschend. Baeck seinerseits war angezogen gewesen von der Vitalität dieser jungen Gemeinschaft. Aber es war eine, wenn auch freundschaftliche, so doch ferne Beziehung. Die Zukunft lag noch jenseits der Schwelle aller Voraussicht.
Als Baeck in den dreißiger Jahren nochmals zu Besuch kam, hatten sich die Schatten bereits über seine Gemeinde gelegt. Viele Lehrer und Gelehrte verließen Deutschland und fanden neue Stellungen in den Vereinigten Staaten. Baecks Platz war in Berlin. Er kehrte zu seinen Pflichten zurück. Als er das nächste Mal dann nach Amerika kam, am Ende der vierziger Jahre, nach dem Massenmord, kam er in eine veränderte jüdische Welt. Er hatte

beschlossen, sich in London bei seiner Familie niederzulassen. Gleichzeitig empfand er ein Gefühl der Verantwortung für das amerikanische Judentum, das jetzt die größte überlebende jüdische Gemeinschaft der Welt bildete. Er war bereit, ihr Lehrer zu sein und junge Menschen zum Rabbinat zu führen.

In hohem Alter wiederholte sich so das Drama seiner Jugend, Breslau oder Berlin? Das ziemlich traditionalistische Jüdisch-Theologische Seminar in New York oder die Reformtheologie des Hebrew Union College in Cincinnati? Rabbi Louis Finkelstein, der Leiter des New Yorker Jüdisch-Theologischen Seminars, traf Leo Baeck in New York und behandelte ihn mit äußerster Freundlichkeit und Rücksicht, er schenkte ihm eine große Zahl von Büchern für den Aufbau seiner Privatbibliothek, sprach aber keine klare Einladung an die Fakultät des Seminars aus.

New York interessierte Baeck. Er hatte Freunde dort, die er nach den dunklen Jahren wiedertraf, Männer wie Professor Heschel, die herbeieilten, um einen bewunderten Kollegen zu begrüßen, den sie lange totgeglaubt hatten. Auch führende Köpfe der neuen jüdischen Welt waren in New York, jene, die ihn ganz besonders als Assimilationisten mißverstanden. Prominente Mitglieder des American Council for Judaism luden ihn zum Lunch ein und versuchten herauszufinden, auf welche Weise Baeck ihrem besonderem Establishment eingeordnet werden und eine Position in ihm einnehmen könnte. Ohne Erfolg. Wie Baeck später seiner Familie mitteilte, konnte er sie nicht wirklich verstehen oder mit ihnen zusammenarbeiten. Von einem Angebot war er jedoch gerührt: Elliot Cohen, der Herausgeber von *Commentary*, der führenden jüdischen Zeitschrift, wollte den Posten eines ‚ständigen Wissenschaftlers' (scholar in residence) für Leo Baeck in der Redaktion einrichten. Aber inzwischen hatte sich das Hebrew Union College in Cincinnati klar und deutlich entschlossen, ihn zu berufen, um die Studenten zu lehren und ein Reformrabbinat zu schaffen, das erkennen sollte, was Europa einst gewesen – und was Amerika werden könnte.

So ging Leo Baeck nach Cincinnati. Auch dort gab es Kollegen. Eugen Täubler und seine Frau Selma Stern-Täubler, große Historiker und alte Freunde. Noch andere deutsche Kollegen hatten den Weg in das Hebrew Union College gefunden: der Kunsthistoriker Franz Landsberger, der Philosoph Samuel Atlas und der Talmudist Eric Werner; sogar Studenten aus Berlin, wie Wolfgang Hamburger. Von nun an war Baeck von November bis April in Cincinnati unter Freunden und mit neuen Schülern.

Er versammelte um sich keine große Schülerzahl. Baeck stellte weiterhin die höchsten geistigen Anforderungen an seine Hörer, und außerdem mußte er zunächst mit dem Problem der Sprache und dem starken Akzent fertig werden. Wenn jedoch seine Vorlesungen nicht gerade überfüllt waren, so gab es doch noch andere Wege, die Studenten zu erreichen. Baeck lebte im Dormitory des Colleges und aß seine Mahlzeiten zusammen mit den Studenten. Allmählich, durch persönliche Kontakte, wurde ihnen klar, daß da eine ungewöhnliche Persönlichkeit in ihrer Mitte lebte. Wenn ein Student und Leo Baeck auf eine Tür zugingen, entwickelte sich automatisch ein Wettrennen: jeder wollte die Tür für den anderen aufhalten.

Zum Schluß wußten alle, daß sie sich in der Gegenwart von Größe befanden.

Baecks Einfluß machte sich bemerkbar in den neuen Zentren jüdischen Lebens, besonders dort, wo sich Überreste der deutschen jüdischen Gemeinde niedergelassen hatten. Wahrscheinlich fühlte er sich in London am meisten zu Hause; dort umgaben ihn Rabbiner und Gelehrte – Maybaum, Italiener, van der Zyl, Doerfler, Salzberger, Ellen Littmann und andere, mit der alten Freundschaft. Das Leo Baeck College wurde erst nach seinem Tode gegründet, aber sein Sinn und Zweck, die Gedanken und Hoffnungen, waren ein Erbe von Leo Baeck. Ähnlich führen die Leo Baeck Institute in London, New York und Jerusalem die Arbeit der jüdischen Wissenschaft in der Weise weiter, die von den bleibenden Leistungen ihrer Gründer zeugen. Mit diesem Forschungsinstitut fühlte er sich zutiefst verbunden. Vom Tode bereits gezeichnet, vom Krankenbette sich erhebend, nahm er an einer internationalen Sitzung des Instituts, das seinen Namen trägt, in London teil. Es war wohl sein letztes Auftreten in der Öffentlichkeit. Mit bewegten Worten bekannte er sich zur Bedeutung der Wissenschaft vom Judentum, dem deutschen Judentum entstammend und jetzt in den Institutsarbeiten neue Blüten treibend. Dieses Bemühen um die historische Überlieferung, um die Bedeutung dessen, was das deutsche Judentum war, hielt er für die wichtigste Gabe des Restes der Überlebenden für die kommenden Generationen.

Aber hat das alles unmittelbar mit Baeck zu tun? Die beachtlichen Leistungen der letzten überlebenden deutschen jüdischen Gelehrten verdienen eigene Anerkennung, ihre Bewältigung der Vergangenheit stellt einen ungeheuren Sieg über die Kräfte dar, die ihre Welt zerstörten. In mancher Weise ist ihre Beziehung zu Baeck ganz indirekt, und trotzdem bedeutet die Wahl seines Namens für diese Institute eine Anerkennung der Verpflichtung und eine Huldigung für Baecks Arbeit und Baecks Leben, und das in einem so hohen Maße, daß Baecks Name inzwischen die Authentizität und Integrität des deutschen Judentums repräsentiert.

Wenn Baeck versucht, das Wesen des Judentums zu analysieren, dann erkennt er, daß sich in dessen Ausdrucksformen die Probleme der Umwelt spiegeln, obwohl sein innerer Kern durch das historische Verständnis allein nicht erfaßt werden kann. Baeck lebt in seiner eigenen Lehre. Man muß die Ereignisse seines Lebens verfolgen, muß wissen, wie sehr er von dem Strömungen eines jeden Jahrzehnts gefesselt (oder zumindest beeinflußt) und seinen Lehrern verpflichtet war – und letztlich kommt all das an das Wesentliche seiner Person nicht heran. Er war eine Persönlichkeit, einzigartig, das Produkt dreitausendjähriger jüdischer Existenz, ein Rabbiner aus Midrasch-Zeiten und ein Lehrer des zwanzigsten Jahrhunderts. Jede Biographie muß seine Lehren mit seinem Leben zusammen sehen, und das gilt besonders für das letzte Vierteljahrhundert. Hans Liebeschütz weist darauf in seiner vielleicht wissenschaftlich gründlichsten Arbeit über Baeck hin:

Für die Welt war er im letzten Jahrzehnt seines Lebens der Mann, dessen moralische Kraft größer gewesen war als jener Terror, dem er sich in der Erfüllung des seelsorgerischen Dienstes an seinem Volk freiwillig gestellt hatte. Dieser Ursprung seiner Autorität scheint anzudeuten, daß seine geschichtliche Stellung nicht in erster Linie auf der Eigenheit des Denkens beruht ... Er war und blieb ein Mann des praktischen Amtes, und den Fragen des Alltags, die die Existenz der jüdischen Gemeinden ... betrafen, galt zu jeder Zeit seine Sorge. *[Hans Liebeschütz, Von Georg Simmel zu Franz Rosenzweig, Tübingen 1970, S. 55]*

Wir müssen Baecks Denkmethoden untersuchen, mit denen er die jüdische Existenz seiner Generation definierte, und erkennen, wie sehr er seinen Lehrern verpflichtet war. In dem Grade, in dem wir den Spuren Hermann Cohens, Diltheys und der verschiedenen Strömungen der europäischen Kultur zwischen den Kriegen nachgehen, vollziehen wir eine Vergangenheit nach, die bewußt werden muß. Wenn wir dann seinen Einfluß auf das jüdische Leben in unserer Zeit erkennen, bewegen wir uns unserer Selbsterkenntnis zu. Wenn jedoch die Gesamtheit seines Lebens und seiner Lehre damit kein grundlegendes Gewicht für das ausgehende zwanzigste Jahrhundert erhält, dann liegt es an der Unzulänglichkeit unseres Bemühens.

Baecks scharfe Unterscheidung zwischen Judentum und Christentum ist für die nach-christliche Welt heute ganz besonders relevant. Sein Verflechten von Glauben und Praxis erwächst aus der jüdischen Überlieferung, die dennoch auf moderne Weise zum Ausdruck kommt. Die jüdische Überlieferung bedurfte niemals einer systematischen Theologie – eben aufgrund dieser Verflechtung von Glauben und Praxis. Und es ist diese Verwurzelung im täglichen jüdischen Leben, durch die Baeck dem zeitgenössischen Juden erreichbar wird, während Hermann Cohen und Rosenzweig mehr der ersten Hälfte des zwanzigsten Jahrhunderts angehören. Aber auch zum Christentum spricht das Judentum. Und Leo Baecks Leben und Lehre sind für den zweifelnden wie den gläubigen Christen von hoher Bedeutung. Heinrich Ott, Nachfolger von Karl Barth in Basel, denkt ähnlich wie Baeck:

Es gehört zur Signatur der theologiegeschichtlichen Epoche, in der wir leben, daß sie davon überzeugt ist, von Gott nur noch im engsten Zusammenhang mit der menschlichen, und das heißt, der zwischenmenschlichen Situation glaubwürdig reden zu können. Welchen anderen Ansatzpunkt könnte man finden für das Reden von Gott? ...
Damit hat sich die ganze Problematik der Gottesfrage in den Bereich der „Mitmenschlichkeit" verlagert ... Der Begriff „Mitmenschlichkeit" ... umschreibt eher einen Raum, weist der Reflexion eine Wirkung, deutet auf eine Sphäre der Wirklichkeit ... *[Heinrich Ott in Wort und Wahrheit, Heft 1, Jan./Feb. 1971, „Gott in Mitmenschlichkeit", S. 19]*

Baecks (wie auch Martin Bubers) Lehren – und auch sein Leben – betreffen dieses zeitgenössische theologische Problem. Eine Analyse von Baecks Leben ergibt überzeugende Belege für seine Liebe zu Christen und deren Religion und macht dadurch die scharfe Kritik noch wichtiger.
Baeck spricht von Gott. Er legt Zeugnis ab. Auch in dieser Beziehung ist es wichtig, daß Leben und Lehre zusammengehören. Es ist außerdem wichtig, daß Baeck vor allem ein Prediger war. Heinrich Otts Vorlesungen über Hermeneutik und über die Ausbildung von Pastoren unterstreichen die Rolle der Kanzel, von der das Wort ausgeht. Woher bezieht es seine Autorität? Angesichts von Baecks Zeugnis und Predigt wird die Autorität seines Wortes klar. Sie kommt aus dem Leben, und das Leben ist die Summe von dreitausend Jahren jüdischer Existenz, dreitausend Jahren Begegnung mit Gott. In Baecks Schriften werden Aspekte der Vergangenheit angerührt, die nicht mehr ganz nachempfunden werden können. Und beim Lesen der bloßen Tatsachen seiner Biographie wird deutlich, daß das Wesen Baecks damit noch nicht erfaßt ist. Aber die Generationen des Menschen übermitteln das Ungreifbare – letzten Endes wird jedes Zeugnis gehört.
Während seiner letzten Lebensjahre reiste Baeck zwischen London, New York und Cincinnati hin und her und verbrachte fast jedes Jahr eine Zeit in Israel, meist zum Passahfest. Er war der Sprecher des progressiven Judentums, war Ehrenpräsident der „Weltvereinigung des Fortschrittlichen Judentums". In London hielt Baeck Vorlesungen für die Reste der deutsch-jüdischen Gemeinde, denen er auch als Präsident der Weltvereinigung der aus Deutschland stammenden Juden diente. Er wurde britischer Staatsbürger. Wieder einmal hielt er Vorträge für die Öffentlichkeit, für Bne Briss, für die Synagoge. Er war intensiv an allen Aspekten des Wiederaufbaues des europäischen jüdischen Geisteslebens interessiert, obwohl er davon überzeugt

war, daß es in Deutschland niemals wieder eine blühende jüdische Gemeinde geben würde.
An den Menschen glaubte er so wie eh und je. Bei der Bewältigung der Vergangenheit mit ihren Übeln legt er den Akzent nicht so sehr auf die dämonische Seite des Menschen als vielmehr auf die Schwäche des biederen Bürgers, dessen Mangel an Interesse den Staat kriminellen Elementen überantworten kann. Er vertraute auf eine bessere Welt der Zukunft. In einem Privatbrief schrieb er:

Die entscheidende Sicherung [gegen die Verbrecher] ist, daß die Zahl der Rechtschaffenen, der wirklichen Menschen wächst und ihr Gewicht verstärkt wird. Die Kraft dieser Sicherung ist z. B. die Stärke Englands; die Schwäche Deutschlands war, daß diese Sicherung fehlte oder versagte; der Fehler Englands und ebenso Frankreichs war, daß sie nicht zur rechten Zeit auf die Erhaltung und Festigung dieser Sicherung in Deutschland bedacht waren. Der Genesungsprozeß hängt heute davon ab. Der große Trost ist immer, daß eine neue Generation und damit eine neue große Möglichkeit heranwächst.[42]

Diese Hoffnung auf den Menschen veranlaßte Baeck dazu, seine Aufgabe als Lehrer für Rabbiner-Studenten wieder aufzunehmen. Am Hebrew Union College-Jewish Institute of Religion in Cincinnati lehrte er erneut Midrasch und las über mystische Texte. Privat und öffentlich bildete er junge Männer aus, die seinen Glauben an das Geheimnis und das Gebot teilten. Er sprach vor vielen Gruppen, vor der Vollversammlung des Kongresses in Washington wie vor kleinen Reformgemeinden überall im Land. Er wurde mit vielen Auszeichnungen bedacht. Eine Loge in Los Angeles nannte sich Leo Baeck Temple. Die Leo Baeck Schule in Haifa ist eine anspruchsvolle Ausbildungsstätte in Israel, und das Leo Baeck College in London bildet im Einklang mit Baecks Methoden jüdischen Denkens liberale Rabbiner wie Reformrabbiner aus. Seine Bücher sind neugedruckt und übersetzt worden und erreichten weitere Kreise und neue Leserschichten, denen er nicht bekannt war.
Am 29. Oktober 1956 zeichnete Baeck seinen Namen unter die Druckfahnen des zweiten Bandes von *Dieses Volk*. Am Nachmittag des gleichen Tages erlitt er einen Schlaganfall und starb drei Tage später im Alter von dreiundachtzig Jahren. Zahllose Nachrufe erschienen damals. Man kann sie in dem einen Satz zusammenfassen, den Walter Kaufmann in seiner Einleitung zu Baecks Aufsätzen über Judentum und Christentum schrieb: „Baeck braucht keine Preisreden, er braucht nur gelesen zu werden."
Damit wenden wir uns nun nach den äußeren Daten von Baecks Leben und der Begegnung mit einer Persönlichkeit, die in der Dynamik einer Existenz

lebte, in welcher Zeitgeschichte, eine Gemeinschaft und ein Mensch zusammenkamen, Baecks Schriften zu. Eine Polarität tritt hervor: Das Leben dokumentiert ein klares und festes Glaubenssystem, und der Glaube erhält durch dieses Leben Gültigkeit. Leben und Glauben zeugen von dem Geheimnis und dem Gebot, der Grundlage jüdischer Existenz.

Drittes Kapitel
Das Wesen des Judentums

I

Im Wintersemester 1899/1900 hielt Adolf Harnack vor einem Publikum von sechshundert Studenten aller Fakultäten der Universität Berlin sechzehn Vorlesungen über die Natur des Christentums. Das in Berlin entstandene Aufsehen um diese Vorlesungen verbreitete sich, als sie im Jahre 1900 unter dem Titel *Das Wesen des Christentums [133]* veröffentlicht wurden, bald in der allgemeinen Öffentlichkeit. Es handelte sich um ein beredtes Bekenntnis zum Christentum, in dem ein Minimum an theologischen Dogmen, ausschmückenden kirchlichen Vorschriften und kirchlichem Anspruch auf Macht enthalten waren; um eine Darstellung des liberalen Protestantismus, derzufolge das Wesen des Christentums in zwei Lehren Jesu beschlossen war: in der Vaterschaft Gottes und in der Brüderlichkeit der Menschen. Das Evangelium wurde aus dem Strom der Geschichte herausgenommen und von der jüdischen Überlieferung früherer Zeiten wie von dem späteren christlichen Denken abgetrennt. Maßgebend für alles sollten die Lehren der Evangelien sein. Harnack versuchte, statt der Religion *über* Jesus die Religion *von* Jesus zu erläutern. Im Vergleich zu den schlichten, ursprünglichen Evangelien sah er in den späteren Institutionen des Christentums mit ihren komplexen Dogmen das Produkt des Wesens des Christentums, wie es in Jesus gegeben war, aber diesem untergeordnet als historische Ausdrucksformen, die nicht um ihrer selbst willen verehrt werden dürften. Er war überzeugt, daß das Evangelium historische Formen – Dogmen, Kirchenpolitik – nicht brauchte, um Glauben zu erzeugen. Im Sinne des Ausspruchs von Troeltsch, „die Geschichte mit der Geschichte zu überwinden“ (also mit kultureller Verantwortung in der Gegenwart kritisch dem eigenen religiösen Erbe gegenüber zu wirken), erklärte Harnack die Zustimmung seiner eigenen Zeit zu jenem Aspekt der Reformation, die das Dogma zugunsten des Evangeliums abschaffte; und er gab seiner Gewißheit Ausdruck, daß die historische Natur des Christentums weitere autoritäre Verewigung der Dogmen unmöglich mache. In gewisser Weise nahm er hiermit spätere Denkweisen voraus, die das christliche Prinzip von seinen historischen Formen trennten. Trotzdem erwies er sich ausgesprochen als Produkt seiner Zeit, und seine Vorlesungen sind als „Richtlinien, an denen die theologischen

Strömungen des Jahrhunderts gemessen werden" können, angesehen worden *[138, S. 256]*. Sie repräsentieren die Einstellung des bürgerlichen idealistischen Denkens im neunzehnten Jahrhundert, die schon bald darauf rettungslos erschüttert werden sollte.

Baeck beginnt seine Kritik an Harnacks Vorlesungen, indem er die Wahrhaftigkeit von Harnack in Zweifel zieht: „Ein Werk von rein apolitischem Gepräge tritt mit dem Anspruch, reine Geschichte zu bieten, vor uns hin." *[18, S. 5]* Sein Vorwurf lautet, daß alles, was Harnack im Evangelium mißfiel – Askese, Sozialismus usw. –, als unwichtig abgetan, und alles was übrigbleibe, die „Erkenntnis und Anerkennung Gottes als des Vaters, die Gewißheit der Erlösung, die Demut und Freude in Gott, die Tatkraft und Bruderliebe" *[18, S. 8]*, mit Jesus identifiziert werde – also nur das, was für Harnack wesentlich war, und daß somit ein subjektiver Apologet und kein objektiver Historiker spräche.[1]

In Baecks Augen setzte Harnack die Philosophie von Ritschl fort, und so wendet er die Kritik von Theobald Ziegler an Ritschl auf Harnack an:

Indem aus dem Werth, den die Glaubenssätze für den Menschen haben, auf deren Richtigkeit und auf die Existenz des ihnen zu Grunde liegenden geschlossen wird, nähert sich die Ritschl'sche Theologie der Lehre Feuerbachs, daß der Wunsch der Vater des Glaubens sei. Gerade in dieser Wendung besteht aber das Verhängnisvolle dieser Theologie, die so kritisch anhebt und schließlich einfach als werthvoll und damit als wahr statuiert, was sie wünscht. Das ist zwar sehr bequem, aber es ist weder kantisch noch ganz aufrichtig. *[18, S. 7–8]*

Baeck fand, Harnack habe Jesus und seine Zeit nicht richtig verstanden, er halte Begriffe wie „Gottesreich" und „Zeit des Messias" nicht auseinander. Aber das „Reich Gottes" beinhaltete in der Zeit von Jesus niemals die eudämonistischen Hoffnungen, die in dem Begriff „Zeit des Messias" enthalten waren. Harnack hatte geschrieben:

Seine [Jesu] Verkündigung umfaßt diese beiden Pole ... An dem einen Pol erscheint das Kommen des Reichs als ein rein zukünftiges ... an dem anderen erscheint es als etwas Innerliches ... Jesus hat sie der religiösen Überlieferung seines Volkes entnommen, in der sie bereits im Vordergrund gestanden haben, und er hat verschiedene Stufen gelten lassen, in denen der Begriff lebendig war, und hat neue hinzugefügt. Abgeschnitten hat er nur die irdischen politisch-eudämonistischen Hoffnungen. *[133, S. 34]*

Die Betonung auf den „innerlichen" Seiten des Reiches Gottes in Jesu Lehren und das Ausschließen anderer Elemente von Jesus und seinen Zeit-

genossen brachten Baeck zufolge etwas hervor, das Harnack „mein Christenthum" und nicht „Wesen des Christenthums" hätte nennen sollen. Harnack ersetzte das geistige Klima der Zeit von Jesus – die inbrünstige Hoffnung auf das messianische Zeitalter, Askese und Apokalyptismus – durch das rationale Klima der eigenen Zeit, und die Lehren von Jesus wurden den modernen Strömungen entsprechend ausgewählt.
Baeck wandte sich gegen Harnacks Methode, die Lehre Jesu von dem „Darbieten der anderen Backe" in ihrer Gültigkeit herabzusetzen. Harnack hatte geschrieben:

Aber soll man auch dem Feinde gegenüber in allen Fällen auf die Verfolgung seines Rechts verzichten, soll man ausschließlich die Waffe der Sanftmut brauchen? ... Ich wage zu behaupten, daß Jesus bei jenen Worten an solche Fälle gar nicht gedacht hat. *[133, S. 71]*

Baeck dachte anders:

Andere werden anderes zu behaupten wagen. Was Herrn H. undenkbar erscheint, kann *damals* nicht nur für denkbar, sondern für nothwendig gehalten worden sein; was er als Vorurtheil ansieht, kann *damals* in den Augen Vieler und vielleicht gerade der Besten eine sittliche Grundbedingung gewesen sein. *[18, S. 10–11]*

Und Baeck bedauerte die Tatsache, daß Harnack sich nicht nur statt als Historiker als Apologet gezeigt, sondern auch, daß er seinen eigenen Glauben verwässert habe:

Wenn gegenüber manchen sittlichen Forderungen von Harnack behauptet wird, daß sie nicht unbedingt und immer gelten, daß sie keine kategorischen Imperative sind und nicht alle Verhältnisse im Auge haben, daß man sie nicht stets und ausnahmslos befolgen müsse, sondern nur im Stande sein sollte, sie unter Umständen auch auszuführen – so ist damit gerade das Eindrucksvollste, die imposante prophetische Erhabenheit der sittlichen Forderungen, die sich eben in der Gleichgültigkeit gegen alle irdischen Rücksichten, in der Paradoxie und der Unnachgiebigkeit der Postulierung zeigt, völlig dahingegeben. *[18, S. 11]*

Von grundlegendem Gewicht war die Auseinandersetzung um die Pharisäer. Für Baeck sind sie echte Vorbilder positiven Judentums. Für Harnack und die christliche Forschung im allgemeinen war der Begriff „Pharisäer" noch immer mit Schande behaftet, während Baeck in den Lehren von Hillel und anderen den Beweis für die Menschenliebe im Pharisäertum sah, was christliche Gelehrte außer acht ließen oder atypisch fanden. Deshalb wurde Baecks Verteidigung des Pharisäertums von den christlichen Gelehrten angegriffen, und Baeck fügte in der zweiten Ausgabe seiner Kritik an Harnack eine Fußnote hinzu, um darauf hinzuweisen, daß Gottesliebe und Nächstenliebe bereits in der Tora „dicht beinander" sind, *[18, S. 15]*.[2] Harnack hatte die Tatsache, daß die Pharisäer diese Gottes- und Nächstenliebe lehrten, als unverbindlich erklärt:

Pharisäische Lehrer hatten verkündigt, im Gebot der Gottes- und Nächstenliebe sei alles befaßt; herrliche Worte hatten sie gesprochen; sie könnten aus dem Munde Jesu stammen! Aber was hatten sie ausgerichtet? Daß das Volk, daß vor allem ihre eigenen Schüler den verwarfen, der mit jenem Wort Ernst machte. *[133, S. 31]*[3]

Harnack hatte den strengen Dogmatismus im jüdischen Leben unterstrichen, und Baeck griff dieses Vorbringen alter Vorurteile in der modernen Forschung an. In seiner Polemik wies er darauf hin, daß die Urteile der Christen über den Talmud ebenso für die christliche Literatur jener Jahrhunderte gelten: „Aber in der christlichen Literatur von sechs Jahrhunderten steht ebenso sehr noch vieles andere, und nicht gerade schönes und erhebendes, wie man besonders in Herrn Harnacks Schriften nachlesen kann." *[18, S. 16]*

Eins ist gewiß: Baeck beansprucht Jesus für das Judentum. Der junge Rabbiner war darin viel mutiger als viele seiner Kollegen, deren vorsichtiges Lob für Jesus häufig mit ihrem Wunsch verbunden war, bessere Beziehungen zwischen Juden und Christen herzustellen. Baeck spricht mit einer solchen Wärme von Jesus, für die sich nichts Ebenbürtiges bei den jüdischen Denkern des zwanzigsten Jahrhunderts findet – bis Martin Buber Jesus als seinen Bruder begrüßte.[4]

Seine Einstellung zu Jesus spielte in der Polemik gegen Harnack eine große Rolle:

Die meisten Darsteller des Lebens Jesu unterlassen es darauf hinzuweisen, daß Jesus in jedem seiner Züge durchaus ein echt jüdischer Charakter ist, daß ein Mann wie er nur auf dem Boden des Judenthums, nur dort und nirgends anders, erwachsen konnte. Jesus ist eine echt jüdische Persönlichkeit, all sein Streben und Thun, sein Tragen und Fühlen, sein Sprechen und Schweigen, es trägt den Stempel jüdischer Art, das Gepräge des jüdischen Idealismus, des Besten, was es im Judenthum gab und gibt, aber nur im Judenthum damals gab. Er war ein Jude unter Juden; aus keinem anderen Volke hätte er die Apostel, die an ihn glaubten, gefunden. *[18, S. 28]*

Und es ist die gleiche Zustimmung zu den jüdischen Aspekten des Christentums, die den jungen Rabbiner dazu veranlaßt, über den jüdischen Haß auf das Christentum zu schreiben:

Einen solchen Haß hat es nie gegeben; eine Mutter haßt nie ihr Kind, aber das Kind hat seine Mutter oft vergessen und verleugnet ... Aber fern liegt es zumal dem jüdischen Theologen, eine Religion, die eine gewaltige weltgeschichtliche Sendung erfüllt hat ... etwa nicht anzuerkennen oder gar zu verletzen und herabzusetzen. *[18, S. 30]*

Wieder erhält das Christentum seine Gültigkeit durch ein Judentum, das eine Mission hat, an der das Christentum beteiligt ist: die Lehren der jüdischen Ethik für die Welt.
Harnacks und Baecks Ansichten mußten in diesem Punkt auseinandergehen. Harnack zufolge schuf Jesus eine neue Ethik, die von der alten Kultur getrennt war. Harnack identifizierte Judentum mit Ritualismus, und diese Voraussetzung durfte Baeck nicht unangefochten lassen:

Die Ethik, wie sie in der Bibel und in der reichen Sittenlehre jener Zeit enthalten ist, war *ganz und gar nicht* mit dem Cultus verknüpft, sondern vollkommen unabhängig von ihm. So unabhängig, daß sie zu ihm oft in Gegensatz gestellt wurde. Was Harnack und andere zu ihrem Mißverständnisse führt, ist der Umstand, daß der Cultus auf sittliche Grundlagen gestellt ist und sittliche Zwecke verwirklichen soll, daß er ethisiert ist, etwa, was dem Heidentum fern lag. *[17, S. 114]*[5]

Wie so häufig wurde die Polemik zur Apologetik. Baeck griff Harnack auf zwei Ebenen an: im Bereich der Geschichte und im Theologischen. Die Herausforderung durch die Geschichte stellte den jungen Rabbiner dem großen christlichen Historiker gegenüber, der sich weigerte, die jüdischen Quellen für sein Studium der jüdischen Geschichte zu benutzen, der ein theologisches Vorurteil gegen die Pharisäer und gegen die jüdische Gemeinde der Zeit von Jesus aufrechterhielt. Baecks Betonung des Unterschiedes zwischen Halacha und Haggada war dabei wichtig. Sie wies auf eine neue Bewertung der rabbinischen Texte, vor allem im Midrasch, als reiche Quelle für die Geschichte der Religion zu Jesu Zeit.
Er stützt sich dabei nicht nur auf die Forschungsarbeit von Geiger und der „Wissenschaft des Judentums" *[18, S. 10, Anm.]*, sondern er begibt sich auf Harnacks eigenes Gebiet und zitiert Renan und andere christliche Gelehrte, deren Ansichten er teilt, und er zeigt sich genau informiert über die Tübinger Schule und deren Vorbehalte gegenüber Harnack. Im Verlauf seiner Kritik zitiert er Theobald Ziegler (einen Schüler von David Friedrich

Strauß), Karl H. Cornill und Emil Schürer *[18, S. 7–8; S. 10, Anm.; S. 27, Anm.]*. Er zeigt den guten Willen, in dem Bereich „höherer Kritk" mitzuwirken, wie sie von Wellhausen und Künen umrissen war, sofern auch deren Fehler neben ihren Verdiensten anerkannt würden. Später sollte er die Geschichte der Theologie unterordnen, aber die ehrfürchtige Würdigung einzelner Tatsachen, das Rankesche Bemühen, die Dinge so zu sehen, wie sie wirklich waren, das Klären von Zusammenhängen, dies blieb stets ein Teil seiner Methode.

Die große Herausforderung in dieser Kritik an Harnack lag im Theologischen. Baeck versicherte, daß es nicht nur der Mangel an Kenntnis der jüdischen Quellen gewesen war, an dem Harnacks Darlegungen krankten. Das *Wesen des Christentums* enthielt einen anderen, entscheidenden philosophischen Fehler, der von Ritschl übernommen war: Die Geschichte des Neuen Testaments war isoliert und aus dem Gewebe der Zeit herausgenommen, sie selbst sollte das Wesen des christlichen Glaubens darstellen, als in sich einzigartig und voraussetzungslos. Die jüdische Geschichte, die ihr voranging, durfte nicht ernstgenommen werden, damit die Einzigkeit nicht in Frage gestellt würde. Und sogar die christliche Geschichte danach mußte als weniger bedeutend gelten. Und so war Harnacks Arbeit, die keine Geschichte, sondern Apologetik war, letztlich nicht einmal ein Werk der Apologie für den christlichen Glauben, sondern es bot nur einen einzigen, isolierten Aspekt jenes Glaubens: Harnacks persönliches Bekenntnis, in dem er das Wesentliche von Jesu Lehren zu fassen glaubte.

Die Kritik an Harnack war Baecks erster Versuch in der Polemik, und er sollte vor allem als Vorbereitung für sein nächstes Werk verstanden werden, denn drei Jahre später veröffentlichte er eine Apologie, die zur klassischen Darstellung des Judentums seiner Zeit wurde: *Das Wesen des Judentums*.

II

Im Jahre 1905 veröffentlicht Leo Baeck seine große Analyse *Das Wesen des Judentums [1]*. Der Titel ist Beweis dafür, daß die Konfrontation mit Harnack weitergeht, obwohl inhaltlich kein unmittelbarer Bezug zum *Wesen des Christentums* – außer drei Fußnoten, die sich auf Harnack beziehen[6] – besteht. In den einleitenden Seiten charakterisiert Baeck das Judentum als die Religion, die nicht mit einem Propheten beginnt oder endet – sei es ein Gotama Buddha, Zarathustra oder Mohammed (Jesus wird bemerkenswerterweise in dieser Liste nicht erwähnt):

In Israel folgt auf den Meister der Zug der Meister, auf den Großen die Reihe der Ebenbürtigen. Keiner gibt das Ganze, und keiner stellt das Ganze dar. Die Fülle der Religion ist in keinem Einzelnen, auch nicht einmal in mehreren befaßt ... Der ganze Inhalt des Judentums liegt ... erst in seiner unbeendeten, unendlichen Geschichte. *[1, S. 27–28]*

Die Betonung des Begriffs *toledot*, der Generationskette, welche die jüdische Geschichte bildet, öffnet den Weg, Israel nun selber als fortdauernde Offenbarung zu empfinden, die der Welt als ewiger Zeuge mit einer Mission entgegentritt.

Das Wesen des Judentums ist Baecks Darstellung der ununterbrochenen Kette der Überlieferung des Judentums, das dem Christen gegenübersteht, der das Wesen seines Glaubens allein in der Passion, am Kalvarienberg findet. Aber das Werk ist mehr als eine Antwort auf Harnacks *Wesen des Christentums*. Man kann es als Parallelentwicklung betrachten. Beiden Arbeiten ist Sprache und Denken der Jahrhundertwende gemeinsam; beide betonen das sittliche Handeln als Schwerpunkt des religiösen Lebens und rükken ab von religiöser Metaphysik. Nur wenn Harnack das Judentum und die Pharisäer so beurteilt, daß historische Texte zur Apologie werden, dann stoßen Baeck und Harnack zusammen. Dieser Zusammenstoß findet statt zwischen zwei Offenbarungen: dem Christus der Erlösung, der jenseits und außerhalb der Geschichte steht, und dem Volk des Bundes, das eine fortdauernde Offenbarung ist und seine Erlösung in der Aufgabe des Menschen innerhalb der Geschichte findet. Harnacks Werk versuchte die durch die Jahrhunderte angehäuften theologischen Trümmer zu beseitigen und das christliche Denken zu der Reinheit des Evangeliums zurückzulenken. Baecks Schriften, vor allem diese Arbeit von 1905, verkünden das Judentum als sittliche Aufgabe, die aus dem kategorischen Soll entspringt, und leugnen die Existenz von Dogmen.[7]

Die Suche nach dem Wesen der Religion bestimmte die Natur beider Werke. Durch Dilthey beeinflußt, suchte Baeck stets nach der Gestalt, die jeder literarischen Schöpfung unterliegt, in einem polemischen Midrasch wie in einem mystischen Text. Aber Baeck folgte Dilthey auch darin, daß er das Vorhandensein definitiver Grenzen in der psychologischen Methode erkannte. Man beginnt mit der persönlichen Erfahrung, bewegt sich aber über diese hinaus:

Die Kulturgeschichte und die Geschichte der Philosophie demonstrieren, wie die Erfahrung des Menschen mit sich selbst, wie dieses Bild, das die Bereiche seines Selbstes ihm zu zeigen schienen, die erste Schöpfung waren, und wie erst von hieraus ein Bild der Gemeinschaft und des Kosmos aufgebaut wurden. *[60, S. 13]*

Jenseits des Innenlebens hat die Außenwelt des Geistes ihre eigenen Gesetze. Das Leben der Seele ist das Individuelle, das Leben des Geistes ist die weitere Welt, in der die Individuen mit anderen in Beziehung treten. Psychologie ist ein Werkzeug für die Erforschung des inneren Prozesses des Individuums, sie kann die Geistesgestalt des Judentum selbst nicht erfassen. Dilthey sagte das gleiche in seiner Studie zum römischen Gesetz: „Das Verstehen dieses Geistes ist nicht psychologische Erkenntnis. Es ist der Rückgang auf ein geistiges Gebilde von einer ihm eigenen Struktur und Gesetzmäßigkeit."[8]

Diltheys Bemühen, einen Typus als Beitrag zum Verständnis der Kultur zu präsentieren, gehört zu Baecks Methode. Wo aber Dilthey von vielen Typen spricht und sie miteinander vergleicht, spricht Baeck nur von einem: von dem Juden und seinem Glauben. Und die Tatsache, daß er sich selbst beschreibt, ist nicht unwichtig. Das ist mehr als Diltheys Empathie-Methode, das ist Selbsterkenntnis. *Das Wesen des Judentums* hat einen autobiographischen Aspekt.

Das Judentum wird als lebendige Struktur vorgestellt, die für sich selbst sprechen soll, aus ihrer Existenz als ein Volk im Bund, das mit Gott verbunden ist. Israels Gott wird nicht als Resultat einer Kette von Vernunftsgründen entdeckt. Israels Gott wurde bei der Genesis eines Systems erfahren. Er wird von allem Anfang an auf der Basis des Glaubens akzeptiert als der eine Gott, „dessen Wesen das sittliche Gesetz ist. Er ist die Bürgschaft für die Sittlichkeit, die Gewißheit für ihre ewige Wirklichkeit" *[1, S. 59]*. Die Methode stammt von Dilthey, die Konzeption von Hermann Cohen. Baeck bleibt jedoch nicht bei Cohens System, das die philosophische Notwendigkeit Gottes als eine Idee bewies, die Sittlichkeit gewährleistet; er wendet sich der inneren Erfahrung Israels zu und seiner Zeugenschaft Gottes. Die Zwiefältigkeit seiner Darstellung nimmt Konturen an. Cohens Lehren, sein Optimismus, seine Verherrlichung der Vernunft, das Beharren darauf, daß Religion ethisch sein müsse – das alles ist bei Baeck dominierend. Er wiederholt Cohens Begriff des einzigen Gottes:

> Der Gott Israels ist der Einzig-Einzige nicht dadurch, daß er allein ist und das tut, was alle Götter der Heiden zusammen tun und zusammen sind, sondern dadurch, daß er *anders* ist als sie alle und anderes tut als sie alle. *[1, S. 63–64]*

Aber die Lehre ist im Rahmen einer inneren Erfahrung gesehen, die Baeck auf Schleiermachers (und Diltheys) Weise definiert:

> Der göttlichen Liebe, diesem umfassenden göttlichen Attribute, entspricht im Menschen eine religiöse Grundempfindung als innerster Quell alles Glaubens

und aller religiöser Stimmung, aller Empfänglichkeit und Erschlossenheit gegenüber Gott. Es ist die *Demut*, die nichts anderes ist als das Bewußtsein der unermeßlichen göttlichen Liebe. Wie diese eine Verknüpfung scheinbarer Gegensätze ist, so auch die Demut. Genau wie in Gott ... es sich eint, daß er der Erhabenste und doch der Nächste ist, so lebt dem Demütigen in all dem Gefühl, klein, unzulänglich und ohne Verdienst vor Gott dazustehen, doch auch die feste persönliche Zuversicht, das *Kind Gottes* zu sein, in ihm den Hort und Fels des Daseins zu haben, auf seine Güte immer wieder hoffen zu können, - unsagbar gering vor Gott und doch unsagbar groß durch ihn. *[1, S. 71]*

In diesen Sätzen spüren wir Schleiermachers Nachdruck auf dem tiefen Gefühl der Abhängigkeit von der Gottheit in der Religion. An anderer Stelle greift Baeck diesen Begriff der Religion wieder an, weil „er ihr Wesen ausschließlich in dem Gefühl der Abhängigkeit von Gott findet und das ebenso wesentliche Freiheitsmoment in ihr außer Acht läßt" *[1, S. 80]*. In der Kombination von scheinbaren Gegensätzen ist bereits Baecks „Polaritätsreligion" erkennbar.

III

Der erste Abschnitt vom *Wesen des Judentums* beschäftigt sich mit der dynamischen Beziehung zwischen der Einheit des Judentums und der ständigen Entwicklung innerhalb des Judentums. Baeck beschreibt, wie das Judentum und die Juden in das Kulturleben jedes Bereiches des Okzidents eingegangen sind und wie dennoch Volk und Glauben ihre Individualität bewahrt haben. Womit Baeck zu einer Paradoxie, zu einer Polarität gelangt:[9] Israel und die Nationen der Welt; Israel als Minorität, die ständig herausgefordert, ständig zu einer Neubewertung ihrer Religion gedrängt wird:

Schon durch ihr Schicksal ist jede Minorität zum Denken genötigt. Sie muß sich das Bewußtsein der Wahrheit, das dem Herrschenden durch den Besitz der Macht genügend gewährleistet scheint, immer neu ... erringen. Daher ist denn auch die jüdische *Religionsphilosophie*, die diesen Kampf führte, so tief wie nirgend anders eine wissenschaftliche Bestrebung, in die Schichten der Bekennerschaft gedrungen. Fast die ganze Glaubensgemeinde nahm teil an diesem geistigen Ringen um die Daseinsberechtigung. Weniges ist so kennzeichnend für das Judentum in der Diaspora wie dieser philosophische Zug. *[1, S. 1–2]*

Wir sehen, daß Baeck es vorzieht, der Philosophie durch die Erfahrung Gültigkeit zu verschaffen. Das Wesen des Judentums wird in die dynamische Erfahrung der jüdischen Existenz gelegt. Es beginnt nicht mit dieser Erfahrung. Glaube an Gott geht dem Leben des Volkes Gottes voran: „Es ist selbstverständlich, daß in einer positiven Religion religiöse Grundlehren vorhanden sind ... Aber zu Dogmen, im strengen Sinne des Wortes, werden diese erst, wenn ihr Ausdruck in *feste, unverbrüchliche Formen* gegossen wird.“ *[1, S. 1–2]* Während Baeck Grundlehren bejaht, will er sie nicht außer Reichweite von Fragen und Prüfungen durch die Erfahrung stellen. Ein Glaube, der zum Dogma geheiligt worden ist, wird geschwächt; er wird aus dem menschlichen Leben herausgenommen. Baeck warnt, daß Institutionen die Neigung zeigen, Denksysteme zu umschließen, sie zu isolieren. Wahrheit, die zu erlösender Gnosis geworden ist, ist dem Menschen verloren. Das geheiligte Mysterium kann für den Geist des Menschen, der nach dem Geheimnis strebt, überwältigend werden. Deshalb müssen die Gebote, die religiöses und sittliches Handeln verlangen, Vorrang vor dem Dogma haben, das von dem Geheimnis Gottes erzählt: „Vor das *Wissen* von Gott treten die *Pflichten* gegen Gott.“ *[1, S. 3]* An Stelle der fertigen, vollständigen Formel sah Baeck die Forderung unendlicher Tätigkeit des Denkens; ein Volk, das sittlich in Übereinstimmung mit dem Gebot handelte, fand seinen Weg zum Geheimnis durch Taten im Leben. Religiöses Denken war Teil des Lebens, war nicht isoliert vom Leben. Es war die Konstante – das, was innerhalb des jüdischen Volkes neu geschaffen wurde –, die durch die Kette der Generationen überliefert wurde. Der Charakter des Judentums blieb unwandelbar, und seine Einheit dauerte fort in aller Entwicklung:

Fremde Vorstellungskreise fanden Eingang, aber Zugeständnisse an sie hat diese Entlehnung nie mit sich gebracht. Wenn sie assimiliert wurden, so wurden sie dadurch zugleich überwunden ... Nur das blieb, was israelitisch werden konnte. *[1, S. 5]*

Israel stellte einen besonderen Typus religiöser Persönlichkeit unter den Völkern dar, die mit religiöser Schaffenskraft begabt sind; das ist der Kern von Baecks Denken. Israels innere Entwicklung ist die einer Kontinuität von Epochen, ist die *schalschelet ha-kabbala*, die Kette der Überlieferung, die sein Leben ist. Baeck unterstreicht, daß „jedes *System* der jüdischen Religion ... notwendigerweise eine *Geschicht*e der jüdischen Religion“ ist *[1, S. 9]*.

Immer wieder kehrt er zu der Spannung zwischen den Polaritäten dieses sich weiter entwickelnden Glaubens zurück. Statische und dynamische Faktoren sind in Fülle gegeben: die Statik der Autorität, die Dynamik der Freiheit. Die Bibel ist einerseits eine statische Autorität, das *Ganze* der Bibel – das Gesetz kann von den Propheten nicht getrennt werden – ist das verkündete

Gesetz des Bundes und die Lebensweise, die von ganz Israel praktiziert wird. Und nicht nur die kanonischen Schriften der Bibel, sondern auch die Autorität ihrer Interpretation, die mündliche Lehre, der Talmud, sichern einen Schwerpunkt, eine feste und bleibende Grundlage des jüdischen Lebens.
Zu gleicher Zeit wurde die Bibel auch zum dynamischen Faktor der jüdischen Existenz:" Sie enthält das *Wort Gottes*, und dieses muß das Wort aller Zeiten sein, jede muß sich in ihm finden können . . . ,Du bist der Mann' ist das Motto der Bibel." *[1, S. 11]* Damit befindet sich Baeck im Einklang mit seinen Kollegen, mit dem „neuen Denken" des deutschen Judentums in ihrer Bewertung der Bibel als lebendigem Text (aber auch mit seinem eigenen Liberalismus, nach dem in der Offenbarung auch die zeitgenössische Antwort enthalten ist). Buber und Rosenzweig hatten das gleiche Bedürfnis, den modernen Menschen mit den Worten der Bibel zu konfrontieren, denen er entfremdet war:

Er [der heutige Jude] stellt sich dem biblischen Wort nicht mehr, wie die früheren Geschlechter, um auf es zu hören oder daran Ärgernis zu nehmen, er konfrontiert sein Leben nicht mehr mit dem Wort . . . So lähmt er die Gewalt, die unter allem Bestehenden am ehesten ihn zu retten vermöchte. *[91a, S. 18]*

Die Bibel als die statische Kraft, die allem Leben unterliegt; die Antwort jeder Generation als die dynamische Kraft, die die jüdische Existenz zusammenhält – so sieht Baeck die Spannung zwischen dem Volk und dem Wort. Im Evolutionsprozeß überleben die Starken. Und die Propheten haben für Baeck nie aufgehört zu leben. In der langfristigen Geschichtsbetrachtung sind die Mängel Israels der Gesamtstruktur untergeordnet; sie sind die endlichen Mängel der Offenbarung, die die Geschichte betrat und sich jetzt auf dem Weg durch die Geschichte befindet.
Nachdem er als erstes Ingredienz des Charakters des Judentums diese Einheit und Entwicklung, die statischen und dynamischen Pole des Glaubens festgestellt hat, weist Baeck nun auf eine weitere Polarität im Wesen des Judentums hin: die prophetische Religion und die Gemeinschaft im Glauben. In dieser Spannung zwischen den Polaritäten liegt stets der Glaube, der die Existenz Israels bestimmt.
Die Propheten bilden das besondere Charakteristikum des Glaubens, und sie lassen sich leichter durch das definieren, was sie nicht sind, als durch das, was sie sind. Sie sind keine Gelehrten, keine Theologen. Sie folgen keinem bestimmten Gedankensystem, sie theoretisieren nicht:

Ein sittlicher Zwang macht sie denken, ein Gewissensdruck heißt sie sprechen; . . . Sie sprechen, weil sie sprechen müssen, und darum lassen sie so überzeugend und so innig die Sprache des religiösen Gemüts vernehmen. Gott gab es ihnen zu sagen. *[1, S. 18–19]*

Das Geheimnis und das Gebot sind zusammen in der prophetischen Erfahrung enthalten. Der Prophet übermittelt beides. Er verallgemeinert nicht, die Botschaft bleibt real, persönlich und fest umrissen. Er ist nicht durch vergangene Überlieferung bis zur Passivität beeinflußt. Im Gegenteil, häufig greift er die Vergangenheit an, wenn er die Tradition vergöttlicht und blind verehrt findet.
Der Prophet beginnt mit Gott. Er befaßt sich nicht damit, die Existenz Gottes zu beweisen. Er hat das Wissen von ihr. Er ist Gott begegnet. Für Baeck lag die Funktion der Propheten in der praktischen sittlichen Natur, da der Prophet Gottes Willen, das moralische Gesetz verkündete. Wieder unterstrich Baeck die lebendige Erfahrung, die von dem beherrscht wird, was seine Zeit als „Religion der Pflicht" betrachtete:

Die Wege Gottes sind die Wege, die der Mensch gehen soll. Auf diesen allein werden wir zu Gott hingeführt; nur in der rechten Tat erschließt sich das Wesen Gottes. Tue deine Pflicht, dann weißt du, wer Gott ist . . . Gott suchen, das ist: nach Gutem streben; Gott finden, das ist: Gutes tun. *[1, S. 21–22]*

Diese Suche nach Gott und das Finden Gottes bewirkt die Vereinigung zwischen Religion und Leben, in der die Gewißheit der moralischen Aufgabe jede Mystik verbannt:

Diese [die Religion] ist hierdurch auch aller Mystik und allem Geheimwerk entzogen. Die *Gedanken* Gottes sind unergründlich, sie sind erhaben über die Gedanken des Menschen, wie der Himmel hoch ist über der Erde. Aber die *Gebote* Gottes sind nicht entfernt und verborgen . . . Für den Frommen gibt es kein Rätsel und kein Dunkel, da er weiß, was er tun soll; ihm ist das Kommende klar, da er seine Pflicht kennt, die der morgende Tag ihm bringen kann. *[1, S. 22–23]*

Das Wort des Propheten ergeht an alle, und in Baecks Augen ist die jüdische Gemeinde ohne innere Gliederung organisiert. Keiner einzelnen Gruppe ist die Wahrheit der Offenbarung ausschließlich gewährt:

Und zum Wesen der Religion gehört es doch gerade, daß ihr ein Ideal allgemeines ist und daß sich ihre Forderungen an alle richten. Sie verlangt religiöse Persönlichkeit, und diese von allen, aber nicht religiöses Sonderwesen. *[1, S. 30]*

Wenn Gott und die Welt getrennt sind, dann muß man die Welt verlassen, um zu Gott zu gelangen. Für Baeck hat das Judentum seine Grundlagen in dieser Welt. Er weiß um die Ausnahmen von der Regel, um die vielen jüdischen Mystiker, die einzeln und in Gruppen von einer dunklen, unseligen Existenz in die mystische Kontemplation auszuweichen versuchten. Aber für das reguläre jüdische Denken war das tägliche Leben innerhalb der Gemeinde der Ort, an dem man Gott begegnete. Die Rabbiner waren Handwerker und Arbeiter, sie gehörten zur Gemeinde. Die grundlegende Teilung des religiösen Lebens fand statt zwischen denen, die lehrten, und denen, die lernten.

Demzufolge bestand die Aufgabe der Pharisäer in der Verbreitung moralischer Gebote, die gemäß ihrer Natur alle in ihre Sphäre zog und Israel zu einem „Reich von Priestern und einem / heiligen Volk" machten.

Baecks Angst vor Dogmen, die sich aus dem herleitete, was er als Versagen der christlichen Erfahrung betrachtete, bricht an vielen Stellen durch. Da er die Religion so sehr in Form von Erleben und Engagement in die Erfahrung des Volkes und in jeden Menschen verlegte, wollte er sie nicht mit Dogmen belastet sehen. Das Volk erfährt die Offenbarung – muß diese Offenbarung konkretisiert werden? Sie soll nicht in Stein gemeißelt oder in Holz geschnitten werden – sollte sie also in eine gut geschliffene Sprache gefaßt werden? Angesichts des Christentums mit seinem gefährlichen Einsatz von Worten, die Taten ersetzen, kommt er zu dem Schluß: „Bezeichnend für den Protestantismus ist das sogenannte ‚Zeugnisablegen', ... das Wort und zumal das Bekenntnis kann man bald meinen ganz zu besitzen." *[1, S. 35]* Baeck stellt dem entgegen, daß im Judentum die „Religion nicht *erlebt*, sondern *gelebt* werden" soll. *[1, S. 36]* Die Religion kommt nicht von außerhalb des Lebens, sie *ist* das Leben. Die Lehre ist allumfassend, die rechte Tat wird von allen verlangt. Und es ist die rechte Tat, die den Menschen zum Glauben bringt: „Wir können nur an das glauben, was wir tun; auch der Glaube wurzelt im Willen. Wer nicht im guten, edlen Handeln Gottes gewiß geworden ist, wird auch durch kein innerliches Erlebnis je Gottes Wesen wahrhaft erfahren." *[1, S. 36]* Cohens Lehre des kategorischen Imperativs von Kant ist hier erkennbar, aber er wird weniger durch den fragenden Geist entdeckt, als durch ein Leben der Hingabe erfahren, durch die Handlung, die für Baeck allem anderen vorangeht. –

Die besondere Offenbarung des Judentums, sein einzigartiger Beitrag zur Welt, liegt im Ethischen. „Die Ethik macht sein [des Judentums] Prinzip, sein Wesen aus." *[1, S. 39]*

Der Monotheismus hat die Einsicht in die Unbedingtheit der sittlichen Forderung geschaffen, das sittliche Bewußtsein belehrt über Gott ... Der bestimmte ethische Charakter bezeichnet so die Schöpfung der israelitischen Religion, den neuen Weg, der gefunden ward. Und er ist *durchaus neu*, nicht etwa bloß die veränderte Fortführung eines alten. *[1, S. 39]*

Ethischer Monotheismus war etwas Neues in der Religion. Die Naturreligionen können mit der Moral Bündnisse eingehen, um die Gemeinschaft zu schützen, aber sie können sich nicht zu ethischen Religionen entwickeln, in denen Moral der wesentliche Inhalt des Glaubens ist. Diese Wandlung kann nur durch eine Revolution vor sich gehen, und Baeck sieht im Judentum eine solche Revolution. Es ist nicht das letzte Wort in einer alten Denkweise, sondern das erste Wort in einer neuen Denkweise – es ist eine Offenbarung.
Selbst wenn Baeck keine Einzelheiten der Offenbarung benennt, muß er sie als vollständig begreifen: das geschriebene und das mündliche Gesetz waren die traditionellen Bezeichnungen. Der liberale Rabbiner muß anders vorgehen. Er will die Offenbarung nicht durch den Talmud und die Rabbiner definiert sehen; statt dessen verlegt er sie in das innere Bewußtsein des Volkes, dessen Existenz die Offenbarung ist, dessen Geschichte die Einzelheiten jener Offenbarung darstellen und dessen sittliches Handeln die Zukunft jener Offenbarung bildet. Deshalb steht die *Auserwählung* Israels im Mittelpunkt von Baecks Denken.
Ein Volk, das in sich die Offenbarung trägt, ist notwendigerweise anders. Aber Baeck sieht dieses Anderssein nicht in der Art von Franz Rosenzweig, der Israel außerhalb der Geschichte stellt, wo es durch seine Auserwählung eine einzigartige Funktion erfüllt, die das Christentum durch sein Wirken innerhalb der Geschichte ergänzt. Für Baeck ist die Auserwählung eine Eigenschaft, die in einem Volke liegt, das die Offenbarung erfahren hat und mit ihr eins ist. Sie ist Selbstverwirklichung, ein tiefes persönliches Gefühl des Menschen, der nach Gottes Ebenbild geschaffen ist und sich deshalb bewußt wird, was er ist. Je klarer die Offenbarung, um so gewisser ist sich der Mensch, daß er auserwählt ist, d. h. die Betonung der Propheten auf Israels Auserwählung basiert auf der tiefen Wirkung, die die Offenbarung auf Israel gemacht hat. Auserwählung ist ein *Charakterzug* des Volkes Gottes. Sie bedeutet Hingabe an das Unbedingte der Offenbarung, und Baecks Bejahung dieses Sachverhaltes ist ein Glaubenssatz und kein wirklich historisches Urteil.
Der Begriff der Auserwählung mußte zur Polarität zwischen Partikularismus und Universalismus führen. Baeck sah Israels Partikularismus als notwendige Eigenschaft einer Nation und einer Religion, die unbedingt Synkretismus und die Assimilation geringerer Werte vermeiden wollte:

Mit der Betonung der Sonderart, mit dem Partikularismus mußte daher die

Religion Israels beginnen; die prophetische Predigt mußte die Trennung von den Nachbarvölkern fordern ... Die Exklusivität ist ... die „negative Seite der Bekenntnispflicht“. *[1, S. 45]*

Aber das Volk des ethischen Monotheismus konnte nicht umhin, daraus eine sittliche Exklusivität zu machen:

Die gebotene nationale Exklusivität wurde zur Forderung der *sittlichen Exklusivität* gestaltet, die Besonderheit der geschichtlichen Stellung als eine Besonderheit religiöser Pflichten erfaßt. Israel ist auserwählt, wenn es sich selber auserwählt ... „Ihr sollt mir heilig sein ...“ „Dies ist mein Bund ...“ *[1, S. 45]*

Sittlicher Partikularismus muß in der *Mission* ihren Höhepunkt finden. Israel wird zum Botschafter Gottes, zum Licht der Völker, Israel ist eine Messiasgestalt. Die Spannung zwischen Partikularismus und Universalismus löst sich in der Mission, die die Auserwählung erfüllt:

Die Idee der Auserwählung erhält hiermit zu ihrem unbedingten Korrelat die *Idee der Menschheit* ... Wenn eine Gesamtheit die Sendung hat, den einen Gott ... aller Welt zu verkünden, ... so ist der Gedanke einer Gotteskindschaft aller und ihrer Gotteszugehörigkeit deutlich ausgesprochen ... Die religiöse Idee der Menschheit, der religiöse Universalismus wird so zu einem grundlegenden, wesentlichen Bestandteil der Religion, zum *Prinzip der geschichtlichen religiösen Aufgabe*. Die israelitische Religion hat sich hierdurch zu einer ihrer Zukunft bewußten Weltreligion entfaltet. *[1, S. 46–47]*

Das ist zugleich eine Apologie des Judentums. Letztlich wird sie zu einer *apologia pro vita sua:* Zeugnis, Auserwählung, Mission und Verantwortung für den Mitmenschen begleiten Baecks ganzes Lehren und Leben. Universalismus gehört für ihn zum Kern des Judentums, wie er bei anderer Gelegenheit sagte: „Man kann ein Jude nur sein, wenn man das Ganze sieht, wenn man universell denkt.“ *[48, S. 370]* Partikularismus und Universalismus gehören zur Typologie religiöser Gruppen. Wenn aber die eine Polarität mit ethischem Bewußtsein durchtränkt ist, wird auch die andere Polarität ethisiert. Und der sittliche Akt muß das Besondere zum universalen Glauben machen. Wenn dieser Glauben das Judentum ist, die Bekräftigung des ethischen Monotheismus, dann bringen die Polarität der einen Religion und die eine Menschheit den einen Weg zum sittlichen Handeln hervor:

Dem *einen* Gott kann nur die *eine Religion* entsprechen, zu der alle Menschen berufen sind und die ihre völlige geschichtliche Erfüllung erst dann gefunden haben kann, wenn sich alle Menschen zu ihr bekennen. So lange dies nicht geschehen ist, muß sie auf die kommenden Tage hinweisen; ihre Geschichte bleibt unvollendet, und das Ziel, das ihr gesteckt ist, zeigt erst der Blick in die grenzenlose Zukunft. *[1, S. 47]*

Eine entscheidende Brücke existiert zwischen Israel und der Menschheit: das Judentum als Religion der Ethik ist ein Pfad, den die gesamte Menschheit gehen kann. Die Offenbarung soll mit allen geteilt werden. In den letzten Seiten seines Werkes muß sich Baeck für eine Aufgabe seines Volkes einsetzen, die eine Missionsaufgabe ist.

Baecks Untersuchung des Wesens des Judentums gerät ihm zu einer psychologischen Studie des jüdischen Volkes. Ein Volk, das dem moralischen Gesetz antwortet und sich von Gott besitzen läßt, *ist* ein besonderer Typus, ist ein auserwähltes Volk. Innerhalb dieses Volkes lebt ein starker Partikularismus fort. Aber da es an die universale Aufgabe gebunden ist, war es nicht möglich, daß dieses Volk sich auf sich selbst zurückzog, die übrige Menschheit ablehnte und daß es zu einem Volk von Einsiedlern wurde, die mit der persönlichen Erlösung allein beschäftigt waren. Die Persönlichkeit der Propheten steht für die Persönlichkeit dieses Volkes, das sich im Einklang mit dem Wort der Propheten seinen Nachbarn zuwandte.

Was ist der Grundton, was die Stimmung Israels gegenüber der übrigen Menschheit? Baeck zufolge ist es ein Stolz, aber gepaart mit Offenheit dem Nachbarn gegenüber:

Durch die Bibel klingt leise, aber deutlich vernehmbar die Rede hindurch, daß alle Menschen Gott suchen: „Vom Aufgang der Sonne bis zu ihrem Untergange wird der Name des Herrn gepriesen“; auch die Heiden trachten fromm zu sein; auch sie finden die Umkehr von ihren Sünden und können die göttliche Vergebung erlangen. Immer wird der Gegensatz zwischen Gottesfürchtigen und Gottlosen einzig maßgebend ... Eigenschaften wie die des Chassid, „des Frommen“, und des Zaddik, „des Gerechten“, Worte die den *Besten unter den Juden* kennzeichnen sollen, beginnen auch den *Heiden* beigelegt zu werden, bis schließlich die sittliche Gleichberechtigung aller Menschen ihren klaren und entschiedenen Ausdruck findet in dem Satze, der kanonisch geworden ist: „Auch die Frommen, die nicht Israeliten sind, erlangen die ewige Seligkeit.“ *[1, S. 49]*

Etwas aus der *Seele* von Israel berührt den Nachbarn, und wieder wird die Polarität wirksam. In die Polarität von Israel und den Nationen fließt die gleiche Spannung der sittlichen Imperative ein, die in der Spannung zwischen Partikularität und Universalität liegt. Diese Spannung leitet sich logischerweise aus der Ethik ab, und Baeck geht damit über zur jüdischen Existenz, die er als Natur des (besonderen) Volkes Israel erklärt, das in sittlichem Handeln sich der (allgemeinen) Menschheit zuwendet.

Gerade die Mängel im Volke Israel werden als Beweise herangezogen:

Nur im Reiche der Engel kann es die reine Idee geben; bei uns Menschen unter dem Monde, wo jede Seele ihren Körper und ihre Individualität hat, ist der Glaube nur in konkreter Form existenzfähig; er muß sich mit der sicheren Eigenart eines Volkes oder einer Gemeinschaft verbinden ... Die vermeintliche nationale Enge, die man dem Judentum zum Vorwurf zu machen liebt, ist nichts anderes als die *Entschiedenheit des persönlichen* Verhältnisses, die Bürgschaft der Fortdauer. Es gibt auf religiösem Gebiete keine Individualität, die nicht auch national bestimmt und insofern beschränkt wäre. *[1, S. 50]*

Israels beharrliche Individualität als notwendige Eigenschaft des Lebens für eine prophetische Nation. Ein Volk muß Selbstvertrauen haben, muß seine Individualität zum Ausdruck bringen. Der Lebensfunke seiner Existenz muß seine Botschaft an die Welt begleiten. „Die Propheten sprechen *von der Welt* und ihrem Heile, aber sie sprechen *zu Israel.* Nur die farblosen Epigonen fordern immer die ganze Menschheit zum Hören und Bewundern auf." *[1, S. 52]* Israels Strenge gegen die Welt ist häufig Haß gegen die Sünde, der so stark im prophetischen Charakter verwurzelt ist, daß ein Abraham oder ein Hiob gegen Gott kämpft, um die bessere Welt verwirklicht zu sehen. Leidenschaft, *persönliches Leiden*, und die Erfahrung von Märtyrertum gaben dem Judentum jene tiefere Individualität eines Volkes, das von dem Pathos der historischen Existenz weiß und davon in seinen Psalmen und Gebeten schreibt. Und weil diese Religion an den Strom der menschlichen Erfahrung gebunden ist, enthält sie die Liebe zum Menschen, die auch Vertrauen in Gott, der Grundlage aller menschlichen Existenz ist.
Baeck stellt das Wesen des Judentums vor. Darunter jedoch, noch ganz anders ausgesprochen, werden Charakter und Wesen des jüdischen Volkes erkennbar. Das Wesen wird durch die Existenz bekannt, der Glauben durch das Volk. Das Judentum begibt sich in der Polarität eines Volkes und seines Glaubens auf seinen Weg in die Welt.

IV

Der Mittelabschnitt des Buches trägt den Titel „Die Ideen des Judentums". Er ist in zwei Kapitel geteilt: „Der Glaube an Gott" und „Der Glaube an den Menschen". Das zweite Kapitel ist wiederum in drei Teile gegliedert: „Der Glaube an uns", „Der Glaube an den Nebenmenschen" und „Der Glaube an die Menschheit". Es ist bezeichnend, daß das Kapitel vom Glauben an den Menschen bis zum doppelten Umfang erweitert wurde, als Baeck sechzehn Jahre später *Das Wesen des Judentums* überarbeitete.
Die einleitenden Sätze zum Mittelteil des Werkes in der Ausgabe von 1905

definieren die Religion in einer Weise, die derjenigen Harnacks und Ritschls nicht unähnlich ist:

In aller Religion handelt es sich nicht um Beobachtung und Erforschung der Welt – denn das ist Sache der einzelnen Wissenschaften –, sondern um eine Beurteilung, um die persönliche Stellung, die wir zur Welt einnehmen. Alles das, was wir in uns und um uns her erfahren, soll in der Religion nicht erkannt und erklärt werden dadurch, daß wir gesammelte Tatsachen anordnen und im Denken verarbeiten – denn die Weltanschauung ist Sache der Philosophie –, sondern es soll seinem idealen Werte nach bestimmt werden ... So geht jede Religion auf das Grundproblem von Optimismus und Pessimismus zurück, auf die Grundfrage, ob es eine Weltordnung gibt, die zum Guten ist, oder nicht. Der Glaube an das eine und das andere macht den wesentlichen Unterschied, den unüberbrückbaren Gegensatz zwischen Religionen aus. *[1, S. 59]*

Judentum ist für Baeck die Religion des Optimismus, des durch die Ethik bestimmten Optimismus, der nicht im endlichen Menschen, sondern in dem einen Gott gefunden wird, dessen Wesen das moralische Gesetz ist. Mit Cohen sieht Baeck in Gott die Sicherheit gewährende Moral, die Gewißheit für ihre ewige Realität. *[1]*
In der zweiten Ausgabe sind dann diese Sätze über zwei Seiten ausgedehnt, und zum erstenmal erscheinen die Begriffe „Geheimnis“ und „Gebot“ im Text. Für Baecks Religion des Optimismus war es kein Problem gewesen, Gottes Willen in den moralischen Geboten zu erkennen, aber der überarbeitete Text stellt das Geheimnis neben das Gebot und erforscht daher einen Bereich, den der frühere, optimistischere Philosoph eher außer acht gelassen hatte. Dennoch war Baeck die Not von Anfang an bewußt, und er fühlte, daß der reinste Optimismus derjenige war, der aus der Tragödie aufstieg, die zum Schluß den Menschen mit seinem Schicksal versöhnte, indem sie in die Zukunft wies. Optimismus ist in der Ausgabe von 1905 aller jüdischen Überlieferung zentral:

Der Optimismus des Judentums ist der *Glaube an das Gute*, d. h. der *Glaube an Gott* und der daraus folgende *Glaube an den Menschen:* an Gott, der die Bürgschaft des wahren Guten gewährt, und an den Menschen, um dessentwillen das wahre Gute da ist ... Der Glaube an den Menschen hat nämlich seine dreifache Beziehung. Zunächst ist er der Glaube *an uns selber* ... Es ist ferner der Glaube *an den Nebenmenschen* ... Es ist schließlich der Glaube *an die Menschheit:* alle Menschen gehen einem heiligen Ziel entgegen ... Sittliches Selbstgefühl, ideales Gleichheitsbewußtsein, messianische Gewißheit des Gottesreiches, sie sind der Ausdruck dieses Optimismus, je nachdem er auf uns, auf den nächsten oder auf die Menschheit gerichtet ist. *[1, S. 60]*

Individuell oder als Gemeinschaft wird der Mensch im Zusammenhang mit einem Glauben erfaßt, der Gott als das Gute bestätigt und der Welt mit bedingungslosem Optimismus begegnet, in dem sich die Einstellung des neunzehnten Jahrhunderts resümiert. In dieser Religion ethischen Optimismus ist kein Raum für Schatten, und außerdem besteht eine grundsätzliche Abneigung gegen jegliche Mythologie. Baeck leugnete das Vorhandensein mythologischer Elemente in der Bibel nicht, aber für ihn waren sie durch die biblische Moral unter Kontrolle gehalten. Mythische Phantasie half dem Menschen, das Göttliche im Leben auszudrücken, aber es ging dem Judentum nicht um die Definition Gottes. Die Propheten zeigen lediglich, was Gott für den Menschen bedeutet:

Was sie von Gott wissen, ist, daß er dem Menschen verkündet hat, was gut, was das einzige wahre Gute ist ... die Sittlichkeit [ist] der Inhalt der Gottesidee, das Wesen Gottes. Wo diese Einsicht maßgebend ist, dort ist für die Mythologie ... kein Raum. *[1, S. 62]*

Das Geheimnis wird also abgewehrt. Das moralische Gesetz und die sittlichen Imperative bilden das Wesen Gottes und sind dem Menschen erreichbar. Die Definition des einen Gottes verlangt nach der einen Loyalität, der totalen Hingabe des Herzens und der Kraft für die gestellte Aufgabe. Hinter diesem Gedanken steht das Wissen der jüdischen Religionsgemeinschaft um Gott und ihre Begegnung mit ihm in allen Aspekten der Existenz. Israel soll heilig sein durch seinen Gehorsam den moralischen Imperativen gegenüber, die den Willen Gottes ausdrücken. Und dieser Wille Gottes ist vom Judentum klar erkannt. Trotzdem ist Religion mehr als eine philosophische Auseinandersetzung:

Religion besteht nicht darin, daß wir *erkennen*, daß es einen Gott gibt. Erst das ist Religion, daß wir Gott *lieben* können und lieben sollen, daß sich auf ihn unser Vertrauen, unser Mut und unsere Demut hinlenken, daß wir an ihn denken und zu ihm beten können, daß wir sein Gebot und seine Offenbarung vernehmen. Gott ist der Gott der Religion, erst wenn er *unser Gott* ist und wir zu ihm zu sprechen vermögen: „Du, o Gott, bist unser Vater ..." *[1, S. 64]*

Der persönliche Gott findet Eingang in eine Struktur idealistischen Denkens, und das erinnert uns daran, daß der Glaube an Gott bei Baeck stets dem Denken über Gott voranging. Sein Judentum ist mehr als eine Pflichtreligion, es unterstreicht die warme und vertraute Beziehung zwischen dem Menschen und Gott, dem Gott, zu dem man spricht, dem Gott, der den Menschen liebt.

Baeck stellt Israel dar als das erste Volk, das eine von Gott ausgehende Liebe lehrte, die die gesamte Menschheit umfaßt:

Gott liebt uns, das heißt: er ist uns immer und überall nahe, so daß wir aller Orten und aller Zeit in seiner Hut geborgen sind und auf ihn vertrauen können ... Die Liebe ist damit die grundlegende Offenbarung göttlichen Wesens. *[1, S. 68]*

Er weist auf viele Bibelstellen hin, die sich auf Gottes Liebe beziehen und aus denen wir sehen, wie sich Israel dieses Aspektes des Wesens Gottes voll bewußt wird.
Liebe muß indessen zu dem Begriff der Gnade führen, denn Israel kann unmöglich all die Wohltaten, die ihm gewährt wurden, verdient haben. Auch hier findet Baeck Beweise für den persönlichen Gott als notwendige Vorstellung:

Je inniger die göttliche Liebe empfunden wird, desto menschlicher kommt sie notwendig zum Ausspruch. Menschen können Liebe verkünden nur in der Weise menschlicher Liebe. Was wir als das Persönlichste erfahren ..., vermögen wir nur in persönliche Worte zu fassen. In Begriffen kann man gar nicht beten, in Definitionen und im Abstrakten kann man nicht hoffen. Der Gott, zu dem sich unsere Andacht, unsere Zuversicht erhebt, kann nur der *persönliche* Gott sein, der Gott, der uns liebt und unser Vater ist. *[1, S. 70]*

Zu dem *Sh'ma*, der Bekräftigung Gottes als des Einen und Einzigen, gestellt sich die biblische Theophanie des barmherzigen und liebenden Gottes.
Die Antwort des Menschen auf die göttliche Liebe ist Demut, „als innerster Quell alles Glaubens und aller religiösen Stimmung, aller Empfänglichkeit und Erschlossenheit gegenüber Gott. Es ist die *Demut*, die nichts anderes ist als das Bewußtsein der unermeßlichen göttlichen Liebe.“ *[1, S. 71]* Im Menschen wird das Gefühl der Demut durch das Bewußtsein ausgeglichen, daß er ein Kind Gottes ist, und er wendet sich immer mit Vertrauen an diesen Fels seines Seins. Die großen Widersprüche der menschlichen Existenz sind in den Paradoxien der Religion begründet:

Und hier, in der Demut, offenbart sich die *erste dieser Paradoxien* der Religion: die bewußte, entschiedene Ablehnung jedes Zwiespaltes zwischen dem endlichen, seiner Endlichkeit bewußten Menschenleben und seinem unendlichen Hoffen und Sehnen, zwischen dem begrenzten, um seine Begrenztheit wissenden Erdendasein und seinem weltumspannenden, zu Gott aufschauenden Forschen und Vertrauen. *[1, S. 72]*

Die Spannung zwischen diesen Widersprüchen der menschlichen Existenz ergibt Baeck zufolge kein vernunftmäßiges, logisches Handeln. Die Fähigkeit, sich Gott *hinzugeben*, ist nicht das Endprodukt logischen Denkens. Sie ist jene Weisheit aus Erfahrung und Leben, die Märtyrern wie Chanania ben Teridion Vertrauen gab, der Gottes Gerechtigkeit auf dem Weg zum Scheiterhaufen preisen konnte, oder dem großen Rabbi Akiba, einem Menschen voll Angst und Sorgen, der so viel litt, daß es einem geringeren Mann wie Hohn erscheinen könnte, wenn Akiba sagte: Was immer Gott tut, ist zum Guten getan.

Daß Baeck vom Leiden als einem Weg des Lernens und vom Adel des Leidens sprach, das Israels Weg geprägt hat, mag seinen Lesern um die Jahrhundertwende wie ein unnötiger Exkurs vorgekommen sein. War es wirklich notwendig, so seltsame Feststellungen zu verherrlichen wie die von Simon ben Jochai: „Das Beste, was Israel zuteil geworden ist, ist ihm durch Leiden beschieden worden?" Konnte Baeck wirklich sagen:

Auch die menschlichen Leiden sind darum ein religiöses Gut, weil und insofern sie zur Pflicht zu werden vermögen. Wir sollen die Nöte nicht bloß *erdulden* – denn das machte sie zum unglückvollsten Unglück, wenn wir nichts wüßten als bloß dulden –, sondern sie tätig *tragen*, sie kraftvoll bestehen. Wir sollen die Schmerzen und Heimsuchungen nicht etwa durch die Versenkung in Gott leugnen und als Schein erklären; wir sollen auch das Leid bejahen, sicher bejahen, indem wir es zur sittlichen Anforderung gestalten. Tue deine Pflicht, dann wird auch das Übelste dir zum Guten werden müssen; hierin stimmen alle die Meister und Lehrer Israels überein. Für sie ist die Frage der Theodizee beantwortet oder eigentlich überhaupt nicht vorhanden, da sie das Leben als eine Pflicht erkennen. Es ist kein Geschenk, das uns gegeben ist, sondern eine Aufgabe, die wir lösen sollen, und darum ist es wert, gelebt zu werden. *[1, S. 75]*

Baeck legte den Akzent auf die Tatsache, daß die Meister und Lehrer Israels ihren Weg zu dieser Einstellung nicht mit Hilfe von Argumenten gefunden hatten, sie waren zu ihm gekommen aus den Erfahrungen der eigenen Existenz. Diesen Standpunkt nahm er in sein System hinein als Gegengewicht zu einem Optimismus, der nicht vollkommen war, bis er nicht an allen Aspekten des Lebens, auch an den tragischen, erprobt war. Wahrer Optimismus ist nicht bedingt, ist keine Selbsttäuschung, er muß um die dunkle Seite ebenso wissen. In Baecks Leben kommt diese Lehre in aller Konkretheit zum Ausdruck: Im Konzentrationslager wurde das Leiden zu einem sittlichen Imperativ, in dem Gott gegenwärtig war.

Baeck lehrte Demut nicht als unabhängiges religiöses Gefühl; Glaube, der nichts als Glaube, Demut, die nichts als Demut ist, werden scharf zurückgewiesen. Wenn Demut ein Gefühl ist, kann es in elender Demut vor Gott enden und in der schlimmsten Art von Hochmut den Mitmenschen gegenüber. Baeck vergleicht Demut mit Bescheidenheit: Zuerst muß etwas geleistet worden sein. Glaube und gutes Handeln dauern nur fort in religiöser Einheit. Es ist die Verantwortung des Menschen, zu handeln und auf diesem Wege das zu klären, was Baeck die zweite große Paradoxie der Religion nennt:

Für das Judentum ist die selbständige, sittliche Persönlichkeit des Menschen durchaus integrierend in der Religion. In dem Glauben an den gerechten Gott ist notwendig der Glaube an uns selber gegeben. Erst hiermit wird die zweite *große Paradoxie* des Glaubensbewußtseins gelöst, die, daß der Mensch durchaus von Gott abhängig und doch frei ist, daß sein ganzes Leben nur durch Gott besteht und doch seine eigene Selbständigkeit besitzt. *[1, S. 80–81]*

Wieder das Zwiefache: das Gefühl der Demut und die Freude des Handelns, der abhängige Mensch, der als Gottes Partner unabhängig handeln und auf diese Weise das „Reich Gottes" betreten kann. Ein mystisches Reich gibt es nicht, das Reich Gottes ist der klassische Ausdruck für den freien Dienst an Gott, für freudigen, sittlichen Gehorsam.

Baecks Glaube ist in diese Welt gegründet, in das sittliche Handeln, in die Wirklichkeit des Guten. Er vereint Religion und Moral in unverbrüchlicher Einheit und stärkt die Moral, indem er vor Relativismus und ethischem Opportunismus warnt. Es gibt die unbedingte Forderung: Du sollst nicht, es gibt Gebote und keine Anregungen, Verbote und nicht Ermahnungen.

Gottes Gerechtigkeit wird zur Erhabenheit der Moral, wird zu Gottes Heiligkeit: „Der heilige Gott erweist sich heilig durch Gerechtigkeit." *[1, S. 84]* Baecks Lehre befindet sich in diesem Punkt in voller Übereinstimmung mit dem traditionellen Judentum. Dennoch bricht sein Liberalismus durch: Wenn Gottes Heiligkeit in den Taten sozialer Gerechtigkeit und in ihren Imperativen so klar leuchtet, dann hat das Ritual weniger Gewicht; die Heiligkeit Gottes braucht weniger den überlieferten Rahmen, wenn sie das gesamte Leben als Moral durchdringt. In dieser Arbeit ist das Heilige ethisch, und die Ethik das Heilige. Und es liegt in der Natur dieser Polarität, sich mehr auf das Universale zuzubewegen als sich nach innen, der traditionellen Besonderheit zu wenden. Ihre existentielle Wirklichkeit ist für den Baeck, der sowohl in der jüdischen wie in der westlichen Kultur lebt, eine andere als wie für den traditionellen Juden, zu dem Halacha und Liturgie in wesentlich weniger flexiblen Begriffen sprechen. Baecks Polaritäten umfassen alle Juden, aber in der Struktur vom *Wesen des Judentums* ist mehr Raum für den liberalen als für den traditionellen jüdischen Gläubigen.

Auch den göttlichen Zorn berücksichtigt Baeck. Er sieht ihn mehr gegen das Übel als gegen die Übeltäter gerichtet; alle Ideen von Gott werden Teil der Struktur ethischer Gebote, die besonderes Handeln von Individuum und Gemeinde fordern. Aus dieser Vorstellung von der Natur Gottes wird die dritte Paradoxie aufgestellt:

Vor Gott, dem Einzigen, können wir nicht demütig sein. Das eine haben und des anderen entbehren, hieße gleichsam Gott halbieren. Allerdings, das ist die *dritte große Paradoxie* der Religion, daß der Gott, der voll unendlicher Liebe ist, doch auch in der zürnenden eifervollen Gerechtigkeit den bestimmten Ausdruck seines Wesens hat. Oder um es auf den Menschen zu beziehen: daß unser Leben *durch Gott seinen ewigen Wert* hat und doch ohne menschliche Tugend *wertlos* und *gottlos* ist. Gott gibt das wahre Leben, und Gott fordert das wahre Leben. Die Idee der Versöhnung antwortet hierauf. *[1, S. 86]*

Der Mensch lebt zwischen Verehrung und Pflicht, und alles zur Existenz Gehörende wird ihm zur Pflicht. Beide Aspekte sind ihm vertraut durch seine Religion, die grundsätzlich die *Religion des Lebens* ist, die nicht dem Leben beigegeben, sondern die das Leben selbst ist. Und Baeck nimmt damit die Stimmung des Menschen des zwanzigsten Jahrhunderts auf, seine Entfremdung und Einsamkeit, die Not wie Größe des Menschen darstellt: „Im Innersten der Seele ist ja schließlich jeder allein, denn jede Persönlichkeit ist einzig auf Erden.“ *[1, S. 87]* Der Weg zum Mitmenschen geht durch Gott, den der Mensch als eine Innerlichkeit empfindet, die ihn am Ende mit seinem Nachbarn verbindet, dessen Leben auf den gleichen Grundlagen ruht. Für Baeck ist diese innere Einsamkeit ein Ort der Selbstverwirklichung – im Zusammenhang mit einer Moral, die in dem Bewußtsein wurzelt, daß alle Menschen einzig sind, und daß das sittliche Tun, jene Selbstverwirklichung in dieser Welt, unter unseren Mitmenschen stattfindet. Die Entfremdung des Menschen von der Welt wird zunichte gemacht durch die Antwort auf die sittlichen Imperative, die sich aus dieser Welt ergeben, die in das sittliche Empfinden des Menschen eintreten und die Kluft zwischen Mensch und Mensch, zwischen Mensch und Welt, zwischen Mensch und Gott durch gerechtes Handeln überbrücken; der Mensch erfüllt sich selbst und wird zu einem Mitschöpfer an der besseren Welt, zu einem Partner des Göttlichen. In Baecks ethischem Idealismus wird die Einsamkeit zur Stärke, ist keine Schwäche, gehört zur Natur des Menschen und verbindet ihn mit einer ethischen Aufgabe, in der nicht die göttliche Gnade des Menschen Abspaltung von der Welt heilt, sondern das erlösende Handeln, das in den moralischen Kräften des Menschen gegeben ist. Das geschieht nicht außerhalb der Religion: Gebet, der Sabbat, der Reichtum jüdischer Existenz, gehören alle zu der Heiligung des Lebens, in welcher der Mensch dem Göttlichen begegnet; aber diese Begegnung ist in der gesamten ersten Ausgabe vom *Wesen des Judentums* nur das sittliche Tun. Nur Gott lehrt, was das sittliche Tun sein muß, – es gibt also in Baecks Glauben keine Ethik ohne die Vorstellung von Gott.

Er schließt den Abschnitt über den Glauben an Gott, indem er noch einmal das Prinzip dynamischer Entwicklung heraushebt: Die jüdische Vorstellung von Gott ist durch die Jahrhunderte hindurch gewachsen. Die Idee hat ihre eigene Wirklichkeit, die von der Sprache oft überhaupt nicht gefaßt werden kann; die Worte bleiben hinter der Entwicklung der Vorstellung zurück. In seinem Angriff auf die damalige (1905) Bibelforschung und ihren Gebrauch von dem Wort *Jahwe*, die den Geist hinter den Worten des Psalmisten nicht berücksichtigte, weist Baeck Beziehungen auf zu dem traditionsbewußten Denken von Gelehrten wie S. R. Hirsch und David Hoffmann. Der Kern des Judentums ist der Glaube an Gott:

Für den einen Gott, den Gott der Liebe und der Gerechtigkeit, sind die Märtyrer in den Tod gegangen ... Der Glaube an Gott gibt unserer Geschichte ihre Weltbedeutung, ihren heroischen Sinn. Nur wer Halt und Bestimmung seines Daseins in dem einzig einzigen Gott hat, ist ein Jude ... Höre Israel, der Ewige ist unser Gott, der Ewige ist einzig. *[1, S. 91–92]*

V

„Der Glaube an den Menschen", das nächste Kapitel, wurde für die Ausgabe von 1922 vollkommen umgeschrieben und auf den doppelten Umfang erweitert. Die prinzipielle Einstellung bleibt die gleiche: Religion ist auf die menschliche Erfahrung gegründet, die, voll erkannt, einen Beweis für die göttliche Offenbarung darstellt, der Grundlage des Menschen. Die ersten Sätze sind eine Verteidigung gegen den Vorwurf von Humanismus oder Pantheismus:

Aus dem Glauben an Gott ergibt sich der Glaube an den Menschen. Wir leben durch Gott und in Gott, aber als freie, selbständige Wesen; hier scheidet sich die Lehre des Judentums vom *Pantheismus*, der Gott nur in uns und uns nur in Gott findet. Wir sind frei und selbständig, aber nicht von Gott völlig abgesondert und abgehoben; hier scheidet sich das Judentum von dem sogenannten *Deismus*, der nur einen unbestimmbaren „Gott der Ferne", welcher dem suchenden Herzen entrückt ist, ahnt. *[1, S. 93]*

Deismus muß ebenfalls abgebaut werden, da er die Suche des religiösen Menschen begrenzt. Die große Bejahung des menschlichen Bereichs als dem Ort der Offenbarung erhält ihre theologische Begründung durch den gegebenen Glauben an Gott. Die Polaritätsspannung, die des Menschen Existenz vor Gott ist, macht für Baeck Pantheismus unmöglich; diese gleiche Spaltung zwischen dem Menschlichen und dem Göttlichen in ihren tragischen Dimensionen wird zur Basis eines Angriffs gegen den Pantheismus in einer von Baecks letzten Schriften: „Individuum ineffabile" *[54]*.

Die Definition des Menschen beginnt im Judentum mit der Bibel. Der nach dem „Ebenbild Gottes" gestaltete Mensch ist mehr als eine poetische Formulierung, er ist die Bekräftigung des *Einseins der Menschheit*, die von dem einen Gott verlangt wird. Baeck führt aus, daß das Gebiet der Ethik das eine Gebiet ist, in dem der Mensch ein Genie sein, in dem er heilig sein kann. Aber das Heilige ist außer Reichweite, der Mensch ist Mensch und nicht Gott.

Indem er die Vorstellung des Menschen, wie sie der biblischen Überlieferung entspricht, entwickelt, unterstreicht er des Menschen Wert, der nicht so sehr von einer unerlösten Welt, als von der Prägung Gottes bestimmt ist. Aber erneut ergibt sich die Paradoxie des menschlichen Lebens: Nach Gottes Ebenbild geschaffen, ist dem Menschen eine Aufgabe zugewiesen, die er nicht vollkommen erfüllen kann. Wie soll er sich dann vor Gott rechtfertigen?

Nach Baecks Vorstellung vom Menschen hat der erlösende Akt der ethischen Tat Vorrang vor allem anderen. Damit geriet Baeck in Konflikt zu Lehren und Praktiken, die den Opferkult betrafen – und er zögerte nicht, gegen diese vorzugehen. Der Gedanke des Opferkults verdunkelt seiner Ansicht nach die große Lehre der Versöhnung. Das Opfer als Sühne drängt sich zwischen Gott und den Menschen und hat die Funktion des Vermittlers. Während es eine Brücke sein sollte, hat es die Wirkung einer Mauer. Und Baeck begrüßt die mutigen Worte von Rabbi Eleasar: „An dem Tage, wo der Tempel zerstört ward, ist eine eiserne Mauer gefallen, die sich zwischen Israel und dem Vater im Himmel erhoben hatte." *[1, S. 101]* Den erzieherischen Wert von Prunk im Tempel ließ Baeck gelten, aber er verwarf die theologische Vorstellung hinter der Institution des Tempels und fand, daß auch Israel diesen Gedanken verworfen hatte, sobald die ganze Vorstellung von Buße und Sühne vom Volk klar verstanden worden war.

Die Aufgabe des Heiligseins gestattet dem Menschen nicht, zur Ruhe zu kommen, sie treibt ihn weiter bis zu ihrer letzten logischen Entwicklung des *kiddusch haschem*, „der Heiligung des göttlichen Namens". Ebenso wie jede unmoralische Tat eine Profanierung des Namen Gottes ist, bewegt jeder ethische Schritt den Menschen näher an das Heilige, an die Heiligung des Göttlichen. Gottes Existenz ist durch die Wirklichkeit des ethischen Weges errichtet, der zu ihm führt.

Kiddusch haschem ist mehr als eine Kategorie jüdischen Verständnisses, es ist außerdem eine Kategorie jüdischer Existenz, Märtyrertum genannt. Es gehört zum jüdischen Leben und jüdischen Glauben:

Es [das Märtyrertum] ist die eigentlichste Heiligung des göttlichen Namens, das deutlichste Zeugnis von Gott, der bestimmteste Gottesbeweis. Die sittliche Verantwortlichkeit hat in ihm ihr letztes Ergebnis, ihr Schlußwort. Wo es die unbedingte Pflicht ist, von Gott zu zeugen durch den Glaube an ihn, durch den Gehorsam gegen sein Gebot, dort ist die Grenze unserer Existenz keine Grenze der Pflicht. Unser Leben ist gering und arm gegenüber der sittlichen Forderung. So müssen wir denn bereit sein, unser Leben einzusetzen und hinzuopfern für das Gute. In der Übereinstimmung mit Gott findet der sittliche Wille sein einziges Ziel; für die Übereinstimmung mit Gott muß darum der Mensch imstande sein, *den Willen zum Leben aufzuheben. [1, S. 105]*

Gegen die anerkannte Vielzahl jener, die für das *kiddusch haschem* starben, ohne zu wissen warum, möchte Baeck, daß man Menschen wie Akiba im Gedächtnis bewahrt, der das Gebot erfüllte, „Gott zu lieben mit ganzer Seele, mit ganzem Leben“. Im Text der zweiten Ausgabe kommt Baeck zurück auf den Tod des Märtyrers und sieht in ihm die Überwindung des Mythos vom Tode, den letzten Beweis für die Schöpfung und des Lebens selbst.
Jedes Märtyrertum hat ein Zweifaches für Leo Baeck. Neben dem Tod, dem letzten Wort des ethischen Imperativs, steht das häufig viel schwerere Leben des Märtyrers. Manchmal geht ein Martyrium des Lebens dem Tode voran, auch das ist ein Höhepunkt des sittlichen Imperativs in der menschlichen Existenz. Es spricht von der Unbeugsamkeit der sittlichen Schwungkraft, von Israels starrer Treue, die von Tacitus als *fides obstinata* bezeichnet wurde. Israel hatte immer den Willen und die Fähigkeit zum Leiden für den Glauben. In diesem Leiden sah Baeck eine weitere Zwiefältigkeit:

Im Gebot des Martyriums vollendet sich die Forderung, daß unsere Gesinnung unbedingt zur Tat werden und ihren klaren, unerläßlichen Ausdruck in unserem Leben finden soll. Das ist das eine Gebot der sittlichen Wahrhaftigkeit, ihre eigene Seite. Und ihre andere ist die Mahnung, daß unsere Tat stets und nur der Ausdruck unserer Gesinnung sei, stets und nur die Konsequenz unseres Denkens und Fühlens bedeute. Dieses beides ist die Wahrheit, die das Judentum von jedem seiner Bekenner fordert, die *Wahrheit des Lebens* und die *Wahrheit des Herzens;* beides gehört zusammen, die „Wahrheit im Herzen reden“ und durch das Leben für sie zeugen. *[1, S. 106–107]*

Baeck wendet seine Methode der „Zwiefältigkeit" auch auf die *Heuchelei* an. Es gibt die Heuchelei des Handelns, das bar jeder Bedeutung ist, weil es nicht von innerer Überzeugung erfüllt und daher simuliert ist, ein Akt, der nur der anderen wegen ausgeführt wird. Es gibt die Heuchelei des Denkens, die die Grundprobe des Judentums nicht bestehen kann: seine Verwirklichung als ethisches Tun. Auch das ist ein Simulieren, ist Selbsttäuschung desjenigen, der gerne edle Gedanken pflegen würde, ohne ihren Anforderungen zu genügen. Die Innen- und Außenwelt muß sich gegenseitig bewußt werden und auf dem Gebiet des sittlichen Handelns vereinen.
Baeck zufolge ist die dynamische Entwicklung des jüdischen Denkens verbunden mit dem Prinzip der Selbstlosigkeit. Wenn es wie andere Religionen auch die Vorstellung der Belohnung für rechtschaffenes Handeln einschließt, dann sollte man bedenken, daß in dieser Hoffnung auf Belohnung mehr liegt als Selbstsucht. Der Mensch will sich vervollkommnen und erfüllen, und sein Streben nach Seligkeit verknüpft sich mit seinem Streben nach Vollkommenheit. Aus den Spannungen seines Lebens in Paradoxien erhebt sich die Hoffnung des Menschen auf Unsterblichkeit:

Als sittliche Persönlichkeit gehört der Mensch einer anderen Welt an als der bloß sinnlichen, er ist „ein Sohn der kommenden Welt". Was an ihm göttlich ist, trägt den Keim der Vollkommenheit in sich und ist darum über Sterben und Untergang erhaben. Der Glaube an die Unsterblichkeit hat seinen tiefsten Grund in der Unendlichkeit unserer Aufgaben und unserer Bestimmung, in dem Kontrast zwischen dem sittlichen Ideal und der irdischen Tatsächlichkeit. Diese Kluft, so sahen wir, wird durch den Begriff der Versöhnung geschlossen; in dem Versöhnungsglauben hat darum die Idee der Unsterblichkeit ihren wesentlichen Platz. Die Ewigkeit ist die *große Versöhnung der Endlichkeit. [1, S. 89]*

Dieser Begriff der Unsterblichkeit ist Baeck wesentlich, wenn er den Menschen als ein Geschöpf von unendlichem Werte darstellt, dessen Leben Bedeutung und Ziel hat. Das ist eine Ansicht, die sich aus der Natur des Menschen ergibt; am Ende spiegelt die Reinheit des Menschen in dieser Welt die Vision der künftigen Welt.
Wohin führt dieser Glaube an den Menschen? Zunächst zu der Bekräftigung der Pflichtreligion, die ihn über seine Grenzen hinausträgt: Beides ist im Menschen vereint, „das sichere Verhältnis zur Wirklichkeit dieser Welt und die deutliche Empfindung für das Ungenügende dieser Wirklichkeit ... Ohne das eine und ohne das andere gibt es kein Judentum." *[1, S. 112]*

VI

Das Kapitel „Glaube an den Menschen“ ist in drei Teile untergliedert. Von dem Glauben an sich selbst muß der Mensch weitergehen, zunächst zu dem Glauben an den Nächsten, seinen Nebenmenschen, und von dort zu dem Glauben an die gesamte Menschheit. Baeck und auch Buber sind in diesem Punkte Hermann Cohen sehr verpflichtet:

Die Fremdenliebe ist somit ein schöpferisches Moment in der Entstehung des Begriffs vom Menschen als dem Nächsten. Und ich habe für die Geschichte der moralischen Ideen die Tatsache festzustellen: daß die Nächstenliebe, genauer die Liebe zu dem der Nationalität und dem Glauben nach Fremden ein Gebot des Judentums ist. *[96, I, S. 150]*

Baeck folgt Cohen nicht nur darin, daß er die Nächstenliebe als Teil der jüdischen Existenz erklärt, für ihn ist sie ein fundamentaler Aspekt des Judentums, eine notwendige Konsequenz aus dem Glauben an Gott:

Aus dem Glauben an Gott ergibt sich, ganz wie der Glaube an uns, so der an den Nächsten. So leitet es der Prophet ab: „Haben wir nicht alle einen Vater, hat nicht ein Gott uns alle erschaffen! Wie dürfen wir treulos sein einer gegen den anderen . . .!“ Und ebenso auch einer der Weisen des Talmuds, Rabbi Tanchuma: „Sprich nicht: weil man mich verachtet, mag auch mein Nächster wie ich verachtet sein; weil ich geschmäht werde, will ich auch meinen Nächsten schmähen. Wenn du so denkst und so handelst, dann wisse, wen du verachtest und wen du schmähst: Ihn, der in seinem Ebenbilde den Menschen geschaffen hat!“ *[1, S. 113]*

Das biblische Gebot, den Nächsten wie sich selbst zu lieben, enthält Baecks Glauben an sich selbst und an den Mitmenschen; für ihn steht fest,

daß es ein unveräußerliches und unverlierbares Recht ist, das *Menschenrecht* vermöge dessen jeder Mensch verlangt, als unser Mitmensch anerkannt zu sein, daß schon unser Gerechtigkeitsgefühl uns zu guten, liebreichen Menschen machen sollte. Durch die Betonung des Rechtes ist das, was wir dem Nebenmenschen gewähren sollen, auch aus der Ungewißheit der bloßen Gefühlswallung herausgehoben und auf den festen Boden der klaren Pflicht, der nüchternen Tat gestellt. *[1, S. 115–116]*

Wir sind wieder bei der Pflichtreligion, und Baeck zitiert auch Kants *Zum ewigen Frieden:* „Beides, die Menschenliebe und die Achtung fürs Recht der Menschen, ist Pflicht; jene aber bedingte, diese dagegen unbedingte, schlechthin gebietende Pflicht.“ *[1, S. 116]*[10]

Baecks Gedankengang geht von dem Glauben an sich selbst zum Glauben an den Mitmenschen, und weiter zum Glauben an die Menschheit. Die Grundlage für alles mußte jedoch der bleibende Glaube an Gott sein, der das Gute in die Menschheit legte und der gewährleistete, daß es in den kommenden Tagen verwirklicht wird. Glaube an Gott bringt den Glauben an die Zukunft mit sich.
Die Spannung der Paradoxien löst sich in der unbegrenzten Zukunft des Menschen:

Der Mensch ist zum sittlichen Aufwärtsschreiten berufen, und die unermeßliche Aufgabe ist vor ihn hingestellt. Aber dem einzelnen Menschen ist hienieden in seinem Ringen nach Vollkommenheit die Grenze des kurzen Erdendaseins gesetzt. Nur die Menschheit dauert weiter. Vor ihr erstreckt sich der endlose Weg, die Möglichkeit des endlosen Strebens ... in ihr kann das Gute zur Wirklichkeit werden. *[1, S. 134]*

Die Paradoxie des endlichen Menschen und seiner unendlichen Aufgabe löst sich in der Bejahung einer Menschheit, die sich aus den endlichen Momenten der Individuen zusammenfügt und nach der Erfüllung trachtet. Die unendliche Aufgabe braucht unendliche Zeit. Für den einzelnen Menschen bedeutet das Unsterblichkeit mit dem Postulat das Glaubens. Für die Menschheit, die der Bereich ist, in dem sich das Gute verwirklicht durch sittliches Tun, heißt das eine Welt, die als der Ort dauern wird, an dem die Aufgabe erfüllt wird, eine Welt, in der die Zukunft der Menschheit selbst gesichert sein wird. Das Unendliche berührt das Endliche und läßt seinen Stempel zurück: das ist ein Optimismus, ein Messianismus, der auch der vitale Ausgangspunkt von Hermann Cohens Judentum war.
Der Glaube an den Menschen hat daher seinen Höhepunkt in dem Glauben an die Menschheit, die die Aufgabe der Erlösung erfüllen wird, und er wird im biblischen und talmudischen Denken durch das freudige Erwarten „der kommenden Tage“ bestätigt. Die Zwiefältigkeit der Verheißung zusammen mit dem Gebot ist damit im Judentum gegeben. Die Zukunft selbst wird zur Aufgabe, eine Rettung, die vom Menschen verdient werden muß. Das verleiht der Geschichte ihren letzten Sinn, den einer universalen Geschichte der Menschheit, die auf die sittlichen Herausforderungen antwortet *[1, S. 134 bis 135]*. Ein solcher hoffnungsvoller Evolutionismus beweist wieder einmal den unbegrenzten Optimismus der Welt, in der Baeck noch 1905 zu Hause war.
Aber dieser Glaube an den Menschen gründet sich auf Baecks Glauben an Gott: „Nicht das Menschliche, sondern das Göttliche macht die Geschichte ... Nicht die Pläne und Absichten des Menschen schaffen das Bleiben-

de ... Die Völker, so selbstbewußt sie sind, ... sind doch nur ein Werkzeug Gottes.“ *[1, S. 135–136]* Die alten biblischen Worte bekräftigen die Universalität der Geschichte. Ethischer Monotheismus braucht die Dimension der Geschichte, und die Geschichte wird so zu einer Kategorie der Religion: „Die Propheten lernen daher nicht Gott durch die Geschichte begreifen ... Es ist umgekehrt. Der Begriff der Welt, den sie erfaßt haben, wird ihnen erst klar durch das Verständnis, das sie von dem göttlichen Wesen besitzen.“ *[1, S. 137]* Deshalb kann jede Ungerechtigkeit mit dem Optimismus betrachtet werden, der Ungerechtigkeit, Übel und Übeltäter letztlich besiegt sieht: die Theodizee der Geschichte wird es anders nicht gestatten.

Im Rahmen des optimistischen Glaubens an die Menschheit ist die messianische Zukunft auf die eine Menschheit gegründet, die mit Gott und dem Menschen die Versöhnung vollendet hat; universaler Friede ist die Verwirklichung des ethischen Handelns, welches der prophetische Imperativ vom Ende der Tage war. Und weil die Propheten diesen Glauben an den Menschen und die Menschheit hatten, sprachen sie weniger von kommenden Zeiten und mehr vom kommenden Menschen. Es entstand der Begriff vom idealen Menschen der Zukunft, von Israels Gesalbtem, dem Messias. Ebenso wie Baeck die Vorstellung hinter der Bibelsprache suchte, sucht er auch hinter das poetische Bild und die Allegorie zu gelangen, die in die jüdische Theologie einging. Poesie wird keineswegs verworfen, nur wird sie in das Gebiet der Ethik verlegt. In Baecks Visionen verschmilzt der vollkommene Mensch mit jenem Aspekt des jüdischen Lebens, in dem die Aufgabe der Zukunft zur Erprobung der Gegenwart wird: das jüdische Neujahr, an dem die vergangenen Taten des Menschen überprüft werden, ist gleichzeitig das *messianische Fest*, an dem der Traum von der Zukunft die Probe des moralischen Gesetzes bestehen muß. Durch diese Feste wird der ethische Messianismus dargestellt. Die größten und ganz besonderen jüdischen Feste – an denen Israel als heiliger Priester vor Gott steht – bekräftigen die Universalität eines Glaubens, der Israel aus dem Heiligtum zur Suche nach seinen Mitmenschen aussendet.

Während Israel an Duldsamkeit zunahm, nahm es auch seine *messianische Aufgabe* ernst, wobei es den Wert seiner Umwelt nicht herabminderte. Seine eigene Geschichte verstand es als Weltgeschichte. Und da es häufig eine tragische Geschichte war, enthielt die Vorstellung von *seinem Leiden um der Versöhnung der Welt willen* dann sowohl den Glauben an den Menschen wie den Glauben an die Zukunft. Israels eigenes Schicksal wurde zu einer messianischen Predigt, die auf die Paradoxie zwischen dem Leiden in der Existenz und der Fülle der Erwartung antwortete. Baeck sah sein Volk Israel durch diese selbstbewußte Vorstellung des ethischen Messianismus gekrönt. Gegen buddhistische Resignation und den christlichen Messianismus, den Baeck als partikularistisch empfand, setzte er diesen jüdischen Messianismus als einen der großen Beiträge des Judentums für die Welt. In ihm wird die Geschichte zum moralischen Prozeß. Generationen, welche die Schuld der Vergangenheit nicht begleichen können, müssen der Zukunft Segen geben.

So ist es im Leben des Einzelnen: wir zahlen an unseren Kindern ab, was wir von den Eltern empfangen haben. Und so soll es in der Geschichte der Menschheit sein. Jede Zeit soll für die kommenden Tage arbeiten und eine neue Stufe aufbauen empor zum Gottesreiche der Zukunft. Das ist die Menschheit der Weltgeschichte. Durch diesen Glauben an die Menschheit gewinnt das Dasein sein unendliches Ziel auf Erden. *[1, S. 146]*

Wieder hat die Erforschung eines Aspektes jüdischen Denkens Baeck zu dem Punkt zurückgeführt, von dem er ausging: der Ruf nach sittlichem Handeln steht an höchster Stelle im jüdischen Glauben.

Doch bleibt eine Frage: Wenn die messianische Sendung dem Judentum wesentlich ist, warum befassen sich dann die Juden nicht mit Missionsarbeit? Und warum drückt sich in diesem Volk universalen Glaubens der Partikularismus so stark aus? Welche Fortschritte hat Israel in den letzten zweitausend Jahren seiner Existenz in Beziehung auf die Ziele gemacht, die ihm das klassische Judentum der ersten tausend Jahre setzte? Im letzten Abschnitt seiner Arbeit versuchte Baeck sich mit diesen Fragen auseinanderzusetzen.

Bis hierher ergibt ein aufmerksamer Vergleich zwischen Harnacks *Wesen des Christentums* und Baecks *Wesen des Judentums* im Grunde mehr Ähnlichkeiten als Differenzen. Ein grundlegender Unterschied bleibt jedoch: Harnack konzentriert sich auf jenen einzigen Augenblick in der Zeit, als die göttliche Offenbarung in die Geschichte eindrang und das Geschehnis von Golgatha vom gewöhnlichen Leben trennte. Baeck konzentriert sich auf ein Jahrtausend jüdischer Entwicklung, von Moses bis zu den talmudischen Weisen, in dem das klassische Judentum seine Form gewann. Hätte Baeck dieses Jahrtausend ebenfalls aus der Geschichte herausgenommen, dann würde zwischen ihm und Harnack kein Unterschied von Gewicht bestehen, denn der eine Augenblick der Ewigkeit gilt vor Gott ebenso wie der andere. Aber Baeck weitete den Prozeß der Offenbarung auf alle Zeiten aus. Jeder Augenblick des Lebens ist heilig, Gottes Offenbarung liegt in der Schöpfung wie in der Erlösung, und sie kommt zu jedem. Das Judentum geht nicht zurück nach Sinai, um den Augenblick der Offenbarung wiederzuerleben. Das Leben des Volkes Israel, von damals bis jetzt und bis ans Ende aller Tage ist Teil dieser fortdauernden Offenbarung, die mit jedem sittlichen Akt in die Welt eintritt.

Den Gegenpol zu Harnacks Golgatha bildet Baecks Volk Israel. Denn Baeck sah das jüdische Volk als eine fortwährende Offenbarung für die Menschheit, als ein einzigartiges Volk. Israel hatte der Welt den sittlichen Monotheismus gebracht, und jede Generation Israels begegnet Gott durch die Kette seiner Tradition in seiner Vergangenheit – die gleichzeitig seine Gegenwart ist – und in der Welt des Menschen. Das Wesen des Judentums und Israels besteht in dem Geöffnetsein gegenüber der Offenbarung, in der ständigen Empfangsbereitschaft für den Willen Gottes, der dann der Welt vermittelt werden soll. Israel ist das Priestervolk, das den Völkern ein Licht sein soll – aber es ist deshalb nicht zu einem anderen Niveau erhoben als die übrige Menschheit. Es handelt innerhalb der Welt, es ist auserwählt, weil es *Teil* der Menschheit ist und die Menschheit in sich das Wissen von Gott enthält, das niemals ein ausschließliches Wissen sein kann, das nur durch ein besonderes Ritual erlangt werden kann. Das Wesen des Judentums ist die Zwiefalt von Glauben und Volk: der ethische Monotheismus entfaltet sich in dem moralischen Tun eines Volkes, das die messianische Vision – zusammen mit der übrigen Menschheit – durch die Schaffung von Gottes Reich auf Erden in der Selbsterfüllung verwirklichen will. Warum aber, mußte Baeck fragen, schien das Judentum bei dieser Aufgabe zu schwanken? Warum brachte es nicht alle Menschen zu dem Wissen um die schöpferische Aufgabe, die Erfüllung und Erlösung ist?

Das Judentum begann als eine Missionsbewegung. Als sich die Diaspora ausweitete, wendete sich die jüdische Mission an die Welt. Einen großen Anteil an dem Erfolg des Christentums gebührt der vorbereitenden Arbeit der jüdischen Missionare. Aber die Juden waren und sind ein Volk der Geschichte, und die Geschichte erhob sich und überwältigte sie:

Verheißungsvolle Aussaat harrte des Wachstums der Frucht, als eine tiefgreifende Katastrophe den Tag der Ernte zunichte machte. Mit der Elementargewalt eines Erdbebens erschütterten zwei vergebliche Aufstände, in denen sich unter Trajan die Diaspora und unter Hadrian das Mutterland gegen die römische Herrschaft erhoben, den Boden der jüdischen Gemeinschaft. Hunderttausende fielen zum Opfer, kein Erbarmen kannten die Sieger. Es war ein Aderlaß bis aufs Weiße. *[1, S. 147]*

Schicksalhafte Konsequenzen folgten. Israels Leben als ein Volk wurde verstümmelt, wurde zum lebendigen Martyrium. Die verbleibenden Kräfte mußten zur Selbstbewahrung eingesetzt werden. Und so wurde das bestellte Feld dem Christentum übergeben, dem günstigere politische Bedingungen

beschieden waren. Israel wandte sich ab von der griechisch-römischen Welt, entsetzt über die Grausamkeit und Gemeinheit, die sie bei ihrem Sieg über Israel zeigte. Eine Kluft öffnete sich zwischen Israel und den Völkern. Als dann die Zeit die Wunden geheilt hatte, stand die Kirche zwischen Israel und der Welt. Innere Notwendigkeit machte die Kirche zu dem Feind eines Glaubens, dessen Wahrheit sie anerkennen mußte trotz ihres Anspruchs auf die eine, eigene Wahrheit. Und in dem Maße, in dem die Macht der Kirche wuchs, sah sich Israel vom Tode bedroht, wenn es seine Missionsaufgabe weiterführte. Israel zog sich daraufhin in sich selbst zurück.
Damit wurde Israel klar, daß die Paradoxie seines Lebens auch seine Bewahrung bedeutete: indem es sich als ein besonderes Volk bewahrte, konnte es seiner universalen Aufgabe treu bleiben. Es diente der Menschheit, indem es den ihm anvertrauten Schatz hütete:

Man begriff, daß auch *die Existenz eine Mission sein kann*, schon das bloße Dasein eine eindringliche Predigt. Immer mehr wies es sich als Plan der Vorsehung auf, daß die Völker der Erde zunächst in den Lebenskreis anderer Bekenntnisse treten sollten, um durch sie in die Welt der Religion eingeführt zu werden, daß aber das Judentum in aller dieser Zeit den reinen Glauben an den einen Gott bewahren sollte als das bestimmte Ziel der religiösen Entwicklung der Menschheit. Das war die erhabene Mission, der Israel diente. *[1, S. 149]*

Kann sich aber eine religiöse Gemeinschaft isolieren? Baeck versuchte zu zeigen, daß die Kirche, als ihre weltliche Macht nachließ, die *Lehre* dazu benutzte, einen schützenden Zaun um sich selbst und um ihre Anhänger zu bauen.

Im Judentum ist es ... die Forderung bestimmter Handlungen, worin die Sorge an der Erhaltung der Gesamtheit zum Ausdruck kommt. Zu den Aufgaben, die der Glaube an Gott und der Glaube an den Menschen stellen, treten die Pflichten, die sich auf die Zugehörigkeit zur Gemeinschaft gründen, und die ebenfalls durch die Tat zu erfüllen sind ... Es sind die mannigfachen Gebote, Regeln und Institutionen, ... die alle unter dem Namen der *Zeremonialsatzungen* zusammengefaßt zu werden pflegen. *[1, S. 150–151]*[11]

Die Zeremonialgesetze sollten nicht mit der Tora verwechselt werden, sie wurden nicht als „gute Taten“ gewertet und sollten in messianischen Zeiten auch überflüssig werden. Aber Baeck erkannte ihre Nützlichkeit für die Bewahrung der Gemeinde an – während die Orthodoxie natürlich empört war über diese liberale Einstellung zum Ritual. Er sah in den Zeremonien eine Erweiterung der religiösen Dimension im jüdischen Leben. Die Zeit wird durch Gebet verklärt, Heim und Heiligkeit werden bereichert durch die Symbole, die zu tieferer Kontemplation und Andacht führen. Zeremonien bilden das Verbindungsglied zwischen dem Volk und seiner Vergangenheit der großen Traditionen. Die Außenwelt mochte versuchen, aus dem Juden einen Hausierer zu machen, die Struktur seines Glaubens machte statt dessen einen religiösen Denker aus ihm. Zeremonien trennen den Menschen nicht von Gott, sie führen zu ihm hin. Jeder Festtag beinhaltet Imperative, die Israel zur Nächstenliebe und damit zu Gott leiten: der Sabbat und das Passahfest laden den Fremden ins Haus, die Aufgabe für die Toten vereint alle in der Heiligung der Existenz, und das Familienleben gewinnt eine Würde und Schönheit, in welcher die Grundwerte des Lebens gefeiert werden. Der „Zaun um die Lehre" hat Israel bewahrt – es erübrigt sich, nach seiner Notwendigkeit zu fragen. Baeck ruft auf zu der Sendung des Judentums als zeitgenössischer Aufgabe:

Jeder Jude ist dazu berufen, durch seinen Lebenswandel davon Kunde zu geben, was seine Religion bedeutet. Er soll so leben und wirken, daß alle sehen, was sie ist, und was sie vermag, wie sie den Menschen erzieht und erhebt. Das ist *Missionsgebot, das jedem gestellt ist*, und niemand hat seine Schuldigkeit gegen die Gemeinschaft getan, so lange er dem nicht gerecht wird. *[1, S. 156]*

Fast ein halbes Jahrhundert später, 1949, nach dem Konzentrationslager, glaubte Baeck noch ebenso fest an Israels Mission:

Die Menschheit ist hungrig und dürstet nach dem, was das Judentum zu sagen hat. Manches Beispiel kann man dafür anführen ... Sollten wir nicht von neuem beginnen? Sollten wir nicht unsere Missionare nach Kleinasien, nach Ostasien und an andere Orte zu den Völkern senden, die dort auf uns warten? Wir brauchen um unserer selbst willen die Verbreitung.[12]

1949 kommt ein neuer Grund für die Mission hinzu. Mit der Gründung des Staates Israel entstand ein neuer Partikularismus im jüdischen Leben, dem entgegengewirkt werden mußte: „Jetzt ist der eine Schwerpunkt ein nationaler, der Staat Israel, und der andere sollte ... aus Gründen des Gleichgewichts die Mission sein ... als Zentrum des Internationalismus."[31] Im Jahre 1905 hingegen lag der Akzent mehr auf den Juden als Zeugen in der Welt. Israels Existenz als Volk sollte dem *moralischen Prinzip der Minorität* zum Ausdruck verhelfen: „Ohne Minoritäten besteht kein weltgeschichtliches Ziel" *[1, S. 158]*. Die Existenz von Israel allein ist für Baeck ein positiver Akt, der zur Erlösung der Welt führt. Selbst das Leiden von Israel ermahnt die Welt zur Gerechtigkeit. Jene, die Israels Glauben verließen, taten es, um ihr Schicksal zu verbessern – und sogar ihr Desertieren war ein positives Zeugnis für Israel, das gegen jeden Druck von außen an seinem Glauben festhielt. Baeck schließt das *Wesen des Judentums* in großartigem Selbstvertrauen; er wendet Rankes Ausspruch auf die jüdische Existenz an: „Das Größte, was dem Menschen begegnen kann, ist es wohl, in der eigenen Sache die allgemeine zu verteidigen." Das letzte Wort des Buches kommt jedoch aus dem Talmud. Die Rabbiner ziehen für die Fülle der jüdischen Existenz eine Deutung des 119. Psalmes heran: „Der Anfang zeugt für das Ende, das Ende wird einst für den Anfang zeugen." (Kidduschin 31a)

Von dem Augenblick seiner Veröffentlichung an wurde *Das Wesen des Judentums* von der jüdischen Gemeinde als gewichtige Aussage anerkannt. Seinen Kern bildete die feste Tradition von Bibel und Talmud – in der Weise, in der Geiger und die Wissenschaft des Judentums dem modernen Juden diese Tradition dargestellt hatten. Seine Philosophie entsprach dem unantastbaren Neukantianismus von Hermann Cohen, in dem sich ehrwürdige ethische Strenge und Messianismus zu einem starken Appell an den rationalen Menschen vom Jahrhundertende vereinigten. Die jüdische Gemeinde, die in einer Welt, die nicht geneigt schien, die durch das Zeitalter der Vernunft gemachten Versprechungen einzuhalten, teilweise unsicher geworden war, gewann neues Vertrauen durch Baecks stolze Position, die dem *Wesen des Christentums* ein *Wesen des Judentums* gegenüberstellte, das nicht auf Gleichheit, sondern auf Überlegenheit Anspruch erhob. In mehrfacher Beziehung hatte Baeck die allgemeinen Strömungen im Judentum des neunzehnten Jahrhunderts zusammengefaßt. Auch seine Herausforderung des Christentums gehört dazu. Aber es war eine neue Sprache, und die Dimension der jüdischen Existenz fügte dem Wesen des Judentums eine Wärme hinzu, die es vorher nicht gegeben hatte. Die nächste Ausgabe, 1921, mußte zwei Jahrzehnte jüdischen Denkens verarbeiten (Buber und Rosenzweig), verdoppelte sich im Umfang und gehört gänzlich dem zwanzigsten Jahrhundert an. Ihr unterliegt jedoch noch immer diese „verlorene" Ausgabe von 1905, in der so vieles vom neuen Denken zu erstem Ausdruck fand. Und in der 1905-Ausgabe liegt außerdem eine Erregung, die zuweilen zu übertriebener Polemik führt. Die überarbeitete Ausgabe hingegen ist ruhiger, zweifelsohne eine überlegenere Auseinandersetzung, die schwache Punkte korrigierend kräftigt, und manches, was in der ersten Ausgabe nur angedeutet war, zu logischem Abschluß brachte. Dennoch liegt in dem ersten großen Werk das Herz von Baecks Theologie; es ist bemerkenswert, wie wenig sich im Grunde zwischen 1905 und 1955 in Baeck geändert hat, obwohl der Wandel im Akzent sein System in ganz neuem Licht erscheinen läßt.

Was *ist* nun in der Ausgabe von 1905 enthalten, und was fehlt? Auf einfachste Weise ausgedrückt: was vorhanden ist, ist Hermann Cohens System und die Betonung auf dem Gebot, und was fehlt, ist die *Betonung* des Geheimnisses (das Geheimnis selbst ist bereits angedeutet, es ist in der Methodologie von Dilthey enthalten und in dem Bewußtsein vom nichtrationalen Aspekt der menschlichen Natur). Auch das Wort „Polarität" ist noch nicht aufgetreten. Aber auf die dynamische, rhythmische Entwicklung des Judentums, die teilweise in dem Verständnis des neunzehnten Jahrhunderts für das Sichtbarwerden des Geistes eingefangen ist, der sich in der Welt erfüllt, ist bereits hingewiesen.

Bubers *Reden* von 1911 hatten der jüdischen Gemeinde den Zionismus bewußter gemacht. Baecks Buch von 1905 war sich tief des jüdischen Volkstums bewußt und öffnete damit Cohens System dem zwanzigsten Jahrhundert auf eine Weise, die sich von Cohens eigener unterschied, die aber auch anders war als die Methoden Bubers und Rosenzweigs. Baeck blieb immer ein Rabbiner, mehr Theologe als Philosoph. Als Rabbiner verteidigte er seinen Glauben und sein Volk. Er ist nicht leidenschaftslos und objektiv, in diesem ersten Werk gibt es viele stürmische Passagen und subjektive Angriffe auf das Christentum. Er ist in erster Linie Apologet, und sein Vorbild ist nicht Maimonides sondern Jehuda Halevi. Da das Buch seinen Schwerpunkt im Volk hat, in der menschlichen Erfahrung, findet er das Wesen seines Glaubens viel mehr in der Welt und nicht in einer zurückliegenden Offenbarung aus dem Jenseits. Israel ist die Offenbarung, aber die menschlichen Aspekte werden durch den fundamentalen Glauben an Gott, den Baeck auf jeder Ebene der jüdischen Existenz gegenwärtig findet, in Grenzen gehalten.

Die jüdische Existenz lebt in der Offenbarung kategorischer Gebote, die von Gott ausgehen. Die Propheten werden als Menschen begriffen, die von einer moralischen Kraft überwältigt sind, die sie sprechen heißt. Gegenüber dem nahen und dem fernen Gott finden sie die Verbindung zwischen dem endlichen Menschen und dem Unendlichen in dem moralischen Handeln, das der dem Menschen offenbarte göttliche Wille ist. Der Prophet entwickelt keinen Gottesbegriff für sein Volk. Seine Stimme ist die der „praktischen Vernunft", die Israel von den Dingen spricht, die recht getan werden müssen. Und es muß immer das sittliche Handeln des Menschen sein, das die Paradoxien der menschlichen Existenz versöhnt. Die Paradoxie wird für Baeck nicht in einer hegelianischen Dialektik gelöst. In dieser Arbeit ist sie Vorläufer der Polarität, in der zwei Gegensätze miteinander leben. Israel und die Völker sind hier deutlich als eine solche Polarität gesetzt, der Begriff der Auserwähltheit und der Mission stellt eine theologische Aussage zu der

Besonderheit dar, die zum Universalen werden muß. Das Dynamische dieses Prozesses macht es für Baeck zwingend, daß er das Volk Israel als die Offenbarung sieht, daß er damit von dem Wesen des Judentums zur Existenz Israels übergeht, von dem moralischen Imperativ zum moralischen Akt des Lebens. Israel hat eine moralische Verantwortung den Völkern gegenüber; Offenbarung, Auserwählung und Mission gehören alle zu dieser moralischen Aufgabe, vom Besonderen zum Universalen zu gehen, die die Erlösung der Welt und des Menschen beinhaltet. Für Rosenzweig wird das Geschiedensein Israels von den Völkern am *Ende* aller Zeit gelöst sein. Baeck hingegen, der wesentlich mehr von Cohens ethischem Messianismus hatte, wollte die Offenbarung der ganzen Menschheit vermittelt sehen, auf daß alle in der moralischen Aufgabe vereint seien und die Kluft zwischen Israel und den Völkern *in* der Zeit überbrückt werden könne. Aus diesem Grunde gelangte Rosenzweig zu dem Begriff von Israel als metahistorischem Volk – und Baeck zu seiner Geschichtstheologie.

Wenn wir die Paradoxien zusammenfassen, die der idealistischen Darstellung der Grundbegriffe des Judentums, der traditionellen Lehre von Gott, dem Menschen und Israel unterliegen, dann sehen wir, daß sie miteinander verwoben sind, daß sie sich gegenseitig durchdringen. Endlichkeit und der Sinn der Unendlichkeit als religiöse Gefühlslage des Judentums; das Gefühl der Abhängigkeit ausgeglichen durch das Wissen um den Wert des Menschen als Schöpfer im sittlichen Handeln; die Aufgabe und die Verheißung; der begrenzte Mensch und der unendliche Gott in der Erlösung versöhnt (paradigmatisch sowohl für das Individuum wie für Israel in Beziehung zum Mitmenschen) – das ergibt ein Judentum, in dem die sittliche Strenge der Rabbiner zusammen mit Hermann Cohens ethischem Messianismus und Optimismus zu der Tragödie der Existenz hinausgreifen, die Baeck mit heute geradezu prophetisch anmutender Voraussicht unterstreicht. Baeck wendete Diltheys Methode an, um seinen Weg in die religiöse Typologie des Menschen zu finden, aber er schilderte mit Leidenschaft und Hingabe den eigenen Glauben und das eigene Volk.

Das Wesen des Judentums ist eine ebenbürtige Antwort auf Harnacks *Wesen des Christentums*, es widerspricht nicht, es gibt eine Alternative. Und die Darstellung jener Alternative bildet den Kern von Baecks Polemik gegen das Christentum, mit der wir uns im folgenden beschäftigen werden.

Viertes Kapitel
Leo Baeck und das Christentum

I

Baecks erste Begegnung mit dem Christentum hatte eine Bestandsaufnahme des Wesens des Judentums zur Folge, die er Harnacks Auslegung des Christentums entgegenhielt. Hier traf, im Klima des neunzehnten Jahrhunderts, Essenz auf Essenz. Durch Jahrzehnte hindurch sollte die Apologetik, die Auseinandersetzung mit dem Christentum, weiterhin Baecks Problemstellungen mitbestimmen. Immer wieder wird „romantisches" Christentum mit „klassischem" Judentum verglichen und als unzureichend befunden. Allerdings ändert sich der Ton, als das zwanzigste Jahrhundert Baeck in seinen Bann zieht. Der Übergang von der Essenz zur Existenz führt notwendigerweise zu einem neuen Nachdenken über alte Themen, auch über Paulus, dessen Lehren Baeck zwar nach wie vor in Frage stellt, dessen Persönlichkeit er jedoch mit mehr Sympathie bedenkt. In anderer Weise wird das Urteil indessen härter. Der jüdische Gelehrte, der das Evangelium liebt, ist gleichzeitig der Führer der deutschen jüdischen Gemeinde, die von nominellen Christen umgeben ist, die sein Volk quälen – und töten. Da Baeck jetzt das Wesen des Judentums durch die Not jüdischer Existenz kennenlernt, betrachtet er die christliche Gemeinschaft genauer, findet sie brüchig und sucht im christlichen Glauben nach einer Erklärung dieser Brüche.

In den finstersten Zeiten wandte sich Baeck, ein Jude, seinen Nachbarn, den Nicht-Juden, zu. Gershom Scholem allerdings bezweifelte, ob es wirklich jemals ein „deutsch-jüdisches Gespräch" gegeben habe:

Ich bestreite, daß es ein solches deutsch-jüdisches Gespräch in irgendeinem echten Sinne als historisches Phänomen je gegeben hat ... Der Versuch der Juden, sich den Deutschen zu erklären und ihre eigene Produktivität ihnen zur Verfügung zu stellen, sogar bis zur völligen Selbstaufgabe hin, ist ein bedeutendes Phänomen ... Von einem Gespräch vermag ich bei alledem nichts wahrzunehmen ... Die angeblich unzerstörbare Gemeinsamkeit des deutschen Wesens mit dem jüdischen Wesen ... war, auf der Ebene historischer Realität, niemals etwas anderes als eine Fiktion ... *[171, S. 278–280]*[1]

Scholems Verbitterung drückt die Erfahrungen einer jüdischen Gemeinde aus, die sich stets abgewiesen fühlte, sobald sie nach dem „Gespräch" trachtete. Die Enttäuschung in Israel über die Haltung der christlichen Gemeinschaften während des Sechstagekrieges vom Juni 1967 ist nur ein weiteres Beispiel hierfür. Dennoch ist Scholems Urteil zu hart, ist Ausdruck der völligen Ablehnung jener Einstellung innerhalb der jüdischen Gemeinschaft, die das Gespräch mit den Nachbarn wünschte. Das macht ihn auch automatisch zu einem schroffen Feind der früheren „Wissenschaft des Judentums". Hingegen hatten Baeck, Buber und Rosenzweig alle versucht, mit ihren christlichen Nachbarn ins Gespräch zu kommen – und hatten auch zumindest einige Antworten erhalten. Sie waren Schüler von Hermann Cohen, dessen Aufsatz über „Deutschtum und Judentum" Scholem heute typisch findet für die unglückliche Liebe zur christlichen Umwelt seitens der deutschen Juden, die „den Schritt vom Erhabenen zum Lächerlichen nicht gescheut haben" *[171, S. 28]*.

Baeck indessen bewegt sich im Gefolge Cohens, und der Dialog zwischen Juden und Christen begleitet sein ganzes Leben. Aber auch er stellt die Ablehnung fest, und er konnte eine Kultur, die ihm feindlich geworden war, kaum untersuchen, ohne auf gewisse Aspekte des Christentums zu stoßen, die ihm mitschuldig an Deutschlands Fehlern zu sein und die irrationalen Seiten zu fördern schienen, welche zum Nationalsozialismus führten. Im Jahre 1925, als man in Deutschland noch einigermaßen optimistisch war, daß die irrationalen Aspekte im politischen Leben nachlassen würden, schrieb Baeck an einen Freund seine Ansicht, daß viele Christen heute an das Deutschtum glaubten aber nicht mehr an Gott: „Dieses ist der fundamentale Nationalismus, der nur das Volk kennt, aber der Welt Gottes entfremdet ist . . ." *[75, S. 21]*

Bedenkt man die politische Atmosphäre der Zeit, in der Baeck seine Studien zum christlichen Denken niederschrieb, dann ist sein Bemühen um ein Verstehen um so mehr zu bewundern – und seine Kritik sollte daher sehr ernst genommen werden. Er sieht das Christentum stets als Ganzes und bescheinigt ihm eine lebendige Einheit, deren zeitgenössische Mängel zu den Mängeln im historischen und dogmatischen Aufbau in Bezug gesetzt werden müßten.

Die rabbinische Auseinandersetzung mit dem Christentum, wie sie im Midrasch stattfindet, wird von Baeck, dem Meister der Midraschforschung, fortgesetzt. In einer Zeit, in der das Judentum seine Stellung als Weltreligion hervorhob, wobei es von der klaren Voraussetzung ausging, daß zwar das Besondere bewahrt werden müsse, aber nicht auf Kosten des Universalen, betonte er ganz besonders das Existenzrecht des anderen. In Baecks

Theologie haben alle ein Recht auf Existenz; hinter allem ist eine Einheit, die am Ende den Sieg davontragen wird – der eine Gott wird auf verschiedene Weise verehrt.
Dieser Standpunkt spricht deutlich aus seinem Aufsatz über „Neutralität" (1929):

Sie ist hier die Fähigkeit, eine daseiende oder bestehende Eigentümlichkeit, eine persönliche oder geschichtliche Sonderart, so anders, so entgegenstehend sie sein mag, als nun einmal mit dem Rechte ihres Lebens daseiend, mit dem Rechte ihrer Aufgabe bestehend zu begreifen, sie, wenn auch nicht immer grundsätzlich, so doch tatsächlich, wenn auch nicht in der Theorie, so in der Praxis des Tages anzuerkennen.
Ganz besonders gilt das von dem Verhältnis zwischen den großen Religionen und Weltanschauungen. In ihrem Prinzip sind sie vielleicht auf das bestimmteste einander entgegengesetzt, so daß sie vermöge dieses Prinzips einander verwerfen müßten. Aber neben die theoretische Ablehnung tritt hier die bewußte praktische Anerkennung, neben die grundsätzliche Bestreitung die gewollte tatsächliche Neutralität. In allen modernen Staaten sind so Gesamtheiten und Gruppen, die prinzipiell einander negieren, ja einander negieren müssen, zu einer lebendigen Schicksals- und Geschichtsgemeinschaft zusammengeschlossen. *[42, S. 217–218]*

Zum Teil haben wir es hier mit der damals aktuellen Diskussion um *Gesellschaft* und *Gemeinschaft* zu tun. Aber die Gültigkeit von Baecks Darlegungen erweist sich im letzten Teil dieser Analyse theologischer Konflikte:

Die positive Neutralität verlangt, daß auch diese Fragen und gerade sie frei und aufrecht eintreten, daß sie offen und unverhüllt, ganz und ungemindert, auch mit all ihrer Gegensätzlichkeit und Unnachgiebigkeit ihren Raum gewinnen . . . Aber das Entscheidende ist, daß nicht trotz des Gegensätzlichen, sondern kraft seiner . . . ein Verbindendes und Einigendes hier begriffen wird. *[42, S. 221]*

Anerkennung der Anderen, sich der Gemeinschaft frei zu geben, führt zu einer Selbstkenntnis, in der das Einzelne sich auch des Ganzen bewußt ist, und das, sagt Baeck, ist „diese nicht bloß einsparende, sondern gebende, diese positive Neutralität". *[42, S. 222]* Wir finden hier etwas von dem, das wir Baecks Demut nannten, aber diese Demut entbehrt nicht der spitzen Pfeile des Polemikers, der den Christen alles zubilligt, dem Christentum jedoch nichts.
Hans Joachim Schoeps *[169]* verkennt das Gewicht von Baecks Beitrag zur jüdisch-christlichen Auseinandersetzung der Moderne – vielleicht wichen ihrer beider Standpunkte zu sehr voneinander ab. Denn Schoeps stellt (ähn-

lich wie Buber und Rosenzweig) das Christentum auf die gleiche Stufe wie das Judentum. Für Baeck ist das Christentum „das andere“ : es soll geduldet, anerkannt – und bekämpft werden. Seine Vorzüge sind jüdischen Gehalts; Jesus blieb noch im Rahmen der jüdischen Existenz, nicht aber Paulus. Krister Stendhal, ein neuerer Kritiker, hat in seiner Einführung zur englischen Ausgabe der *Pharisäer [40]* darauf hingewiesen, daß Baecks „Kritik eines romantischen Christentums in Wirklichkeit die Kritik einer besonderen Interpretation jüdischer Eschatologie“ sei. *[40, S. XVII]* Allerdings bringt das gleiche Element, in einem neuen Zusammenhang und mit einer anderen Betonung versehen, stets ein gänzlich anderes Resultat hervor. Nach Baecks Ansicht kontrollierte die ethische Strenge der Rabbiner die jüdische Eschatologie, und er konnte keine ähnliche Kontrolle in der paulinischen Lehre entdecken.

Reinhold Mayers Untersuchung zu Baecks Einstellung zum Christentum sieht den Gegensatz zwischen den Standpunkten von Baeck und Rosenzweig als ein Problem unterschiedlicher Ideologie und Methodik:

Bei Franz Rosenzweig und Martin Buber wird die Kirche in ihrer geschichtlichen Gestalt ernst genommen. Vom konkreten Einzelnen her, von der gelebten Wirklichkeit aus werden Gesetze und Gestalten der Geschichte erkannt, und es wird so alles auch zum Konkreten hingeführt. Das geschichtlich Erkannte wird ins Theologische vorgetrieben, so daß es zu einer An-Erkennung des Christlichen als eines legitimen Weges von Gott kommen konnte. Hier sind die Voraussetzungen geschaffen zur personalen Begegnung, zu jüdisch-christlicher Partnerschaft.

Bei Leo Baeck dagegen scheint die Konstruktion den Vorrang zu haben. Aus allgemeinen geschichtlichen Prozessen und Gesetzen wird Geschichte abgeleitet und gedeutet. Über diese immer gleichen Gesetze wird immer neu meditiert. In diesem Konstruktiven und Meditativen ist kein Raum für eine theologische Anerkenntnis eines anderen Glaubens. Zwar wird in einem Bereiche des Humanen der Mensch, der eine Sache vertritt, die theoretisch abgelehnt werden muß, doch praktisch toleriert; aber mitsamt seiner anderen Sache findet er eben keinen Platz in diesem System, das nur für das Eigene Raum hat. Als ein fremdes Phänomen steht die andere Sache daneben, so daß hier nicht mehr nach Motiven zu suchen ist, sondern nur abgelehnt werden kann. Der andere Weg, das „rein Christliche“, ist kein Weg vor Gott, nur ein Weg von Menschen. Hier will alles bewußt abstrahiert und auf letzte Formeln zurückgeführt werden. Ja, es möchte scheinen, daß hier allgemeine Gesetze vor den konkreten Bezügen stehen, so daß alles zu einer bloßen Dinglichkeit und Unlebendigkeit abgezogen ist. *[150, S. 101–102]*

Dieses Urteil hat viel für sich, zumal es auf die erste Kontroverse mit Harnack zutrifft, bei der Essenz gegen Essenz stand. Die idealistische Philosophie neigt dazu, die menschliche Begegnung als Weg des Verständnisses zwischen zwei Glaubensrichtungen auszuschließen. Aber der spätere Baeck hat an dem neuen Denken wesentlich mehr teil, als seinen Kritikern klar war; seine idealistische Sprache leistet einiges mehr, als nur über die Gegensätze zwischen allgemeinen Gedankengängen zu berichten. Unter der ruhigen Oberfläche hat eine existentielle Begegnung stattgefunden, und Kritiker wie Mayer müssen sich mit dem ganzen Umfang von Baecks Kritik beschäftigen: Nicht nur das Christentum, auch die Christen sind gewogen und zu leicht befunden. Baecks Mittelweg resümiert die Befunde auf dem Gebiet der Theologie und der existentiellen Begegnung, und seine „Neutralität" verleiht jenem universalen Element volle Anerkennung, das jeden Christen mit jedem Juden vereint, und geht aus der menschlichen Situation in das Reich einer Theologie über, die niemals von der existentiellen Begegnung abgeschnitten ist.

Baeck urteilt mit mehr Schärfe über das Christentum als Buber und Rosenzweig. Aber Mayer überschätzt Bubers Beziehungen zum Christentum. Wenn Buber auch die schärfsten Polemiken Baeck überläßt, so ist er doch fähig zu sagen: „Wir vermögen nicht, Gott auf irgendeine Art seiner Offenbarung festzulegen." *[89, S. 154]*[2] Und wenn wir Baecks Polemiken gegen das Christentum näher untersuchen, dann begreifen wir ihn als einen Vertreter der jüdischen Gemeinde, die sich zweitausend Jahre lang mit ihrer Tochterreligion auseinandergesetzt hat.

II

Das *Wesen des Judentums* von 1905 enthält Baecks Einstellung zu Jesus und zum Christentum, die sich in der 1901 erschienenen Kritik von Harnacks Schrift bereits ankündigte. Baeck hatte das Christentum als das Kind erklärt, das die Mutter niemals hassen könnte *[18, S. 30]*; Jesus galt ihm als „Jude unter Juden" *[18, S. 28]* und die christliche Ethik als vom Judentum abgeleitet *[18, S. 28]*. Er verteidigte die Pharisäer und ordnete Jesus eindeutig in ihre Reihen ein als eine „echt jüdische Persönlichkeit" *[18, S. 28]*. In der Ablehnung des Pharisäertums und der falschen Deutung seiner Rolle seitens der Kirche sah Baeck eine von Anfang an große Schwäche des Christentums. Der dynamische jüdische Kern wurde aus dem Zentrum des christlichen Denkens entfernt: „Allerdings zeigt die Kirchengeschichte durch viele Beispiele, wie die Neigung sehr oft vorhanden war, die Lehre von Gott an den Platz des Sittengesetzes, den Glaubenssatz an die Stelle der Pflichtgebote zu setzen ..." *[18, S. 14]*. Der „besondere historische Anspruch" des Christentums auf absolute Gültigkeit ist auf diese Weise in Frage gestellt, und seine Legitimation, sein moralischer Eifer und seine innere Dynamik kommen aus einem Judentum, das von neuen Elementen des christlichen Glaubens verleugnet werden möchte.

Der polemische Aspekt im *Wesen des Judentums* ist eine notwendige, verborgene Dimension dessen, was schließlich und endlich ein Werk der Apologetik darstellt. Jüdische, historisch und psychologisch bestimmte Polemik ist häufig ein Substrat jüdischer Schrifttexte. Dabei hebt sich das Bild des Judentums allmählich gegen ein Christentum ab, das oft nur indirekt erwähnt wird. Ein frühes Beispiel solch einer „stillen" Polemik findet sich in der Definition Israels als einer prophetisch religiösen Gemeinde:

Mit keinem Propheten schließt das Werk der Religion ausdrücklich ab, wie es mit keinem ausdrücklich anhob ... Bestimmend ist schon, daß Israel nicht „den Propheten", sondern „die Propheten" hat. Das ist ein wesentlicher Unterschied gegen andere Religionen, die in dem *einen* Gotama Buddha, in dem *einen* Zarathustra, in dem *einen* Muhammed ihren Prophetismus beginnen und enden sehen ... In Israel folgt auf den Meister der Zug der Meister, auf den Großen die Reihe der Ebenbürtigen ... Die Fülle der Religion ist in keinem Einzelnen und auch nicht in mehreren befaßt. Auf Vollständigkeit und Vollkommenheit kann höchstens ein System Anspruch erheben wollen, aber nie ein Mensch. Der ganze Inhalt des Judentums liegt erst in seiner unbeendeten, unendlichen Geschichte. *[2a, S. 39]*

Baeck stellt sich damit dem christlichen Denken entgegen, das die Offenbarung ausschließlich in Jesus verlegt, außerhalb der Geschichte. Aber Jesus wird neben Buddha und den übrigen gar nicht genannt – er gehört noch immer zum Judentum.

„Stille" Polemik ist auch, daß Jesus jenem jüdischen Partikularismus zugeordnet wird, der weiß, daß Selbstverwirklichung die Brücke zum Universalismus bildet:

Es zeugt von der Kraft der Rede Jesu, nicht aber von einer Enge des Gesichtskreises, wenn er sein Wort nur an Israel ergehen lassen will und seinen Jüngern diesen Weg weist ... Die Propheten sprechen *von der Welt* und ihrem Heile, aber sie sprechen *zu Israel;* nur die farblosen Epigonen fordern immer die ganze Menschheit zum Hören und Bewundern auf. *[2a 73]*

Hier richtet sich der versteckte Angriff gegen Paulus und seine Anhänger (für Rabbiner alles „Epigonen"), welche die Botschaft von der jüdischen

Besonderheit trennen und damit zu einem wurzellosen Universalismus kommen. Baeck kümmert hier nicht die Tatsache, daß die christliche Lehre von dem Neuen Bund, der Kirche, und dem neuen Israel in der Tat einen neuen Partikularismus als Stütze des christlichen Universalismus schafft. Die Eltern beweinen noch immer das eigensinnige Kind und meinen, daß Jesus, der sich noch in der jüdischen Überlieferung befand, den Bruch nicht gewollt hätte.
Der logische Aufbau des Judentums allein und seine Rolle in der Welt weisen dem Christentum eine untergeordnete Stellung zu:

So gibt es nur zwei bestimmende Grundformen der Religion, die israelitische und die buddhistische ... Diese ist der Ausdruck des Gebotes, zu wirken und zu schaffen, jene der des Ruhebedürfnisses ... Diese will die Welt mit Gott versöhnen, jene will nur von der Welt erlösen ... Die eine ist die Religion des Altruismus ... die andere ist die Religion des Egoismus ...
Zwischen diesen beiden Formen der Religion gilt es zu entscheiden; die eine oder die andere ist die religiöse Offenbarung. Alle Geschichte der Religionen neben ihnen besteht darin, daß zu der einen oder der anderen mehr hingelenkt worden ist. Mit einem Wort soll es also auch gesagt werden, daß sie [die israelitische Religion] die *klassische* Erscheinung der Religion ist. *[2a, S. 57–58]*

Der Buddhismus lebt in der Offenheit der Universalität; das Judentum jedoch macht die Universalität zu seiner Aufgabe und Mission und ist in seinen untergeordneten Gliedern – Christentum und Islam – als Selbst-Erfüllung vorhanden:

Ihm [dem Judentum] ist der Universalismus eine wesentliche Eigenschaft, ein charakteristischer Inhalt. Ganz ebenso ist er es danach im Christentum und auch im Islam. Auch sie sind daher Weltreligionen; sie sind es, insofern sie aus dem Judentum hervorgegangen sind, und soweit sie mit ihm zusammenhängen. Es ist Glaube von Israels Glauben, wenn sie die religiöse Zukunft der Menschheit im Lichte der eigenen Religion schauen und so in ihrer Religion die Religion sehen. *[2a, S. 77]*

Baeck entdeckt den Einfluß des jüdischen Universalismus in den großen geistigen Strömungen der westlichen Kultur, von der religiösen Erneuerung in der Zeit der Renaissance bis hin zu den sozialistischen Bewegungen. Er betont das Fortdauern jüdischer Gedanken innerhalb des Christentums und des Islam, die dazu neigen, später erworbene Vorstellungen fallenzulassen, um zu den älteren jüdischen Formen zurückzukehren: „Es sei nur an die Reformation, an das Täufertum und an die unitarische Richtung im modernen Protestantismus erinnert." *[12a, S. 81]*[3]

Die Arbeit über Harnack vom Jahre 1901 hatte bereits Baecks Argument enthalten, die Ethik des Neuen Testaments schöpfe stark aus der hebräischen Bibel und die Nächstenliebe aus hebräischen Texten. Jetzt geht Baeck näher darauf ein:

Wie sehr sie, die Nächstenliebe, im Gegenteil hier, im Neuen Testament, schließlich dadurch begrenzt und eingeschränkt ist, daß die Erlösung und die Seligkeit von dem rechten Glauben und damit schließlich von dem Dogma und der Konfession abhängig gesetzt und so einem Teil auch der besten Menschenbrüder abgesprochen werden, bedarf nicht erst einer weiteren Ausführung. Und auch darauf ist wieder hinzuweisen, wie es das allein Entscheidende hier ist, das Wunder der Gnade zu erfahren und dadurch erlöst zu werden, wie so im Mittelpunkt der Religion das Ich des Menschen für sich allein steht, das Ich ohne den Mitmenschen. *[2a, S. 247–248]*

Arnold Wolfs aufschlußreicher Essay *[194]* stellt das auf die gleiche Stufe wie den quasi-buddhistischen Egotismus, der die entgegengesetzte Glaubensrichtung zu Baecks Schema bildet. In diesem Schema ist die Derivat-Rolle des Christentums eindeutig. Innerhalb des Christentums gibt es widerstreitende Kräfte, die den Glauben über das Werk, das Individuum statt der Menschheit setzen und Gnade vor Recht gelten lassen; und diese Gewichtsverteilung geht von den Lehren des Paulus aus.

Baeck beschuldigte Paulus, das Mißverstehen der Christen zu nähren, die die Tora (Lehre) als *nomos* begriffen unter der stillschweigenden Voraussetzung, daß *nomos* (Gesetz) zu Knechtschaft werden und Despotismus bedeuten könnte. Die Polemik der paulinischen Briefe hob den Neuen Bund des Glaubens über den geringeren, einstweiligen Bund des Gesetzes. In dieser Polemik erkannte Baeck auch, daß der Wert allen menschlichen Tuns durch das Wunder nichtig gemacht wurde, das nunmehr passiv empfangen werden mußte *[2a, S. 296]*. Paulus verwechselte das Gesetz des Judentums, das Baeck bejahte, mit dem „Zaun um die Lehre“; und diese Verwechslung erschien Baeck als grundlegende Schwäche des Christentums. Polemik gesellt sich hier zu Apologetik.

Da im *Wesen des Judentums* das Christentum im allgemeinen als Vergleich zum Judentum herangezogen wird *[2a, S. 293]*, ist es nicht verwunderlich, wenn das Urteil negativ ausfällt. Ein Judentum ohne Dogma gibt zu Protokoll, wie übertrieben das Christentum vom Dogma abhängt und es benutzt, um seine wankenden Institutionen zu stützen. Das Christentum strebt so sehr nach weltlicher Macht, daß es Nicht-Christen aufgezwungen werden könnte *[2a, S. 51]*. Indem er die jüdische Vorstellung der *emuna*, des lebendigen Bewußtseins des Allgegenwärtigen preist, das der Mensch haben kann, des Bewußtseins eines auf Gott gegründeten Lebens, geht Baeck erneut zu der stillen Polemik gegen das Christentum über:

Im jüdischen Schrifttum wird das Gottvertrauen auch als der *Glaube* bezeichnet. Dieses Wort hat hier nichts von der dogmatischen und konfessionellen Bedeutung, die ihm anderwärts eigen ist. Es bezieht sich hier nicht auf Erkenntnisse und Sätze, in denen ein Wissen vom Jenseitigen durch die Gnadengabe dargeboten sein will, es stellt nicht Güter und Autoritäten als Glaubensgüter und Glaubensautoritäten hin, es ist von keiner Theorie und keiner Scholastik umgeben. Darum hat sich hier ja auch kein festes Glaubensbekenntnis aufgerichtet, kein Dogma mit seinem Gedankenbau, diesem stolzen Turm, der in den Himmel ragen will. *[2a, S. 129]*

Neben der indirekten Kritik am Christentum gibt es aber auch die direkte scharfe Kritik an den christlichen Vorstellungen vom Menschen, von der Gemeinschaft, von den Aufgaben der Kirche, sowie an der Struktur des christlichen Denkens und Lebens im Vergleich zum jüdischen Denken und Leben.[4] Aus dem Zusammenhang gerissen und in dieser Weise zusammengefaßt, wirkt die Kritik sehr bitter. In dem gleichen Absatz, der starke Verurteilungen enthält, erklärt Baeck jedoch – im Geiste „positiver Neutralität“: „Nicht, daß einst der Glaube aller durchaus einförmig und gänzlich gleichgestaltet sein sollte . . . Aber alle wird es *eines* Glaubens machen . . . ‚nichts anderes als recht zu tun‘ . . . Dieser Glaube an den einen Gott wird alle verbinden können.“ *[2a, S. 81]*
So paradox es klingt, Baeck liebt das Christentum. Die Gestalt Jesu hat in Baecks Schriften einen hervorragenden Rang. Mit der möglichen Ausnahme von C. G. Montefiore gibt es nur wenige jüdische Gelehrte, die das Evangelium mit solcher Anteilnahme immer wieder gelesen haben. Und die Denkweise, die dem Judentum zuwiderläuft, ist ja nicht das Christentum, sondern der Buddhismus. Das Christentum ist noch immer im Rahmen seiner jüdischen Herkunft gesehen, das Kind wird nicht verleugnet. Und das Judentum geht ein auf das, was es von sich selbst im Christentum erkennt.
Weshalb also ein so bitterer Angriff, selbst wenn er nicht destruktiv gemeint ist, sondern sich in den Grenzen positiver Duldung hält? Vielleicht bietet Baecks lateinisches Lieblingssprichwort den Schlüssel: *corruptio optimi pessima.* Gerade weil Baeck soviel vom jüdischen Erbe im Christentum sieht, spürt er die Notwendigkeit, jene Aspekte anzugreifen, die sich vom jüdischen entfernt haben. Selbst in der Technik der Konfrontation mit den entgegengesetzten Glaubensrichtungen ist die Bestätigung der Verwandtschaft gegeben: die Konfrontation findet im Rahmen der Polaritätsreligion statt. Baeck

wirft dem Christentum nicht vor, daß es gläubig, sondern daß es blindgläubig sei; nicht, daß es Gefühle der Abhängigkeit enthalte, sondern daß diese Abhängigkeit zum Aufgeben, zur Kapitulation des persönlichen Handelns führe; nicht, daß es eine Vision der Zukunft habe, sondern daß diese Vision aus dem Bereich der Verwirklichung herausgenommen und in ein Jenseits gestellt ist, das nicht durch Werke, sondern nur durch Gnade erreicht werden kann. Das Christentum enthält Wahrheit, denn es war einmal jüdisch. Aber jetzt, wo es sich in Bündnisse mit den weltlichen Mächten verstrickt hat und in Dogmen erstarrt ist, ist es moralisch verderbt. Baeck wagte es, in einer christlichen Welt das Judentum als die Norm zu setzen und das Christentum an diesem Maßstab zu messen und für fehlerhaft zu erklären. *Das Wesen des Judentums* spricht zum Volke Israel („Die Propheten sprechen zu Israel"), aber jede Apologetik richtet sich auch stets an die Gegenseite. Und in der Betonung von Israels Mission und des christlichen Anteils an dieser Mission dürfen wir eine Versöhnung zwischen Christentum und Judentum sehen. Das Besondere trifft sich im Universalen. Gerade die Schärfe von Baecks Kritik gehört zu seinem Bemühen um den Christen, der sich, motiviert durch die eigene Ethik, die dem jüdischen Erbe entstammt, der gemeinsamen Aufgabe anschließen sollte, die im Bereich der menschlichen Erfahrung liegt. Die Sprache des Idealismus, der ganze Versuch, nach der Essenz zu streben, und die Notwendigkeit der Selbstdefinition gegenüber einem Glauben, der in Harnacks *Wesen des Christentums* seine Abstammung leugnet, all das bringt Baeck zu der schärfsten Verurteilung der Mängel in den christlichen Grundlagen, die überhaupt möglich ist. Aber die Brücke der Versöhnung ist in der menschlichen Aufgabe gegeben, im Reiche der Erfahrung und in der Vision von der Mission des Judentums. Der Christ, der *Das Wesen des Judentums* aufmerksam liest, spürt, daß er angesprochen ist: Konfrontation wird zum Dialog.

III

Sobald Baeck von dem Christentum als Ganzem zu der Prüfung der Einzelaspekte übergeht, schreibt er keine Polemik mehr. Als Anhänger der vergleichenden Religionswissenschaften beschäftigt er sich im Rahmen objektiver Forschung mit bestimmten Tatsachen. Ehrfurcht vor dem Detail und das Bedürfnis, dem Besonderen gerecht zu werden, sind offensichtlich. Er wendet sich an das Evangelium, das heißt, vertieft sich in einen Stoff, den er als Teil der jüdischen Überlieferung empfindet und für den er Einfühlungsvermögen und Verständnis mitbringt. Indem er einzelne Seiten des

Christentums definiert, definiert er auch das Judentum und Bezirke des eigenen Lebens.

„Das Evangelium als Urkunde der jüdischen Glaubensgeschichte" *[50]* gehört für ihn in die jüdische Existenz: „Nicht um Quellenschriften, aus denen sie [die Evangelien] zusammengefügt seien, handelt es sich, sondern um Tradition, in der sie entstanden sind." *[50, S. 5]* Baeck spricht hier von der mündlichen Tradition, jener besonderen Art der Überlieferung, die alle jüdischen Gelehrten als Schlüssel zum Verständnis des jüdischen Lebens kennen, in das er das Evangelium mit einbezog. In den letzten dreißig Jahren hat die Bibelforschung Baecks Einsichten eingeholt. Moderne Stilkritik und Quellenforschung erkennen heute die Bedeutung der mündlichen Überlieferung voll an, und Baecks Forschungen gelten als Beitrag auf diesem Gebiet.[5]

Baeck bewies die mündliche Überlieferung innerhalb des Christentums aus dem Evangelium, den Kirchenvätern und aus jüdischen Quellen. Darüber hinaus versicherte er: „Wären aber auch nicht diese alten Zeugnisse, in denen die alte Kirche selbst von dieser mündlichen Überlieferung berichtet, so spräche davon ebenso entscheidend die geistige Art der Menschen, in deren Mitte das Evangelium entstanden ist." *[50, S. 11]* Hierin ist bereits der spätere Baeck erkennbar: Es ist die lebendige Wirklichkeit jüdischer Existenz, aus der wir unsere Einsichten beziehen. In diesem Kontinuum gibt es keine Unterscheidung zwischen jüdischen und christlichen Charakteren, sie alle kommen aus dem einen Volk, aus der einen Überlieferung. Da spricht die Bibel zu jeder Generation, zu ihren Schülern und Lehrern, welche die Überlieferung in ihrem Leben verkörpern und sie so weitergeben, *Toledot* – die wechselseitige Durchdringung von Volk und Glauben – übermittelt Offenbarung. Und eine „fromme Phantasie" ehrt die Vergangenheit, indem sie sie ausschmückt, und verbindet sie mit der Gegenwart. Dies ist die Natur des jüdischen Lebens, es ist ebenso die Natur der Bibel:

Das Bibelwort ... wurde in eigener Weise gelesen. Einerseits trachtete man danach, ... es in eine gekennzeichnete Zeit und Lebenslage hineinzustellen ... Aber andererseits ... wurde das, was die Schrift verkündete, doch auch wieder über das Einzelne und über den Tag, dem es zugehörte, ins Zeitlose und Seiende, ja ins Präexistente und Ideale hinausgehoben ... Nunmehr erzählte alle Geschichte in der Bibel nicht nur etwas, sondern sie bedeutete etwas ... *[50, S. 16]*[6]

Die Bibel ist Offenbarung, sie betrifft das gesamte Leben, und Israel war das Volk, dem die Offenbarung gegeben war. Aus beiden entstand die Überlieferung. Wieder bewegt sich der Gedankengang zu Baecks Gleichsetzung von Israel, Offenbarung und Bibel als einem und demselben – in lebendiger, dynamischer, kontinuierlicher Entwicklung. Das mündliche Gesetz ist enthalten in den Schrifttafeln vom Sinai und lebt in dieser Kette der Tradition, deren einzelne Glieder die Generation des Volkes Israel bilden.

Baeck weist diesen lebendigen Prozeß innerhalb der Bibel nach, zeigt beispielsweise, wie die beiden Bücher der Chronik die Einzelheiten zur Geschichte Davids im Buche Samuel nachliefern *[50, S. 21]*.[7] Desgleichen können wir die Entwicklung im mündlichen Gesetz verfolgen, indem wir Pirke Awoth mit den Awoth des Rabbi Natan *[50, S. 22]*[8] vergleichen. Jede neue Generation übernimmt die Offenbarung und erfüllt sie auf schöpferische Weise mit neuem Leben. Und das Evangelium mit seiner mündlichen Überlieferung gehört in diesen Fluß jüdischen Lebens hinein. In der Evangelientradition wie im jüdischen Leben findet man

> ... daß Schüler die Worte des Lehrers vernommen haben ...
> Das weiter zu überliefern, was sie gehört und was sie gesehen, war ihnen schon eine fromme Verpflichtung ...
> Auch hier umfaßte die Tradition Worte und Geschehnisse, und auch hier wurde das alles in die überkommenen festen Formen, in den alten gegebenen Rahmen eingetragen. Auch hier zog die Überlieferung durch Individualitäten hindurch und brach sich immer wieder in ihnen ... Auch hier hat die Phantasie geschaut und gedichtet, der Gestaltungswille erläutert und ergänzt ... unter dem Lenkenden und Gebietenden, unter dem innerlich Zwingenden des Schriftwortes. Auch für sie war ein bestimmter Inhalt, der bestimmte religiöse Lehrsatz, von vornherein da, und er war die eigentliche Wirklichkeit und die ganze Wahrheit. Auch für sie ... bedeutete das, was ihrem Meister zuteil geworden und auferlegt worden war, ein von Anbeginn an Verordnetes, ein seit je Offenbartes. Auch sie wußten ... daß jedes große Geschehen eine seit langem gegebene Antwort, die Erfüllung der Prophezeiung war. *[50, S. 29–30]*

Die jüdische Überlieferung und ihre ganz bewußte Bekundung wird so in die Gruppe um Jesus verlegt. Baeck spricht es hier nicht klar aus, daß es sich dabei eher um das haggadische als um das halachische Judentum handelt, obwohl diese Frage und die Konflikte innerhalb des jüdischen Lebens an anderer Stelle von ihm vermerkt sind.[9] Seitdem Baeck diese Gedanken niederschrieb, haben die Schriftenrollen des Toten Meeres und die neuere Forschung andere Züge in der jüdischen Gemeinde aus der Zeit von Jesus ans Licht gebracht, die die jüdischen Aspekte des frühen Christentums untermauern, außerdem aber das jüdische Denken der Zeit mit einigen Aspekten dessen versehen, was Baeck „romantische Religion“ nannte; apokalyptische Töne wie asketische Handlungen, Denkweisen, die im Evangelium enthalten sind, die Baeck jedoch aus dem Judentum ausschließen wollte.

Sodann zeigte Baeck den Prozeß der Übermittlung innerhalb des Evangeliums auf und verglich die verschiedenen Versionen des Vaterunsers in den synoptischen Evangelien *[50, S. 3]*.[10] Wieso aber stehen diese Texte außerhalb des Judentums? Die Jünger glaubten, und der Meister folgte ihnen in diesem Glauben, daß der Meister wirklich der Messias war. Und in diesen Texten erscheinen einige Gedankengänge des Judentums in besonderer Färbung: Satan und die zweite Wiederkehr; Erwartungen, die für Jesu Jünger grundlegend sind und die den verschiedenen Persönlichkeiten der einzelnen Jünger entsprechend individuelle Züge annehmen, aber Teil einer mündlichen Überlieferung sind. Petrus, Johannes, Jakobus – jeder hatte seine eigene Version, seine eigenen Zuhörer. Und dann kam Paulus.

Mit Paulus beschäftigt sich Baeck in einer ganzen Reihe von Aufsätzen *[29, 31a, 59]*. Aus dem *Wesen des Judentums [2, S. 264–265]*[11], das noch von der Gelehrsamkeit des neunzehnten Jahrhunderts und von der Betonung der Spaltung zwischen den Lehren Jesu und der Theologie von Paulus beherrscht war, entwickelt sich eine Grundvorstellung von Paulus, die sich erst in Baecks letzten Schriften wandelte. Baeck polarisierte das Christentum in ein Christentum, das jüdisch, und in eins, das als hellenisierter, romantisierter Glaube durch Paulus personifiziert ist. Noch einmal muß daran erinnert werden, daß Polemik stets zu Übertreibung neigt. Paulus wurde jedenfalls für Baeck zu dem „Anderen", dem Feind, der seine Gemeinde an die heidnische Welt verriet, der als Sprecher des Mysteriums, welches das Gesetz aufhebt, die Wurzeln abschnitt. Baeck widerstrebte es, die romantischen Elemente des paulinischen Glaubens in den jüdischen Rahmen zuzulassen und in den Handlungen, der Persönlichkeit und der Theologie von Paulus eine Einstellung anzuerkennen, die noch zum jüdischen Leben gehörte. Erst in seinen allerletzten Essays über Paulus, als die Polemik sich von der Diskussion um das Wesen zu der existentiellen Begegnung zwischen den Glaubensrichtungen verlagert hatte, als der Akzent mehr auf dem Menschen Paulus und weniger auf seinem Glauben lag, ging Baeck soweit, den jüdischen Paulus zu bestätigen, der an der Mission und Aufgabe des Judentums teilhatte.

In dieser Arbeit über das Evangelium wird Paulus in erster Linie als „ein Mann aus der griechisch-orientalischen Welt Kleinasiens" *[50, S. 37]* gesehen, der niemals die Mysterien und Symbole der nichtjüdischen Welt vergaß. Für Baeck war Paulus das Tor, durch das die heidnischen Mysterien des sterbenden und auferstandenen Gottes in die messianischen Vorstellungen kamen, durch das die Jünger von Jesus den Weg in die Welt draußen fanden. Es gab selbstverständlich auch andere Wege: die jüdische Welt war damals ihrer Umwelt geöffnet, und es gab ein ganzes Netz jüdischer missionarischer Tätigkeiten, das später vom Christentum übernommen wurde. Aber als die Christen in die Welt gingen, wurde der jüdische Messias von dem *Soter* (Heiland) des hellenistischen Denkens übernommen. Romantische Sehnsüchte wurden ausgetauscht und gestärkt, und das Christentum bewegte sich fort von seinem alten Erbe.

Es waren beinahe apokalyptische Zeiten. Viele religiöse Typen traten damals auf den Plan. Der von Dilthey geschulte Baeck wies darauf hin:

Die Jahre des Lebens Jesu ... hatten etwas Bedrückendes bald und bald etwas Erregendes. Mochte das Gefühl der Wehrlosigkeit, der Sinnlosigkeit alles Widerstandes, ja alles Tuns überhaupt die einen ausfüllen, der Wunsch des Trotzes, das Verlangen nach dem Kampf die anderen bewegen, für die einen wie für die anderen war das Heute nur ein Übergang. So wie es war, könne es doch nicht bleiben; es müßte doch eine Zeit beschlossen sein und eine neue, die verheißene Zeit anheben. Die zerrende Stimmung des Vorläufigen ergriff viele. *[50, S. 44]*

Baeck sah Mängel sowohl in der passiven Verweigerung des Widerstands als in dem blinden Trotz, der als Selbstzweck jedes Handeln ersetzte. Er experimentierte mit dem Begriff einer „Übergangszeit". Messianische Hoffnungen sind für das Judentum von grundlegender Bedeutung. Aber sie sind in die Welt konkreten menschlichen Lebens eingebaut und hängen ebenso vom menschlichen Handeln wie von göttlicher Gnade ab (hier wird Baeck dem starken jüdischen Apokalyptismus jener Zeit nicht gerecht). Die Krone menschlicher Vollendung, das messianische Zeitalter, wird an das Ende aller Zeiten verlegt – Zeit als das Kontinuum, in dem das Ethische verwirklicht wird. Auch der Traum gehört zu diesem Kontinuum, er ist Poesie. Wenn aber die Poesie über die reale Welt des Gesetzes siegt, wenn der Messias nahe zu sein scheint, dann wird die ethische Handlung, Sinn und Zweck menschlicher Existenz, stumpf. Eine „Übergangszeit" entbehrt des Ziels, und der „schwankende Sinn des nur Provisorischen" erzeugt den Romantiker, der lieber vom Morgen träumt anstatt für das Ende aller Zeiten zu wirken.

Dieser romantische Typ, der dem Leben das Erleben vorzieht, war bereits in Baecks „Romantische Religion" umrissen: „Daher ist ja die romantische Persönlichkeit auch etwas so ganz anderes als etwa die Kantische Persönlichkeit, die als Träger des Sittengesetzes dasteht und in der Treue gegen das Gebot sich selbst und damit die Freiheit findet." *[6, S. 45]* Baeck sprach nicht einfach über Kant. Er verwendete Kant sowohl im Sinne der Zeit als zu seiner eigenen Orientierung, um eine bestimmte rabbinische moralische Strenge philosophisch auszudrücken. Und die rabbinische rationale und ethische Strenge kontrollierten in jenen Tagen die messianischen Theorien der ersten zwei Jahrhunderte.[12]

Baeck repräsentierte die Rabbiner der Vergangenheit, die sich bemühten, Mystik und messianische Vorstellungen in Grenzen zu halten. Wir mißverstehen ihn, wenn wir ihn lediglich als eine nachkantische Figur der Moderne sehen, die versucht, die Texte des ersten Jahrhunderts mit Hilfe moderner Philologie und Philosophie zu interpretieren. Er ist wirklich eine rabbinische Persönlichkeit, denn er hört diesen Texten mehr zu, als daß er sie analysiert. Es sind Worte, die an ihn gerichtet sind, übermittelt durch die Kette der Tradition, die einen besonderen Dialog eigener Prägung erzeugt. Die hebräische Bibel befindet sich im Zentrum dieses Dialogs und lebt in jeder Generation rabbinischer Überlieferung fort. Und Baeck ist selbst Teil jener jüdischen Antwort, die Hadrian wie Hitler erfährt. Das Evangelium ist Teil jener Antwort, auch wenn durch die unterschiedliche Interpretation des jüdischen Leidens die Zerstörung des Tempels für die meisten eine Kräftigung der Gemeinde bedeutet und für die Autoren des Evangeliums doch einen Bruch des Bundes.
Die Einzelheiten von Baecks Analyse des Evangeliums gehören nicht zu unserem Thema. Aber man sollte sich vergegenwärtigen, daß Baeck mit diesem kleinen Buch der jüdischen Gemeinde Deutschlands eine warme einfühlende Einführung in christliche Schriften bot und eine Brücke über zweitausend Jahre schlug – und das in einer Zeit, als diese Gemeinde nicht nur von ihren Nachbarn, sondern auch von der Kirche der Nachbarn verlassen schien. Er beanspruchte den jüdischen Kern dieser Texte für das Judentum und folgte dabei folgenden Richtlinien:

Alles das zunächst, was den Erlebnissen, den Hoffnungen und den Wünschen, den Vorstellungen, dem Glaubensbezirk und den Glaubensbildern erst der späteren Generationen gemäß ist, das auch, worin sie sich die Geburt des Geschehnisses aus dem Bibelsatz oder die Symbolik und das werdende Dogma bekunden, das sodann, was im Hinblick auf die griechisch-römische Welt oder auf die römische Obrigkeit erzählt oder gesprochen ist, was eine gewollte Hinwendung zu ihnen erkennen läßt oder von dem Verlangen zeugt, vor ihnen nicht mit dem jüdischen Volke in eins gesetzt zu sein, das ferner, was sich in der hellenistischen Art, in der Weise hellenistischer Propheten und Wundertäter bewegt, das schließlich, worin sich die Zeit der Katastrophe, die Zeit nach der Eroberung Jerusalems und der Zerstörung des Tempels bezeugt, das alles erweist sich als spätere Schicht. *[50, S. 67]*

So einfach lassen sich jedoch diese Maßstäbe nicht anwenden. Hoffnungen, Wünsche und Vorstellungen können jahrhundertelang ruhen, können Teil einer verborgenen Überlieferung sein und in späteren Tagen erst zum Ausdruck kommen, und gehören doch in frühere Zeiten. Baeck hatte Harnack den Vorwurf gemacht, daß er seine eigene Religion in die Gemeinde, die Jesus folgte, hineinlas. Die gleiche Gefahr liegt in jedem Versuch, das Gewebe eines Textes nach den in ihm enthaltenen Gedanken aufzuteilen, wobei unerwünschte Gedanken von vornherein ausgeschieden werden. Mystik und Apokalyptismus sind nicht ausschließlich hellenistischen Propheten und Wundertätern eigen. Während Baeck mit großer Einfühlsamkeit und großem Verständnis die jüdischen Aspekte in den Lehren von Jesus hervorhebt, neigt er dazu, Hellenismen auszuschließen, die nicht notwendigerweise von der Gemeinde draußen entlehnt, sondern die durch die jüdische Tradition übermittelt waren. Die grundlegenden Maßstäbe von Baecks synoptischer Rekonstruktion dessen, was er den Urtext der Evangelien nennt, sind klar und einleuchtend:

Umgekehrt, das, was ganz anders ist, als Richtung oder Ziel der Geschlechter war, die nach der ersten Jüngergeneration kamen, das, was den Formen, zu denen diese Späteren ihren Glauben weitergebildet haben, widerspricht, das, was von der geistigen, seelischen und politischen Welt, in welche sie nach und nach eintraten, unterschieden ist oder sogar im Gegensatz zu ihr steht, das also, was vielmehr in Lebensweise und gesellschaftlicher Gestalt, in Stimmung und Denkart, in Sprechcharakter und Stil den Bereich und die Tage aufweist, in denen Jesus gelebt hat, das alles trägt damit die Zeichen des Ursprünglichen, Alten. In ihm treten Worte und Taten Jesu vor uns hin. *[50, S. 68]*

Das ist subjektiv, aber aus seinem tiefen Wissen von jener Zeit ergeben sich erhellende Erkenntnisse und Beiträge zur Forschung, die auch ein objektiver Kritiker anerkennen muß. Und gerade die Subjektivität verhilft uns zu einem klareren Verständnis von Baecks Dialog mit dem Christentum.

Baeck sah die frühe Christengemeinde und ihre Lehren als gänzlich jüdisch an. Genial schilderte er das Wesen jüdischen Gedankenguts jener Zeit: die biblische Lehre geht in die Welt und erleuchtet sie; gleichzeitig geht zeitgenössisches Denken in diese biblische Welt ein und formt sie um, während es sich selbst richtet. Der Kommentar wird dem Text beigefügt, wird zu einem Bestandteil von ihm, erweitert und erhellt ihn. Das Evangelium gehört in diese Tradition mit hinein. Vielleicht ist die heutige Forschung in bezug auf den Grad der Gewichtsverteilung zwischen den inneren Problemen des Christentums und dem äußeren Einfluß anderer Ansicht als Baeck, aber sie kann schwerlich sein tiefes Verständnis der christlichen Anfänge ignorieren, die aus der völligen Vertrautheit mit den jüdischen Denkgewohnheiten gewachsen sind, die auf jeder Seite des synoptischen Evangeliums deutlich werden. Einzelheiten von Baecks Rekonstruktion des Urtextes bieten Anlaß zu Zweifeln. Liest man jedoch das Ganze, so gewinnt man ein neues

Verständnis für das Jüdische in Jesus als auch für die Liebe, die Leo Baeck mit diesem frühen Lehrer verband, den er für das Judentum beanspruchte:

In dem alten Evangelium, das sich derart auftut, steht mit edlen Zügen ein Mann vor uns, der während erregter, gespannter Tage im Lande der Juden lebte und half und wirkte, duldete und starb, ein Mann aus dem jüdischen Volke, auf jüdischen Wegen, im jüdischen Glauben und Hoffen, dessen Geist in der Heiligen Schrift wohnte, der in ihr dichtete und sann, und der das Wort Gottes kündete und lehrte, weil ihm Gott gegeben hatte, zu hören und zu predigen ... Einen Mann sehen wir in dieser alten Überlieferung vor uns, der in allen den Linien und Zeichen seines Wesens das jüdische Gepräge aufzeigt, in ihnen so eigen und so klar das Reine und Gute des Judentums offenbart, einen Mann, der als der, welcher er war, nur aus dem Boden des Judentums hervorwachsen konnte und nur aus diesem Boden hervor seine Schüler und Anhänger, so wie sie waren, erwerben konnte, einen Mann, der hier allein, in diesem jüdischen Bereiche ... durch sein Leben und in seinen Tod gehen konnte – ein Jude unter Juden. Die jüdische Geschichte, das jüdische Nachdenken darf an ihm nicht vorüberschreiten, noch an ihm vorbeisehen. *[50, S. 69]*

Baeck hat einen Text der Offenbarung stets als den lebendigen Ausdruck von Persönlichkeiten betrachtet, die, während wir sie interpretieren, wahrhaft in unser Leben eintreten, und nicht als Textstellen, die analysiert werden müssen. Das „alte Evangelium, das sich derart auftut", ist der lebendige Ausdruck eines jüdischen Lehrers, von Jesus, und eine Urkunde jüdischen Glaubens. Deshalb wird dem Christentum auch nicht die Stellung des äußersten Gegners zugewiesen. In dem Maße, in dem das Christentum an der jüdischen Überlieferung und jüdischer Erfahrung teilhat, hat es teil an der Offenbarung und an der Mission. Die Aufgabe des Christentums ist demnach die Verbreitung der ethischen Einsichten des jüdischen ethischen Monotheismus. Die Verbundenheit des Christentums mit dem Judentum gehört als stetiges Attribut zur christlichen Geschichte. Und in dieser Arbeit von Baeck, die von den übrigen jüdischen Gelehrten der Gelehrsamkeit wegen geschätzt wurde, ohne daß sie wirklich auf die theologischen Dimensionen eingingen *[27]*, wird das Gemeinsame der Offenbarung mit Entschiedenheit zum Ausdruck gebracht.

Offenbarung ... Mission ... Israel: das jüdische Volk auf seiner Bahn durch die Geschichte. Für Baeck gehört das zusammen. Das Christentum brach aus der Bahn aus und zerriß die Kette der Überlieferung. Die überlieferten Methoden waren noch vorhanden: Schüler hörten bei Lehrern und wandten die überlieferte Exegese auf die Worte des Meisters an, aber ein heidnischer Geist war in ihre Überlegungen eingedrungen. Mysterium wurde zu Mystifikation, und der nüchterne Sinn der Moral, bezogen auf konkrete Situationen und verstärkt durch religiöse Bräuche zur Heiligung des Lebens, wurde umgewandelt durch eine romantische Sehnsucht nach einer besseren Welt, die auf übernatürlichem Wege zustande kommen würde. Es war Baecks Liebe zu den jüdischen Elementen im Christentum, die ihn zu seiner schärfsten Polemik gegen die seiner Ansicht nach verderblichen Elemente im Christentum führte. Als Zusammenfassung seiner Studien von mehr als drei Jahrzehnten veröffentlichte er den Aufsatz über „Romantische Religion". *[27]*

IV

Er hatte einmal den Plan gehabt, ein größeres Werk mit dem Titel „Klassische und romantische Religion" zu schreiben. Es ist nie dazu gekommen, statt dessen erschien 1922 eine erste Fassung des Aufsatzes über romantische Religion *[27]*. Dieser Aufsatz ist, umgeschrieben und sehr erweitert, in der gleichen Sammlung von 1938 *[5]* enthalten, in der Baeck seine Liebe zum Evangelium bekundete, und er ist die schärfste Polemik, die nur möglich ist.

Baeck identifizierte sich mit den Pharisäern und trat für jene Heiligkeit ein, die aus ethischem Handeln kommt und den Schwerpunkt in der Weihe der konkreten Lebenssituation hatte, im Gegensatz zu der Heiligkeit, die aus Zurückgezogenheit, Träumen und Sehnsucht entstand. Die Rabbiner der ersten vier Jahrhunderte konnten die messianischen Träume eines leidenden Volkes nicht leugnen, aber sie konnten diese Träume in Grenzen halten, sie als Poesie der Existenz sehen, was notwendig – aber gefährlich war.[13] Baeck gehört zu den alten Exegeten, er war ein *Baal ha-Midrasch*.[14] Er lebte wie sie in der gleichen Atmosphäre, mit den gleichen Bibelworten und ihrer Exegese, den gleichen hermeneutischen Gesetzen und ihrer inneren Logik und der gleichen jüdischen Gemeinde auf der Suche nach Heiligkeit. Er lebte in einem Kontinuum, in dem Unvernunft stets der Feind gewesen war – ob von innen oder von außen. Das romantische Element war niemals von seinem Denken ausgeschlossen, aber er blieb fest verankert in der rationalistischen Tradition des Judentums, er identifizierte sich mit ihr.

Ähnlich wie zwischen Baeck und Hermann Cohen gewisse Einflüsse wirksam waren, lernte Baeck in geringerem Maße von Heinrich Graetz. Allerdings schlossen die Gemeinsamkeiten mit Graetz nicht die Vorurteile von Graetz gegen Ostjudentum und Chassidismus ein. Jedoch legte Baeck in seiner Gesamtbetrachtung der jüdischen Geschichte viel Gewicht auf den lebendigen Fortschritt ethischen Handelns und rationalen Denkens, auf einen Voluntarismus, der auch zu dem System von Graetz gehörte.[15] Und Baeck war ebenfalls Sprecher für das liberale jüdische Denken, für die Wissenschaft des Judentums, die vielleicht am besten mit dem Namen Abraham Geigers charakterisiert ist.[16] Diese jüdischen Fundamente von Baecks Gedankengut, von der ethischen Strenge der alten Rabbiner zu den Theorien des liberalen Judentums, müssen wir verstehen, bevor wir uns den äußeren Einflüssen zuwenden, welche die Sprache seiner Polemik gegen die romantische Religion formten.

Diltheys typologische Methode ist klar erkennbar. Aber noch viele andere Einflüsse wirkten auf Baeck, der stets dem Zeitgeist offen war. Kurz bevor der Aufsatz erschien, hatte Wölfflin diese typologische Methode in der Kunst angewendet. Fritz Strich hatte dann Wölfflins Gedanken in seinem Buch über deutsche Klassik und Romantik verwertet, das nicht nur Christentum mit Romantik gleichsetzte, sondern auch eine Polaritätstheorie aufzeichnete, die derjenigen Baecks entspricht. Strich schrieb:

Es gibt keine Ästhetik, die einen Grundbegriff, welchen auch immer, aufstellen könnte, zu dem nicht sofort und notwendigerweise der polare Gegenbegriff gebildet werden kann und muß. Jede Zeit natürlich muß sich entscheiden und jede Kunst, und jede hat das unveräußerliche Recht, sich für die einzig wahre und endgültige zu halten; denn nur aus solcher Überzeugung zieht sie ihre schöpferische und verwirklichende Kraft. Aber die Wissenschaft der Geschichte sehe ihre Aufgabe gerade darin: das Bewußtsein von der Einheit des Geistes in allem Wechsel der Erscheinung wachzuhalten und über dem Kampf den Bogen des Friedens zu wölben, indem sie den Kampf nur als das Geheimnis des Lebens, die Zweiheit als das Geheimnis der Einheit begreift. *[182, S. 23]*

Er stellte die Polaritäten von Klassik und Romantik auf, das Erfüllte gegen das, was ohne Ende ist, ewige Ruhe gegen ewige Bewegung im Rahmen der Ewigkeit – Polaritäten, denen man bei Baeck wiederbegegnet. Strich setzte einen ruhelosen Zeitbegriff, der vom Leben und der Erfahrung entfernt ist, als den inneren Kern von Romantik, Barock, Gotik und Christentum; und er sah im romantischen Denken zwei Strömungen – den christlichen und den dionysischen Typus. *[182, S. 25]* Hinter all diesen Systemen – von Strich, Wölfflin und auch von Baeck - steht immer noch das Erbe von Hegel, das die Dialektik der Zeit schuf.

In jener Nachkriegszeit kam die von Leben und Erfahrung entfremdete Romantik nicht nur in den Künsten und in der Religion zum Ausdruck. Sie galt außerdem als ein politisches Denkmuster. Carl Schmitt vermerkte das Scheitern der romantischen Mode, wenn sie in die Politik eindrang. In einem 1919 geschriebenen Essay definierte Schmitt politische Romantik als „subjektivierten Occasionalismus", in dem alles und jedes romantisch wird und unverbindlich bleibt:

Der wesentliche Widerspruch des Romantischen, der namentlich bei der politischen Romantik den Eindruck innerer Unwahrhaftigkeit rechtfertigt, liegt vielmehr darin, daß die Romantik in der organisierten Passivität, die zu seiner occasionalistischen Struktur gehört, produktiv sein will, ohne aktiv zu werden. Das bleibt der Kern der politischen Romantik. Als subjektivierter Occasionalismus hatte sie auch sich selbst gegenüber trotz zahlloser psychologischer Feinheiten und konfessorischer Subtilitäten nicht die Kraft, ihr geistiges Wesen in einen theoretischen oder praktisch-sachlichen Zusammenhang zu objektivieren. Ihr Subjektivismus wies sie, statt an Begriffe und philosophische Systeme, an eine Art lyrischer Umschreibung des Erlebnisses, die sich mit jener organischen Passivität vereinen ließ ... aber immer ohne eigenen Entschluß, eigene Verantwortung und eigene Gefahr. *[166, S. 223–224]*

Baecks ethische Strenge mußte eine politische Romantik mitsamt ihren Gefahren erkennen. Und nicht nur Schmitts Schriften deuten diese Gefahren der politischen Romantik an, auch sein Leben demonstrierte seine Ungeduld mit demokratischen Verfahren. Er verfing sich in den von ihm selbst beschriebenen Gefahren und gehörte zu den ersten, die Hitler willkommen hießen.[17]

So kam Baeck dazu, einen Glauben zu kritisieren, der ihm in seiner Umwelt durch unheilige Allianzen geschwächt schien. Die Kirche schien ein Opfer der Romantik der Zeit zu sein, jedoch sah Baeck die Wurzeln für die Schwäche bereits in ihren Anfängen, durch Paulus in das Christentum eingeführt. Es war ein romantischer Glaube, und Baeck begann seine Polemik mit seiner Definition der Romantik, die uns trotz ihrer Einseitigkeit Einblick in eine gewisse Gefühlslage und Art der Religion gibt. Indem er Schlegels Satz über romantische Bücher – ein Buch, „das einen sentimentalen Stoff in phantastischer Form behandelt" – auf die Religion anwendet, führt er eine genaue Parallele an:

Die gespannten Gefühle geben ihr den Inhalt, und ihre Ziele sucht sie in den bald mythischen, bald mystischen Gesichten der Einbildungskraft; ihre Welt ist das Regellose, das Außergewöhnliche und Wunderbare, das über alle Wirklichkeit Hinausliegende, das ferne Jenseits der Dinge. *[6, S. 42]*

Ein romantischer Mensch in dieser Stimmung gibt sich genießerisch einer Sehnsucht hin, die nicht nach dem Unendlichen greift und nicht im Handeln ihren Höhepunkt findet: es ist eine Sehnsucht um der Sehnsucht willen in der Art von Novalis, der sein Christentum als eine echte „Religion der Wollust" preist.[18] Romantische Stimmung ist in Baecks Augen eine ekstatische Hingabe, also jener Aspekt der Religion, der Frömmigkeit in etwas Passives und Müdes verwandelt: in Abhängigkeitsgefühle. Romantische Religion mit ihrer Hingabe an eine Stimmung der Hilflosigkeit zerstört die Moral – das war Baecks Hauptvorwurf. Der Romantiker zieht sich von der Welt zurück in die Vergangenheit, und der religiöse Typus des Romantikers entwickelte den Typus, der Baeck zufolge im christlichen Glauben vorherrscht.

Baeck wußte, daß es in jeder Religion bestimmte romantische Elemente gibt und daß sich im Leben die Strömungen gegenseitig durchdringen. Seine letzten Schriften feiern die Gesamtheit jüdischer Existenz, in der das Romantische den ihm angemessenen Ort hat. Er nahm jedoch nicht die Position zurück, die er hier verteidigte, daß nämlich der romantische Aspekt in der einen Religion nur einen stillen Nebenausflug bedeutet, während er für den anderen Glauben zur Hauptstraße wird, auf dem die meisten wandern. Dies ist für Baeck der Unterschied zwischen der klassischen Religion des Judentums, der das Romantische nur als kontrollierter Nebenaspekt eigen ist, und der romantischen Religion des Christentums, in der das Romantische den Glauben dominiert.

Was machte das Christentum zu einer romantischen Religion? Nach Baecks Ansicht war es Paulus, der den Weg zeigte zu den griechischen Mysterien-Religionen mit ihrem Überschwang an Gefühlen, der schwärmerischen Flucht aus der Wirklichkeit, der Sehnsucht nach einem Erlebnis. Diese Denkweisen eroberten die Antike, und indem es sich mit ihnen verband, kam das Christentum zum Sieg:

Das, was der Sieg des Christentums genannt wird, ist im Grunde dieser Sieg der Romantik gewesen. Ehe jenes seinen Weg begann, war das, wodurch es schließlich Christentum geworden ist, oder, noch anders ausgedrückt, das, was an ihm nichtjüdisch ist, bereits zu einem Weltglauben, zu einer neuen völkerverbindenden Frömmigkeit erstarkt. *[6, S. 49]*

Die jüdischen Aspekte von Paulus beachtete Baeck kaum, er sah ihn mehr als eine Außenseiterfigur aus Kleinasien, die von frühauf zur Romantik erzogen war. Paulus wird beschrieben als jemand, dem beide Welten nicht genügten und der deshalb für sich selbst einen jüdischen Messias erfand, der die romantischen Bedürfnisse der heidnischen Mysterien erfüllen würde. Der Glaube, den er lehrte, enthielt die wesentlichen Züge heidnischer Mysterien: das romantische Schicksal eines Gottes, welches das unerbittliche Los des Menschen spiegelt, einen dramatischen Erlösungsprozeß und den romantischen Mythos. Mit diesem verließ Paulus das Judentum, „denn für den Mythos, der mehr als ein Gleichnis sein will, war in diesem kein Platz . . .; auf dem Wege dieses Mythos ist er [Paulus] zur Romantik übergegangen" *[6, S. 52]*. Baeck erkannte allerdings, daß das Jüdische in Paulus sich immer wieder gegen die Romantik wehrte, trotzdem steht Paulus in der Geschichte als derjenige Apostel, der sein Gefolge in die Romantik jenseits des Judentums mitzog und den neuen romantischen Glauben, das Christentum, schuf. Baecks grundlegende Arbeit über Midrasch-Texte zeigte, wie die jüdische Gemeinde dem Druck der Umwelt und ihrem Synkretismus widerstand, und das Leben von Paulus war ihm ein Beispiel dafür, daß der äußere Druck stärker war.

Anders als Strich und Wölfflin versuchte Baeck jedoch nicht, Ästhetik mit Religion auf eine Stufe zu setzen. Er behauptete hingegen, daß der Romantiker die ästhetische Erfahrung in die Religion hineinnimmt und sie auf Kosten des sittlichen Handelns und geistigen Wissens verherrlicht. Der Augenblick der Erleuchtung ist dem Romantiker alles, er wandelt die Natur des Glaubens und führt dazu, daß dieser Augenblick künstlerischer Vision, von Gnade und Erlösung, mit dem Streben des Menschen nichts zu tun hat. Er wird zur Essenz des Lebens, zum gesamten Gehalt der Existenz. Der unmittelbare Augenblick der Rezeption wird zur Erfüllung, „der romantische Zauber wird zur romantischen Wahrheit" *[27, S. 57]*. Das Erleben dieses Augenblicks wird überbewertet, der Glaube predigt die Hingabe an den Augenblick auf Kosten ethischen Handelns.

Baecks größter Einwand gegen die paulinische Religion ist dieses Glaubenserlebnis, das den Romantiker in ein Reich des Transzendenten einführt, in dem jedes Streben und jede Bewegung endet. Der Mensch in dieser Welt hat eine Aufgabe zu erfüllen und ist daher ein Geschöpf, das mit Ziel und Kraft ausgestattet ist. Der Mensch, der in die Welt des Jenseits versetzt wird, ist lediglich ein Zuschauer – ein Konsument, könnte man sagen, der Erfahrung ekstatischen Glaubens, und er erwirbt sich die Erlösung nicht: Sie wird ihm geschenkt. Er erkennt Gott nicht, aber Gott erkennt ihn: Der Dialog ist einseitig. Romantische Religion erfährt lediglich Schleiermachers „Geschmack der Unendlichkeit": die rein innere Erfahrung des wahren Gläubigen, der die Freude des Gerettetseins oder die Qual des Sündenbewußtseins kennt.

Dieses Thema wird nun im einzelnen ausgeführt, insbesondere die romantische Parteinahme für die Gnosis gegen die *Chochma*. Dennoch ist Baecks Einstellung zum Christentum nicht einseitig; er vermerkt die teilweise Ablehnung der Romantik in gewissen Bereichen des katholischen Denkens. Und immer drückt er seine Sympathie für Calvinismus und Wiedertäufer-

tum aus, die sich eng an den alttestamentarischen Hintergrund hielten und Voluntarismus und sittliches Handeln betonten, die an den Willen des Menschen appellierten, die Welt zu Gottes Ehre durch Handeln zu verbessern. In „Judentum in der Kirche" *[5, S. 121 ff.]* kommt das deutlich zur Sprache: Baeck sieht im Calvinismus ein offenes Tor zur modernen Welt, das den sittlichen Geboten des Alten Testaments Einlaß gewährt. Max Webers Einfluß ist hier spürbar. Webers These über den Beitrag der englischen und holländischen calvinistischen Sekten zur Bildung der modernen Mittelklassen half Baeck, einen Platz für den jüdischen Beitrag zum modernen Leben zu finden. Wie Hans Liebeschütz erkannte, bot „Webers Theorie . . . das Verbindungsglied zwischen jüdischen Glauben und moderner Kultur".[19]
Sobald jedoch Baeck zu Luther kommt, wird die Polemik energisch wieder aufgenommen. Luther sei zur paulinischen Romantik zurückgekehrt, zu ihrem Losungswort *sola fide*, der Mensch solle seiner Erlösung und des Glaubens *velut paralyticum*, „wie ein Gelähmter" *[6, S. 54]* harren.
Diese Gelähmtheit führt indessen zu Pessimismus und Entfremdung, sie unterwirft das Subjekt nicht nur einer *Welttrunkenheit*, sondern auch dem *Weltschmerz*.
Die so von Baeck rekonstruierte paulinische Religion meint nicht notwendigerweise das Christentum zu einer bestimmten Zeit und an einem bestimmten Ort in Vergangenheit oder Gegenwart, sie beleuchtet die negativen Aspekte, die im Christentum schlummern und es daran hindern, sich an die große Aufgabe, die es mit dem Judentum teilt, zu begeben. Eine Auslegung, die also erneut Polemik gegen das Andere darstellt und Apologetik für das, was ihm selbst gehört:

> Man kann in scharfer Gegenüberstellung die paulinische Religion als die der schlechthinnigen Abhängigkeit bezeichnen gegenüber der der gebotenen, aufgegebenen Freiheit, als die der Hingelehntheit gegenüber der der Selbstbehauptung und Selbstentfaltung, als die der Quietive gegenüber der der Motive; dort ist der Mensch Subjekt, hier, in der romantischen Religion, ist er Objekt. Die Freiheit, von der sie so gern spricht, ist nur die geschenkte Freiheit, die verliehene Heilstatsache, aber nicht ein zu erringendes Ziel; sie ist der Glaube, der bei sich selber stehen bleibt, aber nicht die Aufgabe des Lebens, nur ein „Du hast", aber nicht auch ein „Du sollst". In der klassischen Religion soll der Mensch durch das Gebot frei werden, in der romantischen ist er durch die Gnade frei geworden. *[6, S. 58–59]*

Wieder einmal wird das Wesen des Judentums durch den Fehler des Romantischen bei der Tochterreligion definiert.
Die ist nicht die Kritik eines objektiven, nüchternen Beobachters. Romantik

war für Baeck ein Feind, dem er auf allen Gebieten des Lebens begegnete, in Kultur, Literatur und Politik. Die erste Fassung dieses Aufsatzes schrieb er, als die romantische Haltung an Anhängern in der deutschen Politik zunahm, und die zweite, als sie zur Macht gekommen war. Bezeichnenderweise wurde diese Sammlung von Aufsätzen auch sofort von der nationalsozialistischen Regierung beschlagnahmt und vernichtet, denn apolitisch ist sie nicht. Die Unterwürfigkeit der romantizistischen Einstellung dem Staat gegenüber wird schließlich sehr energisch vorgetragen, und Baecks Angriff auf die „stumme Kälte", mit der die „protestantische Kirche Deutschlands beispielsweise der Leibeigenschaft und einem Menschenhandel zugesehen" hat *[6, S. 61]*, ist gewiß unfair, wenn man an die Haltung dieser Kirche in Amerika und Europa zu den sozialen Problemen des zwanzigsten Jahrhunderts denkt, aber der Angriff bezog sich natürlich direkt auf die Verhältnisse im Dritten Reich um 1938. Baeck zeigt diese Tendenz aller romantischen Religionen, sich mit Tyrannen zu arrangieren, von den Mysterienkulten bis zur Gegenwart auf. Wo sich der Akzent auf eine andere Welt verschiebt, ist die Anpassung an eine Welt der Tyrannei nicht ungewöhnlich (auch das Judentum ist nicht frei von dieser Sünde gewesen). Die romantische Religion kann versuchen, *außerhalb* der Kultur zu bleiben und einzig für sich selbst zu leben; sie kann *neben* der Kultur in einem gewissen zwiespältigen Kompromiß bestehen – wenn sie aber wirklich *in* die Kultur *eintritt* (was, wie wir gesehen haben, sowohl für Leo Baeck wie für Paul Tillich eine Voraussetzung bedeutet), hört sie auf, romantische Religion zu sein *[6, S. 62]*. Es gibt aber eine Alternative: Religion kann eine Kultur zum Schaden beider dominieren. Die Geschichte jeder „christlichen Kultur" ist in Baecks Augen ein Beispiel für ein lähmendes, verdummendes konstruiertes Gebilde. Überall in diesem Aufsatz wird uns der Optimismus und Rationalismus einer seltsam ihrer Umwelt bereits entfremdeten Stimmung gezeigt, denn bevor das zwanzigste Jahrhundert begann, hatte die romantische Stimmung deutsche Staatsbürgerschaft erworben. Fichte füllte die Atmosphäre der Universitätskneipen, Treitschkes Buch ruhte auf dem Tisch im Salon, und die Zunahme der politischen Romantik ist kein Zufall gewesen.

Der Aufsatz kehrt zurück zu der Auseinandersetzung mit Harnack: wenn der Ursprung des Christentums außerhalb von Ort und Zeit angesiedelt wird, verliert seine Geschichte die dynamische Stoßkraft und wird Gefangene der Romantik. Wieder einmal stellt die Polemik beide Glaubensrichtungen einander gegenüber:

Der Glaube wird von einer historischen Beglaubigung abhängig gemacht. Zwar ist es der geschichtlichen Offenbarungsreligion eigentümlich, daß sie um das

Geheimnis des Beginns weiß und ein Geschehnis aus der Vergangenheit heraushebt, um den Gang der Wahrheit zu bestimmen. Aber es ist doch ein wesentlicher Unterschied, ob, wie dort, ein Anfang gesetzt wird oder, wie hier in der paulinischen Religion, das absolute Ziel und die letzte Erfüllung. Dort ist der Gedanke der Weitergestaltung gegeben oder mindestens zugelassen; hier ist er von vornherein abgelehnt ... [Klassische Religion] ist geschichtlich; die andere nur historisch. *[6, S. 65]*

Baeck wollte damit sagen, daß die christliche Auffassung von Golgatha romantischer Geschichtsmentalität entspricht: eine Vision des Vergangenen außerhalb der Geschichte, eine *Urzeit*, die zur *Endzeit* zurückkehren wird, jedoch nicht innerhalb der menschlichen Geschichte. Das Judentum hingegen kennt nur den Weg der menschlichen Geschichte, der vom Sinai in die Zukunft führt: nur die Aufgabe ist klar, nicht das Ende aller Zeiten. Judentum heißt Wissen um den nicht endenden Weg, romantisches Christentum dagegen weiß bereits um die letzte Erfüllung und freut sich in diesem erlösenden Wissen.

In dieser Freude liegt ein fundamentales Problem der romantischen Religion. Das Leben im Glauben wird an ein subjektives Erlebnis gebunden, das kein fortdauerndes ist. Wie kann man im täglichen Leben dazu kommen? Die Antwort der paulinischen Religion waren die Sakramente. Sie objektivieren das Wunder der religiösen Erfahrung. Sie sind gänzlich materiell und objektiv für den romantischen Glauben – sie müssen es sein, denn wenn sie zu Symbolen werden, dann stellen sie nicht mehr das wirkliche Wunder dar, das in das Leben im romantischen Glauben eintritt. (Luther ist wieder als Romantiker empfunden, Zwingli und die Anabaptisten werden hingegen als Repräsentanten der klassischen Strömung innerhalb des Protestantismus gewürdigt, die mit diesem Problem fertigzuwerden suchen *[6, S. 70]*.[20] Baecks liberales Judentum wird hier sichtbar, wenn er im Gegensatz zu traditionellen jüdischen Ansichten betont, daß die Sakramente nur Symbole für das Judentum sind. Bei Paulus ist das Sakrament unentbehrlich:

Auch das Judentum hat seine Zeremonien geschaffen, vielleicht ein allzu reiches Maß davon, aber in ihm wurden sie nur als die Außenwerke der Religion aufgerichtet, als ein „Zaun um die Lehre" ...; sie sind die Symbole und Zeichen, die auf ein Religiöses hinwiesen, in deren Beobachtung man aber noch keine wahre Frömmigkeit, noch kein gutes Werk erblickte ... Die Sakramentsreligion hat ihren Platz in der Kirche des Wunders, ihr Kultus, mit seiner Zeremonie, ist das Wunderdrama. *[6, S. 71]*

In seinen ersten Schriften hatte Baeck das Ritual und die Möglichkeit, irgendeine Bedeutung aus der menschlichen Erfahrung heraus dafür zu finden, noch stärker abgewertet. Als er aber *Das Wesen des Judentums* umarbeitete, rückte das Geheimnis innerhalb dieser menschlichen Erfahrung fester und enger an das Gebot heran, und dies wurde sehr sorgfältig formuliert:

Schon der Gedanke des *Geheimnisses*, in der Bedeutung, welche es hier hat, war dem entgegen. Während es in der Kirche etwas Reales ist, etwas, was im Sakrament greifbar wird, ist es im Judentum ein Ideelles. Es bezeichnet hier das Unerforschliche, das, was Gottes und nicht des Menschen ist, das, was nur geahnt werden kann. Vor dem Wesen Gottes breitet sich das Dunkel der Ferne, durch das kein Sterblicher hindurchschaut, und nur die Andacht, mit ihrem Sinnen und ihrem Schweigen kann ihm nahen. In die Welt des Menschen treten hier die *Gebote*; das Gute tun, das ist auch aller Weisheit Anfang. Die Menschenpflicht steht vor dem Wissen von Gott, und dieses selbst hat weniger den Sinn des Besitzens als den des Suchens und Forschens. *[2a, S. 6]*

Das Sakrament beginnt also, seinen Platz als Ausdruck jüdischer Existenz wieder einzunehmen. Jenseits aller Nützlichkeit, die es im Bewahren von Israel und in der Heiligung des täglichen Lebens hat, weist es auf das Göttliche hin, das nur erahnt werden kann. In „Romantische Religion" indessen zieht Baeck eine feste Grenze zwischen dem andeutenden, hinweisenden Sakrament und dem christlichen Sakrament, das den Anspruch erhebt, daß mit ihm der Vorhang durchbrochen und das Geheimnis nun greifbar und wirklich sei, um genossen und von den Sakramenten manipuliert und kontrolliert zu werden. Wenn das Sakrament zum wirklichen religiösen Erlebnis wird, dann verliert die Religion für Baeck ihre dynamische Kraft. Die Religion verläßt das Leben und errichtet ihre eigene künstliche Welt: die Kirche.

Diltheys typologische Methode und die Verwendung von psychologischen Kriterien schlagen sich nicht nur in Baecks Analysen von Individuen, sondern auch in seiner Behandlung von Institutionen nieder. Baeck sieht die Kirche weniger als eine historisch bedingte Institution denn als Antwort auf die psychischen Bedürfnisse des Romantikers, der in seinem Wunsch nach Ruhe von ihr angezogen wird und dessen romantischer Glaube nach einer festgegründeten Autorität als notwendige Ergänzung in dieser Welt verlangt. Nach dem Gesetz der „seelischen Vergeltung" sucht der romantische Glaube eine Autorität in Glaubensdingen *[6, S. 75]*. Abgesehen davon, daß die Kirche das Bedürfnis nach Glaubensobrigkeit des romantischen Glaubens erfüllte, sah Baeck in ihr auch den notwendigen Ort, an dem das Wunder seine ständige und fortdauernde Existenz hat. Das Reich Gottes ist die Kirche, daher kann es kein Heil außerhalb der Kirche geben. Die romantische Welt ist eine geschlossene: der Mensch ist in sich und mit seinem romantischen Erlebnis abgeschlossen.

In der Kirche nun wird die Erlösung ihren Mitgliedern auf folgendem Wege gewährleistet: man muß ihnen gestatten, regelmäßig an dem Wunder teilzunehmen. Was Vermittler notwendig macht: „Neben die Männer der Romantik treten die Männer des stets bereiteten Sakraments, neben die Heiligen und Mönche die Priester" *[6, S. 73]*. Und der Glaube gibt sich schließlich damit zufrieden, ein Glaube in der Erfahrung von anderen zu sein. *Fides qua creditor* (Glaube, *mit* dem man gläubig ist) wird ersetzt durch *fides quae creditur* (Glaube, *an* den man glaubt). Er lebt in einer Welt des Dogmas und des „gefrorenen Gefühls", die das Streben nach Wahrheit verhindert und in der das religiöse Leben zu einer prunkvollen Prozession wird, die mit dem Leben nichts mehr zu tun hat. Aus dieser Kritik spricht deutlich Baecks Unabhängigkeit. Die jüdische Gemeinde richtete sich in mancher Weise nach dem Protestantismus aus: Protestanten wurden mit den mehr liberalen Strömungen im Deutschland des zwanzigsten Jahrhunderts gleichgesetzt, und der protestantischen Theologie schien sich das jüdische Denken leichter anpassen zu können, als Baeck zuzugeben bereit war.[21] Baeck lehnte von allem Anfang an die Gewißheit eines Systems ab: sein Gebäude der Polaritäten behält eine Offenheit, die nicht zum Dogma gefrieren kann, und weist ihm damit eine einsame Position zwischen beiden Systemen zu.

Während er die Umrisse der romantischen Religion polemisch heraushämmerte, gewann sein Konzept der Polarität an Klarheit. Neben der Romantik trat die Klassik in Erscheinung: Geheimnis gegen Gebot. Weil es sich aber um eine Polemik handelt, neigt Baeck dazu, die Wechselbeziehung zwischen beiden zu übergehen. Es gibt allerdings Ausnahmen: bei der Erörterung der Sakramente versteht er die Zeremonien der klassischen Religion als zum Geheimnis weisend. Im ganzen jedoch tritt die scharfe Kritik in den Vordergrund, die auf das Romantische im Christentum, also auf das paulinische Denken gerichtet ist. Im Grunde stellt sich hier das deutsche Judentum gegen die deutsche lutheranische Kirche. *Sola fide* wird interpretiert als Ausdruck dafür, daß der gerechte, redliche Mensch eine Schöpfung der göttlichen Gnade und nicht seines eigenen moralischen Tuns sei. Als die Kirche gegenüber der Diktatur schwieg, beklagte Baeck, daß die Sittlichkeit durch die mit der Diktatur verbundene romantische Stimmung erstickt worden war. Seiner Ansicht nach verlegte die romantische Religion Sünde und Schuld in die Natur; befreit werden von ihnen kann man dann

nur durch Gnade und nicht durch menschliches Tun. Abseits vom menschlichen Leben beobachtet die romantische Religion das große Drama zwischen dem Erlöser und seinem Gegner, dem Teufel. An diesem Punkt hört der Mensch auf, ein Handelnder zu sein; der Kampf findet außerhalb des Menschen statt. Der Mensch ist kein moralisches Subjekt mehr, kein sittliches Individuum; die Ethik hat ihre Begründung im Leben verloren. Paulinischem Denken fehlt somit der sittliche Gehalt. Die Tatsache, daß Paulus unaufhörlich zu moralischem Handeln auffordert, wird seiner aufrichtigen und tief sittlichen Persönlichkeit und seinen jüdischen Wurzeln zugeschrieben; Baecks spätere Einstellung wirft hier deutlich Schatten voraus. Er trennt die Gestalt Paulus von dem Glauben des Paulus. Der paulinische Glaube ist, wie sich später wieder an Luther erweist, die entscheidende Gegenposition zur Ethik: das Leben sei die Erde und die Lehre der Himmel – *vitam esse terram, doctrinam coelum.*[22] Kants befreiendes „du kannst, weil du sollst" wird mit Luthers Standpunkt verglichen, dem zufolge der Wille des Menschen nur der Wille zur Sünde sein kann *[6, S. 92]*.
Baeck erkennt an, daß der religiöse Wunsch nach Sittlichkeit in der Kirche weiterlebt, aber er findet, daß er ein hohles sentimentales Pathos annimmt. Die „falsche Gerührtheit" von Schleiermachers *Monologen* und die advokatorische Kunst seiner *Christlichen Glaubenslehre [6, S. 94]* sind auf äußeres Annehmen sittlicher Grundsätze gegründet und geraten deshalb nicht in Konflikt miteinander, weil die innere Beteiligung fehlt: der gleiche Autor komponierte fromme Kirchenlieder und vulgäre Liebeslieder! Das Sentimentale hat mit dem Ethischen nichts zu tun. Baecks Urteil ist hier übertrieben. Die christliche dialektische Theologie der Zeit konnte durchaus eine Ethik vorweisen, die bar jeder Sentimentalität war. Und es gab auch jüdische Autoren – Salomon dei Rossi beispielsweise –, denen man den Vorwurf machen könnte, daß sie sowohl religiöse wie profane Werke geschrieben haben.
In einem bleibt Baeck konsequent: das ewige „du sollst" jüdischer Existenz war von Anfang an Teil der Schöpfung – es gab ein göttliches Gesetz, dem gehorcht werden mußte und über das weder der Staat noch der Einzelne befinden konnte. Romantische Religion hingegen machte das Gesetz zum Erlebnis, zu einem Spielzeug, das nicht mehr war als nur einer unter vielen Aspekten einer vom Dogma und vom Wunder beherrschten Welt. Kasuistik kam damit ins Spiel:

Wo die Religion vor die Seele tritt wie ein Traum, der gekommen ist, wie ein Gesicht, das genossen wird, dort ist darin auch die Wirklichkeit mit ihren Geboten nur ein erschautes Bild, eine von Ferne vernommene Kunde, die alles bedeuten kann und nichts zu fordern braucht, mit der man spielen und klügeln kann. *[6, S. 101]*

Für Baeck gehörten Kasuistik und Frivolität zum romantischen Glauben. Seine Antwort darauf beleuchtet seinen Charakter, jenen Zug von Ernst und Strenge, der von Kants Religion der Pflicht mitgeprägt war. Baeck hatte wenig Kontakt zu Kindern, aber er brauchte sie in Berlin auch nicht zu lehren. Das gleiche Mißtrauen gegenüber der romantischen Stimmung, durch die Kinder das Ziel vergessen und sich am Unmittelbaren erfreuen, hielt Baeck auch distanziert von dem intellektuellen Spiel des Talmudisten. Die grundlegende Aufgabe des *baal ha-Halacha* besteht darin, Gemeinde und Individuum mit dem „du sollst" zusammenzuhalten – eine notwendige Aufgabe von vitaler Bedeutung, aber sie birgt Gefahren. Hier kann sich Kasuistik einnisten. Die Welt des mündlichen Gesetzes, die Unerschöpflichkeit des Talmud, kann den Forscher verschlingen und forttragen, fern der Wirklichkeit historischer Existenz. Baeck war ein *baal ha-Midrasch;* teilweise vielleicht, weil die Halacha des Talmud das Gegenwärtige der Vergangenheit unterordnen möchte, und der Midrasch, wenn überhaupt, nur Ratschläge erteilt und an Erfahrung und nicht an den Gesetzen beteiligt ist. Das Gesetz kann dann weniger äußerer Autorität unterworfen werden. In jedem Fall sind Midrasch und Halacha Teil des gleichen Rahmens, in dem die Synagoge niemals grundsätzlich das Gesetz beherrschen und erlassen kann; die Autorität der Synagoge beruht auf der Gemeinde und ist nicht autonom.
Ernst Simon versucht vom gleichen Mutterboden jüdischer Existenz her zu ergründen, wie der einzelne Jude dazu kommt, das zu tun, was er als die jüdische Aufgabe ansieht, nämlich die Last auf sich zu nehmen, ein Zeuge Gottes zu sein:

Wie konnte dieser Gegensatz überwunden werden, dieser Widerspruch zwischen den vielen durchschnittlichen einzelnen, die das jüdische Volk ... wie jedes andere, zusammensetzen, und dem Auftrag, als Gesamtheit das Glaubenszeugnis immer wieder zu bewähren? Ihn zu überwinden, war und ist eines der Hauptanliegen des jüdischen Religionsgesetzes. Es nimmt seine Gläubigen von früher Kindheit in seine Zucht; es ist total, weil es kein Lebensgebiet aus seiner prägenden Form ausschließt oder ausläßt, aber es ist nicht totalitär, denn es kennt keine oberste religiöse Behörde, die eine dem Papsttum vergleichbare Autorität ausübte, ebensowenig, wie es eine Abstufung der religiösen Pflichten zwischen Rabbinern und Gemeindemitgliedern zuläßt. Vor allem aber ist es auf das Prinzip der Wahrheitsfindung in jedem einzelnen Fall durch interpretierende Diskussion der heiligen Lehre gestellt, an der jeder ... teilzunehmen ... geradezu verpflichtet ist. *[179a, S. 660]*

Wie Leo Baeck verweist er auf die Offenheit einer Überlieferung, die immer wieder zurückgeht auf die laufende Erfahrung des Volkes; das Gesetz, die Tora, ist dem Volke Israel nicht unerreichbar, es ist ihm auf dieser Erde gegeben worden. Der Mensch ist der Partner Gottes, verantwortlich und mit Aufgaben, die er hier und jetzt zu erfüllen hat.

Der Kern von Baecks Polemik gegen die romantische Religion ist in seiner Vorstellung vom Menschen beschlossen. Baeck hatte das Gefühl, daß das paulinische Christentum das allgemein Menschliche über Gebühr strapazierte. Das eng mit den Sakramenten verbundene Ideal vom getauften Gläubigen behindert das Wachstum des sittlichen Ideals vom guten Menschen. Indem die Geretteten von den Verlorenen geschieden werden, unterminiert es auch die Einheit der Menschheit. Die erlöste Person, ob in eine Mysterienreligion eingeführt oder als Kirchenmitglied, betrachtet den Unerlösten in einer Art und Weise, die leicht zu aktiver Unduldsamkeit führen kann. Denn wenn eine Kirche die Macht des Erlösens besitzt, dann muß sie auch über vollkommene Gerechtigkeit verfügen – und kann jeden Widerstand beseitigen, indem sie ihn verurteilt. Wenn der Mitmensch beseitigt werden kann, kann er auch ignoriert werden. Baeck sieht eine Gefahr dieser „fertigen Gerechtigkeit, dieser Sicherheit der Habenden" in dem Ausdruck einer bequemen, satten Gleichgültigkeit *[6, S. 108]*. Gleichgültigkeit ist ein echtes Charakteristikum der Romantik, vielleicht sogar ein noch wichtigeres als Unduldsamkeit. Und sie ist absolut vereinbar mit der Ablehnung des Gesetzes.

Selbstaufgabe, Hingabe an die Stimmung schlechthinniger Abhängigkeit, die Baeck sowohl bei Paulus wie Luther sieht, ist die letzte Ablehnung des Gesetzes. Grimmig und unablässig beschuldigt er den dynamischen Reformator, eine Stimme der Passivität zu sein, und benutzt Luthers eigene Worte gegen ihn: „Was sollen mir die Zehn Gebote? Was bedarf ich des Gesetzes oder der Guten Werke zur Seligkeit? Wenn's die Speise Christi ausrichtet, so darf ich keine guten Werke tun, das ewige Leben zu erlangen" *[6, S. 110]*.[23] Baeck erkennt an, daß Luther den Egoismus und die Passivität des Einsiedlertums und des Mönchtums in Schach hielt, macht ihn aber verantwortlich für ein poetisches Schwelgen in Schuldgefühlen, das den christlichen Glauben noch mehr in die Romantik trieb. Und in dieser Stimmung will der romantische Glaube alles; der Glaube ist zu einer Begierde geworden, zu einem Gelüst auf Glück. Der Gläubige ist von Verzweiflung gepackt, und Glaube wird durch Furcht erlangt.

Der Glaube bewegt sich aus dieser Welt fort und läßt die jüdischen Hoffnungen auf ein messianisches Zeitalter weit hinter sich. In den letzten Seiten dieses Aufsatzes unterstreicht Baeck die Tatsache, daß der auf die mes-

sianische Hoffnung der jüdischen Gemeinde gegründete Glaube versucht hat, sich von vielem der frühen ursprünglichen messianischen Vision zu befreien. So wird in der Augsburgischen Konfession die jüdische Lehre verworfen, „daß vor der Auferstehung der Toten eitel Heilige, Fromme ein weltlich Reich haben und alle Gottlosen vertilgt werden“ *[6, S. 116]*.[24] Der größte Teil der Christenheit hat (Baeck zufolge) das biblische Ideal vom Reiche Gottes auf Erden durch das Reich der Kirche, durch die romantische *civitas dei* ersetzt. Von dieser Einstellung her ist die Missionstätigkeit der Kirche nur die Ausweitung eines Reiches und nicht mehr der Fortschritt eines alten Traums von einer besseren Welt. Baeck gibt eine kurze Geschichte der christlichen Missionspredigt nach den alten jüdischen Aposteln, die den einen Gott, sein Gebot und sein Urteil verkündete, er berichtet von den Wandlungen während des zweiten und dritten Jahrhunderts, als kirchliches Dogma und kirchliche Autorität den Charakter jener Mission veränderten, und von dem Zeitalter egoistischer und energischer Mission, in dem die Weltkirche geschaffen wurde. Die Brücke zwischen der Lehre von Mutter- und Tochterreligion war damit zerstört, dennoch findet und bekräftigt Baeck das Verbindungsglied der menschlichen Erfahrung. Der Missionar fuhr für die Kirche in die Welt, aber die Sorge um seinen Mitmenschen, die ihn auf die Straße der Märtyrer brachte, wird immer ein warmes Echo von einem Volk erhalten, das sein Schicksal in der Vision vom leidenden Knecht sieht.
Gegen die romantische Religion mit ihrem Akzent auf Gefühl muß der klassische Glaube vorgehen, und Baeck kennt keine Hemmungen in seiner Polemik. Hier aber, gegen Ende zu, muß die Theologie der Polarität auch den Angriff miteinschließen:

Romantik . . . ist der, oft so notwendige, Widerspruch und Gegensatz gegen eine alles abfertigende platte Verständlichkeit, gegen eine alles erkennende, alles beantwortende Aufklärung, gegen einen alles abtuenden, alles erledigenden Aktivismus. *[16, S. 119]*

Baecks Argument ist jedoch, daß klassische Religion nicht einfach Rationalismus oder „Aufklärung“ sei, sondern daß sie das Nichtrationale in sich enthält. Die Offenbarung, das Gebot und die Erkenntnis des Heiligen kommen von außerhalb des Rationalen, und trotzdem kommt die Religion der Polarität, die der Bund Gottes mit dem Menschen ist, von innerhalb des Rationalen. Und diese Religion – das Judentum – erhält nun in dieser großen Polemik, die gleichzeitig eine Apologie darstellt, eine letzte Deutung. Das Judentum ist der große Glaube, in dem sich Geheimnis und Gebot verbinden, in dem die Sehnsucht nach Gott kein Ziel in sich selbst ist, sondern das Streben danach, daß die eine Menschheit dem einen Gott durch die Erfüllung des Gebots dienen möge. Das Judentum weiß, daß es über das Rationale hinausgehen, aber auch, daß es den Weg zurück ins Leben finden muß. Denn während es den Bund mit Gott, mit dem Heiligen, das jenseits der Vernunft liegt, entdeckt, wird es zurückverwiesen zu einem Leben im Gebot, in dem der Mensch dem Göttlichen in seinem Mitmenschen begegnet. Baecks Untersuchung der romantischen Religion hat ihn zum Ausgangspunkt zurückgeführt, der Kreis ist geschlossen. Wieder hat er über das Wesen des Judentums geschrieben.

V

Baecks Auseinandersetzung mit dem Christentum bietet einen Schlüssel zu seiner Theologie und Religionsphilosophie. Sie ist darüber hinaus ein notwendiger Faktor des jüdisch-christlichen Dialogs im zwanzigsten Jahrhundert. Unter der Wirkung des zweiten Vatikanischen Konzils haben sich die meisten Punkte dieses Dialogs – sofern es, wie gesagt, einen Dialog in beiden Richtungen tatsächlich gibt[25] – mit Material beschäftigt, das durch zeitgenössische Unterlagen gegeben war. Keine wirkliche Bestandsaufnahme ist indessen möglich, bevor wir nicht die Zeit zwischen den beiden Weltkriegen befragt haben, zumal in Deutschland, wo Leo Baeck, Martin Buber, Franz Rosenzweig und vielleicht auch Hans Joachim Schoeps eine schwindelnde Vielfalt von Denkweisen entfalten, in denen sich das Judentum an das Christentum wandte. (Schoeps fand in jenen Tagen unmittelbare Resonanz, teils weil er eigentlich mehr ein Sprecher Karl Barths für die jüdische Gemeinde als ein großer Interpret echten Judentums für die Außenwelt war.) Buber – war Buber: ein Denker und sensibler Dichter, dessen Sprache die Stimmungen und Sehnsüchte seiner Zeit einfing; ein Philosoph auch, aber kein Kritiker, dessen Schärfe das Bewußtsein der Christen zu durchdringen und sie aus der Welt des eigenen Glaubens hinaus in eine jüdische Welt zu führen vermochte, die durch die Unterschiede instruktiv für sie wäre. Zwischen Buber und Baeck bestehen wichtige Parallelen. Beide stellten sich dem Christentum mit echtem Interesse und mit schöpferischer Polemik.[26] Buber war ebenfalls kein Romantiker. Das Prophetische bei ihm ist eindeutig, und die Forderungen, die er stellte, waren unmittelbar. Wenn er Jesus als seinen „großen Bruder" empfindet, dann erkennt er in ihm die jüdische Gestalt des leidenden Knechtes. Aber auch in Buber gibt es eine romantische Strömung, die die Klarheit beeinträchtigt. Dies ist z. B. in seiner Schilderung der Welt der Chassidim sichtbar: Sie wird sentimentalisiert, wird poetisch und wird mehr zu einer Schöpfung von Buber, als daß sie ein genaues

Bild dessen wäre, was einmal existierte. Man muß Buber als Dichter der Existenz ehren, der von dem Los des Menschen spricht. Gerade die Betonung des Universalen erschwert es ihm, ein Sprecher jener Besonderheit zu sein, die Israel darstellt, sobald er sich an die christliche Welt wendet. Die Einzelheiten jener Besonderheit, der ethische Rahmen *und* die Begegnung mit dem Geheimnis, werden am deutlichsten bei Baeck. Wenn Franz Rosenzweigs Schriften einmal wirklich gelesen werden, wird seine große und tragische Stimme eine noch tiefere Dimension zu dem Dialog beisteuern. Die Tatsache allein, daß Persönlichkeiten wie Ehrenberg und Rosenstock-Huessy das Judentum von Rosenzweig als gefährliche Verzerrung betrachten, als romantischen Nationalismus, beweist, daß er noch nicht verstanden ist. Unterdessen ist es Leo Baeck, der am deutlichsten aus der Zeit zwischen den Kriegen spricht und außerdem aus dem Massenmord heraus zu uns kommt.

Der „junge" Baeck setzte sich in der Polemik mit Harnack mit dem Christentum noch ganz im Geiste des neunzehnten Jahrhunderts auseinander. Essenz wurde gegen Essenz gesetzt, und es gehört zur Apologetik, daß der Gegner die Form der Selbstdarstellung des Apologeten bestimmt. In dem Maße, in dem Baeck Ekstase, Ästhetik, Gefühle, Dogma und Ritual in das Zentrum des Christentums verlegt, muß er diese Aspekte vom Judentum ausschließen, das somit enger an Kants Pflichtreligion heranrückt, an eine ethische Strenge, für die Gefühle im besten Falle periphär sind. Aber Baecks Kritik wird jedoch leicht zu hoch bewertet. Im *Wesen des Judentums* war der Gegner (nämlich der passive Glaube des Egoisten) der Buddhismus, und die Familienbande zwischen Judentum und Christentum wurden stark hervorgehoben. Baeck erwies sich dabei auch als ein besonderer Typus des Apologeten: seine Apologie ist nicht in erster Linie an die Welt der andern gerichtet, sie spricht zum eigenen Volk. Rabbi Simha Bunim von Psysche pflegte zu lehren: „Wenn ich ich bin, weil du du bist, und du du bist, weil ich ich bin, dann bin ich nicht ich und du bist nicht du. Wenn ich aber ich bin, weil ich ich bin und du du bist, weil du du bist, dann bin ich ich und du bist du." Von dieser Erkenntnis geht Baeck aus. Es sind seine Ausführungen zu dem Gesetz im jüdischen Leben, die den autoritären Charakter im Christentum herausheben; das Fehlen von Dogmen im Judentum deutet auf das gefroren Doktrinäre der christlichen Gemeinde; die Rolle der Synagoge führt zu der Verurteilung jener Kirche, die sich mit weltlicher Macht verbündet, und der Begriff des Menschen als dem freiwirkenden Werk Gottes fordert die Vorstellung des gebrochenen Menschen als Objekt der Gnade heraus.

Als sich Baeck an die genaue Prüfung der Evangelien und des christlichen Glaubens machte, geschah das bereits im Zusammenhang mit der Religion der Polarität, die er gerade entwickelt. Hinter der Einbeziehung des Christentums ins Judentum steht die Lehre von dem Universalen, dem man im Einzelnen begegnet. Und das Wesen des Glaubens wird nicht mehr vom Leben gesondert gesehen, sondern zusammen mit der menschlichen Erfahrung. Der paulinische Glaube, den Baeck so bitter angegriffen hatte – wobei entschieden ein Zerrbild entstand von Strömungen, die im Christentum nicht so stark und im Judentum nicht so schwach vertreten waren wie geschildert –, gilt ihm nach wie vor als wesentlich, als Muster eines romantischen Glaubens. Aber der Angriff gegen Paulus zielt nicht nur darauf, daß er den jüdischen Glauben seines Meisters in die Mysterienreligionen seiner Umgebung hereinnahm, sondern, wichtiger, daß er die Gemeinschaft der Gläubigen aus dem Zusammenhang mit dem jüdischen Leben löste. In dieser neuen Umwelt mußte sich selbst das jüdische Gedankengut wandeln: der Messiasglaube mit seinem sittlichen Imperativ, der eine bessere Welt zur Aufgabe des Menschen macht, verlor seinen ursprünglichen Sinn, wurde zur Aufforderung zum Rückzug vor der Welt oder lediglich zur Grundlage des Reiches der Kirche.

Diese Gewichtsverlagerung bei Baeck vom Wesen des Judentums zu jüdischer Existenz geht allmählich vor sich. Sie deutet sich schon in seinen frühen Schriften an, und das System der Polaritäten enthält jenen mittleren Weg, der Baeck von Buber und Rosenzweig einerseits und von Hermann Cohen andererseits trennt. In den späteren Schriften kann seine Auseinandersetzung mit Paulus nur aufgrund seiner veränderten Einstellung zu den Problemen der Theologie verstanden werden. Der Essay „The Faith of Paul" *[59]* (Der paulinische Glaube) von 1952 wird von Reinhold Mayer als fundamentale Wandlung in Baecks Urteil gewürdigt, die eigentlich auch die Kirche von dem Vorwurf des Romantischen befreien müßte *[150, S. 105–106]*. Aber Mayer irrt. Das grundsätzliche Urteil über Paulus und das Christentum bleibt das gleiche. Was überwunden ist, ist die Forschungstheorie im neunzehnten Jahrhundert auf diesem Gebiet, die in Paulus und seiner Theologie die absolute Antithese zu Jesus und dessen Lehren sah. Baeck hält die Unterscheidung zwischen dem, was Paulus und dem, was Jesus lehrte, noch immer aufrecht, da er aber Jesus als jüdische Persönlichkeit definiert hat, betont er nun auch die Verwandtschaft zwischen ihm und Paulus. Sein neuer Akzent aus dem Volkstum, das Paulus typologisch als Juden einschließt, nimmt neue Dimensionen an.

Sein späteres verständnisvolles Eingehen auf Paulus führt Baeck also nicht dazu, seine Vorbehalte hinsichtlich der paulinischen Lehren zurückzunehmen, in denen er eine Abwendung vom Monotheismus sieht: „Der alte theozentrische Glaube des Judentums wird überlagert von einem neuen Christus-zentrischen Glauben . . . Hier teilen sich die Wege der Religion" *[59, S. 146–147]* Baeck wendet sich damit gegen ein Christentum, das Gott versteckt und ihn zu einem von dunklem Geheimnis umgebenen *deus absconditus* macht, während Christus in strahlendem Lichte erscheint. Baeck kann nicht akzeptieren, daß der Kern der Lehren von Paulus aus dem Judentum abgeleitet sei. Jedoch bringt ihn ein größeres Gefühl für das Komplexe jüdischer Existenz überhaupt, für die verschiedenen Bräuche und Ausdrucksmöglichkeiten, die zu der Atmosphäre allen jüdischen Lebens gehören, jetzt doch dazu, viele der paulinischen Bilder und Begriffe als in der jüdischen Erfahrung von Paulus begründet anzuerkennen.

Paulus wird nun als jüdische Persönlichkeit gesehen. Wo ein Grieche über eine Vision, wie sie Paulus erfuhr, in Sinnen, Philosophie und Meditation verfallen wäre und dann darüber geschrieben hätte, handelte Paulus sofort: „Nur dem Juden wird immer bewußt sein, daß Offenbarung die Mission zur Folge hat . . . der letzte Jude in der jungen Kirche war ihr letzter Apostel" *[59, S. 142–143]*. Paulus handelt, und er handelt nach jüdischer Lehre. Jüdische Probleme erfüllen seine Theologie. Mit jüdischen Methoden der Bibelinterpretation löst er diese Probleme. Er kommt indessen zu Antworten, die ihn außerhalb des Judentums ansiedeln. Denn einer jüdischen Überlieferung zufolge wird das Gesetz mit dem Kommen des Messias aufgehoben. Wenn Paulus für sich selbst entschieden hat, der Messias sei gekommen, dann verlangen sogar die jüdischen Aspekte seiner theologischen Struktur, daß er mit dem Gesetz bricht. Das entläßt ihn jedoch nicht in jedem Sinne aus dem jüdischen Leben: „Das jüdische Volk blieb indessen mit dem messianischen christlichen Glauben des Paulus verflochten. Das 11. Kapitel des Römerbriefes zeigt dies sehr deutlich *[59, S. 166]*. Erst wenn dieser leidenschaftliche und störrische Jude seinen monotheistischen Eifer in die Mysterienkulte eindringen läßt, erst dann wird der Bruch irreparabel. Baeck mußte die Ergebnisse der paulinischen Lehre beklagen, aber für den jüdischen Forscher, der die Evangelien als Dokumente jüdischer Geschichte zu sehen vermochte, kam jetzt auch der Punkt, an dem Leben und Persönlichkeit von Saulus von Tarsus zu einer weiteren Dokumentation jüdischer Existenz in einer Welt wurden, in der alles Besondere zuletzt vor Gott vereint ist.

In anderer Weise wird die Polemik gegen das Christentum in den letzten Schriften milder. Nachdem einmal der Akzent nicht mehr auf dem Wesen, sondern auf der existentiellen Wirklichkeit liegt, wie sie sich aus dem Leben ergibt, müssen die Unvollkommenheiten des Menschen berücksichtigt werden. Außerdem ist da die Liebe zum Mitmenschen, die eine Trennung verneint. In Baecks Polemik gegen das Christentum war ja immer die Liebe der Mutter zum Kind enthalten und damit das Erbe der Ahnen betont. Hinzu tritt jetzt im Bezirk menschlicher Erfahrung die Liebe von Bruder zu Bruder. In unserer Zeit jedoch verschärft das die Polemik: „Wo ist dein Bruder Abel?" Und Baeck hat jetzt andere Fragen an die Kirche:

Der Gegenstand unserer Fragen ist nicht das „Was", sondern das „Wie", das heißt, nicht der Glaube an sich seinem Gehalte nach, sondern sozusagen die Handhabung des Glaubens, nicht was der Glaube besagen will, sondern wie er es sagt. Jede Religion macht Anspruch auf ihren Ort und behauptet ihre Aufgabe in der Welt. Sie will außerdem diesen Ort befestigen und diese Aufgabe bestätigen. Darauf kann sie nicht verzichten. *[62, S. 104]*[27]

Indem Baeck die Kirche zu ihrer Aufgabe in der Welt befragt, bejaht er gleichzeitig ihr Recht auf diese Aufgabe: sie muß mit der Mutter zusammen an einer besseren Welt arbeiten. „Romantisches" Christentum und „klassisches" Judentum werden vereint in der menschlichen Erfahrung, in der das Endliche nach dem Unendlichen greift. Sie teilen die Mängel des Menschlichen, aber die vergangene Geschichte des Massenmords differenziert zwischen Opfern und Tätern (und denen, die sich in romantische Passivität fallen ließen). Und wenn jetzt die Kirche von Baeck mehr nach ihren Taten als nach ihrem Glauben gefragt wird, so tritt die fundamentale Frage des jüdisch-christlichen Dialogs in den Vordergrund. Bisher ist noch keine wirkliche Antwort erfolgt. Das Schweigen der Kirchen während des Sechstagekriegs im Juni 1967 zeigte einer tief betroffenen jüdischen Gemeinde an, daß die Kirchen in der Tat nicht fähig sind, jene wirkliche Antwort zu geben.[28] Doch die Forderungen der Nachkriegsprobleme, die Schmerzen zu lindern, bieten für Kirche und Synagoge neue Gelegenheiten, sich um eine Welt des Friedens zu bemühen. Wenn die Kirche sich einmal mit der Tatsache der fortdauernden jüdischen Existenz abgefunden hat, wird sie auch imstande sein, den Juden als Zeugen Gottes anzuerkennen. Kirche und Synagoge werden dann zusammenkommen und für das Reich Gottes kämpfen können – ein echtes Gespräch kann beginnen.

Fünftes Kapitel
Leo Baeck und die Religion der Polarität

I

Der polemische Kern in Baecks Werk führt bei einer gründlichen Bestandsaufnahme seiner Schriften, die sie letztlich als apologetische Literatur ausweist, zu einem Grundproblem der Bewertung: Gelingt Baeck im Rahmen dieser Apologetik eine gerechte Darstellung des Judentums? Wenn das Ziel mehr Selbstverteidigung als Selbstverständnis ist, dann sind ein Übersehen eigener Fehler und eine Überbetonung der Schwächen des Gegners fast unvermeidlich. Aber die apologetische Methode birgt noch andere Gefahren, die man auch bei Leo Baeck berücksichtigen muß.

Auf diesen Punkt konzentriert sich 1923 Rosenzweigs Kritik.[1] Apologie ist Rosenzweig zufolge jahrhundertelang die legitime Methode jüdischen Denkens über das Judentum gewesen. Entweder der Jude *lernte* innerhalb des Judentums und nahm den jüdischen Rahmen als selbstverständlich, oder er bewegte sich auf die Peripherie zu, nach außen, und dann war sein Denken durch die Kräfte von außen bestimmt und nahm Stärke wie Schwäche der apologetischen Methode an. In den Schriften von Baeck und Max Brod sah Rosenzweig Beispiele für beide Möglichkeiten: für die *Schwäche* der Apologie, die das Christentum in der Struktur seiner Ideen darstellt und es soweit abstrahiert, daß es alle Wärme und alles Leben einbüßt (hier zeigt sich Rosenzweigs eigenes existentielles Engagement), für das Bestreben, den Theologen zu vertrauen und nicht den Heiligen und Großen der christlichen Lebensform zu glauben, und für die entsprechende Schwäche, das, was den Autor als eigene jüdische Überlieferung anspricht, als „spezifisch jüdisch" zu bezeichnen, anstatt darin das allgemein Menschliche zu erkennen. Aber auch für die *Stärke* des Apologetischen sah Rosenzweig Anhaltspunkte: die Hinwendung zu der alten Tradition aus einem neuen Blickwinkel, woraus sich eine neue Art des Zeugens ergibt *[163, S. 36–39]*.

Für Baeck, den Repräsentanten einer Oppositionsgruppe im Judentum, hat Rosenzweig vorsichtiges Lob:

Daß dabei, aber ganz beiläufig und nicht mit zentralem Gewicht, von Baeck sehr feine Sachen über das Gesetz gesagt werden, mag ebenso vermerkt sein, wie daß der liberale Rabbiner, besonders in der zweiten Auflage, über das jüdische

Volk und jüdische Geschichte Dinge von einem Tiefgang zu sagen hat, den das, was der zionistische Dichter dazu sagt, kaum je erreicht. Vielleicht zeigt die jüdische Gegenwart kein hoffnungsreicheres System als diese Vertauschung der Rollen. *[163, S. 41]*

Baecks Schriften hatten einen Angriff aus der Welt der Philosophie abgewehrt, ebenso wie Brod auf einen Angriff in seinem persönlichen Leben geantwortet hatte. In Baecks *Wesen des Judentums* findet Rosenzweig nicht die Leidenschaft Brods. Dafür bildet aber die tiefe und ruhige Hingabe eines Mannes, der ganz im Judentum zu Hause ist, eine große klassische Parallele zu Brods echter Ekstase. Baecks polemische Mißverständnisse des Christentums zeigen sich nach Rosenzweigs Ansicht im *Wesen des Judentums* nicht zu stark, sie sprechen um so deutlicher aus dem späteren Aufsatz über romantische Religion. Der Gegensatz zwischen Rosenzweig und Baeck kommt klar zum Ausdruck, wenn Rosenzweig feststellt:

Aber so wenig wie Brod sieht Baeck, daß hier der kritische Punkt liegt, wo das von ihm erkannte Wesen des Judentums mehr *Wesen* des Judentums ist als Wesen des *Judentums.* Und wie Brod wird es ihm an diesem Punkt der aus dem Glauben kommenden Tat vielleicht geschehen, daß der christliche Leser ihm hier ganz unbedenklich folgt, während der jüdische stockt. *[163, S. 40–41]*

Letzten Endes scheint für Rosenzweig der Grund dafür, daß Baeck das Wesen des Judentums nicht ganz versteht, in der Natur des apologetischen Denkens zu liegen. Dem Apologeten wird das Thema – sein eigenes Wesen – durch den Angriff von außen bestimmt. Denn der pologetische Denker untersucht das, was in seinem Innersten selbst existiert – aber er sieht sich selbst nicht. Denn er sieht nicht sein äußeres Selbst, das mit dem inneren verbunden ist, ihm fehlt die Erkenntnis, daß das Innerste, das er seinem Selbst gleichsetzt, eher das Innerste von jedem Menschen ist; wenn er glaubt, daß er von sich selber spricht, so spricht er eigentlich von jedem menschlichen Wesen:

Und so bleibt sein Selbst, die Bindung der Elemente der Menschheit zu dem Gebinde, das er selber ist, ihm ein Geheimnis. Diese Schranke überschreitet apologetisches Denken nicht. Die letzte Kraft des Erkennens ist ihm versagt, wie das letzte Leiden des Erkennens ihm erspart bleibt. Denn letztes Erkennen verteidigt nicht mehr, letztes Erkennen richtet. *[163, S. 42]*

In diesem Vorwurf steckt einige Wahrheit. Baeck wurde der große Apologet des Judentums seiner Zeit. Angesichts des letzten Angriffes gegen sein Volk wollte und konnte er sich nicht bei den Mängeln eines Volkes aufhalten, das das Wissen um seine innere Stärke und nicht um seine Schwäche dringend brauchte. Vom Anfang bis zum Ende, im *Wesen des Judentums* und in *Dieses Volk*, sah Baeck die Mängel des Judentums und des jüdischen Volkes als „vorübergehende Verirrungen", als ein Straucheln, eine verständliche Reaktion auf den Druck von außen, die der Glaube und das Volk bald überwinden würden. Selbst dort, wo Baeck verurteilte, geschah das zur Verteidigung: Das Individuum sollte nicht als Prototyp des Volkes gelten und das Volk in die eigene Schuld verstricken. Rosenzweig konnte die Zukunft nicht voraussehen, aber er wies auf eine Tendenz in Baecks früheren Schriften hin, die in den späteren Jahren immer prononcierter werden sollte.

Noch in anderer Hinsicht kann Rosenzweigs Kritik nicht nur akzeptiert, sondern erweitert werden: Die Polemik im *Wesen des Judentums* ist sehr viel stärker als Rosenzweig andeutet, und trotz aller wertvollen Einsichten zeigt der Aufsatz über romantische Religion die Mängel von Apologetik und Polemik, die Rosenzweig definierte. Die Begriffe „Romantik" und „Klassik" standen für Baeck von vornherein fest. Das Christliche wird durch sie gesiebt, seine klassischen Aspekte ausgesondert und als jüdisches Erbe des Christentums etikettiert. Gelegentlich wird das Schlimmste als Norm und das Beste als Ausnahme klassifiziert. Wenn dieser Aufsatz mit all seinen Übertreibungen dennoch an die Beschaffenheit des Religiösen rührt, so deshalb, weil er eine leidenschaftliche Polemik ist und keine sachliche Darstellung zweier gegensätzlicher Arten religiösen Denkens.[2]

Trotzdem wird Rosenzweig Baeck nicht ganz gerecht. Obwohl beide innerhalb der gleichen Tradition lehren, verwenden sie die gleichen Worte für verschiedene Zwecke, vor allem das Wort „Gesetz". Beide sind Schüler von Hermann Cohen, und ihre Wege trennen sich bei der Interpretation der Worte ihres Lehrers. Wir haben ein merkwürdiges Phänomen vor uns. Auf der einen Seite steht Franz Rosenzweig, einer der großen existentiellen Denker des zwanzigsten Jahrhunderts, dessen System in jener tief idealistischen Konstruktion dargelegt ist, die er *Stern der Erlösung* nannte. Auf der anderen Seite steht Leo Baeck, einer der letzten Sprecher des deutschen Judentums, fest in den Lehren des Idealismus verankert, ein Führer der liberalen jüdischen Gemeinde, der ein System suchte – und er legt uns nicht wirklich ein System vor.

Rosenzweig definierte klar Gott, die Welt und den Menschen und ihre Wechselbeziehungen – aber als Erfahrungsinhalte, für die er begriffliche Formen finden möchte. Innerhalb der Existenz jedoch gibt es einen Dialog, der sich von der Offenbarung auf Schöpfung und Erlösung erstreckt; und leidenschaftliches Erlebnis dieser Offenbarung in jedem Augenblick der Existenz kehrte Rosenzweigs System zu einem persönlichen Zeugnis um. Baecks

Gesamterfahrung des jüdischen Glaubens als Religion des göttlichen „Soll“, des sittlichen Gebots, das jede Begegnung mit dem Göttlichen bewirkt – das ergibt zum Schluß ein System, in dem der Augenblick der Erfahrung der Offenbarung (Rosenzweigs zentrales Anliegen) verdächtig und dem ethischen Weg untergeordnet wird, der von hier ausgeht. Rosenzweig feiert die Existenz jedes einzelnen menschlichen Wesens, das die Offenbarung erfährt, während Baeck von dem Volk Israel spricht und der Offenbarung, die diesem gewährt ist: die ewige Aufgabe des Sittlichen, die Mission des Judentums. An diesem Punkt steht der Existentialist dem Idealisten gegenüber. Rosenzweig wollte durchbrechen und Gott erkennen; Baeck ist damit zufrieden, den Willen Gottes zu kennen.

Bei „der aus dem Glauben kommenden Tat . . . stockt der jüdische Leser“, hatte Rosenzweigs Vorwurf gelautet. Und er hatte recht. Das war es, worin sie verschiedener Meinung waren. Rosenzweig war befremdet von diesem liberalen Rabbiner, der sich nicht mit ihm zusammen in den existentiellen Bereich des Gesetzes begeben konnte, in dem die Menschen allen *mizvot* als objektiver Realität begegnen, die sie zuerst erfahren müssen, bevor sie frei das ganze Gesetz oder Teile desselben akzeptieren oder verwerfen. Baecks liberaler Glaube hatte Vorrang vor solchen Begegnungen und umging sie damit. Rosenzweig fühlte die Leidenschaft jüdischer Existenz und sah in Baecks Einstellung zum *Wesen* des Judentums eine gewisse Distanzierung. Rosenzweig hatte unrecht. Er hatte sehr richtig Baecks Werk als Teil einer Apologie erkannt, als Reaktion auf einen Angriff aus der Welt der Begriffe, und die Realität dieses Angriffs war in aller Intensität von dem Schüler Hermann Cohens erfaßt worden. Baecks Antwort war das *Wesen des Judentums*, und dessen verborgene Polemik muß erst als solche erkannt werden, bevor man sie voll begreifen kann.

Rosenzweig spricht von der Auserwähltheit Israels und stellt fest, daß die Werke, die sich mit jüdischer Theologie beschäftigen, diese Auserwähltheit niemals erwähnen. Alle handeln von Gebeten, Dichtung, Mystik und Legenden, aber nicht von der Philosophie – mit einer Ausnahme: Jehuda Halevi *[163, S. 31–32]*. Rosenzweig kommt auf diesen Gedanken nicht mehr zurück, aber er sagt später, daß Baeck von dem jüdischen Volk mit einer Tiefe spricht, die dieser beste zionistische Dichter nicht erreicht. Die Auserwähltheit Israels ist dem *Wesen des Judentums* zentral, wirklich verstanden werden kann das Werk jedoch erst, wenn es als Meisterwerk jüdischer Apologie des zwanzigsten Jahrhunderts erkannt wird, als Parallele zu Jehuda Halevis *Kusari: Das Wesen des Judentums* gehört in die gleiche Kategorie wie das *Buch der Beweisführung und Begründung zum Schutze der gedemütigten Religion.*

Baeck ist nicht Halevi, und das *Wesen* nicht der *Kusari*, aber es spricht von dem jüdischen Volk als dem Volk der Offenbarung, vom Judentum als der Quelle religiöser Wahrheit. Es setzt sich mit anderen Interpretationen auseinander, mit den buddhistischen, heidnischen und christlichen, und öffnet den Missionsweg für alle, die sich Israel und seinem Glauben anschließen wollen. Rein äußerlich könnte man meinen, ein Vergleich mit dem *Moreh Nebuchim* von Maimonides wäre mehr angebracht, denn beide dürfen als Interpretationen des Judentums gelten, die aus der metaphysischen Herausforderung des Glaubens entstanden. Baecks *Wesen* ist in der Tat auch nur in diesem Sinne gelesen und begriffen worden, und es ist eine vernünftig begründete Interpretation des jüdischen Glaubens. Aber innerhalb dieser Vernunft, die bereits in der Ausgabe von 1905 evident ist und in der neuen Fassung ganz deutlich herausgestellt wird, gibt es den nicht unromantischen Sinn für das Geheimnis. Das Buch bahnt sich den Weg nicht mit Argumenten zu der Existenz Gottes. Von Gott weiß man. Und dieses Wissen ist nicht durch Anrufung einer Lehre begründet, sondern durch die Erfahrung des jüdischen Volkes. Es ist nicht des Propheten Wort, sondern die prophetische Erfahrung, die uns zu der Konfrontation mit dem göttlichen „Soll" menschlicher Existenz bringt. Baeck bringt die lebendige Wirklichkeit von Israel in der Leidenschaft der Polemik zur Geltung, die das Wissen um die tragischen Dimensionen der Menschheit einschließt, von Israel innerhalb dieser Menschheit, von dem geschaffenen Menschen gegenüber seinem Schöpfer in der Spannung der Existenz. Weil die Polemik verborgen war, ist dieser Aspekt einer ganz gewiß rationalen Arbeit, die aus der Schulung durch die Philosophie des Idealismus hervorgegangen ist, ebenfalls verborgen geblieben. Stellt man die Ausgabe vom *Wesen des Judentums* von 1905 neben *Dieses Volk. Jüdische Existenz*, dann kommt dieser innere Aspekt klar zum Durchbruch.

Aber es gibt noch einen weiteren Grund, Baeck in dieser Weise zu lesen – er ist bedingt durch die Natur jüdischer Tradition. Baeck war ein *baal ha-Midrasch*, er war spezialisiert in der rabbinischen Homiletik der ersten Jahrhunderte und zeigte, wie die Struktur der rabbinischen Homilie aufgebrochen werden mußte, um zu der versteckten Polemik zu gelangen und sie als Triebkraft hinter den Worten zu erkennen. Baecks eigene Schriften gehören in diese Tradition hinein und entsprechen den hermeneutischen Prinzipien einer mündlichen Überlieferung, bei der nicht nur das Lesen, sondern auch das Zuhören wesentlich für das Verständnis ist. Und es steckt in dieser rabbinischen Überlieferung eine gewisse Unerbittlichkeit, die mehr auf der Erfahrung Israels als auf den Meditationen seiner Denker aufbaut, und die sich der Einfügung in eine idealistische Struktur verweigert, die ihre besondere existentielle Wirklichkeit nicht zum Ausdruck bringen würde. Baecks Worte über das Zwiefache im jüdischen Leben, gelten auch für Baecks Lehre.

II

Dem jungen Baeck, das heißt, dem jungen jüdischen Gelehrten, der 1905 *Das Wesen des Judentums* geschrieben hatte, ist dieses „Zwiefache" ebenso eigen wie dem reifen Gelehrten der zwanziger und dreißiger Jahre, nur nahm es dann eine andere Form an. Um die Jahrhundertwende gehörte Baeck zu einer großen Gruppe von Denkern, jüdischen und christlichen, die den Historizismus zu überwinden versuchten, der das späte neunzehnte Jahrhundert beherrscht hatte, indem sie die eigene Überlieferung durch eine neue religiöse Darstellung neu definierten. Baeck lernte in dieser Hinsicht von Troeltsch und Dilthey, sah aber auch, daß sich innerhalb des jüdischen Denkens „in manchem hier einzelne Gedanken Hermann Cohens und auch seine Terminologie fortsetzten *[45, S. 29]*. Was jetzt gebraucht wurde, war eine Theologie und nicht eine Geschichte des Judentums. Denn die alten Lebensformen halfen dem Juden nicht mehr. Er hatte, aus seiner Tradition gerissen und unter dem Druck, seine intellektuelle und sogar seelische Loyalität der Außenwelt zu geben, viel von der Verbindung zur Vergangenheit eingebüßt. Die „Wissenschaft des Judentums", die die jüdische Forschung prägte, wies die Objektivität jener auf, die das Judentum von außen betrachten konnten, die objektiv waren, da sie ihm nicht mehr verhaftet waren. In seinem Urteil über jene Zeit befand Baeck später, daß die Wissenschaft des Judentums sehr viel geleistet, sogar einen festen Boden für das Judentum geschaffen hatte in einer Zeit, als das dringend notwendig war – allerdings zu einem zu hohen Preis:

Die Wissenschaft von ihm [dem Judentum] war häufig nur eine Angelegenheit einer Forschung, aber nicht ein Anliegen, ein Problem des suchenden, denkenden Menschen. Sie war Geschichte um der Geschichte willen. Es ist bezeichnend, wie spät erst die große geistige Auseinandersetzung ... unserer alte Haggada ... in ihrer gedanklichen, religiösen Bedeutung ... ganz erfaßt wurde; die wichtige, philologisch-historische Arbeit, die sich dem Midrasch zuwandte, ging nur zu lange an diesem Inhalt vorbei. *[45, S. 33]*

Baeck zitiert frühere Versuche des neunzehnten Jahrhunderts, eine Theologie für den emanzipierten Juden zu entwickeln, und nennt Geiger und Steinheim. Aber sie konnten seinen Bedürfnissen nicht genügen. Auch die christliche Theologie war keine Hilfe. Für Baeck hatte das Judentum eine ganz spezifische Besonderheit – den Grund seiner Entstehung mit der dazugehörigen Motivation, die aus dem charakteristischen Problem entstand, das er folgendermaßen definiert:

Dieses Problem, durch das so das Judentum in all seiner Besonderheit und Kraft ihrer universell geworden ist, dieses spezifisch-jüdische weltgeschichtliche Problem ist das vom Eintreten des Unendlichen, Ewigen, Einen, Unbedingten in das Endliche, Zeitliche, Vielfältige, Begrenzte und von der geistigen, sittlichen Spannung des Menschlichen, die darin gegeben ist. *[45, S. 38]*

Bezeichnend ist, daß die Offenbarung hier wieder eine gegebene Tatsache ist, die nicht bewiesen werden muß. Sie ist in der Spannung des Menschlichen gegeben, das heißt, Baeck spricht noch immer aus der Erfahrung des jüdischen Volkes heraus, aus dem Wissen des Menschen, der vom Göttlichen berührt ist, und nicht aus der unmittelbaren Begegnung mit dem Göttlichen. Beides aber, das Eintreten des Unendlichen in das Endliche und die daraus folgende Spannung werden Seite an Seite gesetzt. Die Wurzeln dieser Lehre finden sich von Anfang an in Baecks Werken.

In Leo Baeck haben wir den jüdischen Gelehrten, der eine spezifisch jüdische Aussage machen will, sie aber in den Begriffen der zeitgenössischen Gemeinschaft machen muß, in der er seine Ausbildung erhielt. In diesem Zeitpunkt gab es nur einen Lehrer, an den er sich wenden konnte, und das war Hermann Cohen.[3]

Es war bereits schon einmal die Rede davon, daß die Erfahrung des Judentums sich nicht leicht in den Rahmen des Idealismus einfügen läßt.

Dafür kann sogar das letzte Werk von Cohen, *Die Religion der Vernunft aus den Quellen des Judentums [98]* in gewissem Maße herangezogen werden, aber man darf nicht vergessen, daß Hermann Cohen, der Leo Baeck beeinflußte und viel zu dem allgemeinen Rahmen der ersten Ausgabe vom *Wesen des Judentums* beitrug, doch seinen Ort innerhalb des Idealismus gefunden hat. Der „junge" Hermann Cohen hatte den kritischen Idealismus gänzlich in den Begriffen des absoluten Idealismus begriffen und jede transzendentale Wahrheit ausgeschlossen. Die Vernunft war gleichzeitig Schöpfer. Der Gottesgedanke lebte innerhalb dieses Systems, weil er die unabhängige Funktion hatte, die teleologischen Bereiche zu einer Einheit zu verbinden: aus diesen Voraussetzungen des Systems erwuchs eine notwendige Übereinstimmung der natürlichen und der moralischen Theologie. Es war ein ruhiges und beruhigendes System: Die Ewigkeit des Sittlichen war gewährleistet durch die Ewigkeit der Natur, die ihrerseits die Ewigkeit der

Menschheit voraussetzte als Subjekt ethischen Handelns; und der Gottesgedanke stand über allem. Der Gottesgedanke gewährleistete historisches Menschentum und war die Grundlage für die Einheit von Natur und Sittlichkeit; er konnte keinem der beiden Bereiche einverleibt werden, sondern mußte „außerhalb" der Welt bleiben – was Pantheismus ausschloß. Jedoch konnte die Transzendenz Gottes in diesem System die Transzendenz einer Idee sein.

Baeck war Theologe und nicht Philosoph; er war ein Repräsentant der Religion und kein Universitätsprofessor, und deshalb konnte er diesen Vorstellungen nicht zustimmen. Er konnte Cohens Tendenz zu Vernunft, Optimismus und zu gewissen Postulaten folgen, die der von ihm geliebten jüdischen Überlieferung entnommen schienen, denn Cohens System war letztlich auf das Postulat gegründet, daß das Sittliche in der Natur verwirklicht werde, und schöpfte dabei aus dem jüdischen Messianismus und aus der Ethik der Propheten. In Cohens Auseinandersetzung mit Treitschke konnte sich Baeck hineinversetzen, und wenn ihm auch Cohens Apologie viel zu milde und übertrieben defensiv erschien, konnte er die Betonung der jüdischen Grundvorstellungen von ethischer Autonomie und von der Einzigkeit und Transzendenz Gottes[4] doch akzeptieren, ohne Cohen in dessen Gleichsetzung von Judentum und Deutschtum zu folgen. Ohne Einschränkung folgte er ihm aber darin, daß das Ethische allen Aspekten des Denkens übergeordnet und das Judentum Ausdruck des kategorischen Imperativs sei. Kants Worte über die „unbedingte, schlechthin gebietende Pflicht" werden im *Wesen des Judentums* zitiert. Aber Baeck ist nicht Cohen. Wo Cohen das Judentum als *eine* Religion sieht, die sittliches Leben fordert, sieht Baeck es als *die* Religion. Neben den ethischen Lehren von Cohen zur sittlichen Verwirklichung als „ewige Aufgabe" und umgekehrt zur „Ewigkeit" als sittlicher Perspektive finden wir bei Baeck jene Leidenschaft für die jüdische Überlieferung, die man als „biblische Liebe zu Gott" bezeichnen könnte. (Es ist immer ein Fehler, der idealistischen Position ihre eigene Leidenschaft abzusprechen, die groß und tief ist. Cohens Liebe zum Gottesgedanken ist sehr wirklich, ist aber auf moralische Erkenntnis begrenzt[5], und bei Leo Baeck erleben wir eine andere Liebe zum Göttlichen.) Durch Cohens warme Freundschaft zu Baeck, in dem er innerhalb der jüdischen Gemeinschaft einen Nachfolger sah – zumindest auf dem Gebiet der deutsch-jüdischen Auseinandersetzung erfüllte sich diese Hoffnung auch –, sind diese beiden Denker auch als Persönlichkeiten und nicht nur durch Cohens Lehre verbunden. Die Unterschiede bleiben indessen bestehen. Cohen war der tiefere Philosoph, aber das Komplexe von Baecks Denken[6] ist nur zum Teil in dem Neukantianismus des Lehrers begründet. Bei Cohen waltet eher die Klarheit eines vollständigen Systems und bei Baeck die Spannung des Unerfüllten, das stets auf der Suche nach Antworten ist.

Der geistige Kampf und Aufruhr der ersten drei Jahrzehnte des zwanzigsten Jahrhunderts, der auch in allen Phasen des politischen Lebens in Deutschland zum Ausdruck kam, bildet den gemeinsamen Hintergrund von Martin Buber, Franz Rosenzweig und Leo Baeck.[7] Vergegenwärtigen muß man sich dabei jedoch, daß Cohens eigene Entwicklung sich bis zu seinem Tode stetig fortsetzte und daß er sich zwischen 1912 und 1918 primär mit den Fragen des Judentums beschäftigte. Rosenzweig und auch Leo Baeck waren dabei vor allem für seine Versuche empfänglich, der Religion neben der Logik, Ethik und Ästhetik einen unabhängigen Rang zu erobern, und sein Begriff der „Korrelation" deutet auf eine Verwandtschaft mit Rosenzweig und Baeck, die noch immer Rätsel aufgibt. Franz Rosenzweig und heute Samuel H. Bergman sehen in diesem Begriff der „Korrelation" einen Bruch in Cohens Idealismus, der zum neuen Denken, zum Existentialismus, führt. Julius Guttman und Alexander Altmann andererseits meinen, daß dieser bedeutungsvolle Wandel von Cohens Gottesgedanken innerhalb des eigenen idealistischen Systems stattfand.[8] Altmanns Analyse dieser Frage macht die Unterschiede zwischen Rosenzweigs und Baecks Standpunkt anschaulich.

Vereinfacht ausgedrückt heißt „Korrelation" die wechselseitige Durchdringung der Idee von Gott und vom Menschen in Cohens System. Der Mensch als Teilhaber der Vernunft wird von Gott geschaffen, und die Korrelation zwischen ihnen verläuft in dieser Vernunft. Der Mensch kann nicht eigentlich ohne Gott und Gott nicht eigentlich ohne den Menschen gedacht werden. In ihrer inneren Bezogenheit berührt und definiert ihre Erfahrung miteinander beide. Hieraus entsteht eine neue Vorstellung von Begriffen wie Schöpfung, Offenbarung und Erlösung (die den Kern von Rosenzweigs System bilden); Gott schafft den Menschen, der Mensch ist geschaffen. Gott offenbart, der Mensch empfängt die Offenbarung (für Baeck stellt das Empfangen dieser Offenbarung die Mission des Menschen dar). Gott erlöst, der Mensch wird erlöst. Und die Korrelation zu dem göttlichen Antrieb des Handelns ist der menschliche Antrieb, diesem zu entsprechen.[9] Ist nun aber die Korrelation, wie Rosenzweig und seine Schüler glauben, wirklich ein echter Dialog zwischen dem transzendenten Gott, der aus dem idealistischen System entstand, und individuellen menschlichen Wesen? Oder haben wir es noch immer mit dem Gottesbegriff und dem Begriff vom Menschen zu tun, wie sie in Hermann Cohens idealistischem System erscheinen?

Korrelation als solche kam gewiß aus dem idealistischen System. Altmann, der der Geschichte dieses Begriffes nachgeht, stellt fest, daß er 1907 zum erstenmal auftaucht: Die Idee der Menschheit bildet „das Korrelat der Einheit Gottes *[70, S. 379]*.[10] Und die volle Erklärung der Begriffe von Gott und Mensch in ihrer Korrelation findet sich in Cohens Aufsatz von 1919, *Der Begriff der Religion im System der Philosophie:*

Keiner von beiden kann für sich allein stehend gedacht werden. Wenn ich Gott denke, muß ich zugleich den Menschen denken, und ich kann den Menschen nicht denken, ohne zugleich Gott zu denken (S. 96) ...[11] Gott ist bedingt durch die Korrelation mit dem Menschen. Und der Mensch ist bedingt durch die Korrelation mit Gott. (J. Schr. III, S. 191 *[70, S. 379]*

Für den „frühen" Hermann Cohen hatte der letzte Sinn der Religion in ihrem Vermögen gelegen, sich in Ethik aufzulösen; der Gott der Religion war durch die „Idee" von der Verwirklichung der Moral im Zeitalter des Messias ersetzt. Mit dem Begriff der Korrelation war die Religion jetzt nicht mehr auf die Ethik zu reduzieren, denn die Ethik allein kann nicht sämtliche Aspekte dieser Korrelation befriedigen; die Religion hat jedoch „eigene Kombinationen an dieser Korrelation" *[70, S. 383]*.[12] Und Cohen geht nun daran, mit Hilfe der Korrelation Religion *sui generis* nicht nur in der Anwendung auf dem Gebiet der Ethik zu beweisen, sondern auch in den Bereichen von Logik, Ästhetik und Psychologie. In Altmanns Darstellung wird uns wieder klar, wieviel Cohen beiden, Baeck und Buber, vermittelt hat: den Nebenmenschen, der zum Mitmenschen wird. Auch dies gehört in den Rahmen der Korrelation:

Zugleich erweitert sich der Begriff Gottes zu dem des liebenden Gottes. So wie die Menschenliebe „die religiöse Form des sozialen Verhältnisses zwischen Mensch und Mensch" ist, die aus dem Mitleid entspringt, „so tritt auch bei Gott erst in der Religion die Liebe in Kraft". (Begriff der Religion, S. 79) „Als durch die Menschenliebe bedingt, erscheint so die Gottesliebe" (S. 80). Der Sinn der Korrelation läßt in der Menschenliebe die Liebe Gottes zum Menschen „mitenthalten" sein: Gott „muß die armen Menschen lieben, weil der Mensch seine armen Mitmenschen lieben soll". *[70, S. 388]*

Wenn dann Hermann Cohen die Korrelation auf die Ästhetik anwendet, kommen wir zu Ausdrücken, die unmittelbar zu Baecks Kampf gegen die Romantik und gegen Schleiermacher führen, der ästhetische Gefühle in die Religion einbringen wollte. Cohen greift dieses „Gefühl einer schlechthinnigen Abhängigkeit" an, das nicht wirklich zur Religion gehört:

In diesem Ausdruck läßt sich nur die Unbestimmtheit dieser Art des Bewußtseins erkennen, die keinen anderen objektiven Inhalt hat als nur sich selbst... Die ganze objektive Unbestimmtheit des Pantheismus gibt sich hier kund, und nicht minder auch die Begriffslosigkeit der Romantik (gegen Schleiermachers Gefühle, wie Cohen betont). Gott und Mensch, wie die Religion sie denkt, sind jedoch „Inbegriff, mithin echte logische Abstraktionen, deren Gedankenwert durch keine Gefühlsart erzeugbar wird". (Begriff der Religion, S. 96). *[70, S. 392]*

Korrelation in dieser Form entspricht voll und ganz Cohens Idealismus; der Begriff geht nicht darüber hinaus in den Bereich des Metaphysischen. Da wir ihn aber nicht bis ins letzte untersuchen können, mag Altmanns Zusammenfassung uns seine zentrale Rolle in Cohens System anschaulich machen:

Es hat sich uns gezeigt, daß der Begriff der Korrelation auf drei Ebenen in Vollzug tritt, je nachdem sein Verhältnis zur Logik, Ethik oder Ästhetik in Betracht gezogen wird. Man könnte versucht sein, ihn als metalogisch, metaethisch und metaästhetisch zu charakterisieren. Als metalogischer Begriff ist er bloßer Begriff (Schöpfung; Offenbarung), als metaethischer weitet er sich zur zweckbestimmten Idee (Erlösung). Als metaästhetischer ist er psychologisch faßbar im Mitleid und in der Sehnsucht, aber nicht deswegen reduzierbar auf psychologische Phänomene. *[70, S. 394]*

Wir können also mit Alexander Altmann den Schluß ziehen, daß Religion für Cohen die Religion der Vernunft bleibt. Sie ist errichtet und nicht durch Offenbarung empfangen. Gehalt und Gültigkeit sind a priori durch die Vernunft bestimmt. Dies vorausgesetzt wird auch deutlich, daß beide Schüler Cohens, Franz Rosenzweig und Leo Baeck, Wege gingen, die von dem seinen abwichen. Rosenzweig, dem der idealistische Rahmen geradezu ein Gefängnis war, dem er zu entfliehen suchte, sah in dem Begriff der Korrelation einen Weg aus dem Idealismus heraus und nahm auf diese Weise Cohen posthum in die Welt des „neuen Denkens" auf. Baeck unterschied sich von Rosenzweig temperamentmäßig und durch eigene Forschung; er war mehr in der Welt des Idealismus zu Hause, die Cohen geschaffen hatte, aber er war ein Rabbiner, der bedingungslos der jüdischen Erfahrung verhaftet war. Er hatte gelernt, das Judentum und das jüdische Volk als eine lebendige Kette der Überlieferung zu begreifen, und die alten Lehrer des Midrasch und der Haggada behaupteten sich nicht nur neben Hermann Cohen, sondern auch neben Dilthey. Die modernen Lehrer hatten Baeck gezeigt, wie Geschichte zu überwinden sei. Mit Hermann Cohen hatte er den Bereich des Absoluten betreten und die Integrität des Intellekts entdeckt. Gerade diese Integrität brachte Cohen dazu, persönliche Gefühle entschlossen zu unterdrücken und damit die Kategorien der Vernunft bis zu den letzten Konsequenzen zu akzeptieren. Durch die Integrität seines Lehrers erfuhr Baeck nun die totale Verpflichtung zur sittlichen Aufgabe und ihre Anwendung auf alle Lebensgebiete. In dem Begriff der Korrelation lernte er die überwältigende Wichtigkeit des Verhältnisses zwischen Gott und dem Menschen und zwischen Mensch und Mensch zu würdigen. Cohen lehrte ihn den Begriff des Mitmenschen, der Teil des sittlichen Lebens ist, das seinerseits den Kern der Existenz bildet. Eindringlich und logisch zeigt er ihm die Korrelation in der Welt der Ideen, und das konnte Baeck akzeptieren.

Indessen vermochte Baeck nicht, nur in der Welt der Ideen zu verharren. Der „Gott Abrahams, Isaaks und Jakobs, und nicht der Gott der Philosophen" (Pascals Worte) war für Baeck mehr als eine Idee, auch mehr als eine große Idee, in der die sittliche Aufgabe bis ans Ende aller Zeiten dauerte. Offenbarung war ihm mehr als die Schaffung der Vernunft. Mit Cohen war er einig, wenn er an die kategorischen Imperative des sittlichen Gebots für die Menschheit glaubte und die rationalen Aspekte des Judentums unterstrich, die dem Gebot den klarsten Ausdruck verliehen. Aber immer mehr sah er das Geheimnis hinter dem Gebot, sah eine Dimension des Heiligen, die nicht Teil eines rationalen Systems war und der man sich dennoch stellen mußte. Die Korrelation zwischen Gott und dem Menschen führte, wenn sie mehr als eine Korrelation der Begriffe war, zu einer Spannung im Religiösen, die er letztlich nur durch die Polarität von Geheimnis und Gebot lösen konnte. An diesem Punkt verließ Baeck das System Cohens. Er stieß nicht zu der Gruppe des „neuen Denkens", von dem Rosenzweig sprach, noch folgte er dem Weg, den Buber eröffnet hatte (der auch viel mehr von Cohen gelernt hatte, als seine Schüler zugeben möchten). Baeck ging seinen eigenen Weg, wobei er einerseits in mancher Weise den Konflikt zwischen Buber und Rosenzweig und andererseits den mit Cohen löste. Er definierte Theologie als eine Besinnung auf die große Tradition, in der er fest verwurzelt war:

Die methodische Besinnung auf dieses Problem, in der sich eine Zeit so über ihr Judentum Rechenschaft gibt, in der sie für ihre Verbindung mit dem Grundproblem und seinen Gestaltungen ihren Ausdruck sucht, das ist daher die *Theologie* im Judentum. *[45, S. 39]*

Mit Cohen sucht Baeck seine Religion an den Quellen des Judentums, aber es ist nicht mehr lediglich die Religion der Vernunft. Sie enthält die Paradoxie, und sie wird zur Religion der Polarität.

III

Mit Cohens Begriff von der Korrelation zwischen Gott und Mensch geriet die Konfrontation zwischen Schöpfer und geschaffenem Menschen in den Bereich des Intellekts. Für Cohen – wie für Baeck – lag die grundlegende Aufgabe der Theologie in der ethischen Antwort des Menschen auf die göttliche Offenbarung. Cohen jedoch gab sich zufrieden, nachdem er die göttliche Offenbarung mit der Schaffung der Vernunft gleichgesetzt hatte. Die Vernunft an sich war das Bindeglied zwischen Mensch und Gott. Baeck hingegen entfernte sich in diesem Punkt von Cohen. Die Schriften von Rudolf Otto hatten seine Aufmerksamkeit auf das „eigentümlich Irrationale innerhalb der Geschichte" gelenkt, das „vor allem von der Religion her" so empfunden werden mußte *[45, S. 30]*, und das Gefühl für das Staunen über das Geheimnis hinter dem Gebot wuchs in ihm. Gott war mehr als ein Begriff. Wenn sein Wesen nicht erkannt werden konnte, wenn alles, was der Mensch zu erkennen vermochte, die kategorischen Imperative des moralischen Gesetzes waren, in denen Gott seinen Willen kundtat, dann zog der Augenblick der Begegnung mit diesem Gebot den Menschen noch immer zu einer Unendlichkeit hin, die ihr Zeichen im Menschen setzte, die eine Spannung hinterließ, eine Sehnsucht, die äußerste Demut des Endlichen vor dem Unendlichen, den Stolz und die Erregung im Endlichen, das umhüllt ist vom Unendlichen. Schleiermachers Theologie hatte Baeck vieles gelehrt, aber er fühlte sich mehr in Cohens Religion der Vernunft zu Hause. Dennoch konnte er sich des Gefühls der Erregung über die Begegnung mit dem Unendlichen, die in jedem Akt der Gerechtigkeit stattfindet, nicht erwehren. Er brauchte beides, also verwarf er Cohens Vernunftphilosophie ebenso wie ihn Cohen gelehrt hatte, die Geschichte zu verwerfen, und suchte nach einer Antwort innerhalb der jüdischen Theologie.

Seine Theologie geht von jener Offenbarung aus, die den Anfang aller jüdischen Geschichte bildet und sich durch alle jüdische Erfahrung fortsetzt. Im Gegensatz zum Historizismus, der aus der Offenbarung ein Prädikat der Geschichte gemacht hatte, wird Geschichte nun zum Prädikat der Offenbarung. An dieser Stelle müssen wir zurückkehren zu Baecks Kernsatz aus „Theologie und Geschichte" über das besondere jüdische Problem von

> dem Eintreten des Unendlichen, Ewigen, Einen, Unbedingten in das Endliche, Zeitliche, Vielfältige, Begrenzte und von der geistigen und sittlichen Spannung des Menschen, die darin gegeben ist. *[45, S. 38]*[13]

Die jüdische Theologie wird zur *theologia viatorum*, der Theologie von Reisenden, indem sie sich durch die gesamte jüdische Erfahrung in dem Wissen jener fortdauernden Offenbarung bewegt, die sich in ihr spiegelt, und dieses

Spiegeln zum Bestandteil der gesamten Tradition und der Offenbarung macht *[45, S. 36]*.[14] Baeck tritt in die jüdische Erfahrung ein, in „dieses Volk", in die „jüdische Existenz".

Er begab sich in den Strom des jüdischen Lebens auf der Suche nach einer Antwort auf das, was seine früheren Schriften „die Paradoxie" zwischen dem Geheimnis und dem Gebot genannt hatten. Während die Kategorien der jüdischen Existenz dann zu festen Faktoren seines theologischen Rahmens wurden, kam er zu der Antwort, die er als „Polarität" bezeichnete. Das Gebot hatte einen klaren Platz in seinem Geist, der durch die neukantianische Religion der Pflicht geschult war, für die das Gebot überall präsent war. Aber Baeck mußte sich mit dem Geheimnis auseinandersetzen. Und er fand es in verborgener Form in seinen Forschungen des Midrasch, wo er schließlich das herausschälte, was er die mündliche Überlieferung der Mystik nannte. In klarster Form fand er dieses Geheimnis in den Schriften der jüdichsen Mystik festgehalten, vor allem in der Kabbala.

Als Baeck sich an das Studium der Mystik begab, galten die Kabbala und andere mystische Texte der Wissenschaft des Judentums als Geheimniskrämerei und Fälschung. In manchen Teilen Osteuropas bedeutete die Kabbalistik noch immer eine Lebensform, an die man sich vollkommen und ohne Kritik hingab, während sie in Westeuropa heimlich geübt wurde, wenn überhaupt *[172, S. 359–377]*. Nichtsdestoweniger können Baecks Studien in den Rahmen der neuen Forschung eingegliedert werden, die von Buber und einer gefühlsmäßigen Bindung an den Stoff getragen wurde und auch die objektivere und distanziertere Wissenschaftlichkeit von Scholem umfaßte. (Unterdessen ist aus der unermüdlichen Forschungsarbeit von Scholem eine ganze Schule jüdischer Mystik entstanden, welche die mystischen Vorstellungen als machtvolle Motive in der Wanderbewegung der Juden studierte und diesem Aspekt jüdischen Denkens seinen angemessenen Platz zurückerobert hat.)[15] Baeck kann in dieser Beziehung nicht mit Scholem auf eine Stufe gestellt werden. Er vertieft sich zwar in die Kabbala (ohne sich ihr auszuliefern) mit dem wissenschaftlichen Apparat des zwanzigsten Jahrhunderts. Aber er ist noch immer der *Baal ha-Midrasch*, der Exeget, der die Idee hinter dem Text aufspüren wollte. In der Kabbala zeigt sich ihm die Erfahrung des jüdischen Volkes bei seiner Begegnung mit dem Geheimnis, und diese Begegnung sollte Teil seiner Theologie werden, in der die Kategorien der jüdischen Erfahrung Israels Reaktion sowohl auf das Gebot wie auf das Geheimnis festhalten.

Baecks erste Untersuchung zur Mystik ist von Kurt Wilhelm *[189]* zum Gegenstand einer Studie gemacht worden. Sie erschien im Jahre 1911 als Artikel in der protestantischen Zeitschrift *Religion und Geisteskultur* unter dem

Titel „Die Parteien im gegenwärtigen Judentum in ihrer geschichtlichen Grundlage". Baeck unterstrich das Gewicht der Mystik im Judentum und siedelte ihren Ursprung in der spontanen Sehnsucht und in den Hoffnungen des menschlichen Herzens an, das mit Optimismus einer trüben Welt begegnet. Mystik wird hier indessen nicht als absolute Gegenposition zum Rationalismus begriffen:

Die Mystik legt sich die wahre Tradition bei; sie nimmt das alte Wort Kabbala für sich in Anspruch ...
Der Gegensatz gegen den Rationalismus war wohl immer ein geringer, da beide, die Mystik und die Philosophie, darin übereinstimmten, daß sie spekulativ waren; der Unterschied betraf mehr das System als die Methode ... Die Philosophie hat bisweilen dazu geneigt, das lehrhafte Wissenselement zu überschätzen, und gegen diesen Intellektualismus vertrat dann die Mystik das Recht ihrer Geheimnisse.[16]

In der spekulativen Natur der Kabbala fand Baeck ein Korrektiv für eine Tendenz im mittelalterlichen Denken, das die Reinheit des Gottesbegriffes erreichen wollte, indem sie ihm nicht nur jeden Anthropomorphismus, sondern auch seine lebendige Wirklichkeit nahm. In den gewaltigen kabbalistischen Spekulationen um die Sefirot („Die Sphären um Gott") liegt das Gewicht auf der Fülle Gottes und seiner lebendigen Realität. Der nahe Gott wird gegen den fernen Gott hervorgehoben, und wenn man auch nicht im christlichen oder buddhistischen Sinne eine *unio mystica* mit ihm eingehen kann, vermag sich der Mensch doch einen Weg zu ihm, in ihn hinein, zu bahnen *[189, S. 125]*.
An diesem Punkt setzt bei Baeck etwas ein, das genaue Aufmerksamkeit verlangt. Das „neue Denken" der zwanziger Jahre geht aus von den Gegebenheiten der Existenz. Baeck hat viel gemeinsam mit Rosenzweig und Buber, auch die Analyse der Lebenssituation – „Die Welt ist dem Menschen zwiefältig ..." ist der erste Satz von Bubers *Ich und Du*.[17] Buber, Baeck und Rosenzweig teilen Hermann Cohens Einsichten und Lehren.[18] Wenn aber einmal dieser existentielle Aspekt feststeht und die Begegnung mit dem Geheimnis geschehen ist – wie kann das vermittelt werden? *Quid juris* – wie kann es beurteilt werden? Solange das kartesianische Streben nach einer allgemeingültigen Basis rationalen Denkens nicht als unbefugtes Eindringen in die menschliche Existenz betrachtet wird – und für diese Frage gibt es eine Antwort –, müssen die Konstrukteure des theologischen Systems darauf zurückgreifen. Im Gegensatz zu Buber und Rosenzweig geht Baeck an diesem Punkt zu Hermann Cohen zurück. Die Begegnung mit dem Geheimnis wird nicht als eine Gegebenheit gesetzt, sondern in dem Gebot erkannt, das

in der Welt der Vernunft waltet. Die Spannung der Religion beruht nicht auf der Angst, auf dem Wissen um den Tod, sondern auf der Erkenntnis der Korrelation zwischen der gefühlsmäßigen Erfahrung des Geheimnisses und der rationalen Erkenntnis und Zustimmung zu den sittlichen Imperativen des Gebots. Baecks System gründet sich hier auf Hermann Cohens These von dem sittlichen Fortschritt, der der Welt der Existenz ihren Sinn verleiht, und sucht sie zu erweitern, indem er die „irrationale Begegnung" mit dem Geheimnis darin einfügt. Er möchte die Welten von Buber und Cohen miteinander versöhnen. Dies geschieht, indem er in einem System der Polarität beiden ihren Platz zuweist, und nicht, indem er nach einer Synthese zwischen den beiden Antithesen sucht.

Am klarsten drückt er das in seinem grundlegenden Aufsatz „Geheimnis und Gebot" aus *[25]*, der 1922 erschien.[19] Der einleitende Satz bietet eine Parallele zu Bubers erstem Satz in *Ich und Du*:

> in zweifacher seelischer Erfahrung wird dem Menschen der Sinn seines Lebens lebendig, in der Erfahrung vom Geheimnis und in der vom Gebot. Man kann sie auch nennen das Wissen um das, was wirklich ist, und um das, was verwirklicht werden soll. *[25, S. 33]*

Hier vereinigen sich die verschiedenen Quellen, aus denen Baeck seine Erkenntnisse bezog. Er setzt mit der Erfahrung ein, mit der Natur des Menschen, in der der Mensch etwas Dauerhaftes, eine fundamentale Wirklichkeit spürt, die ihm von seinem Geschaffensein spricht. Und aus der Besinnung auf das, was er ist, entspringt das Wissen um die sittliche Aufgabe, die er zu leisten hat, die der Natur des Menschen inhärent ist. Wenn wir von dieser Welt der Erfahrung zu Hermann Cohens Idealismus zurückgehen, dann handelt es sich um die gleiche Sprache von dem Gott, der das Sein ist, und von dem Menschen, der geworden ist, von dem Messianismus der sittlichen Aufgabe, die sich bis zum Ende aller Zeiten erstreckt. Die Reflexionstheologie bejaht beides: das Geheimnis umschließt die menschliche Existenz und gewährleistet das Leben; das Gebot verleiht dem Handeln Sicherheit und gewährleistet das Selbst.

Als Baeck gegen Ende seines Lebens von der Suche der jüdischen Mystik nach dem göttlichen Funken sprach, schrieb er: „Gott gab die Seele, auf daß sie vom Menschen entdeckt werde" *[57, S. 26]*. Theologie bedeutet für Baeck die Suche des Menschen nach dem Göttlichen im Reiche des Diesseits, der Inhalt des Lebens, in dem der Mensch die Grundlage des Lebens entdeckt. Die Bekräftigung des Rationalismus im Dienste der Offenbarung. Und Baeck folgt hier Schleiermacher, wenn er die Offenbarung in der menschlichen Erfahrung begründet. Hier seine Schilderung dieser Erfahrung in „Geheimnis und Gebot“:

Diese doppelte Erfahrung kann auch als die der Demut und die der Ehrfurcht bezeichnet werden. Die Demut des Menschen ist sein Wissen darum, daß sein Leben ... in der Unendlichkeit und Ewigkeit steht, daß es schlechthin abhängig ist, daß das Unwißbare und Unnennbare, das Unergründliche und Unausdenkliche in sein Dasein eintritt. Demut ist die Empfindung für das Tiefe, das Geheime, in dem der Mensch seinen Platz hat, das Gefühl also für das Seiende, für das Wirkliche – das große Quietiv, die große Andacht aller Lebenserfassung, aller Weisheit. Und Ehrfurcht wiederum ist die Empfindung des Menschen dafür, daß vor ihm ein Höheres aufgerichtet ist, und alles Höhere ist ein sittlich Höheres und darum ein Forderndes, ein Weisendes, etwas, was zum Menschen spricht, von ihm die Antwort, die Entscheidung verlangt, etwas, was sich im Kleinen und Schwachen ebenso wie im Erhabenen offenbaren kann, ihm sich im Anderen ganz so wie in ihm selber kundtut.
Ehrfurcht ist so das Wissen um das Heilige, das unendlich und ewig Gebietende, um das also, was vom Menschen in sein Leben aufgenommen, durch sein Leben verwirklicht werden soll – das große Motorische, Aktive aller Weisheit. *[25, S. 33–34]*

In der Erfahrung des Menschen bewirkt die Offenbarung das Wissen um die absolute Abhängigkeit des Menschen. Aber dieses Wissen ist der Grund vom Sein des Menschen, nicht sein Inhalt. Gefühl unterliegt der Vernunft, die Welt der Gelehrsamkeit ist die treibende Kraft für den Intellekt, für die Selbstbehauptung des Menschen, die auf das Wissen gegründet ist, daß er von der Ewigkeit getragen ist; seine absolute Abhängigkeit ist gleichzeitig der Grund für seine Selbstbehauptung. Daher besteht der eine Aspekt der Weisheit in der Erkenntnis ihrer Wurzeln, in der stillen Ehrfurcht, mit der Weisheit dem Unendlichen gegenübersteht, das ihre Grundlage bildet; aber der aktive Aspekt der Weisheit bringt das Gefühl, das von dem Geheimnis in Kenntnis des Gebots entsteht, welches durch das Geheimnis durchklingt und im Leben verwirklicht werden muß, in Korrelation zu der Tatsache, daß der Mensch ein sittliches Wesen ist, der sich selbst durch die ethische Aufgabe, die ihm das Gebot im Augenblick des Geheimnisses stellt, verwirklicht. Die Erfahrung des Geheimnisses ist nicht der einzige Gehalt der Offenbarung. Schleiermacher sagte: „Jede ursprüngliche und neue Mittheilung des Weltalls und seines Innersten Lebens an den Menschen ist eine ... Offenbarung ...; nun aber ist jede Anschauung und jedes Gefühl, wo sie sich ursprünglich aus einem solchen entwickeln, aus einer Offenbarung hervorgegangen“ *[165, S. 105]*. Baeck jedoch gliedert seine Erkenntnis von der menschlichen Erfahrung als Quelle der Offenbarung in die jüdische Existenz ein, wo die historische Erfahrung der *Großen Offenbarung* begegnet war, auf die Israel geantwortet hatte. In gewissem Grade findet Geigers Definition der Offenbarung als „das eigentümliche jüdische *Genie* für die Religion" *[119]* bei Baeck ihre Fortsetzung, der dieses Genie mit Israels Fähigkeit erklärt, sowohl mit dem Geheimnis als mit dem Gebot in einer Religion sittlichen Bewußtseins zu leben, das seine Wurzeln im Unendlichen noch empfindet.

Baeck stellt das Bewußtsein, daß der Mensch geschaffen worden ist, neben das Bewußtsein, daß an den Menschen die Erwartung schöpferischer Tätigkeit gestellt ist. Das Endliche ist für den Menschen ebenfalls eine Aufgabe, die erfüllt werden muß. Die Form des Lebens bringt den Menschen zu den Fundamenten des Lebens, und der Mensch kann von diesen Fundamenten kein Wissen erwerben, ohne daß er gleichzeitig die Form findet: immer ist jenes Zwiefache vorhanden, in dem das eine gegen das andere ausgewogen, aber im anderen enthalten ist. Und diese Religion der Polarität, die es bei anderen Religionen aufgrund der ihnen durch ihren Gottesbegriff zugefügten Spaltung nicht gibt, ist die Religion des Juden:

Daher hat das Judentum seine Freiheit von dem Zwiespalte, den die verschiedenen Begriffe von Gott bringen. Dem Widerstreit zwischen Transzendenz und Immanenz fehlt hier der Boden. Die Frömmigkeit lebt hier in der Paradoxie, in der Polarität, mit all ihrer Spannung und Geschlossenheit. Was in der Abstraktion, in der Welt der bloßen Gedanken ein Widerspruch ist, wird in der Religion zur Einheit, zur Ganzheit. Für sie gibt es kein Diesseits ohne das Jenseits, und kein Jenseits, das nicht sein Diesseits hätte ... Alles Diesseits ist im Jenseits verwurzelt, und alles Jenseits verlangt im Menschen sein Diesseits. Das Unendliche tritt im Endlichen hervor, und alles Endliche soll sein Unendliches erweisen. Des Menschen Leben führt von Gott zum Menschen und vom Menschen zu Gott ... Das Menschliche wohnt im Göttlichen, und das Göttliche verlangt von jedem sein Menschentum. Die Einheit von diesen beiden ... ist erst die Wahrheit und trägt die ganze Gewißheit. *[25, S. 36–37]*

Das Menschliche wohnt im Göttlichen. Aber es handelt sich nicht um den Immanentismus des neunzehnten Jahrhunderts. Gott spricht zum Menschen, und der Mensch spricht zu Gott im Rahmen einer persönlichen Religion, die dem biblischen Glauben näher ist als den philosophischen Systemen im Europa nach der Aufklärung. Es ist eine Religion persönlicher Erfahrung und jüdischer Erfahrung. Und sie bestätigt immer sowohl Gott wie den Menschen.

Ebenso wie den rationalen Aspekt der jüdischen Mystik unterstrich Baeck ihren ethischen Gehalt. In Baecks Judentum hat jede Ethik ihre Mystik und jede Mystik ihre Ethik:

Alle Versenkung in die Gottestiefe ist immer zugleich eine Versenkung in den Willen Gottes, in sein Gebot. Und alle jüdische Ethik wiederum hat ihr Besonderes darin, daß sie Offenbarungsethik, fast möchte man sagen Erlebensethik, ist; sie ist die Kunde des Göttlichen ... In die Tiefen des Erlebnisses treibt die Ethik ihre Wurzeln; bezeichnend ist, daß in der mittelalterlichen hebräischen Sprache dasselbe Wort die ethische Gesinnung und die mystische Versenkung benennt. *[25, S. 37–38]*

Das Wort, von dem Baeck hier spricht, ist das Wort *kawwana*, besonders deshalb, weil es in dem Prozeß des *tikkun*, des fortdauernden Prozesses der Erneuerung im Universum existiert *[170, S. 276 ff.]*. Kurt Wilhelm weist in seinem Aufsatz über Baecks Untersuchungen zur Mystik *[189, S. 126–127]* auf Baecks Vermögen, kabbalistische Begriffe in einer eigenen Sprache auszudrücken, ohne sie zu verfälschen. *Kawwana* wird in den Gesetzestexten des Talmud benutzt und bedeutet dort die sittliche Absicht, welche die Erfüllung eines Gebotes zu begleiten habe. In der Kabbala indessen, speziell in der des Luria, wo Gebet mehr als nur ein Verströmen religiöser Gefühle ist, führt *kawwana* zu einer im Grunde kosmischen Erweiterung des Gebets. Der Fromme, der im Geiste mystischer Meditation betet, bewegt die göttlichen Sphären; er durchdringt alle Dunkelheit, die den Menschen von Gott trennt, er verwandelt Chaos in Kosmos, er erfüllt eine messianische Aufgabe. *[189]*[20] Indem Baeck diesen mystischen Begriff verwendet, kann er aus der Fülle jüdischer Überlieferung sprechen, die in Sprache und Leben jedem, dem das Geheimnis über allem steht, das Gebot noch klar und unverfälscht zu verstehen gibt. In einem Artikel, den er ein Jahr nach „Geheimnis und Gebot“ veröffentlichte, bekräftigt Baeck seine Überzeugung von der Besonderheit der jüdischen Mystik:

In der Entwicklung der Mystik hat die jüdische ihren besonderen Weg. Alle Mystik sonst will in ihrem Wesentlichen die Erlösung vom Willen aufzeigen, von ihm und darum von allem, was ihn bestimmt, was ihn verpflichtet oder führt, ihn fordert ...

Es ist das Besondere der jüdischen Mystik, daß sie gegenüber dieser Mystik des Sterbens, dieser passiven Erlösungsmystik, eine Mystik des Lebens sein will. Sie ist eine Mystik des Willens und seiner Versöhnung, des Gebots und seiner Verwirklichung, eine aktive Mystik. Auch sie hat das Eigentümliche des Judentums, daß die Tat ein Entscheidendes ist. Für das Judentum gibt es nur einen Zugang zum Sinn des Lebens und nur einen Weg vom Menschen zu Gott, den der Erfüllung des Gottesgebotes. Alles Gebot kommt von Gott, aus der Tiefe des Geheimnisses hervor; wer in das Gebot eindringt, ist zu Gott hingedrungen, er hat das Bestimmte zum Verborgenen hin und das Verborgene zum Bestimmten hinauf gebracht ... So haben es die Frommen aller Zeiten vermocht, sie haben die Entfernung überwunden, sie haben das Heiligtum Gottes inmitten dieser Welt gegründet. *[29, S. 340–341]*

Man kann durchaus die Genauigkeit, mit der Baeck die jüdische Mystik umreißt, in Frage stellen. Die Kabbala ist für viele ein Refugium vor der Welt gewesen und nicht ein Weg, der in sie hineinführte. Ekstase und Versinken in eine Stimmung der Hingabe waren der jüdischen Gemeinde nicht unbekannt, vor allem nicht während der langen Zeiten von Finsternis und Verfolgung. Aber das muß nicht notwendigerweise Baecks These beeinträchtigen. Er sieht das Judentum aus der Gesamtheit jüdischer Erfahrung: wie in seiner Apologetik kann er immer eine bestimmte Person oder sogar eine bestimmte Zeit als abgeirrt vom Wesentlichen und als nicht bezeichnend für die Grundlagen des Judentums ausklammern. Mystik ist Bestandteil der jüdischen Existenz und muß in der ganzen Dimension ihres Farbspektrums gesehen werden, das Ekstase und Passivität einschließt. Alles gehört zu dem Rhythmus und der Spannung, in denen Geheimnis und Gebot zur Polarität jüdischen Denkens werden. Einmal lag das Gewicht auf dem einen, dann wieder auf dem anderen Aspekt.

Das Judentum hört auf, wo das Andachtsvolle, das Ruhende und Beruhigende alles bedeuten will, wo der Glaube sich mit sich selber, mit dem Geheimnis begnügt ... Die gebotslose Religion der blossen Passivität ist nicht das Judentum. Und ebensowenig ist es dort noch, wo sich das Gebot mit sich zufrieden gibt und es nur Gesetz ist ... *[25, S. 38]*

Wieder gerät die Darstellung des Judentums als Polaritätsglaube zu einem Angriff auf das paulinische Christentum, das den einen Aspekt überbetont und somit vom Wege abwich. Für Baeck verließ Paulus das Judentum, als er *sola fide* predigte, als das Geheimnis ihm alles wurde, als Sakramente und Dogmen im Christentum zu greifbaren Mysterien wurden, die der Mensch berühren und formen kann. Aber wenn Baeck in Paulus jemanden sieht, der das Judentum aufgab, indem er das Gebot verwarf und dem Geheimnis heiligte, so warnt er doch gleichzeitig vor einem Judentum, das nichts als Gebot kennt, das Religion als reine Ethik auffaßt, die jener Grundlage, die das Geheimnis ist, entbehrt:

Dort, wo es bloß Ethik oder bloß Begründung der Ethik sein soll, dort auch, wo es zu einem Gefüge von Ideen, zu einer Doktrin geworden ist, und dort auch, wo das, was das Geheimnis spricht, dem Menschen nicht der Grund seines Lebens, sondern ein Postulat seines Denkens ist, wo das Judentum ohne Paradoxie sein soll, dort ist der Boden, der es trägt, verlassen worden. Es gibt kein Judentum, das nur Kantische Philosophie oder ethische Kultur ist ... wo vielleicht die Fülle seines Gesetzes ist, aber dieses bloß geübt wird, und es, aus dem Geheimnis entwurzelt, in der Andachtlosigkeit steht. *[25, S. 39–40]*

Baecks Lösung ist die Paradoxie im menschlichen Leben; denn der Mensch erfährt beides, die Grundlage des Lebens (das Geheimnis) und die sittliche Aufgabe (das Gebot) in einer Einheit, die weder Synthese noch Synkretismus oder bloße Verknüpfung von Ideen ist, sondern eine Offenbarung. Das eine wird erfaßt und erfahren durch das andere. Geheimnis und Gebot verkünden und tragen sich gegenseitig: „Das Gebot ist hier wahres Gebot, nur weil es aus dem Geheimnis aufsteigt, und das Geheimnis ist wahres Geheimnis, weil aus ihm das Gebot spricht" *[25, S. 40]*. Religion ist damit gegründet auf die Fähigkeit des Menschen, die Zwiefältigkeit seiner Erfahrung zu erkennen. Und die Geschichte Israels wird zum Beweis, daß diese Fähigkeit sich im Leben und Denken eines Volkes manifestieren kann, dessen Bewußtsein von der Offenbarung ihm half, das charakteristische Gewebe einer klassischen Religion zu schaffen, in der Gebot und Geheimnis als das ethische Bewußtsein eines Volkes zum Ausdruck kommen, welches weiß, daß diese Gesetze dem Urgrund des Seins entspringen.

Ein Vergleich mit Tillich drängt sich auf. Tillich definierte ja in der Tat seine grundlegende Lehre der „Betroffenheit durch das Unbedingte" auf zweierlei Weise: als existentielles Engagement und als Bewußtsein des Unbedingten. *[149]* Aber zwischen dem biblischen Menschen des Glaubens und dem Ontologen gibt es Unterschiede, die mit Tillichs Selbsterkenntnis innerhalb des ontologischen Strebens zusammenhängen. Und während es stark verwandte Züge zwischen Baecks *theologia viatorum* und Tillichs „Betroffenheit durch das Unbedingte" gibt, gibt es auch ähnliche Unterschiede der Betonung, die sich aus den unterschiedlichen Hintergründen ergeben. Baeck kann sich nicht von der Gesamtheit des jüdischen Volkes und von seiner fortdauernden Bewußtheit der Offenbarung durch die mündliche Überlieferung lösen. In Israel wie im Mitmenschen begegnet er dem Göttlichen. Die biblische Offenbarung bedeutet auch die Auserwähltheit von Israel und muß aktiv bejaht werden. Für Tillich hingegen ist das biblische Wort zwischen Gott und Mensch eine Metapher, welche die nicht-symbolische Wirklichkeit des Seinsgrundes symbolisiert, an dem man teilhat, indem man sich selbst akzeptiert und daher akzeptierbar weiß. Baeck würde dies bereits als Teil des christlichen Denkens werten, in dem das Geheimnis zum Dogma abstrahiert wird und innerhalb eines Systems manipuliert werden kann. Er hingegen bejaht Israels Begegnung mit Gott nicht als Metapher, sondern als Lebenswirklichkeit. Das Geheimnis ist im Gebot, und das Gebot im Geheimnis. In dem Willen Gottes, im sittlichen Imperativ, begegnet der Mensch dem heiligen Geheimnis, aus dem dieser Imperativ seine absolute Autorität bezieht. Und diese doppelte Begegnung – Israels Erfahrung durch die Jahrhunderte hindurch – tritt in gewissem Sinne an die Stelle von Tillichs System. Ontologische Selbsterkenntnis ist für das Volk Israel ebenso wichtig wie für den individuellen Menschen. Aber die Wirklichkeit eines persönlichen Gottes wird nun zu einem Teil von Israels Glauben, der niemals das griechische *pistis*, sondern immer die biblische *emuna* ist *[110, S. 241–243]*. Israel begegnet in seinem sittlichen Handeln, das die Wirklichkeit der gesamten jüdischen Erfahrung bildet, stets der lebendigen Wirklichkeit des Geheimnisses, welches das Universum trägt.

Indem Baeck für Israel zeugt, zeugt er für Gott. Individuelle Erfahrung ist ihm durch die Ewigkeit geprägt, aber auch die Geschichte enthält den gleichen Sinn. Die Einheit von Schöpfung und Zukunft wird notwendigerweise zu Geschichte. Hermann Cohens Denken zeigt sich in der folgenden Überlegung:

Die Schöpfung ist nicht ohne die Zukunft zu denken, und die Idee der Zukunft kann nicht ohne die Gewißheit der Gottesschöpfung sein. Alles Gebot, das von Gott kommt, ... besitzt sein Schaffendes und Zeugendes, sein immer weiter Gebietendes, es trägt über sich selbst hinaus ... Ein Gebot, das ganz erfüllt wäre, wäre eine Menschensatzung nur. Gottesgebot ist ein Gebot, das zur Zukunft hinausführt, das seine Sendung, wie die Bibel sagt, „von Geschlecht zu Geschlecht" hat *[25, S. 41–42]*.

Teil dieser Offenbarung, durch die Baeck die Rolle des Menschen in der Welt definiert, ist die Mission Israels. Und sie ist ein Teil eines optimistischen Denkens, in dem die Prinzipien Cohens Sicherheit für eine letzte Versöhnung bieten, die zu dem sittlichen Gesetz gehören muß, das zu dem führt, was Baeck „den Realismus Israels" nennt – nämlich sein Vertrauen in die Welt. Versöhnung und Erlösung sind für Baeck Korrelative und besiegeln, daß es nicht zwei Welten gibt, die sich als zwei verschiedene Reiche gegenüberstehen, sondern daß sie zusammengehören und in dem einen Gott vereint sind. Wieder liegt der Akzent auf der Tatsache, daß es kein Geheimnis außerhalb des Lebens und kein Leben außerhalb des Geheimnisses gibt; Leben ist im Heiligen und das Heilige innerhalb des Lebens gegeben.

Wir haben gesehen, wie Baeck die Pharisäer, ihre *communio sanctorum*, den Sinn allen jüdischen Lebens, die Heiligkeit der Existenz zu begründen, verteidigte. In dem Maße, in dem Apologie und Darstellung des Judentums ineinander übergehen, begreifen wir, daß Baecks Verteidigung des jüdischen Lebens gleichzeitig die Verteidigung der Offenbarung ist, die im jüdischen Volk wirksam ist. Und diese Offenbarung manifestiert sich nach innen und nach außen: das innerliche religiöse Leben drückt sich durch jene Gebräuche und Zeremonien des Judentums aus, die manche für das einzige Merkmal des jüdischen Lebens halten. Das Leben erhält hier seinen Stil dadurch, „daß die Religion in jedem Alltag und in den ganzen Alltag hineingestellt wird" *[25, S. 44]*. Jede Unterteilung des Lebens in Profanes und Heiliges sollte vermieden werden. Aus dem Bewußtsein des Heiligen in allem Leben will das Judentum den Menschen vor einem Leben bewahren, dem die Spannung der Polarität fehlt, denn

Gedankenlosigkeit ist die eigentliche Gottlosigkeit, die Heimatlosigkeit der Seele. Vor ihr, vor dieser Geheimnislosigkeit und Gebotslosigkeit, will das Gesetz bewahren; es will aller Oberfläche immer wieder ihr Symbolisches, aller Prosa ihr Gleichnis geben. *[25, S. 45]*

Daß Baeck an dieser Stelle auf die „Gedankenlosigkeit" hinweist, ist sehr charakteristisch: sein Typus der Mystik ist so gänzlich mit den sittlichen und rationalen Seiten der Begegnung mit dem Heiligen verknüpft, daß er zunächst das Denken jener aufrütteln muß, die sich dem Leben allein mit ihren Gefühlen zuwenden wollen. Wenn der Mensch nicht das Unendliche erkennen kann, das alle endlichen Aspekte durchleuchtet, dann ist er tatsächlich heimatlos in einer Welt ohne Sinn. Und Baeck wendet diese Art Analyse auf die Institutionen des jüdischen Gesetzes an, auf den Sabbat, der das jüdische Bewußtsein für beides, für Geheimnis wie Gebot, wachhalten soll:

Er gibt, als der Tag der Ruhe, dem Leben sein Gleichgewicht, seinen Rhythmus; er trägt die Woche. Ruhe ist ein ganz anderes als Rast, als Arbeitsunterbrechung, ein ganz anderes als Nichtarbeiten. Die bloße Rast gehört wesentlich in das Physische, in das Irdische und Alltägliche. Die Ruhe ist ein wesentlich Religiöses, sie ist in der Atmosphäre des Göttlichen, sie führt zum Geheimnis hin, zu dem Grunde, von dem auch alles Gebot kommt. Sie ist das Wiederschaffende und Versöhnende, die Erholung, in der die Seele sich zurückholt, das Atemholen der Seele – das Sabbatliche des Lebens. Der Sabbat ist das Bild des Messianischen, er spricht von der Schöpfung und der Zukunft, er ist das große Symbol ... *[25, S. 46]*

Die Poesie von Baecks Darstellung (auf die wir noch zurückkommen werden) vermittelt uns ein Bild des Sabbat, in dem sich die sittlichen Imperative des jüdischen Lebens, die auf messianische Zeiten gerichtet sind, erneut im Rahmen des Geheimnisses finden, wie es sich in den Zeremonien des Judentums, die mehr als Zeremonien sind, kundtut. In unserer Zeit ist Abraham Heschels Arbeit über den Sabbat *[136]* mit dieser Darstellung eng verbunden. Aber von Baeck stammt der letzte Nachdruck darauf, daß diese Tradition des Sabbats und das alles umfassende Bewußtsein des Gesetzes um des Geheimnisses willen einen anderen Menschen zeitigt, einen Menschen, in dem die Fähigkeit, besonders zu sein, entwickelt worden ist:

Wer um das Geheimnis und das Gebot erfährt, wird ein Eigener unter den Menschen, ein anderer inmitten der Welt. Wer nur um das Geheimnis weiß, der wird nur ein Eigener, er hat nur seinen Tag der Stille. Wer um das Gebot allein weiß, ist nur unter den Menschen, er hat nur seine Tage des Wirkens und Rastens. Wer beides erlebt, beides in einem, ist in der Welt und doch ein anderer, ein anderer und doch in der Welt, für die Menschen und mit den Menschen und doch für sich, für sich und doch für die Menschen und darum mit ihnen. Das zu sein, darin findet das Judentum seine Gabe, seine Habe. *[25, S. 47]*

Baecks großes Gedicht von Geheimnis und Gebot in aller menschlichen Erfahrung kommt aus dem Kontext des Judentums. Der Jude als der große Dissident der Geschichte, als der Entdecker desjenigen Weges im Leben, den alle gehen sollten, kommt mit einem Glauben zur Menschheit, der in allen Menschen die Kraft freisetzen kann, das messianische Zeitalter herbeizuführen. Andere Religionen können – dies zielt wieder auf den Buddhismus als dem passiven im Gegensatz zum aktiven Weg – lediglich die Verletzungen durch das Leben lindern und Unterwerfung unter die Welt lehren. Das Judentum strebt nach der Schaffung des Reiches Gottes in dieser Welt. Seine Stärke, sein Vermögen zu schöpferischem Handeln, kommt aus jener Begegnung,

wo die Seele ihre Tiefe und ihre Aufgabe, ihr Verborgenes und ihr Deutliches erfährt, das eine in dem anderen, das eine durch das andere, wo die Religion der Paradoxie, der Versöhnung ist, die Religion der seelischen Einheit von Geheimnis und Gebot. *[25, S. 48]*

IV

„Geheimnis und Gebot“ kann nur ganz verstanden werden, wenn man es als das große Gedicht sieht, in dem die Spannung und die Paradoxie der jüdischen Erfahrung zu dem großen Bekenntnis jüdischen Glaubens wurde. Es erschien fast gleichzeitig mit Bubers *Ich und Du* und nimmt innerhalb von Baecks Werk die gleiche Stellung ein wie *Ich und Du* innerhalb von Bubers Schriften. Die gleiche Entdeckung der Zwiefalt des Lebens, die gleiche Wertung des Geheimnisses als einer Dimension des menschlichen Geistes, die den Menschen nicht vom Menschen trennt, sondern ihn in die Lage des Dialogs versetzt. Wo Buber jedoch zu einer allgemeinen Aussage über die Situation des Menschen kommt, betont Baeck das Judentum, den besonderen Glauben, in dem die allgemeine Erfahrung zu einer Religion der Polarität geworden ist. Und diese Polaritätsreligion sucht sowohl Bubers Bewußtsein des Geheimnisses als Dimension menschlicher Existenz wie Hermann Cohens Akzent auf dem ethischen Imperativ zu umfassen, welche die Vernunftreligion zum wahren Bereich der menschlichen Existenz in der Welt macht. Der Aufsatz gründet sich auf Baecks Darstellung der Vergangenheit. Im Unterschied zu *Ich und Du*, das in Bubers Schriften gewisse Vorläufer (z. B. *Daniel*) hat, trotzdem aber eine grundlegende neue Position Bubers bezeichnet, welche die spätere Entwicklung der Religion des Dialogs einleitet, ist „Geheimnis und Gebot" mehr eine Zusammenfassung, eine letzte Aussage zu dem von Baeck bereits im *Wesen des Judentums* eingenommenen Standort.[21] Sie ist in sich selbst nicht vollständig und muß als erste einer Reihe von Aussagen gesehen werden, die wir noch untersuchen werden. Sie enthält jedoch schon das Endresultat dessen, was Baeck von Cohens ethischem Idealismus übernommen hatte. Sie spricht aus Baecks Auseinandersetzung mit den kabbalistischen und rabbinischen Texten (obwohl man hinzusetzen muß, daß Baeck diese Texte im Hinblick auf das analysierte, was sie mit den größeren jüdischen Schriften gemeinsam hatten, und er das, was ihnen ihren gesonderten Platz eingetragen hatte, auf ein Mindestmaß reduzierte); und in der Aussage zur Religion der Polarität gelangt dann der Aufsatz zu einem Standort, den Baeck nie mehr verließ.

Außerdem muß der Aufsatz im Zusammenhang mit der Persönlichkeit Baecks[22] begriffen werden, denn er erzählt uns auch manches über seinen Autor. Die wenigen bisher erschienenen Studien zum Leben Leo Baecks (die von Reichmann herausgegebenen *[159]* sind die besten) und die Berichte von Zeitgenossen haben alle den rationalen Denker aus Hermann Cohens Gefolgschaft hervorgehoben: kühl, etwas detachiert, ironisch, ein Vermittler, versöhnlich. Hinter dem Rationalismus stand indessen das brennende Bewußtsein von der Offenbarung. Eine neuere Diskussion unter Rabbinern, denen Baeck in so vieler Weise nachfolgte, erinnert daran:

Die Legalisten, die wir als Vorkämpfer der Vernunft erleben, wendeten rationale Methoden auf die Klassifizierung der Gesetze an ... in Wirklichkeit aber – und diese Tatsache ist bis vor kurzem übersehen worden – waren die Weisen selbst „pneumatische“ Persönlichkeiten, Mystiker, deren wahre Quelle der Erleuchtung in der religiösen Erfahrung lag.[23]

Eine Persönlichkeit dieser Art war auch Baeck. Er war kein Mystiker, jedenfalls nicht im Sinne des Ekstatikers, der seine besonderen Erlebnisse der Welt vorstottert und diese an seinen Einsichten teilnehmen lassen will. Noch war er der Asket, der sich von der Welt zurückzieht und sich von der Glut seiner Erfahrung die Seele verzehren läßt, um sie in eine höhere fernere Sphäre zu heben. Baeck war ein Rabbiner und ein Lehrer. Als solcher nahm er teil an den Gebeten Israels; die Integrität seiner Persönlichkeit verbürgt, daß es eine volle Teilnahme war. Baeck betete täglich – wie Rosenzweig von dem Tag an betete, an dem er zum Judentum zurückkehrte. Und er hielt Predigten. Die meisten Rabbiner öffnen sich ihrer Gemeinde in solchen Augenblicken. Baeck war anders. Einer seiner Schüler und Kollegen berichtet von dem Mitglied des Gemeindevorstands, der murrte, daß diese Predigten „Baecks Privatunterhaltungen mit Gott“ seien, und fügte als eigenen Eindruck hinzu, daß es schien, als erwartete Baeck die Antwort auf seine Worte nicht aus der Gemeinde, sondern von irgendwoher, weit darüber hinaus *[159, S. 76]*.

Die wichtigste Selbstoffenbarung Baecks liegt in dem Unterdrücken alles Persönlichen, sobald er seinem Publikum gegenüberstand. Als er seine erste Kanzel verließ, erinnerte er die Gemeinde in Oppeln daran, daß er das persönliche Fürwort „ich“ niemals auf der Kanzel benutzt hatte, daß der Mensch stets hinter der Botschaft zurückstand. Und in seinen beiden Hauptwerken, die vom Wesen des Judentums und von dem Sinn jüdischer Existenz handeln, findet sich nicht ein einziges Mal das persönliche Fürwort „ich“. Indessen verbarg sich hinter dieser Ruhe, die zuweilen kühl, und hinter jener olympischen Gelassenheit, die zuweilen beinah dem Leben zu fern schien, eine brennende Leidenschaft und Erregung, die sich auf andere übertragen konnte und das auch tat. Sein Privatleben demonstriert eine innere Wärme und eine persönliche Hingabe an den Mitmenschen, eine tiefe Anteilnahme an dem Leben eines Gemeindemitgliedes oder eines Freundes. Das Auftreten in der Öffentlichkeit war etwas anderes, es *mußte* auch anders sein, da Baeck bewußt war, daß er das deutsche Judentum repräsentierte, während es vernichtet wurde. Aber in gewissem Grade existiert doch ein persönliches Zeugnis, sogar ein mystisches: Becks Schriften. In der Identifizierung mit dem Judentum und der Judenheit wird seine Apologie zu einer *apologia pro vita sua*. Und seine Beschreibung des Geheimnisses und des Gebots, wie beide in der jüdischen Erfahrung lebendig sind, ist zugleich eine Schilderung des eigenen, innersten Selbst. Wenn er die jüdische Mystik in bezug auf ihre sittlichen Impulse und ihr rationales System beschreibt, dann beschreibt er wieder einen Aspekt seines Selbst, das diesem Typus der Mystik innerhalb der jüdischen Erfahrung verhaftet ist. Wenn er die verborgene Polemik der rabbinischen Schriften in den Jahrhunderten der frühen christlichen Entwicklung aufzeigt, gewährt er uns eine Einsicht in seine eigenen Werke, wo die Polemik abwechselnd offen und verborgen ist. Und wenn er über die Kraft spricht, die aus der Einheit von Geheimnis und Gebot entspringt, skizziert er den religiösen Typus, den er im Rahmen der allgemeinen jüdischen Erfahrung und der strengen Selbstprüfung entdeckt hat. Jüdische Erfahrung ist die Hauptquelle für seine *theologia viatorum*. Alexander Altmann kritisiert mit einigem Recht diese Betonung der prophetischen Erfahrung anstelle des göttlichen Wortes, das dem Propheten verliehen ist:

Diese untheologische Methode führt notwendigerweise zu einer gewissen Reduktion religiöser Begriffe auf eine humanistische Ebene und ist nicht gefahrlos. Sie demythologisiert nicht nur, sondern beraubt den religiösen Begriff seines spezifischen Charakters. So nimmt der Begriff der Offenbarung einen humanistischen Aspekt an, der nicht unbedingt befriedigend ist ... Offenbarung, sagt Baeck, ist der theologische Ausdruck der Tatsache, daß das Judentum eine heilige Literatur und Geschichte habe ... daß in der Religion Israels ein gänzlich neuer Gottesgedanke sich in der Geschichte manifestiert habe ... *[71, S. 200]*

Aber diese Schwäche in der theologischen Systematik wird zum Teil ausgeglichen, wenn die Geschichte der Theologie untergeordnet und die Erfahrung des jüdischen Volkes mit der Offenbarung, die aus seiner Existenz spricht, im individuellen Leben rekapituliert wird. Gebot aus dem Geheimnis und Geheimnis aus dem Gebot erschließen sich jedem Menschen, nur waren sie in die Geschichte verlegt als jene besondere Offenbarung, die das Volk Israel darstellt. Diese innerste Überzeugung Baecks bildet den Kern seiner Persönlichkeit. Und diese Überzeugung macht ihn zu einem *homo religiosus*, dessen rational begründete Untersuchungen im religiösen Glauben verwurzelt sind, und der ein Verteidiger seines Volkes ist, weil dieses Volk eine Offenbarung in dieser Welt darstellt, die erhalten bleiben muß – ein Mensch, der sich in seinem innersten Sein, abgesondert von der Welt, neben ihr stehend, als Zeuge für die Welt empfindet.

Auf diesen innersten, nichtrationalen Kern in Baecks Denken ist bisher nicht genügend hingewiesen worden – wobei seine Stellung als Repräsentant neukantianischen Denkens im deutschen Judentum des zwanzigsten Jahrhunderts nicht geleugnet werden soll. Eins der Probleme ist stets gewesen, daß man ihn mit der liberalen jüdischen Bewegung identifiziert hat, die sein rationalistisches, antimystisches und nichtnationalistisches Denken förderte. Aber Baecks Selbstidentifizierung mit dem jüdischen Volk wurde im Laufe der Jahre immer stärker, und sogar in der ersten Ausgabe vom *Wesen des Judentums* von 1905 finden sich Andeutungen nationalistischer Gefühle, wenn der Jude zu einer theologischen Gestalt zu werden beginnt, zu einem Zeugen, was letztlich Märtyrer bedeutet. Ernst Simon hat dies in seinem Vergleich der beiden Ausgaben festgestellt:

Das gilt vor allem von der – noch etwas zaghaften – Betonung des Nationalen als eines jüdischen Seinselements und von der Gestalt des Märtyrers, des Glaubenszeugen, die sich immer wieder, mit geradezu anti-systematischer Stoßkraft, geltend macht: sowohl als individueller wie als kollektiver Märtyrer, ganz Israel und seine Rolle in der Weltgeschichte charakterisierend. *[178, S. 31]*

Als Baeck dann im Jahre 1922 „Geheimnis und Gebot" vor nichtjüdischen Gelehrten, führenden Köpfen europäischer Kultur in Darmstadt vortrug, sprach er mit einer Selbsterkenntnis, durch die dieser Aufsatz zu etwas Autobiographischem wie auch zu einer Wiederholung der Aussage vom *Wesen des Judentums* gerät. Die hier vorgetragene Religion der Polarität ist mit dem Judentum deutlich zu identifizieren – ebenso wie der Mann, der sie vortrug, als einer der geistigen Führer des deutschen Judentums galt. Aber „Geheimnis und Gebot" war nur ein Vortrag unter mehreren, die Baeck bei den Veranstaltungen der *Gesellschaft für freie Philosophie* hielt, die in den Jahren 1922–1925 Tagungen in Darmstadt abhielt, als Baeck zu klaren und reifen Formulierungen seiner Gedanken gelangt war. Um die Religion der Polarität in vollem Umfang zu begreifen, müssen auch die beiden folgenden Vorträge hinzugezogen werden: „Vollendung und Spannung" (gehalten 1923) und „Tod und Wiedergeburt" (Herbsttagung 1924).

„Geheimnis und Gebot" war die Schilderung der inneren menschlichen Erfahrung, der Gefühle des Menschen, der dem gebietenden Geheimnis im Heiligen begegnet, der von dem, was wirklich ist, das erfährt, was zu verwirklichen ist. Anschließend die Erörterung dieser Erfahrung in zwei bestimmten Kulturen: in der hellenistischen und in der jüdischen Weltanschauung. Wieder ist es die Gegenüberstellung des Unendlichen und des Endlichen, um das es Baeck geht, jetzt aber von der allgemeinen menschlichen Erfahrung auf zwei Menschentypen eingegrenzt, die hinter ihrer jeweiligen Kultur stehen. Es ist eine Polarität: das, was seine endgültige Form erreicht, sich selbst erfüllt hat, ist vollendet, vergangen und ruht in Frieden; es wird gegenübergestellt dem Unfertigen, der Suche, dem Handeln, das niemals rasten kann, der ständigen Spannung des Lebens als ewiger Prozeß des Werdens, der niemals in der Betrachtung des Gewordenen ausruhen kann. Baeck nennt das die Polarität von „Vollendung und Spannung“:

Das Seiende als Kunstwerk ist das Vollkommene, das Abgeschlossene. Es ist abseits aller Möglichkeit des Anderswerdens, des Wachsens; es bleibt, was es ist. Es ist das *Fertige*. Es ist ein Vollkommenes und insofern ein Beendetes; als das Abgeschlossene ist es ein Vergangenes. Ein sprechender Sinn liegt darin, daß das lateinische Wort perfectus alle drei in einem bezeichnet: beendet, vergangen und vollkommen. *[31, S. 13]*

Von diesem Standpunkt aus bezeichnet Baecks Gebrauch des Begriffs „Vollkommenheit“ das, was ihm der dominierende Aspekt griechischen Denkens zu sein scheint: das Erfassen des flüchtigen Eindrucks zu einer vollendeten künstlerischen Schöpfung, die danach in der Gewißheit betrachtet werden kann, daß sie ihre Gestalt nicht mehr verändern, daß sie sich nicht auflösen wird – daß sie Vollendung in dieser Form erreicht hat. Nur die Kunst ist seiend und ist wahr, und alles Seiende und Wahre ist Kunst – das ist für Baeck das dem griechischen Denken zugrunde liegende Motiv.
Kurt von Fritz trifft eine ähnliche Unterscheidung zwischen griechischem und jüdisch-christlichem Denken, wenn er schreibt:

Die Entwicklung des griechischen religiösen Denkens findet ihren natürlichen Abschluß in dem Glauben an einen Gott oder an Götter, die geliebt werden oder es werden sollten, aber selbst nicht lieben (siehe Aristoteles' Erster Beweger), während die Liebe Gottes zum Menschen – oder wie Kierkegaard sagte, „daß Gott uns zuerst liebte“ – das innerste Zentrum der christlichen Religion bildet . . . *[117, S. 14]*

Die Ruhe der Kontemplation hier wird mit der leidenschaftlichen Hingabe verglichen, die den Menschen in angstvoller Spannung hält und halten muß. Baeck wendet sich an Platon, um das Einssein von Logos und Eros im griechischen Denken zu unterstreichen, die grundsätzliche Verwandtschaft von Dialektik und Erotik. In seiner Metaphysik spricht Aristoteles von der Harmonie der Sphären, – wie die Sphären von der höchsten Idee, nämlich dem ruhenden Gott, dem höchsten Kunstwerk, bewegt werden: „Es bewegt die Gestirne, die Sphären, indem es von ihnen geliebt wird“ – und Baeck möchte hinzufügen, weil „es von ihnen geschaut, dadurch, daß es von ihnen gedacht wird“ *[31, S. 12]*. Für Baeck gehört die griechische Ethik in den gleichen Bereich wie das griechische Denken: als wesentlich ästhetisch und intellektuell, das Schauen und Denken des Seienden und Bleibenden, also des Begriffes, des Gesetzes, des Kunstwerks – anders als die bedingungslos gebietende, treibende, dynamische Ethik der Bibel. Zur griechischen Ethik gehört die Vorstellung von der idealen sittlichen Persönlichkeit, und erneut ist es die künstlerische Schöpfung, die in diesem Feld des Denkens regiert. Das sittliche Leben wird zum Kunstwerk, das der Weise einem Gott darbietet: ein Schauspiel für Götter und Menschen.[24] Das Leben des griechischen Weisen wird Kontemplation, es ist Subjekt und schließlich Objekt der religiösen Ethik. Kontemplation wird Adoration, und alles, was für die Erfordernisse des Tages, für die Politik übrigbleibt, ist die aristotelische Lehre vom Mittelweg oder Platons Diktatur. Daneben das Sophistentum, das mit allem spielt, alles leugnet und zu Nihilismus wird.[25] Die Idee der Vollendung führt zu Nihilismus.

Die Idee vom Fertigen wurde zur einzigen Antwort des griechischen Denkens, weil nach Baecks Ansicht die Griechen sie aus zwei Quellen hatten:

Nicht nur die apollinische Schau des Kunstwerks, sondern auch das dionysisch-orphische Mysterium vom Jenseitigen, nicht nur jener ästhetische Rationalismus, sondern ebenso sehr der Empirismus des religiösen Erlebnisses ... Aus dem Zuschauer des Dramas wurde er sein Objekt. Wenn die Verzückung über ihn kam, war ihm der Moment zur Erfüllung, zum Endgültigen, geworden; ein Letztes, das ein bleibendes Besitztum, ein Ewiges bedeutete, wurde ihm zuteil. *[31, S. 16]*

Noch einmal fand Baeck die Erfahrung der Erlösung in den Mysterienkulten als Quelle einer Weltanschauung, die dem jüdischen Gesichtspunkt fundamental entgegengesetzt war. Die Flucht vom Vergänglichen wird zur Flucht vor dem Leben in die Welt der Erlebnisse, in die Apotheose des Augenblicks.

Mysterienkult und Philosophie hatten den Besitz des Endgültigen und die Gewißheit, die Wahrheit zu besitzen, gemeinsam. Sie gingen zusammen und fanden sich in der Kirche vereint: Philosophie und Erlebnis, Gnosis und Sakrament, vereinten sich in der Gewißheit von dem fertigen, absoluten Menschen, dem Erlöser und den Erlösten; sie wurden eins – das Mysterium als Kusntwerk und das Kunstwerk als Mysterium. Diese Union lebte in der Kirche weiter und eroberte das Mittelalter *[31, S. 18–19]*. Erneute Polemik Baecks und damit erneute Definition des Judentums:

Wenn wir zum Alten Testament von der griechischen Antike und vom Mittelalter her kommen, treten wir in eine andere Welt ein. Wir treten aus dem Tempel der Ideen und aus dem Hause der Kultur in die Welt des Lebens, in den Drang des Ethos und Pathos, aus dem Kosmos des Seins in das Werden, das ein Kosmos sein will, aus dem umfriedeten Raum hinaus auf den endlosen Weg ... Alles, was dem Fertigen widersprechen kann, spricht und fordert hier. Das Werdende und Kämpfende, die stete Auseinandersetzung mit dem Weg und der Zukunft, mit der Aufgabe und der Bestimmung, diese stete Spannung will hier das Leben, Weltleben und Menschenleben, bedeuten. Darin hat die Seele ihr Dasein hier erfaßt. In einer doppelten Erfahrung hat sie es ergriffen, in der von der Schöpfung und der vom Gebote. *[31, S. 21–22]*

Womit wir zur Ausgangsposition von „Geheimnis und Gebot" zurückgekehrt sind. In der Bewertung der jüdischen Erfahrung hören wir die Sprache von Baecks Zeitgenossen, zumal Bubers, mitklingen: die Betonung des Pathos der jüdischen Existenz, hier als die treibende Kraft des jüdischen Lebens bejaht, in dem der unendliche Weg des Werdens sowohl die individuelle sittliche Aufgabe wie die Mission der jüdischen Existenz bekräftigt; diese enthüllt sich in der Spannung der Bewegung auf das zu, was als das Unendliche das Leben der Menschheit berührt und ihm Sinn und Bedeutung gibt. Stärke und Schwäche von Baecks Theologie werden an diesem Punkt offenbar. Das Unendliche drängt so stark in das Leben des Menschen und zwängt seine Existenz in eine Spannung, die aus der Sehnsucht erwächst, diesem Druck zu seiner Quelle zu folgen. Aber Baeck kann den existentiellen Durchbruch des Glaubens nicht gestatten, der den Menschen in die Sicherheit des Wissens des innersten Geheimnisses tragen würde, er kann den „Glaubenssprung" nicht gestatten, der das wahre Wissen um das Jenseits in dem Augenblick der Begegnung findet. Es ist nicht die Liebe Gottes und nicht das Wissen von Gott, oder selbst die Prägung der Welt des Menschen durch das Unendliche, die den Menschen zu Gott bringt. Der Mensch wird durch sittliches Handeln zu Gott gebracht. Wann immer er nach dem Unendlichen strebt, wirft ihn der Augenblick der Begegnung mit dem Unendlichen zurück in die Welt des Menschen. In der Tat gibt es „eine gewisse Reduzierung der religiösen Begriffe auf eine humanistische Ebene" *[71]*, und sie ist eine Schwäche in Baecks Theologie. Theologie kann es sich schlecht leisten, ihre Autorität durch Anzweifeln des Transzendentalen aufs Spiel zu setzen. Baeck verlegt die Offenbarung in die historische jüdische Erfahrung – wo sie sich in einer Kette von Überlieferungen befindet, die der zeitgenössische Jude bejahend oder skeptisch aufnehmen kann. Der Mensch soll die Offenbarung seiner eigenen Erfahrung erleben. Er kann nicht einfach ein Dogmensystem bejahen und auf dessen Sprossen zu der Unendlichkeit emporsteigen.

Vielleicht ist dies eine Stärke in Baeck. Die ontologische Selbstprüfung führt tatsächlich zu dem Bewußtsein des Seinsgrundes, zu dem Unendlichen, welches das Endliche trägt; aus dieser Erfahrung heraus muß der Mensch jedoch seinen Weg zum sittlichen Handeln finden, das diese Erfahrung bindend macht, seine Rolle als tätiger Teilnehmer bekräftigt und die passive Unterwerfung unter das Tao oder den Mysteriengott ausschließt, der nur angebetet werden will, der allein handelt, indem er in äußerster Gnade die Hand ausstreckt. Die Tatsache, daß Baeck einen Weg gefunden hat – den Weg jüdischer Existenz, eines ethischen Standpunkts in allen Aspekten des Lebens, der als Offenbarung verkündet wird, mit dem das Göttliche die Geschichte betrat –, diese Tatsache verleiht Baecks *theologia viatorum* zusätzliche Kraft innerhalb des humanistischen Bereichs, in den sie gestellt ist. Das kann dann aber nicht von der intellektuellen Zustimmung abhängen. Die Gültigkeit der Polaritätsreligion liegt in der Erfahrung, in der bewußten Erfahrung: Der Mensch spürt das Unendliche in seiner Endlichkeit und entdeckt in ihm die Imperative ethischen Handelns. In einer der großen poetischen Passagen von „Vollendung und Spannung" schildert Baeck diese Erfahrung:

Der Mensch erfährt es, daß er zu einer Unendlichkeit hingehört. Sie umdrängt ihn, ob er in sich hinein oder über sich hinaus geht. Er lebt in einem Raum ohne Ende als ein Teil von ihm, in einer Zeit ohne Schluß, als ein Stück von ihr. Raum und Zeit sind hier in ihrem Grunde eine Einheit, sie kommen von dem einen Gotte, dem allgegenwärtigen, ewigen her. Welt und Ewigkeit sind hier ein Wort, beide bedeuten sie hier dieselbe Unendlichkeit. in dieser Unendlichkeit und von ihr lebt der Mensch. Sein Gebiet ist der Gegensatz zum Endgültigen, zum Schicksal; sein Gebiet ist ein Hinaus, das in die Ferne weist, sein Tag die Richtung, die in die Welt führt. Alles Gewordene und Gegebene wird eine Bahn zum Jenseits und zum Kommenden, zur jenseitigen Welt und zum kommenden Tag. Alle Schöpfung will Offenbarung sein, alle Vergangenheit wird zur Zukunft. Die Offenbarung und die Zukunft in ihrem Weg ohne Ende, das Leben in seinem steten Weitergehen, in seiner steten Abschlußlosigkeit sind hier entdeckt worden. Alles Erlebnis ist hier Erlebnis der Unendlichkeit, der Spannung, in der aus ihr das Endliche herauswächst. *[31, S. 22–23]*

Das ist ein kühner Versuch, das Unendliche für den Menschen wieder zurückzugewinnen in einer dem griechischen Denken diametral entgegengesetzten Weise, denn für griechisches Denken, das das Transzendente im Jenseits isoliert, konnte es vom Intellekt oder von der Liebe geschaut werden. Baeck legt weniger das Unendliche in das Endliche, als vielmehr das Endliche in das Unendliche: *er öffnet das Jenseits dem Eintritt des Menschen.* Eine offene Straße führt in das Jenseits; alles, was Existenz geworden ist, wird zum Pfad in das Jenseits; das Leben ist die fortwährende Woge ins

Hinaus. Die Welt ist der Ort, an dem die Schöpfung ihre schöpferische Kraft verwirklicht: Geschaffensein und Schöpfertum werden vom Endlichen gegenüber der Unendlichkeit erfahren. Die Spannung zwischen dem Nahen und dem Fernen, zwischen dem, das sich im Begriff des Werdens befindet, und dem, das ist, zwischen dem Anfang in der Zeit und dem ewigen Ziel – das ergibt eine dynamische und keine statische Existenz. Die Entfernung bleibt, das war Baeck wichtig, aber er sieht eine Elastizität in ihr: „Sie ist, wenn so gesagt werden darf, eine elastische Distanz, sie wird zum Dynamischen, Kinetischen in der Welt" *[31, S. 23]*. Der Mensch ist die Schöpfung des Einen Ewigen, die Offenbarung des Unendlichen. Spannung türmt sich auf Spannung, da die göttliche Schöpfung ewig weitergeht. Eine Endgültigkeit gibt es nicht. Baeck verweist auf die jüdische Tradition:

Wie ein altes jüdisches Wort sagt: „Gott schafft, um weiterzuschaffen" – so wurde der dritte Vers im zweiten Kapitel der Genesis gefaßt, der von dem Werk Gottes spricht, „das Gott geschaffen, um zu tun". Alle Schöpfung hat ihr Drängendes, ihre stete Geburt. Schöpfung und Offenbarung, Werden und Bestimmung gehören zusammen, sie bedingen einander ... Die Welt ist kein bloßes Schicksal ... und auch kein bloßes Abbild eines Urbildes, welches der Mensch nur betrachten, nur anbeten soll. Sie ist die Welt Gottes, eine Welt und doch Gottes Gebiet, Raum und doch Unendlichkeit, Zeit und doch Ewigkeit – wie wieder ein altes jüdisches Wort sagt: „Gott ist der Raum der Welt, aber die Welt nicht sein Raum" ... Sie ist die Schöpfung und Offenbarung Gottes und darum eine Welt voller Spannung. Der Abstand von Gott und die Zugehörigkeit zu ihm bezeichnen sie. Es ist ein Ineinander des Gegenüber, eine Immanenz der Transzendenz, ein Einssein mit dem Anderssein, die Verbundenheit des Endlichen, Zeitlichen mit dem Unendlichen, Ewigen. In der religiösen Empfindung wird beides eines, fließt der Strom zwischen den Polen. Der Mensch ... hat nicht nur, mit Schleiermacher zu sprechen, den „Geschmack der Unendlichkeit" und die „schlechthinnige Abhängigkeit" von ihr, er hat die Spannung zum Unendlichen – die Einheit im Gegensatze, den Gegensatz im Ineinander. *[31, S. 24–25]*

Bemerkenswert ist, daß die moderne Auslegung dieser Tradition den Akzent auf das Gleiche legt, daß auch sie das sittliche Handeln unterstreicht.[26] In dieser Darstellung, die sich mehr an die Allgemeinheit als an die jüdische Gemeinde richtet (die Vorträge wurden in Darmstadt gehalten), betont Baeck weiterhin die jüdische Überlieferung, dieses Mal mit dem talmudischen Nachdruck auf der sittlichen Tat, die „ein Größeres noch ist als die Schöpfung von Himmel und Erde". In jeder Pflicht, die vom Menschen gefordert wird, erfährt der Mensch das Gebot und damit das Unendliche. Das ist Gottes Gebot, erfüllt mit göttlicher Unrast und mit göttlicher Bewegung.

Jeder Tag schafft neue Pflicht, denn jede Pflicht ist nur ein Schritt auf diesem Wege zur Ewigkeit, Teil der unbegrenzten Anforderung an das begrenzte Leben, ist die Spannung der Polarität. Ein weiteres talmudisches Wort wird von Baeck zitiert: „Der Fromme ist ohne Ruhe im Diesseits und Jenseits.“ *[31, S. 26]*

Aus dem Erlebnis der Spannung zwischen dem Endlichen und dem Unendlichen leitet Baeck die ethische Tat ab, die aus der Konfrontation zwischen dem Menschen und dem Gebot entstehen muß:

Wie Gott schafft, um weiterzuschaffen, so gebietet er ... Damit erfaßt die Spannung den Aufgabenbereich des Menschen, sie gewinnt ihre Aktivität, ihr Drängendes und ihr Forderndes, ihre sittliche Sehnsucht, sie wird zur gebotenen Spannung. Die Erfahrung von der Unendlichkeit wird zum Willen zur Unendlichkeit, wird eine Pflicht, eine Bestimmung, die in ihr gegeben ist, sie wird zum Lebensweg. Gott fordert vom Endlichen das Unendliche. Da, wo diese Entscheidung zum Unendlichen eintritt, beginnt das Ethische; es lebt dort, wo der Mensch in dieser Unendlichkeit, dieser steten Unerfülltheit des Gebotes, in dem Heiligen, wie die Bibel es nennt, sein Leben zu besitzen sucht. Ethisch ist das kategorische, unendliche Gebot: „Heilig sollt ihr sein, denn heilig bin ich, der Ewige, euer Gott“ ... *[31, S. 26]*

Gott hat seiner Schöpfung den Stempel aufgedrückt, und dieser Stempel, Teil der Schöpfung, ist sein Wille. Das Unendliche manifestiert sich seinen Geschöpfen in den kategorischen Imperativen des Sittlichen, des Menschen Dimension des Unendlichen liegt in seinem Vermögen, Gottes Gebot zu vernehmen und danach zu handeln, indem er zum Schöpfer des sittlichen Handelns wird, das ihn zum Unendlichen hinträgt.

Die Spannung wird hier zu mehr als nur zu einer Erfahrung der Spannung zwischen Geschöpf und Schöpfer. Die Erfahrung wird Leben, Tat, Zeugenschaft und Streben. Der Mensch kämpft mit Gott. Wieder ruft Baeck den Talmud als Zeugen an für Israels besondere Verpflichtung zu Gott: „Gott spricht: Meine Kinder haben mich besiegt“ *[31, S. 28]*. Und Baeck fährt fort:

Aller sittlicher Heroismus wie alle sittliche Geduld ist dieser Kampf mit dem Unendlichen. Auf dem Wege der Menschheit ist ein Schritt weiter getan, wenn ein Mensch Unendlichkeit in sein Leben eintreten hieß, wenn er ... Gott besiegt hat. Es ist ein Sieg, der die Überwindung der Spannung bedeutet, aus der Spannung Leben geboren werden läßt. Er ist das Größte des Menschenlebens, der Sieg des Sittlichen, Schöpferischen, des Ethos und seines Logos und seines Eros, den es in sich trägt. *[31, S. 28]*

In dem Ringen mit Gott erlangt der Mensch seine Erlösung; in einem Augenblick gewinnt er Ewigkeit. Sein Leben ist damit weiter geworden. Da er nicht innerhalb dessen lebt, was fertig und vollendet ist, ist er duldsamer und fähig, sich den unbegrenzten Möglichkeiten der Existenz zuzuwenden, den Mitmenschen:

Wo die Spannung erlebt wird als Sinn des Lebens und gelebt als sein Gebot, dort beginnt der Wille zur Geschichte, und alle Geschichte ist doch Mannigfaltigkeit, ist Auseinandersetzung und Kampf, dort gewinnt die Geschichte ihre Aktivität mit all ihrer heiligen Unruhe, die doch erst ihr Leben ist. Dort treten die Völker in die Unendlichkeit ein, und dort ist darum die Versöhnung der Völker gewiesen, die Versöhnung in der großen Spannung, welche Weltgeschichte heißt. *[31, S. 29–30]*

Geschichte wird hier zum Paradigma der Spannung, zu einem Medium, das ihre Wirklichkeit im Leben der Menschen zeigt. Die eine Nation lebt in der Ruhe der Kontemplation des Vollendeten und die andere in der Spannung des großen Schöpfungsdramas von Gott und Mensch, das niemals enden wird – beide haben ihren Platz in der Welt.
Welche von beiden wird dauern? Baeck gesteht jener Kultur, die Vollendung von Generation zu Generation weiterreichen kann, durchaus Kraft zu. Sie ruht auf festen Grundlagen in der Welt. Wanken diese aber, dann ist alles verloren – und zwar unwiederbringlich. Das Endgültige stirbt also den Tod des Endgültigen. Andererseits hat die Kultur, die die Spannung bejaht, keinen Besitz. Dafür lebt in ihr jedoch die fortwährende Möglichkeit der Wiedergeburt:

Wer das Unendliche und Ewige durch sein Leben erfährt, erfährt es ohne Ende und ohne Schluß; wer mit ihm ringt, kämpft den Kampf, der immer beginnt, der immer neu wird. Er sieht nicht Gott, aber er sieht den Weg zu ihm, den Weg des unendlichen Gebotes, den Weg, den Gott vom Menschen fordert, und der nicht aufhört, auf dem er jeden Tages mit dem Gebote ringt, ermüdend oft und dann doch siegend, im Ringen immer wieder versöhnt, erneut und wiedergeboren. In der Versöhnung gibt es weder Ende noch Schluß. Alle Spannung hat ihre Renaissance. In ihr ist keine bleibende Ruhe, aber auch kein Tod. *[31, S. 31–32]*

Die einmal gebrochene Vollendung hat keine Möglichkeit der Wiederkehr. Wo aber die Verbindung zwischen Unendlichkeit und dem Endlichen in der Spannung besteht, die mit der Zukunft ringt, dort gibt es immer eine Wiedergeburt: „Kehret wieder, ihr Menschenkinder!“ lautet das biblische Wort Gottes an den Menschen.

Die Konfrontation zwischen dem Judentum als der Religion der Polarität, als der Religion der Spannung und nichtendenden sittlichen Aktivität, mit dem Hellenismus als der Religion der Kontemplation der Vollendung (oder der ekstatischen Hingabe an das Vollendete), findet auf einer hohen Ebene statt; Baeck möchte das Beste vom hellenistischen Denken sagen und nicht von seinen Schwächen oder Exzessen reden. Er bringt nicht das Ausmaß der Hybris, der prometheischen Auflehnung und des tragischen Heroismus in diese Konfrontation. Und im Grunde werden hier nicht zwei Kulturen verglichen, sondern zwei Gefühlslagen, zwei Arten zu denken. Wo Baeck den Aktivismus des jüdischen Lebens unterstreicht und seine Inanspruchnahme von jener besseren Welt, die immer am Werden ist, definiert er die Spannung des jüdischen Denkens in der jüdischen Existenz. Die Verwandtschaft zwischen Hellenismus und Judentum, auf die er an mehreren Stellen hinweist, ermöglichte es Israel, viel von Griechenland zu lernen; aber das Ähnliche kann ganz verschieden ausfallen. Baecks Nachdruck auf dem „Heilig sollt ihr sein, denn heilig bin ich, der Ewige, euer Gott" soll nicht der Kontemplation des Vollendeten das Wort reden, sondern dem fordernden Geheimnis. Und die Forderung heißt sittliches Handeln, in dem die Spannung des Judentums zu dauernder Wiedergeburt führt, während der große Gott Pan stirbt und die großen Kulturen, die die jüdische Geschichte umgeben, in Vergessenheit stürzen.

Baecks letzter Beitrag im Rahmen dieser Darstellung seiner Religion der Polarität vor den Gelehrten, die in Darmstadt in Graf Keyserlings Schule der Weisheit tagten, war 1924 der Vortrag über „Tod und Wiedergeburt" *[32]*.[27] Das Thema von Tod und Wiedergeburt war in den letzten Seiten des vorangegangenen Aufsatzes immer wieder aufgetaucht und ist jetzt in den Mittelpunkt der Betrachtungen gerückt, es entwickelt sich zu einem weiteren Ausdruck der Polaritätsreligion.

Die Darmstädter Tagung von 1923 hatte die Frage der Einheit des Denkens zwischen Orient und Okzident erörtert. Im darauffolgenden Jahr hörte sich die Schule der Weisheit als Fortsetzung dieser Linie und als Versuch, das grundlegende metaphysische Motiv zu bestimmen, in dem Ost und West miteinander wetteifern oder zusammenprallen, dann Vorträge an, die sich mit dem Sinn des Lebens beschäftigten. Der Prozeß der Seinswerdung und der Auflösung wurde in der Sprache östlichen und westlichen Denkens vorgetragen. Die Sprecher des Westens sprachen mehr in Immanenzbegriffen, verstanden das „Sein" des „Werdens" mehr oder weniger als das Absolute einer inneren Struktur: Hans Driesch („Organische Entwicklung") sah die „Einheitlichkeit" als Form und Intention des Einzellebens; Hans von Hattingberg („Zwischen Leben und Tod") betonte den „natürlichen Rhythmus" zwischen Bewußtsein und Unbewußtem; Graf Keyserling („Geschichte als Tragödie") suchte nach einem „Sinn", der sich im menschlichen Kosmos verwirklichte; alle legten den Nachdruck auf das „Diesseitige" im Gegensatz zu Paul Dahlke, der über „Samsara und Nirwana", und zu Nikolas von Arseniew, der über „Auferstehung" sprach. Die letzten beiden Gelehrten legten das von dem „Werden" ersehnte „Sein" in das absolute Jenseits, das nur erreicht werden kann, wenn man aufhört zu „werden".[28] Baecks Vortrag bot (einem bekannten Wissenschaftler zufolge) den Höhepunkt der Tagung:

Zwischen diesen beiden Lösungsgruppen, von denen die eine die Immanenz-Neigung des Westens, die andere die Transzendenz-Neigung des Ostens scharf ausprägt, steht mitten inne, als unleugbarer Höhepunkt der Tagung Leo Baeck, der Jude, der Klassiker der Wissenschaft vom Wesen des Judentums, in dem der Gegensatz zwischen Hermann Cohen und Martin Buber sich schließt. *[157, S. 625]*

Seine Darstellung gründet auf der einen Erkenntnis, über die der Mensch verfügt, die nicht nur die Gegenwart berührt, sondern in die Zukunft hineinreicht: die Tatsache vom Tode des Menschen. Die Vergangenheit sagt dem Menschen, daß er geboren ist, und die Zukunft, daß er sterben wird. Daher ist der Tod eine wahre und bleibende Tatsache im metaphysischen Sinne. Für Baeck weisen alle wahren Tatsachen über sich selbst hinaus und haben eine „Jenseits"-Dimension. Die Frage und das Problem des Lebens lautet: Ist der Tod nur das, was in der bloßen Linie von Werden und Vergehen seinen Platz hat – oder gibt es einen Zusammenhang zwischen dem Tod und dem Unendlichen und Unergründlichen? Oder hat der Tod seinen Ort zwischen den beiden Alternativen?

Es gibt für uns Menschen auch etwas, was gewissermaßen die Mitte bildet zwischen Tatsache und Ereignis ... zwischen dem, was mit der Ewigkeit zusammenhängt, und dem, wovon die Stunde Besitz hat: einerseits ein Geschehen, das von überirdischen, jenseitigen Mächten herkommt, andererseits ein Feststehendes, Seiendes wie die Tatsache, eine Bestimmtheit, eine bedeutungslose Antwort ... wie ein Tor, das nur aufnimmt und einschließt, aber nicht weiterführt. Das ist das Schicksal, das Fatum. Auch als Geschick kann der Tod dem Menschen sich künden. *[32, S. 50]*

Für die meisten Menschen war der Tod von allem Anfang an ein Schicksal. Alle Träume von der Erlösung waren Träume von der Befreiung vom Tode, der alles Leben zerstört. Die Philosophie versuchte die anderen beiden Antworten zu geben: Der Tod ist ein einfaches und natürliches Ereignis, das keinen letzten Sinn hat; oder: der Tod findet nicht statt, sondern ist das letzte Verdikt der Notwendigkeit, gegen das es keinen Einspruch oder Widerstand gibt. Aber die Menschen waren damit nicht beruhigt. Der Tod blieb das Fatum, das Ereignis, mit dem das Jenseits in das Diesseits zerstörend griff, er blieb die feststehende Tatsache ohne jeden Sinn.

Nur die reife Gedankenkraft der Bibel fand einen Weg, den Schicksalsbegriff so zu besiegen, daß der Tod zu einer wahren Tatsache wurde, die die Offenbarung des Unendlichen und Ewigen und zugleich auch ihr Problem und ihre Aufgabe enthält. Im Gegensatz zu anderen, die ihre Vorstellung vom Leben und (häufig) ihre Götter nach der Vorstellung vom Tode gebildet haben, beginnt der Mensch der Bibel mit der Erkenntnis des Sinns des Lebens; durch sie wurde der Tod definiert:

Aus dem Leben des Menschen spricht ein Zwiefaches. Das eine ist, daß er geboren ist, geboren ohne sein Zutun, in sein bestimmtes Dasein hinein, in seine Schwächen und seine Kräfte, in sein Gebilde und Gefüge, hineingeboren in Luft und Landschaft, in Sprache und Geschichte, in Bleiben und Wandern, in Heimat oder Heimatlosigkeit ... Aber dieses Ereignishafte, dieses Diesseitige, so ist es hier erkannt worden, ist doch noch nicht das Ganze, das Eigentliche des Lebens. Es tritt ein anderes, ein Wesentliches hinzu, das ihm erst seinen Sinn und seine Bedeutung gibt. Unser Leben ist nicht nur geboren, sondern es ist geschaffen worden, von Gott geschaffen, es hat nicht nur seine Ursache, sondern seinen Grund, nicht nur seine Wirkung, sondern seinen Wert ... es ist eine Tatsache, die wie alle Tatsache im Jenseitigen wurzelt. Denn aller Ursprung kommt aus dem Einen, dem Ewigen, Unendlichen, ist ein Geschaffensein, ist Ursprung aus Gott. In ihm hat das Leben die Verbindung seiner Vielheit, in die es sich zerlegt, mit der Einheit, die Verwobenheit seiner Tage und Jahre mit der Ewigkeit; sein Werden hat den Grund im Sein ... Es ist eine Schöpfung. Es ist nicht nur eine Existenz, sondern ein Leben. *[32, S. 52–53]*

Das Leben als Schöpfung – die Polaritätsreligion wird nun auf vielen Wegen dargelegt – enthält die Aufgabe des Schaffens entsprechend dem Gebot, für das die Welt und alle Schöpfung ins Dasein gerufen worden. In dieser Definition liegt das Gebot nicht im Geheimnis, das Geheimnis *ist* Gebot: „Das Leben selber wird zum Gebote: Du sollst leben, du sollst dein Leben schaffen“ *[32, S. 54]*. Paradoxie und Polarität sind Teil dieser Definition. Das Leben ist das Geschaffene, das Schaffenskraft und daher Freiheit besitzt. Es wird in die Welt gesetzt, um die Welt zu gestalten. In dieser Vorstellung von dem Ursprung des Lebens und seiner

Bedeutung sieht Baeck den Sieg über die Vorstellung vom Tod als Schicksal.

Mit Hilfe dieser Einstellung zu der Tatsache und der Vorstellung vom Tode können wir das Gleichgewicht wieder herstellen zwischen dem Mystiker, der „Geheimnis und Gebot", und dem Aktivisten, der „Vollendung und Spannung" schrieb. Beide Arbeiten zeigen den Schüler des neukantianischen Idealismus. Vergleichen wir den wunderbar geschriebenen Aufsatz über „Tod und Wiedergeburt" mit Franz Rosenzweigs Erkenntnis des Todes als einer Kategorie existentialistischen Denkens, dann wird der noch immer tiefe Unterschied zwischen beiden offensichtlich. In Baecks Essay wird der Begriff des Todes besiegt, während Rosenzweig den Tod selbst bekräftigt, um den Sieg über ihn zu erringen.

Dennoch wäre es verfehlt, Baeck Rosenzweig als Antithese gegenüberzustellen. Baecks Lehre von der Polarität bezeichnet die Mitte zwischen Idealismus und Existentialismus. Es ist eine schwer zu haltende Position, aber Baecks System weist viel Subtilität und innere Konsequenz in jedem dieser drei Artikel auf (die als ein einziger gelesen werden sollten). Die Autorität ist stets vom Transzendenten abgeleitet, dem Unendlichen, das durchbricht und sich offenbart, aber die Offenbarung liegt im Endlichen, in der Existenz des Menschen, in seinen Gefühlen und in den äußeren Gegebenheiten seines Lebens.

In der Textur von Baecks System wird der Tod ebenfalls zu einer Polarität. Er bezeichnet etwas, das sich im Zustand des Werdens befindet – das Sterben –, und gehört doch in die Welt des Seins; er ist eine Tatsache des Lebens, Teil des Weges, der vom Ursprung zur Schaffenskraft führt und daher mit ihr zusammenhängt:

> Aber wie jenes Geborenwerden seinen Sinn erhielt durch das Geschaffensein, so erhält jetzt auch das Sterben seine Bedeutung durch diesen Ursprung und Grund des Lebens, es bleibt in einem Zusammenhange des Schöpferischen, dessen, was der Mensch vollbringt. Durch den Tod hört das Geschaffensein und das Schaffensgebot nicht auf. *[32, S. 55]*

Baeck nimmt den Todesbegriff in die gesamte Entwicklung der menschlichen Erfahrung hinein. Der Tod wird neu definiert. Er ist nicht mehr eine Kraft von außen, er wird zu einem Aspekt der menschlichen Existenz. Existenz hat Sinn und Zweck durch das Jenseits, und der Tod hat an diesem Sinn teil. Seine unabhängige Gewalt über die Menschheit als Schicksal ist gebrochen. Es gibt in der Existenz des Menschen nicht einen Tod, es gibt viele Tode.

In seiner Exposition des Todes im Leben folgt Baeck dem Rätsel der Sphinx. Der Tod ist die Zäsur, ein Einschnitt im Leben. Die erste Zäsur ist der Tod des Kindes, das von der Pubertät überrollt wird. Das Kind lebt im Unmittelbaren, es kennt kein Trennendes zwischen dem Selbst und der Welt, dem Diesseits und Jenseits. Es blickt in die Welt mit großen Augen und fühlt sich von allen angeblickt. Kunst und Ursprünglichkeit, die Fähigkeit des Fragens und Staunens gehören dem Kind.

Das Kind stirbt, wenn der erwachsene Mensch sich in der Welt umsieht. Intellekt und Zweifel trennen nun den Menschen und die Welt. Der Mensch steht innerhalb seiner Gedankenwelt der Welt gegenüber, ringt mit ihr, sucht sie zu besiegen oder ihr zu entfliehen. Eine weitere Zäsur, ein weiterer Tod, und der Mensch der Arbeit und des Berufs, der dieser Welt zugehörige Mensch steht vor uns. Der Mensch hat Besitztümer, er befindet sich innerhalb der Welt, aber nur in dem sehr kleinen Teil der Welt, in dem er sich etabliert hat. Er ist zu Hause. Sein Hof und Haus sind die Welt. Viel später folgt eine andere Zäsur, ein anderer Tod; der alte Mensch zieht fort von der Welt und seinen früheren Genüssen. Er ist müde, erschöpft, enttäuscht, der Welt entfremdet und zieht sich in sich selbst zurück. Die letzte Zäsur kommt. Aber jeder dieser Tode braucht nicht stattzufinden, und es gibt ständige Wiedergeburten: die künstlerische Leidenschaft der Kindheit, der schöpferische Zweifel des jungen Menschen kann Wiedergeburt erfahren und tut das auch, so lange Ursprung und Urgrund der Existenz nicht verloren sind. Diese Fähigkeit zur Wieder-Geburt ist wahre Religiosität, die sich im Menschen der Bibel und im jüdischen Glauben findet. Die Antithese des Frommen ist nicht der Atheist, sondern der Philister, in dessen Leben alles erstirbt, der nur einmal jung war, der Erinnerungen haben mag, aber kein bleibendes Leben, keine wahre Wiedergeburt.

Aus diesen Geburten und Toden fügt sich unser Leben zusammen. Und wenn der Tod kommt, der die tiefste Cäsur bedeutet, welche so tief ist, daß in ihr der Körper zerfällt und seine Daseinseinheit verliert, sollte es nicht in diesem Tode ebenso sein? Sollte es auch nicht hier so sein, daß das Geschehende wohl, das Ereignishafte stirbt, an diesem Einschnitte des Lebens stirbt, wie es an den anderen allen vorher gestorben ist, daß aber die Richtung, die vom Ursprunge herkommt, weiter führt? Der Mensch, der in allen anderen Cäsuren wiedergeboren wird, sollte er nicht in dieser tieferen auch wiedergeboren werden, in tieferem Sinne noch als in ihnen allen? Für das Geschehen des Lebens ist dieser Tod Ereignis des Endes, Ende aller Perioden, Ende aller Möglichkeiten, letztes Schicksal. In der Tatsache des Lebens wird auch er, und er vor allem, zur Offenbarung des Ewigen, des Unendlichen. Sollte es nicht auch hier so sein: der Mensch, der nur seine Geburt hat, aber keinen Ursprung mehr besitzt, hat nur ein Sterben; der aber, der in der Schöpfung steht und mit dem Ursprung begabt bleibt, wird wiedergeboren und lebt fort? *[32, S. 61]*

Die Qualität der Wiedergeburt ist Bestandteil des jüdischen Menschen und des Judentums. Baeck verwendet hier das Bild des Sabbats: er ist die Wiedergeburt der Woche, ihre fortwährende erneute Schöpfung. „Das Gleichnis des Jenseits ist der Sabbat" – so verstehen ihn die Rabbiner. Das erinnert daran, daß Baeck stets mit tiefer Bezogenheit auf die jüdischen Quellen schreibt, selbst wenn, wie hier, der allgemeine Rahmen des Aufsatzes eine Ausarbeitung dieses jüdischen Hintergrundes nicht gestattet. Rabbinische Lehren sehen im Sabbat das Sinnbild des messianischen Zeitalters – das messianische Zeitalter *ist* der Sabbat, der von ganz Israel zum erstenmal voll beobachtet wird;[29] und die sittlichen Imperative des Sabbats versetzen das Jenseits in das irdische Reich durch die schöpferischen Handlungen von Gerechtigkeit und Güte, die den wahren Sinn der Sabbat-Menucha darstellen, der Sabbatruhe, die niemals ein Aufhören des Handelns bedeutet.
Der Sabbat birgt Gefahren, die die Gefahren der menschlichen Existenz sind; sie sind in der Tatsache begründet, daß die Gebote sterben können. Baeck weist darauf hin, daß das Leben nicht lediglich eine Reihe neuer Erlebnisse bedeutet, sondern auch Kraft der Erneuerung, Kraft des Schaffens. Die Schaffenskraft kann ebenso sterben wie das Gebot, wenn der Mensch sich abwendet: der Mensch hat die Freiheit, den Sinn des Lebens abzulehnen. Der Mensch kann sündigen, aber er hat auch die Freiheit, zu dem Gebot und damit zu der Schaffenskraft der Existenz zurückzukehren.
Für Baeck wiederholt sich dieser Rahmen des menschlichen Lebens in der Geschichte der Nationen. Auch Nationen können wiedergeboren werden, und auch sie können sterben. Seinen bleibenden Charakter erhält ein Volk durch die Idee, die es formte, und durch das Gebot, von dem es erfüllt ist. Vergißt ein Volk das, dann stirbt es. (Viel später sollte Baeck diesen Gedanken wieder aufnehmen und zum Kern seines letzten Werkes von der Bedeutung und der Existenz des Volkes Israel machen.) Völker, die sterben, sterben durch Gedankenlosigkeit und durch Mangel an Geist. Sie sterben an Götzenverehrung. Ein Wort des Talmud ist hier gültig: Bevor ein Volk stirbt, sind seine Götter gestorben. Und wieder schließt Baeck seine Darstellung mit einer beredten Aussage zu Israels Stellung im Verhältnis zu anderen Völkern:

Im Buche des Propheten Jesaja ist ein Gemälde vom Untergang eines Volkes. Seine Götzen sind zu Boden gesunken, und die Menschen laden die geborstenen Gebilde auf die Schultern und brechen unter der Last zusammen. Dieses Bild schaut der Prophet, und er vernimmt das offenbarende Wort, das Wort Gottes für das Volk, welches ihm zugehört: „Wenn ihr alt werdet, ich bleibe derselbe. Ich habe geschaffen, ich trage euch und mache euch frei.“ Das ist das Wort von der Wiedergeburt des Menschen und des Volkes. *[32, S. 71]*

Die Vorstellung von Tod und Wiedergeburt wird so im Rahmen der Darmstädter Vorträge zu der letzten Aussage über die Polaritätsreligion. Das grimmige Eindringen des Todes löst sich auf in der Einheit des Lebens, in den Polaritäten von Geheimnis und Gebot, von Geschaffensein und Schaffenskraft, aus denen die menschliche Existenz besteht. Das System der Polaritäten verlegt die Tatsächlichkeit des Todes in den Aktivismus einer Existenz, in der die vielen Tode von vielen Wiedergeburten gefolgt werden. Hinter diesem Vorgang liegt die Bewertung des Lebens als Geschaffenes und Schaffendes. Im Leben des Individuums und in der Geschichte der Völker hat der Tod die Bedeutung einer Wiedergeburt. Das Todestal der trokkenen Knochen ist da, um den Seinsgrund zu bezeugen, der denjenigen Leben gibt und geben kann, die den Sinn der Existenz bejahen, die sich im Prozeß des Werdens befinden und die nichtendende Straße sittlichen Handelns wandern, die das Irdische mit dem unendlichen Jenseits verbindet.

V

Die Darmstädter Vorträge sind – mit Ausnahme von „Geheimnis und Gebot“ – noch nicht hinsichtlich ihrer Bedeutung innerhalb Baecks Theologie ausgewertet worden. Als Einheit zusammengenommen, bringen sie am charakteristischsten Baecks Denken zum Ausdruck. Sie enthalten auch etwas von dem Apologeten und dem Polemiker, besonders der zweite Vortrag, in dem das Judentum nicht nur dem griechischen Denken, sondern auch der Kirche, als der Erbin der griechischen Tradition von der Vollkommenheit, gegenübergestellt wird. Das Zwiefache, das Baeck aus allen Aspekten des Universums ansprach, ist hier zur Grundstimmung des Menschen geworden, als das allem unterliegende Motiv der Kultur, als das schöpferische Bündnis, das sogar Tod und Geburt vereint. Alles ist aus der menschlichen Erfahrung gegeben; aber Existenz kommt nicht vor Essenz, noch Essenz vor Existenz. Jedes ist im anderen enthalten, und jedes definiert das andere. Innerhalb der Polaritäten gibt es komplizierte Polaritäten, in denen die Offenbarung ihre Autorität in der menschlichen Erfahrung sichert und erhält, ohne das Opfer menschlicher Vernunft oder unabhängigen Handelns zu fordern. Vieles von diesem System spiegelt sich in den Darmstädter Vorträgen wider, besonders in „Geheimnis und Gebot“, dessen poetische Prosa einen entschlossenen Versuch darstellt, den Hörer in das des Systems zu geleiten. Die endgültige Exposition dieses Systems hat Baeck indessen bereits in seiner einzigen systematischen Darstellung niedergelegt: im *Wesen des Judentums*.

Die Untersuchung der Ausgabe von 1905[30] ergab, daß dort zumindest der Rahmen des Polaritätensystems bereits deutlich wurde. Das Besondere war gegen das Universale gesetzt, Israel gegen die übrigen Völker, Optimismus gegen Pessimismus. Dennoch ragte hinter allem das ethische Gebot, das große „Soll“ auf; der Akzent auf dem Geheimnis und die ergänzenden Ausführungen dazu kamen erst in der Ausgabe von 1922 hinzu. Wichtig ist, daß die neue Ausgabe sich nicht nur in den Hauptpunkten von der ersten unterschied, sondern auch in den Nuancen, im kräftigeren und überzeugenderen Tonfall; Baeck hatte sich in der Tat von Cohen fort und zu Rosenzweig hin bewegt.[31] In der überarbeiteten Fassung stellt Baeck den Begriff der Schöpfung in den Mittelpunkt. Die Schöpfung *ist* die Offenbarung *[2a, S. 105]*. Der Mensch wird sich bewußt, geschaffen zu sein, und es ist das Bewußtsein von dem Geheimnis des nahen und fernen Gottes, das ihn erfüllt. Das Gefühl des dunklen Geheimnisses birgt in sich das Gefühl völliger Geborgenheit; der Mensch wird getragen vom Grunde seines Seins. Indem der Mensch lernt, daß der eine Gott sein Gott ist, entdeckt er den Sinn des Lebens:

Das Vielfältige ist nun mit dem Einen verbunden, das Vergängliche mit dem Ewigen, das vor uns Liegende mit dem Unergründlichen; der Zusammenhang von allem und mit dem Einen ist gegeben. Das Gleichniswort, voll tiefer Symbolik, von dem Bunde, den Gott mit dem Menschen und mit der Welt und mit aller Zukunft schließt, konnte hier als das Wort von der Schöpfung gesprochen werden. Zwischen Gott und dem Menschen und zwischen Gott und der Welt ist der Bund; die Welt ist wie der Mensch in die Religion hineingestellt. *[2a, S. 106]*

Vieles von Baecks Polaritätensystem, dem das Obenstehende als Einleitung dient, ist offenkundlich von Hermann Cohens Begriff der Korrelation beeinflußt, nach dem die Reaktion des Menschen Bestandteil des göttlichen Handelns ist (d. h. Gott offenbart, und der Mensch empfängt; Gott schafft, und der Mensch ist geschaffen; Gott erlöst, und der Mensch ist erlöst – die beiden ersten Korrelationen als meta-logische Vorstellungen, und die dritte als meta-ethische Idee). Für Hermann Cohen indessen kam die Korrelation durch die Vernunft; das dunkle Geheimnis, das jetzt neben dem Gebot zu Baeck kam und das Bekannte mit den unergründlichen Tiefen des Unbekannten verbindet, ist etwas Neues. Der Mensch kennt nicht nur seine eigene Antwort Gott gegenüber, irgendwie weiß er auch von der Antwort der

Welt, weiß, daß es einen zwiefachen Bund gibt, in dem der Mensch die Welt erlösen soll. Und dies hat Baeck von Franz Rosenzweig und nicht von Hermann Cohen; Rosenzweigs Begriff des Bundes tritt ein in den Rahmen der Korrelation, ebenso wie Bubers Worte vom Pathos der jüdischen Geschichte in dieser zweiten Ausgabe des *Wesens* stark durchklingen. Man darf nicht vergessen, daß Cohens grundlegende Gewichtsverteilung hier noch akzentuiert wird: alle drei jüdischen Denker basieren auf Cohen, ihrem Lehrer. Aber das Wechselspiel zwischen den dreien ist kennzeichnend: Baeck mußte mit seinem System der Polaritäten den Versuch unternehmen, in den verschiedenen Standpunkten das Mannigfaltige zu sehen, das dennoch eine Grundeinheit bildet; und so fanden der Bund Franz Rosenzweigs und die besondere Dimension des jüdischen Volkes – Ergriffenheit als eine Kategorie der Existenz – Eingang in Baecks System.

Es gibt eine ganze Anzahl Möglichkeiten, dieses System im *Wesen des Judentums* nachzuzeichnen. Baeck umkreist immer wieder die gleichen Aspekte der jüdischen Erfahrung aus verschiedenen Richtungen. Manche Paradoxien scheinen Wiederholungen früherer Beobachtungen, und eine große Vielfalt von Polaritäten (Mystik und Ethik, Mensch und Menschheit, Optimismus und Pessimismus) tauchen auf und verschwinden wieder. Doch lassen sich die Polaritäten stets auflösen (Mystik und Ethik beispielsweise in Geheimnis und Gebot), und man muß sich vergegenwärtigen, daß der Kern dieses Systems das Zwiefache ist, das sich in allen Aspekten der Welt und des Menschen findet.

Baeck setzt als die *erste große Paradoxie* des Lebens die Konfrontation zwischen dem Nahen und dem Fernen, dem Transzendenten und dem Immanenten, dem Diesseits und dem Jenseits. *[2a, S. 107]*[32] Und aus der Grunderfahrung von Geheimnis und Gebot kommt er zu dem, was er die *zweite große Paradoxie* des Lebens nennt: der Mensch als ein Geschaffener, der dennoch ein Schaffender ist, abhängig und trotzdem frei, Gebilde und Bildner in einem Leben, das nur durch Gott existiert und das doch seine eigene Selbständigkeit haben soll. Wunder und Freiheit stehen sich gegenüber. *[2a, S. 131–132]* Das Leben wird zu einer Spannung, in der es eine einzige große Sehnsucht nach der göttlichen Offenbarung darstellt; und der Mensch erlebt sowohl die Liebe Gottes, die Ursache und den Weg des Lebens. Beides existiert in dem einen Gott; der Widerspruch des Lebens, der Baeck zu seiner dritten Paradoxie bringt, liegt in der Spannung zwischen dem, was uns gegeben ist, und dem, was von uns gefordert wird. Die *dritte große Paradoxie* ist die Paradoxie Gottes, dessen Wesen unendliche Liebe ist und der seinen endgültigen Ausdruck in eifervoller Gerechtigkeit findet. Gott hat unserem Leben ewigen Wert verliehen, gleichzeitig verlangt aber die Gerechtigkeit des Universums, daß wir durch unsere eigenen Handlungen diesem Leben jeden Wert geben, den es enthalten mag. Gott gibt das Leben, aber er fordert auch das Leben. Der Mensch ist Mensch, weil er von Gott geschaffen ist, aber er ist gleichzeitig nur in dem Maße Mensch, in dem er das Gebot einhält. *[12a, S. 155]* – Die Welt ist sowohl immanent wie transzendent in bezug auf das Gute; da sie von Gott geschaffen ist, wird sie wahrhaft Gottes Reich durch die Leistung des Menschen.

Wenn wir diese Paradoxien zu einem System zusammenziehen, müssen wir erkennen, daß Baeck uns eine Religion der Erfahrung vorlegt, die aus der menschlichen Existenz erwächst und auf Diltheys Verstehen und Eingehen auf die Beschaffenheit des Menschen aufbaut. Die erste und fundamentale Polarität ist im Menschen selber gegeben, in seinem Geschaffensein, das dem Aspekt des Schaffenden gegenübersteht. Aber jeder dieser Pole enthält in sich eine weitere Polarität. In dem Geschaffensein des Menschen liegt die Konfrontation zwischen dem *nahen und dem fernen* Gott. Der Mensch als geschaffene Person erkennt in sich jenes Gefühl äußerster Abhängigkeit, wenn er sich dem zuwendet, der ihm das Sein gab. Dann erkennt er jedoch auch, daß das Absolute seines Seinsgrundes ihm einen Sinn verleiht, der ihn in der Welt nur wenig unterhalb der Engel einstuft. Die Allgegenwart Gottes erfüllt ihn mit der Nähe Gottes. In seiner Geschaffenheit erfährt der Mensch das Geheimnis des Heiligen, das Geheimnis von Gott, dem Schöpfer.

Auf der anderen Seite hat der Mensch aber die Erfahrung, selbst ein Schaffender zu sein, der in seiner Schöpferkraft auf dem Gebiet seines Handelns einer wiederum anderen Polarität gegenübersteht. Als Schaffender spürt er den Wert des Schaffens in sich und weiß doch, daß er im Vergleich mit Gottes Gerechtigkeit nichts erreichen kann. Ihm ist geheißen, die Welt durch sein Tun zu erlösen, aber die Aufgabe ist eine Aufgabe ohne Ende. Er ist zu dieser Aufgabe ohne Ende durch das Gebot, das niemals endet, berufen worden. Wie der geschaffene Mensch dem Geheimnis begegnet, so begegnet der schaffende Mensch dem Gebot. Das ist seine Daseinsbegründung und seine einzige Möglichkeit als das fortzudauern, was existiert, um zum Ewigen zu streben.

Man wird Baecks Lehren nicht ganz gerecht, wenn man die Struktur des Systems auf diese Weise bestimmt, denn im Grunde handelt es sich um eine unteilbare Einheit, in der das Geheimnis nicht neben dem Gebot steht, sondern das eine im anderen enthalten ist. Das Nahe ist im Fernen und das Ferne im Nahen enthalten. Die Einheit liegt in der Nähe und Ferne des sittlichen Lebens, in der Aktivität der unendlichen Aufgabe ethischen Tuns, in dem das Göttliche in die menschliche Erfahrung und die menschliche Erfahrung in das Göttliche eintritt. Mensch und Welt sind zu weit von Gott entfernt und können nicht erlöst werden, und werden dennoch erlöst durch das moralische Handeln. Aber das *Leben ist Spannung:* moralisches Tun kann nicht in der Permanenz der Perfektion erstarren, es ist nur ein Schritt auf einem Weg ohne Ende, und Schritt auf Schritt muß bewältigt werden, während der Mensch seine Daseinsberechtigung anerkennt und sie zum Inhalt seines Seins macht. In eben der gleichen Weise bildet die Begegnung mit dem Geheimnis die Gewißheit des Lebenswertes. Wie indessen aus den Darmstädter Vorträgen hervorgeht, kann der Mensch nicht in der ständigen Erfahrung dieser Begegnung leben. Der wahre Augenblick des Wunders bringt ein entschiedenes Gebot mit sich, und das gerechte Handeln begegnet dem Geheimnis in den inneren Bezirken der Seele. Das Bewußtsein der Polaritäten gibt dem Leben die Spannung, und in dieser Spannung verwirklicht der Mensch den Bund, der ihn mit seinem Schöpfer vereint: er gestaltet die Erlösung der Welt und seiner selbst.

Es wäre durchaus möglich, Rosenzweigs *Stern der Erlösung* und seine Kategorien von Gott, Mensch und der Welt mit ihren Wechselbeziehungen zwischen Offenbarung, Schöpfung und Erlösung in Baecks Polaritäten hineinzuzwingen. Aber es würde nicht stimmen. Auch die folgende Skizze kann einem System nicht gerecht werden, in dem das Immanente im Transzendenten und das Transzendente im Immanenten enthalten ist; sie soll nur eine optische Hilfe für die Zusammenfassung der großen Linien bieten.

Wichtig bei diesen Polaritäten ist, daß sie sich in der Welt menschlicher Erfahrung lösen durch sittliches Handeln, das Leben und Welt in dem optimistischen Messianismus bejaht, der ein bleibendes Erbe von Hermann Cohen ist. Das Zwiefache des Menschen und die Spannung menschlicher Exi-

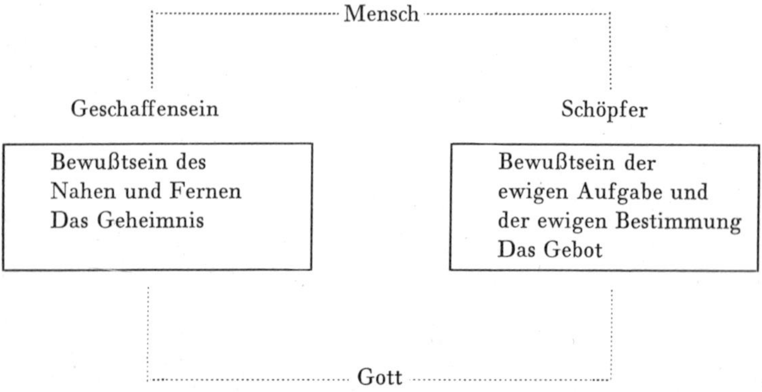

stenz richten sich auf das Transzendente. So lange dies allein durch die ethischen Aufgaben gekennzeichnet ist, könnte man Baecks System als ein im Grunde immanentes bezeichnen, das nicht über die Welt menschlicher Erfahrung hinausreicht.

Im letzten Darmstädter Vortrag, „Tod und Wiedergeburt", deutet sich ja auch an, daß die Unsterblichkeit des Menschen in den ständigen Wiedergeburten der Menschheit stattfindet, an denen er als Mitmensch teilhat. Und der Jude mit seiner besonderen Mission und seiner Offenbarung der Aufgabe ist der Geschichte als „leidender Knecht" Gottes verhaftet; aber es ist Geschichte ohne Ende, Aufgabe ohne Ende. Rosenzweig siedelte das jüdische Volk außerhalb des Stroms der Ereignisse an. Baeck stellt das Volk Israel mitten in die Geschichte, als Hefe, als Funke fortdauernder Umwälzung und Wiedergeburt, getragen von dem Geheimnis, getrieben von dem Gebot, sich selbst erfüllend im Dienste an der Menschheit, und Zeugnis ablegend für die Offenbarung.

Dennoch löst sich bei näherer Betrachtung Baecks Theologie nicht in Humanismus, Immanentismus oder in einen blassen ethischen Idealismus auf, in dem das Göttliche weder geleugnet noch bejaht wird. Das Göttliche, das Unendliche und die Offenbarung gehören fest in die Sphäre menschlicher Existenz; aber der menschlichen Erfahrung steht kein Urteil über das Göttliche zu, das Göttliche urteilt über sie. Glaube an Gott hat Vorrang vor jeder Struktur. Die Bekräftigung der Offenbarung, die sich der Welt im Leben und in der Bestimmung Israels erschließt, ist ein fortwährender Akt des Glaubens in Baecks Theologie, die hinsichtlich des Gehaltes der Offenbarung Schwierigkeiten bieten mag, sich aber vollkommen in die Polaritätsreligion einfügt, in der Geheimnis und Gebot nicht nur die inneren und äußeren Aspekte der menschlichen Existenz bedingen, sondern die wahre Möglichkeit darstellen, daß das Heilige den endlichen Menschen anspricht.

VI

Kritik an Baecks Theologie kam aus vielen Richtungen. Innerhalb der jüdischen Gemeinde ließen die Orthodoxen, die Baeck sehr genau lasen, zwar gelten, daß er nicht allein für die liberale Interpretation des Judentums sprach, konnten aber viele seiner grundsätzlichen Voraussetzungen nicht akzeptieren. In der Polaritätsreligion war die Offenbarung als Grund alles Seins bejaht, sie war aber nicht als Inhalt des Lebens gedeutet. Der traditionelle Jude konnte die Lehre annehmen, daß Gott Israel für eine besondere Mission auserwählt habe, daß das Wissen, das Israel der Welt bot, dieses Wissen um Gott, das „ethischer Monotheismus" hieß, tatsächlich wahre Offenbarung sei. Wenn aber die Existenz Israels und Israels Wissen um das Gebot und das Gefühl des Geheimnisses so stark zu Trägern der Offenbarung werden, daß sie gegen die traditionellen Richtmaße der Halacha und des Zeremoniells verstoßen, wenn außerdem die Funktion des Zeremoniells als eine bewahrende für Israel gesehen wird, als nützliche Erfahrung, die nicht ewig währen wird – dann mußte sich der orthodoxe Jude gegen Baeck stellen. Es gab noch eine Reihe weiterer Gründe für die Haltung der Orthodoxie. Wie bereits angedeutet, legte Baeck mehr Gewicht auf *Midrasch* und *Haggada* als auf *Halacha*, und er trat ein für eine ethische und rationale Mystik, die in vieler Weise den führenden Köpfen des traditionellen Judentums unbekannt war. Er war Produkt eines liberalen Seminars und ein Führer der Reformgruppe in der jüdischen Gemeinschaft. Seine Polaritätsreligion schöpfte stark aus jüdischen Quellen, sogar bei den Interpretationen der Darmstädter Vorträge. Baeck lebte in der Bibel. Aber die Bibel war ihm nicht deshalb Offenbarung, weil jedes Wort von Gott kam, sondern, weil sie die Geschichte des Volkes Israel berichtete, die Geschichte von Gottes Offenbarung in der Welt. Wenn Israel aber selbst zur Offenbarung wird, wird die *Halacha* lediglich zu einem Bestandteil dieser Offenbarung und verliert die Autorität, die orthodoxes Denken für sie beanspruchen muß. Baecks Polaritäten bejahen die Vielfalt in der jüdischen Existenz, und dies ist die Wahrheit, die sein Besitztum ist. Er kann nicht umhin, sich innerhalb der Elastizität dieser Polaritäten unbehaglich zu fühlen.

Jeschajahu Aviad-Wolfsberg (Oscar Wolfsberg, der die „Philosophie des Organismus" von Driesch übernahm) ist einer der Sprecher für die Orthodoxie, dessen Kritik an Baeck deshalb von Bedeutung ist, weil Wolfsberg Baeck als authentische Stimme des Judentums durchaus anerkennt. In der „geistigen Elastizität" von Baecks Denken *[196]* sieht er einen positiven Aspekt der jüdischen Tradition, warnt jedoch vor den ihr innewohnenden Gefahren, die den festen Bau der Halacha schwächen. Er sieht Baecks große Begabung als Exeget, dem das Mannigfache in der jüdischen Tradition bewußt ist: aber der Rahmen der ineinander verflochtenen Polaritäten ist ein Liberalismus, der die Welt der Tannaiten und ihre Hochschätzung des Gesetzes nicht in vollem Umfang würdigt. Die Bejahung jüdischer Elemente im Christentum ist für Wolfsberg eine Fehldeutung der historischen Situation: der christliche Gegensatz zum jüdischen Gesetz ist etwas, was bezeichnender ist für das frühe Christentum als die gemeinsamen Aspekte mit *Midrasch* und *Haggada:*

Der Liberalismus hat in seinen guten Vertretern – und Baeck gehört gewiß zu ihnen – zwar nicht Rang und Geltung der Halacha bestritten, aber sie allzusehr als Begriff und Idee gewürdigt, nicht aber gebührend als wirkende, sich täglich in der Tat bewährende Lebenskraft. *[196, S. 147]*

Wolfsberg kritisiert die zu große Milde in dem System von Baeck, seiner Position fehle die Entschiedenheit der Halacha. Wo das Haggadische zentral ist, kann das Halachische schwer als konstitutives Denkprinzip wirksam sein, und für die Orthodoxie muß es das. Daß Baeck die Bibelkritik nicht verwirft, daß es ihm an Begeisterung für das exquisit Rabbinische der mündlichen Lehre mangelt – das trennt Baeck von Wolfsberg.
Wir sind wieder bei dem Problem von Gefühlslage und Persönlichkeit: Das Offene der Polarität, die gleichzeitige Zustimmung zu so vielem, das widersprüchlich scheint, selbst das Vergegenständlichen der Adjektive, in dem sich die Spannung einer offenen Definition ausdrückt („Es gibt eine Zwiefältigkeit" hat nicht die Überzeugungskraft von „das Zwiefache"; „Es gibt etwas Großes" sagt weniger als „das Große") – all das erweckte die Bedenken der Orthodoxie. Und es ist bezeichnend, daß gerade dieser Aspekt von Baecks Stil eine wesentliche Qualität seiner Lehre bildet, in der liberale Studenten das Offene der eigenen Position ermessen konnten (vgl. Bamberger *[76]*). Die Kritik von Wolfsberg (und ebenso von Alexander Altmann) zielt in die gleiche Richtung, spürt eine Schwäche in Baecks Polaritätsdenken. Wolfsberg verlangt Entschiedenheit, klare und fertige Definitionen von Prinzipien. Für ihn ist Baeck zu sanft und unentschieden in diesen Fragen, und er beschließt seine Kritik mit dem Vorwurf, Baeck sei dem Christentum und der Außenwelt zu sehr zugänglich, sei zu optimistisch in seiner Beziehung zur Menschheit. Der eigene Weinberg müsse gepflegt und der Zaun um ihn erhalten werden.
In dieser Kritik liegt ein Mißverstehen von Baecks Position, die schon die Tatsachen seines Lebens belegen, das eine unnachgiebige Entschiedenheit und triumphierende Verkündung des Judentums demonstrierte. Wolfsberg und andere Kritiker von Baeck trennen, wenn sie dies anerkennen, das Leben von der Lehre und erweisen dem echt jüdischen Leben, in dem das Gebot mit aller Entschiedenheit sprach, jede Ehre. Aber die gleiche Entschiedenheit findet sich in Baecks Theologie. Wolfsberg begreift die Polarität von Baecks System, die den *Lebensgrund* gegen den *Lebensgehalt* setzt, nicht in ganzer Tragweite. In diesem Zusammenhang bejaht Baeck bedingungslos die Offenbarung, die dem Leben zugrunde liegt, weigert sich aber, die einzelnen Aspekte jenes Lebens zu isolieren, *Halacha* und *Haggada*, und den einen Teil – die Halacha – als Autorität zu setzen, aus der die Offen-

barung spricht. Die Offenbarung spricht aus allen Aspekten des Menschenlebens. Jedoch isoliert Baeck als Antwort auf all diejenigen, die darauf sagen würden, daß die Offenbarung dann aus gar nichts spricht, die jüdische Existenz als Polarität von Israel und den anderen Nationen und sieht Israel als die Offenbarung. Orthodoxe jüdische Kritiker konnten dies akzeptieren, allerdings mit der Einschränkung, daß Baeck vor der traditionellen Betonung des Gesetzes haltmacht; nichtorthodoxe Kritiker, vor allem christliche Theologen, konnten Baecks Argument in keiner Weise akzeptieren. Die Position der Polaritätstheologie steht ihrer Natur nach mitten zwischen den anderen Systemen. Sie geht in andere Systeme ein, bejaht gewisse Seiten von ihnen, beharrt aber darauf, auch die Antithese zu sehen. Aus diesem Grunde befindet sie sich ständig im Kreuzfeuer. Aber diese Position zu wahren und zu halten, ist nur aus einer Stärke und nicht aus einer Schwäche heraus möglich. Es handelt sich nicht um gültiges Akzeptieren jeglicher Werte, sondern um die Bekräftigung des Unendlichen und Ewigen, welches die Grundlage des Universums bildet und der *theologia viatorum* ihren Charakter gibt.

Die schärfste Kritik an Baecks System kommt von der traditionellen christlichen Theologie mit den Schriften eines Jesuiten *[157]*, der ein wesentlich größeres Verständnis für die Bedeutung von Baecks Theologie aufwies, als es Baecks jüdische Zeitgenossen taten. Przywara sieht die Tiefe von Baecks Vision, die Wirklichkeit der Polaritäten und würde sie sogar gern im Wesen des Christentums sehen. Wenn aber Baeck erklärte, die Verbundenheit von Geheimnis und Gebot sei „eine religiöse Wirklichkeit darum und nicht ein Postulat der Philosophie, nicht ein Satz des Glaubens nur, sondern das Leben des Menschen“ *[2a, S. 173]*, dann stellt das eine Herausforderung für Przywara dar:

Aber hier scheiden sich unversöhnlich die Wege. Ist diese Polarität der Blick des Menschen in die Unerforschlichkeit des geschöpfüberlegenen Gottes, dann ist bereits seelisch der Heilsglaube angelegt: der Mensch, dem die „Polarität“ die Offenbarung der absoluten Unbegreiflichkeit Gottes ist, wird nicht zurückscheuen vor der noch geheimnisvolleren „Polarität“, die wahre Gottesnatur und wahre Menschennatur unvermischt zur einen Person Christi bindet, und vor ihrer letzten Entfaltung in der „Polarität“ des Wesens der Kirche als des fortlebenden Christus. *[157, S. 657]*

Przywara, der in dieser „christlichen Polarität“ lebte und sie in den Mittelpunkt seines Lehrens stellte *[157a]*, war der Offenbarung Gottes im Alten Testament tief bewußt – einer Offenbarung, die auch er als Polarität betrachtete. So lange der Jude in der Religiosität des Alten Testament lebt, aus der die Polarität als die Religionsform herausleuchtet, ist die Erfahrung der Polarität konkretisiert in der jüdischen religiösen Existenz, die in der Tat im Tun ihren Mittelpunkt hat. Dann aber kann der Jude, Przywara zufolge, im Christentum die ungeahnte Erfüllung seiner Existenz erfahren, indem er in der christlichen Polarität den Blick in das Geheimnis erlebt, den Durchbruch aus der Eingeschlossenheit. Seine geschlossene Existenz wird aufgebrochen, wenn er sich und seinen Glauben bedingungslos dem „Gott der unerforschlichen Wege" hingibt. *[157, S. 657–658]* In mancher Weise geht Przywara wie Baeck zurück zu den ersten Jahrhunderten und vereint die Juden mit den ersten Christen in einer gemeinsamen Erfahrung der Polarität. Wenn er sich den modernen Zeiten und der Konfrontation mit Baeck zuwendet, dann findet er den Juden von dieser biblischen Erfahrung ausgeschlossen, in der die Polarität wahrhaft als das Transzendente, das in das Immanente eingeht, empfunden wurde. Er mußte also Baeck in fast der gleichen Weise angreifen, wie es der orthodoxe Jude Wolfsberg getan hatte:

> Ist aber die obige Polarität – und das ist sie für das heutige Judentum – nichts weiter als tiefe Formel für die immanente Geschlossenheit des Menschenlebens, in der „Gott" irgendwie mit „Menschenideal" innerlich verknüpft ist, dann ist und bleibt Christentum mit seiner Grundforderung des „Glaubens", d. h. der Aufsprengung alles menschlichen In-Sich-Geschlossenseins, wahrhaft *das* Ärgernis und *der* Feind. Der Jude, dem so die Göttlichkeit seiner immanenten Polarität mit „Gott" verschwimmt, wird mit innerer Notwendigkeit zum unermüdlichen „Revolutionär" der christlichen Welt. *[157, S. 657–658]*

Przywara sieht diesen Typus des Juden als den unermüdlichen Aktivisten, der durch seine innerste Religiosität zu der Existenz des „ruhelosen Ahasver" getrieben wird. Alles muß in diesem Leben verwirklicht werden, und niemals ist Ruhe, denn der Jude erfährt den ewigen Gott als „unendliches Streben". Bubers Worte werden zitiert: „Wir sind die Sklaven vieler Erden und zu verschiedenen Himmeln fliegen unsere Gedanken auf. Im tiefsten Seelengrund aber haben wir keine Erde und keinen Himmel." *[157]*[33] Ebenso wie Baecks System eines geschlossenen Immanentismus für eine Herausforderung durch christliche oder jüdische Traditionalisten, die die Wahrheit ihrer transzendentalen Offenbarung präsentieren möchten, keine Angriffsflächen bietet, ebenso steht Israel unangreifbar in der heutigen Welt. Antisemitische Angriffe können lediglich die ungeheure Kraft, die in Israels Streben nach Erfüllung enthalten ist, in Randgebiete verschieben. Und Przywara hält nur den katholischen Glauben, die Religion des bedingungslosen Glaubens an Jesus Christus für fähig, der gewaltigen Figur des Juden in der Welt entgegenzutreten. Die Kirche allein ist in ihrem innersten Wesen die gottgeschaffene Erfüllung der innersten Sehnsucht im Judentum. Denn das Streben des Judentums nach Einigung der Menschheit ist zum Scheitern bestimmt: Farbloser Internationalismus zerstört jede Individualität, auch die des jüdischen Volkes. Baecks Optimismus für die Welt und sein Glaube an den Menschen trifft hier auf Przywaras Pessimismus und seine Verneinung der Fähigkeit des Menschen, ein messianisches Zeitalter aus eigener Kraft zu erreichen:

Die Einheit der Völker kann allein geschehen jenseits des Menschlichen, in ihm, der als Schöpfer jegliches Volk bei „seinem" Namen rief und in jegliches Volk ein besonderes Leuchten eines Antlitzes schenkt und dessen Menschwerdung im Geheimnis des „Haupt und Leib *ein* Christus" auf den Sinn des „viele Glieder *ein* Leib" zielt, d. h. auf eine Einheit der Menschheit, die ihre Verschiedenheit geradezu fordert – „wenn alle *ein* Glied wären, wo bliebe der Leib?" *[157, S. 660]*

Das Judentum hat sich nach Ansicht Przywaras hoffnungslos in seine Aufgabe innerhalb der menschlichen Existenz festgefahren. Es hat immer, seit dem Beginn des Christentums, darauf bestanden, Gott in der Immanenz menschlicher Existenz zu sehen: ganz gleich, welchen Weg es wählt, alle seine Energien müssen sich auf die Menschheit konzentrieren. Das Resultat ist tragisch:

Aber weil das Ziel, das es der Menschheit zu bieten hat, immer nur, so oder so, sein eigenes jüdisches Menschentum ist, so empfindet jedes Volk dieses Judentum auf die Dauer als so etwas wie anmaßende Störer seines Volkstums. Der Judenhaß der Weltgeschichte ist im Grunde Ahasverschicksal des Volkes, das sich an die Stelle des übergeschöpflichen Gottes gesetzt hat. Christentum hingegen, dessen Glauben an den übergeschöpflichen Gott seine alles entscheidende Grundstruktur bildet, ist der langsame Schöpfer der Menschheitseinheit, die aus der Verschiedenheit der Völkerindividualitäten sich aufbaut, weil diese Einheit nicht Mensch heißt, sondern Gott: „Haupt und Leib *ein* Christus." *[157, S. 660 bis 661]*

Die Herausforderung an das Christentum heißt somit, alle Menschen zu dieser Einheit, zu Christus, zu führen. Und Israels schweres Los ist es, daß das Judentum so lange der ewige wandernde Jude bleiben wird, bis es seine Erfüllung in der Katholischen Kirche gefunden hat.

Die Ereignisse der deutschen Geschichte während der beiden Jahrzehnte nach diesem Ausspruch werfen einen dunklen Schatten auf manches darin; das hat aber nichts damit zu tun, daß Przywara sich ernsthaft mit dem Judentum auseinandersetzen wollte, das in äußerstem Widerspruch zu dem stand, was er glaubte und lehrte. Es war nicht nur Baeck, gegen den er Einspruch erhob, denn Bubers Zionismus mit den verborgenen Tiefen von Humanitarismus und Messianismus, mit dem Beharren darauf, daß diese Welt der Ort der Erfüllung sei, schien ebenso zu dem Immanentismus zu gehören, durch den Przywara den Juden definierte. Przywara stellt sich Baeck als christlicher Theologe entgegen, der an der Wahrheit der eigenen Offenbarung festhält. In dieser Offenbarung manifestiert sich der transzendente Gott dem Menschen in Jesus zu Golgatha. Wenn Baeck dies zurückweist und die Offenbarung – Przywara hat seine Zweifel in bezug auf die transzendentalen Aspekte des Gottes, für den Baeck zeugt – in die Existenz Israels verlegt, dann hat Przywara keine andere Wahl, als Baecks Offenbarung, d. h. das Volk Israel, anzugreifen. Przywara ist mit der Auffassung der Polarität als Essenz religiösen Lebens durchaus einverstanden. Aber in seiner Auslegung der Religion muß das Gewicht letztlich auf dem Geheimnis liegen, was soweit geht, daß man sich ihm unterwirft, um aus dem Immanenten und seinen Begrenzungen ausbrechen zu können. In Baeck findet er die Darlegung einer Polarität, die letztlich die Betonung auf das Gebot legt, auf die Erweiterung der Möglichkeiten, die im Immanenten gegeben sind, auf daß es sich dem Transzendenten als dem Ort des messianischen Zeitalters öffnen könne. Przywara verstand sehr richtig, daß Baecks System – zumindest unausgesprochen – Israel als messianische Figur in die Welt setzte: Die Offenbarung als die Mission Israels läßt keinen anderen letzten Schluß zu. Je tiefer das Verstehen, um so tiefer die Gegnerschaft; in gewisser Weise ist die Schärfe von Przywaras Angriff ein Beweis für die Stärke von Baecks Position.[34]

Wolfsberg und Przywara hatten beide wichtige Einwände gegen Baeck, die sich aus ihrer Herkunft ergeben. Wolfsberg, der orthodoxe Jude, erkannte die grundsätzlich liberalen Voraussetzungen hinter Baecks Aussagen sogar dann, wenn Baeck glaubte, daß er für die Gesamtheit des Judentums und nicht nur für einen Teil von ihm sprach. Das Gesetz war für Baeck etwas anderes als für Wolfsberg. Auch wenn es in die gleiche Kette der Überlieferung eingereiht war, mußte sich der Traditionalist an die Autorität der früheren Generation halten, während Baeck die Fähigkeit der gegenwärtigen Generation betonte, drastische Wandlungen vorzunehmen. Wolfsberg irrte jedoch, wenn er meinte, daß Baeck so vielem im zeitgenössischen jüdischen Leben zustimmte, daß nicht genug übrigbliebe für eine große zentrale Aussage. Wie schon gesagt, gibt es einen schmalen Grat, die Polaritätsreligion, für den Baeck bedingungslos kämpft. Przywara erkennt die Polaritätsreligion an, aber auch er sieht Baecks Methode als eine Herausforderung an den Traditionalismus und an die spezifisch christliche Offenbarung. Dort lebt die transzendente Offenbarung, die in das Immanente eingebrochen ist, weiter in der Welt durch die Kirche, eingezäunt und beschützt durch Heilige, Sakramente und die Autorität der Kirche. Baeck verlegt die Offenbarung in die fortdauernde Existenz Israels. Das schwächt den Begriff der Autorität, daß sich Baeck weigert, die Synagoge als eine der Kirche analoge Institution zu begreifen, und die Autorität der Rabbiner von Kritik nicht ausnehmen will.

Przywaras Beschuldigung des Immanentismus kann indessen nicht aufrechterhalten werden, da der Immanentismus nicht aus der Natur von Baecks System hervorgeht, das gänzlich humanistisch ist, sondern aus Przywaras Überzeugung, daß die transzendente Offenbarung nicht mehr Teil von Israels Existenz sein könne: Die Offenbarung gehört jetzt der Kirche. Israel kann sie nur dann wieder erlangen, wenn es zur Kirche kommt. Baecks Überzeugung von dem Lebensgrund, von dem der Lebensgehalt seinen Sinn bezieht, wird von Przywara übersehen, der einfach keine Dimension der jüdischen Existenz akzeptieren kann, die an die transzendentale Offenbarung heranreichen würde, ohne daß dies durch die Kirche geschähe. Baeck mag das Geheimnis als Quelle alles Seins anerkennen, aber die Betonung legt er auf das Gebot. Und dieses Gebot wird nicht durch traditionelle Interpretation und überlieferte Autorität vermittelt, sondern ist Teil der Offenbarung, die durch menschliche Erfahrung, durch das diesseitige Leben zum Menschen kommt. In diesem Punkt kämpfen traditionalistisches Judentum und Christentum gemeinsam gegen den Liberalismus, der den Kern von Baecks Position bildet. Przywaras Gegnerschaft ist sogar stärker als die von Wolfsberg, da er befürchtet, daß ein humanistisches Judentum, das sich für sittliches Handeln zugunsten aller Menschen engagiert, die Rolle der Kirche übernehmen werde, die doch dieses Gebiet für sich beansprucht und alle Völker davon überzeugen muß, daß die vereinte Menschheit nur Existenz gewinnen kann in Christus, der jenseits aller Geschichte steht.

Przywara hatte recht, wenn er darauf hinwies, daß Baecks Polaritätsreligion das größte Gewicht auf das ethische Tun, auf das Gebot konzentriert, und er spürt auch sehr richtig den Liberalismus, auf dem Baecks Religion aufbaut. Es muß jedoch angemerkt werden, daß Baecks Denken auch von den liberalen jüdischen Denkern nicht voll unterstützt wurde. Sein ethischer Idealismus paßte durchaus in den allgemeinen liberalen Rahmen, und in seiner Position an der Lehranstalt sowie als Vorsitzender des liberalen Rabbinats wurde er mit dem liberalen Judentum identifiziert. Sogar seine Polemik gegen das Christentum kann mit diesem liberalen Hintergrund erklärt werden: entschlossene liberale Kämpen wie Abraham Geiger waren wesentlich berühmter in jüdischer Apologetik und Polemik gegen das Christentum als die Traditionalisten. Das orthodoxe Judentum neigte dazu, das Christentum zu übergehen; war das unmöglich, dann kam eine Polemik zustande, die entweder sprachlich den Disputationen des Mittelalters glich, oder tief in den Schriften vergraben war. Für die Liberalen bedeutet die Polemik im allgemeinen ein weiteres Werkzeug zur Gewinnung völliger Gleichstellung in der christlichen Gemeinschaft. Baecks Auseinandersetzung mit dem Christentum fand auf einer vollkommen anderen Ebene statt, sie forderte alle Aspekte der christlichen Offenbarung heraus, der christlichen religiösen Haltung, der Natur und Funktion der Kirche.[35]

Aber von allem Anfang an war deutlich, daß Baecks Position keine eindeutig liberale war. Die erste Ausgabe (1905) vom *Wesen des Judentums* wich bereits von dem sicheren Pfad theologischer Aussagen ab, die in das liberale Denken paßten und als Dogmen verkündet werden konnten. Es ist eine andere Art Judentum als das der Liberalen, als das von Kaufmann Kohler, der ein Dogmensystem lehrte.[36] Auch werden die Propheten nicht als primäre Ausleger des Judentums betrachtet: neben ihnen treten die Pharisäer auf den Plan mit ihrer ganzen Pflege der alltäglichen Einzelheiten, in denen die prophetische Vision das gesamte Volk heiligen soll; dazu kommt ein Reichtum an talmudischen Zitaten, der wiederum dem liberalen Denken fremd ist.[37] Die bearbeitete Fassung von 1922, in der dem Geheimnis neben dem Gebot mehr Raum zugewiesen ist, ist dann Ausdruck von Baecks Polaritätensystem und betont ein Gebiet der jüdischen Erfahrung, das generell außerhalb des liberalen Engagements gelegen hatte: die Mystik. Baecks Methode ist dominiert durch eine liberale Einstellung und durch das Gebietende des „Du sollst". In den mystischen Quellen fand er die gleiche sittliche Strenge und den gleichen sittlichen Rationalismus, den er zuvor für sich selbst in Hermann Cohens philosophischem System entdeckt hatte.

Es war jedoch noch immer ein Gebiet, dem das liberale Judentum mit Mißtrauen begegnete. Schließlich wurde Baecks klar definierter ethischer Aktivismus aber trotzdem von einer Gemeinde akzeptiert, die dazu neigte, in Baeck den Nachfolger von Hermann Cohen zu sehen. Nur wenige wagten es, vom Gebot aus das Geheimnis zu suchen. Das geistige System fand Zustimmung, aber die persönliche Religion der Erfahrung, in der das Geheimnis des Transzendenten in das tägliche Leben eingeht, fand nur wenig Gefolgschaft.

Die Polaritätsreligion steht somit zwischen dem traditionellen und liberalen Denken. Und dies führt ganz naturgemäß zu dem Vorwurf, daß es sich weniger um eine klare Position als um Baecks Unentschiedenheit oder Unklarheit handle, die es erschwert, ihn einzuordnen. Das Vorhandensein irgendeiner Art von System in seinen Lehren – außer dem gemilderten Erbe Hermann Cohens – ist von der Mehrheit der Gelehrten auf diesem Gebiet noch nicht genügend beachtet worden, die es vorziehen, in Baeck eher die große religiöse Persönlichkeit und weniger den systematischen Denker zu würdigen, der einen besonderen Beitrag zur jüdischen Theologie leistete.[38] Eine genaue Prüfung seiner Schriften aus den ersten drei Jahrzehnten ergibt indessen, daß dieser zentrale Gedanke der Polarität durchweg vorhanden ist, in dem die Bewegung vom ethischen Idealismus zu einer Bekräftigung der jüdischen Existenz zu ganz besonderem Ausdruck gelangt, der bei anderen jüdischen Schriftstellern der Zeit nicht zu finden ist. Er findet sich im Werdegang vom *Wesen des Judentums*, in der Einheit der Darmstädter Vorträge und an vielen anderen Stellen. Ein letztes Beispiel (aus dem Jahre 1931) zeigt, wie wirklich zentral dieser Gedanke war:

Ein Begriff ist ... im Judentum leitend und bedeutsam geworden, der der Paradoxie und Antinomie, der Polarität und Spannung: Gedanken von gleicher Notwendigkeit stehen in einem Widerspruch zueinander, und die philosophische Logik kann ihn nicht lösen; in der Welt des Abstrakten bleibt es der Widerstreit, aber für das religiöse Denken tritt daraus eine Einheit und Geschlossenheit hervor ... *[44a, S. 275]*

Wieder das religiöse Denken als Aspekt der menschlichen Erfahrung, in dem die Paradoxien abstrakter Gedankengänge ihre Lösung finden. Wir bewegen uns vom Neukantianismus zu dem Grundsatz, das Volk Israel sei Paradigma der menschlichen Existenz, in der Offenbarung und Geheimnis im alltäglichen Leben, im sittlichen Handeln erfahren werden, durch welches das Jenseits ins Hier und Jetzt eintritt. (Der letzte Abschnitt dieser Untersuchung, der Baecks Nachkriegsschriften behandelt, insbesondere *Dieses Volk*, wird diese Entwicklung belegen.) Soweit man jedoch von einem Polaritätssystem sprechen kann – und wenn man von System spricht, so bedeutet das keinesfalls, daß Baecks gesamte Schriften, von denen viele fließend und unentschieden sind, in ein Prokustesbett gezwängt werden sollen –, dann ist es ein System, das mit Baecks ersten Schriften beginnt und in den zwanziger Jahren zu voller Entfaltung gelangt.

Man darf nicht vergessen, wie offen Baeck dem Zeitgeist gegenüberstand. Die zwanziger Jahre waren nicht nur die Zeit von Buber und Rosenzweig, sondern auch die Zeit von Karl Barth und Emil Brunner, von Tillich und Schaeder. Wir sahen, daß Baeck die Verwendung der Begriffe „klassisch" und „romantisch" von Strich und anderen Wissenschaftlern bezogen hatte. Seine Verwendung des Begriffs „Polarität" geht nicht unbedingt auf diese

Quellen zurück, sie läuft eher parallel zu den vorhandenen Strömungen im europäischen Denken, das damals zu der Erkenntnis kam, daß die Synthese der hegelianischen Dialektik in den kühlen Winden des zwanzigsten Jahrhunderts eine neue Formulierung benötigte. In „Theologie und Geschichte" *[45]* hob Baeck das theologische Ferment im Protestantismus und den starken Einfluß der „dialektischen Theologie" auf das jüdische Denken hervor:

Von mannigfachem her hat sie ihre Eigentümlichkeit und Kraft gewonnen ... so von der Erneuerung alttestamentlichen Denkens, so von der Erfahrung des Undogmatischen in der Religion, von dem Erlebnis dieser letzten Unmöglichkeit, das Unaussprechbare aussprechbar zu machen, dieser Paradoxie und dieser „Dialektik" aller religiösen Aussage, von der Erschlossenheit ... für den religiösen Gedanken der Schöpfung ... des Gerichts, so von dem deutlichen Verständnis für die Spannung von Gegenwart und Zukunft, von Abhängigkeit und Freiheit, für die Geltung, die im Religiösen der „Heiligkeit" Gottes und der „Heiligung" des Menschen zukommt. Und es ist nicht zu verkennen, wie vieles in dem allen vom Judentum her und zum Judentum spricht. *[5, S.28–29]*

Baeck ist sich seiner Verpflichtung gegenüber den protestantischen Theologen bewußt, die ebenfalls die *theologia viatorum* erstrebten, das systematische Nachdenken des Theologen über das, was er tut, wenn er von Gott auf der Grundlage der Offenbarung spricht. Die Scheidungslinie zwischen ihnen entsteht durch Baecks Hinwendung zu der jüdischen Erfahrung als dem Ort, an dem das Unendliche in das Endliche eingeht, an dem das Volk Israel die Polarität von Geheimnis und Gebot als die Natur seiner Existenz erfährt.

Innerhalb dieser jüdischen Erfahrung finden wir auch letztlich die Quellen für beides, Gebot und Geheimnis, wie Baeck sie in seinem System begreift. Man könnte einwenden, Baeck bringe einiges des sittlichen Imperativs in seine Deutung mystischer Texte ein; aber dieser Vorwurf kann nicht gegen die biblischen Quellen erhoben werden, gegen die Tora, die Propheten und die Schriften, die alle in seinen Hauptaussagen zu Worte kommen. Auch kann man das ethische Gerüst der Pharisäer, mit denen er sich identifizierte kaum in Zweifel ziehen, denn schließlich ist die Bibelforschung in diesem Jahrhundert zu weit entwickelt, um die alten Vorurteile gegen die Pharisäer noch zu wiederholen. Baeck kam zu Hermann Cohen *von* diesen Quellen. Aus Cohens System, besonders aus dem Begriff des *Mitmenschen* und Cohens Theorie der Korrelation, entwickelten sich die Grundlagen für Baecks Religion der Polaritäten. Die alles durchdringende Zwiefältigkeit, die notwendige Antwort des Menschen im sittlichen Tun auf das ewige Gebot Gottes und die Natur der rationalen Vernunft, die ihre Zustimmung zu den sittlichen Imperativen geben muß – alles findet seinen Platz in Baecks System. Gegründet ist indessen alles auf dem Bund von Sinai, und der Bund von Sinai enthält das Geheimnis ebenso wie das Gebot.

Das *Gesetz* von Sinai wird in der menschlichen Existenz erst im Augenblick der Zustimmung zum *Gebot*. Und in dieser Zustimmung begegnet der Mensch dem Geheimnis im Gebot. Je mehr Baeck diesen Aspekt der menschlichen Natur unterstreicht, um so weiter entfernt er sich von Hermann Cohen. Wir sahen bereits, daß es zwischen Baeck und Schleiermacher Berührungspunkte gibt, sobald sich die Theologie mehr mit des Menschen Gottesbewußtsein durch seine Gefühle der Abhängigkeit befaßt und weniger mit einem transzendenten Gott. Professor Leon Roth sagte dazu: „Baeck versuchte die Lehren von Schleiermacher in das Judentum einzubringen, hierin hatte er keinen Erfolg."[39] Das entspricht einfach nicht der Wahrheit. Die Unterschiede zwischen Baeck und Schleiermacher, auf die Baeck an verschiedenen Stellen hinwies, besonders in „Romantische Religion", gestatten diese Art der Gleichsetzung tatsächlich nicht. Als Schüler von Dilthey war Baeck gewiß beeinflußt von den psychologischen Wegen zur Religion, und Schleiermachers „Gefühlstheologie" lehrte ihn einiges von dieser religiösen Stimmung zu verstehen und zu würdigen. Aber Baecks feste Bindung an die Offenbarung innerhalb des Judentums und an den ethischen Akt, der vom Diesseits ins Jenseits hinausgreift, mußte ihn zu einem Gegner von Schleiermacher machen. Die Polarität des Geschaffenen, der auch Schöpfer ist, bekräftigt eine ganz grundlegende Verschiedenheit zu der Position absoluter Abhängigkeit. Das Gewicht auf dem Gebot als Rahmen für das Geheimnis macht ein fortdauerndes Gefühl äußerster Abhängigkeit unmöglich: Das Wissen um den Schöpfer bringt stets das Bewußtsein einer Aktion mit sich, die der Mensch tun muß und kann und bringt ihn damit zu dem Bewußtsein des eigenen Wertes. Baeck weiß auch, daß er Rudolf Otto verpflichtet ist, durch den „das eigentümlich Irrationale innerhalb der Geschichte vom Religiösen ... dem Verständnis nahegebracht wurde" *[6, S. 30]*. Das heißt aber nicht, daß Ottos Begriff des Heiligen nun Baecks Einstufung des Geheimnisses in seinem Polaritätssystem dominiert hätte. Überall müssen wir lernen, sowohl das Geheimnis wie das Gebot als Aspekte der jüdischen Erfahrung zu sehen, in der die Spannung des Universalen, das in das Endliche eingetreten ist, durch den Bund und die Mission gelöst ist, welche auf die ganze Menschheit ausgerichtet ist. Wir sind zurückgekehrt zu dem Hinweis, mit dem dieses Kapitel begann: Baeck bewegt sich in den Spuren von Jehuda Halevi, und er sieht eine prophetische Eigenschaft in seinem Volk, das Geheimnis wie Gebot vernimmt. Es ist eine klassische Eigenschaft. Indem sich dieses Volk nicht dem Glück des Augenblicks hingibt, stellt es sich dem Heiligen wie in der Vision Jesajas: „Hier bin ich, sende mich aus!" Es ist daher die biblische Vision des Heiligen, die Baeck in den Schriften der jüdischen Mystik neu entdecken möchte.

Im folgenden Kapitel werden wir die Folgerichtigkeit von Baecks System, seine Schwächen und Stärken wägen. Hier genüge die Feststellung, daß sich die Polaritätsreligion in den frühen Schriften tatsächlich aus Baecks jüdischen Quellen entwickelt hat. Es ist eine Religion von Schöpfung, Offenbarung und Erlösung, in der das Unendliche sich innerhalb der menschlichen Existenz erweist, ohne daß es durch das Endliche begrenzt wird. Gott ist in der menschlichen Natur und in der individuellen Erfahrung enthalten. Die Tatsache der transzendentalen Offenbarung wird indessen, wenn auch nicht in ihrem vollen Gehalt, durch einen fundamentalen Glauben gestützt, der das Wesen des Judentums bildet. An diesem Punkt bietet Baeck, der sich ausschließlich traditionalistischem oder liberalem Denken verweigerte, eine Religion, welche die tiefste Krise in der jüdischen Existenz überlebte – und hier durchdringen sich untrennbar der Mensch Baeck und seine Gedanken. Wir haben die wichtige Funktion der Polaritätsidee in dieser Religion erkannt. Einerseits ermöglichte sie es dem liberalen Religionslehrer, ethischen Aktivismus, das rationale Wissen des Menschen von dem Willen Gottes zu bejahen, das dem moralischen Imperativ gleich ist – und andererseits dieses mit dem irrationalen Aspekt des gläubigen Menschen zu verbinden, dem die Begegnung mit dem Geheimnis Grundstimmung und letzte Erfahrung der Religion ist. Mit Hilfe seines Systems der Polaritäten kann Baeck die kategorischen Imperative mit der transzendenten Offenbarung, die dem Menschen nicht nur durch den Verstand, sondern auch gefühlsmäßig deutlich wird, vereinen. Der liberale Glaube kann als Fundament die Offenbarung für sich beanspruchen, ohne gezwungen zu sein, die Autorität der Tradition zu akzeptieren, die den Anspruch erhebt, daß sie allein das Wissen um diese Offenbarung gewährleistet. Und die Verkündung von Israel als der besonderen Offenbarung in der Geschichte ist gegründet auf das System der Polaritäten, das die sich widersprechenden Strömungen im jüdischen Leben zusammenfassen und mit der rabbinischen Vorstellung *ele v'ele divre elohim chayim* – „Beide Worte sind Worte des lebendigen Gottes" – besiegeln kann.

Sechstes Kapitel
Das Spätwerk

I

Jede Würdigung von Leo Baecks Werk muß die Tatsache berücksichtigen, daß seine grundlegenden Lehren in den zwanziger und dreißiger Jahren kein großes Echo fanden. Von 1933 an herrschten dann besondere Verhältnisse, die Baeck in den Mittelpunkt der aktuellen deutsch-jüdischen Probleme rückten. Zu dieser führenden Rolle kam er nicht von ungefähr; sie war das zwangsläufige Resultat seiner Tätigkeit in den vorangegangenen drei Jahrzehnten, die ihn, wie schon berichtet[1], an die Spitze der wichtigsten religiösen, kulturellen und philanthrophischen Organisationen der jüdischen Gemeinde gebracht hatte. Sein Wirken innerhalb der deutschen jüdischen Gemeinde trifft allgemein auf ein größeres Maß an Verständnis als seine Theologie, die weitgehend von seinen Zeitgenossen unbeachtet blieb, die in ihm nur den großen Gemeindeleiter, den Rabbiner, das Symbol deutscher Juden sahen, nicht aber den Lehrer einer Polaritätsreligion, die ihren Bedürfnissen entsprechen könnte.

Einige der Gründe dafür liegen auf der Hand. Zunächst einmal hat Baeck nicht viele große Werke geschrieben. In Theodor Wieners Bibliographie *[192]* läßt sich die stetige Produktion von Streitschriften und Artikeln deutlich ablesen. Baeck blieb stets ein tätiger Gelehrter, trotz der ungeheuren Anforderungen durch seine übrigen Pflichten. An größeren Werken liegt eigentlich nur jeweils ein Buch für jeden der großen Abschnitte seines Lebens vor: der junge Baeck schrieb 1905 *Das Wesen des Judentums* und gab es 1922 in einer neuen Fassung für die zweite Auflage heraus. Die große Aussage seiner mittleren Jahre findet sich zusammengefaßt 1933 in *Wege im Judentum*; fünf Jahre später, als das deutsche Judentum am Ende seiner tausendjährigen Geschichte stand, veröffentlichte er *Aus drei Jahrtausenden*, und ein halbes Jahrhundert nach seinem Hauptwerk von 1905 erschien *Dieses Volk. Jüdische Existenz* in zwei Bänden (1955 und 1957). Die Veröffentlichungen von 1933 und 1938, beides Sammlungen von Aufsätzen, gelehrt und tief, waren jedoch nicht nur für den Laien, sondern auch für den Fachmann schwierig zu lesen.

Das *Wesen des Judentums* stand in den meisten jüdischen Bücherschränken, galt indessen als ein Klassiker, den man lobte und in Ehren hielt, aber nicht unbedingt ins eigene Leben einbezog. Der Stil war zu anspruchsvoll, die Anforderungen an den Leser schienen zu groß, und Baecks vollendete Kontrolle der eigenen Gefühle bewirkte, daß der Kern seiner Schriften selbst in der Polemik häufig hinter der äußeren Struktur des Werkes verschwand. Vielen seiner Schriften fehlt jede Farbe, so daß die revolutionären Gedanken, die er vorbrachte, sehr oft übersehen wurden. Er hatte seine Schüler, Studenten und junge Rabbiner, die von der Tiefe seines Denkens und der Größe seiner Persönlichkeit beeindruckt waren, aber eine Gefolgschaft besaß er nicht.

Buber und Rosenzweig hingegen hatten sowohl Schüler wie eine Gefolgschaft. Durch Rosenzweigs tragischen Tod entging der Welt eine wesentliche Stimme. Die Schwierigkeiten seines Stils ließen die Übersetzung seines großen Werkes *Stern der Erlösung [162]* ins Englische immer wieder scheitern; daß eine solche Übersetzung[2] aber auf das zeitgenössische jüdische Denken tief einwirken wird, ist mehr als eine Hoffnung. Im übrigen gab es bereits zu Rosenzweigs Lebzeiten eine Art Legende um ihn, die ihm ein Publikum sicherte. Vor allem gab es eine Institution, das Lehrhaus in Frankfurt, die es ihm ermöglichte, zu einem großen Publikum zu sprechen. Darüber hinaus übte die Buber-Rosenzweig-Übersetzung der Bibel eine besondere Wirkung auf das deutsche Judentum aus; nach dem Ende dieses deutschen Judentums kann man nur noch ahnen, welche Ernte diese Arbeit eingebracht hätte.

Gleiches kann von Buber gesagt werden, der viel veröffentlichte und dem die Ausdruckskraft eines Dichters gegeben war, die ihm ein weltweites Publikum gewann. Außerdem verfügte er über die Persönlichkeit und das Charisma derer, die eine große Gefolgschaft an sich zu ziehen vermögen, und dies auch unter Menschen, die nicht eigentlich die Lehren dessen, den sie sich erwählten, nachvollziehen können.[3] Zudem gab es eine Zeitlang noch den Rahmen einer Bewegung (die einem Gelehrten und Lehrer stets ein größeres Publikum verschafft): den Zionismus. Bubers Wirkung auf die nichtjüdische Gemeinschaft hatte aber zur Folge, daß die jüdische Gemeinde sich genötigt fand, in dem Maße, in dem er dem allgemeinen Publikum zum Begriff wurde, ihm zuzuhören.

Buber, Rosenzweig und Baeck waren also wirklich die führenden Stimmen des deutschen Judentums. Auf einer anderen Ebene gab es noch die Führer der jüdischen Orthodoxie, Isaak Breuer, N. A. Nobel, Joseph Wohlgemuth und Oscar Wolfsberg, die alle auf die philosophischen Strömungen ihrer Umwelt eingestimmt waren. Man darf aber nicht vergessen, daß „all diese Bestrebungen nicht so sehr aus echten philosophischen Impulsen hervorgingen, als vielmehr aus dem Bemühen, die Gläubigen zu bestätigen. Sie boten eher intellektuelle Ausschmückungen des Glaubens als wirklich neue philosophische Methoden“ *[71, S. 211]*. Buber, Rosenzweig und Baeck sprachen alle Gruppierungen des jüdischen Lebens an, aber Baecks geistiger Einfluß blieb (im Gegensatz zu der gewaltigen Wirkung seiner Persönlichkeit und seines Lebens) hinter dem seiner Kollegen zurück. Und der Grund dafür liegt eindeutig in den verschiedenen philosophischen Standorten dieser drei Denker.

Rosenzweig und Buber repräsentierten das „neue Denken“ des Judentums im zwanzigsten Jahrhundert, Baeck das alte Denken. Baecks Sprache und viele seiner Begriffe kamen deutlich aus dem Neukantianismus von Hermann Cohen. In einer Zeit, in welcher der (noch nicht so benannte) Existentialismus an Terrain gewann, schien Baeck den Idealismus zu übernehmen. Die Tatsache, daß sein Polaritätssystem in den Bereich des Existentialismus hineingriff, wurde nicht erkannt, und die Natur eines Systems dieser Polaritäten, das für zwei Gegenpositionen eintritt, kühlt leicht die Begeisterung ab, zumal das Neue – zumindest während der Geburtswehen – stets das Alte abzuwehren sucht, selbst wenn es sich später wieder mit dem Alten aussöhnt. Ein Mittelweg ist allen verdächtig, und Baecks Lehren wurden einfach nicht als das erkannt, was sie in Wirklichkeit darstellten.

Bis 1933, während des zweiten und dritten Jahrzehnts im zwanzigsten Jahrhundert, lebte das deutsche Judentum ein geistiges Leben, das, wie sich später erwies, viele Selbsttäuschungen enthielt.[4] Die allgemeine jüdische Kultur, die Erziehung und das gesellschaftliche Leben hatten zu einer in sich geschlossenen Existenz geführt, in der vieles für selbstverständlich gehalten wurde, das sich später als illusorisch erwies. Diese Existenzform hatte jedoch, Illusion oder nicht, häufig den deutschen Juden mit der Möglichkeit ausgestattet, die messianischen Hoffnungen des neunzehnten Jahrhunderts mittels einer Laufbahn innerhalb der allgemeinen Gesellschaft zu verwirklichen. Przywaras Vorwurf[5], Baeck suchte als Repräsentant eines verweltlichten Messianismus seine Erfüllung im Hier und Jetzt, in der gegenwärtigen Gesellschaft, ist heute, vor dem Hintergrund der Entwicklung des deutsch-jüdischen Verhältnisses, besser zu verstehen.

Ernst Simon war vom Standpunkt des Zionismus aus zu einer ähnlichen Charakterisierung der deutsch-jüdischen Gemeinschaft gekommen:

Die Emanzipation hat im ganzen in Deutschland wenig mehr als 100 Jahre gedauert ... Trotzdem hatte sie das Lebensgefühl des deutschen Juden entscheidend beherrscht. Sie war ihm zum säkularisierten Ersatz des messianischen Erlösungsglaubens geworden und hatte ihm die innere Möglichkeit gegeben, den eigenen persönlichen Aufstieg, die Karriere, gleichzeitig als eine Befreiungstat zu erleben, die er für das Ganze seiner Gemeinschaft leistete, besonders dann, wenn es ihm gelang, wichtige Positionen im Wirtschafts- oder Geistesleben zu besetzen, ohne die Taufe zu nehmen. *[177, S. 24–25]*

In diesem Zusammenhang ist Baecks letzte Vortragsreihe wichtig, die er 1956 kurz vor seinem Tode hielt. Als Beispiele jüdischen Selbstverständnisses der vergangenen zwei Jahrhunderte wählte er Walther Rathenau und Moses Heß zusammen mit Moses Mendelssohn und Franz Rosenzweig *[63a]*. Daß Baeck die weltlichen Aspekte der deutsch-jüdischen Existenz begriff, heißt aber nicht, er dürfe deshalb als Repräsentant dieser Einstellung betrachtet werden. Przywaras Fehlinterpretation beruht auf seinem Unvermögen, Baeck die religiöse Dimension zuzubilligen, in der das Transzendente zusammen mit dem Immanenten empfangen wird: Der sittliche Drang, für eine bessere Welt im Rahmen der menschlichen Gesellschaft zu wirken, schloß für Baeck nicht von vornherein die Existenz des Geheimnisses im Jenseits aus. Womit wir wieder bei der Tatsache sind, daß diejenigen, die im Bereich des weltlichen jüdischen Lebens besonders tätig waren, Baeck zwar verehrten, ihn aber nicht als ihren Sprecher empfanden. Baeck war eine der führenden Persönlichkeiten des Centralvereins, in dem das säkularisierte Judentum und die Assimilation zu größerem Ausdruck gelangten als in anderen großen jüdischen Organisationen der Zeit. Aber er war ein Rabbiner, und weder Baeck noch die deutsche jüdische Gemeinde verloren diese Tatsache jemals aus den Augen.

Die Umwälzung von 1933 vernichtete den weltlichen Messianismus der Assimilation ohne Bekehrung; trotzdem gab es keine Rückkehr zu religiösem Führertum oder zu der rabbinischen Lehre. (Baecks Wahl als Präsident der Reichsvertretung beruhte, wie gesagt, auf einer besonderen Anerkennung der Größe seiner Persönlichkeit, war allerdings auch ein für alle Beteiligten akzeptabler Kompromiß.) Der neue Messianismus war ebenfalls weltlicher Natur: es war der Zionismus. Die *Jüdische Rundschau* kommentierte als Organ des Zionismus die Ereignisse von 1933 mit dem stolzen Leitartikel: „Trag ihn mit Stolz, den gelben Fleck" *[186, S. 131–132]* und wendete sich an eine junge Generation, die nach einer Dimension des Lebens suchte, in der Handeln zu greifbaren Ergebnissen führen sollte, und an ihre Eltern, deren Existenzgrundlagen erschüttert waren. Die neuen Führer waren Zionisten, nur eine oder zwei antizionistische Stimmen hielten sich noch.[6] Baeck stand wieder einmal in der Mitte. Er war Präsident des Keren Hajessod und hatte von früh an für eine jüdische Zukunft in Palästina gewirkt. Aber er war kein zionistischer Theoretiker, war kein Sprecher, dessen Schriften als Teil des zionistischen Denkens gelten konnten. Er wurde noch immer mit Hermann Cohen identifiziert, und an Cohens kompromißlosen Antizionismus erinnerte man sich sehr wohl. Baeck kam nicht mit einem geistigen oder religiösen Programm zum deutschen Judentum. Seine Schriften aus den Jahren 1933 bis 1938 waren Beispiele tiefer – und zuweilen esoterischer – Gelehrtheit. Hans Liebeschütz sieht zweifellos ganz richtig in der 1938 erschienenen Sammlung *Aus drei Jahrtausenden* den Versuch, einen Beitrag zu der Krise der Zeit zu leisten; aber selbst wenn die Nationalsozialisten Buch und Satz nicht sofort vernichtet hätten, darf man bezweifeln, ob das Buch als ein solches Programm vom deutschen Judentum verstanden worden wäre:

Schon Ort und Datum der ursprünglichen Veröffentlichung geben einen Hinweis, daß hier die wissenschaftliche Erkenntnis unmittelbar in den Dienst des Lebens gestellt ist, und die Lektüre des Buches bestätigt diese Annahme. Der höchste Amtsträger des deutschen Judentums wollte mit seinen Interpretationen alter Texte den Lesern des Werks die Möglichkeiten geben, dem eigenen Existenzkampf aus den geistigen Erfahrungen vieler Generationen einen Sinn zu finden. Die sofortige Beschlagnahme und Zerstörung der ganzen Auflage durch Hitlers Staatspolizei ... bestätigte, daß die Gedanken des auf der Oberfläche völlig unpolitischen Buches als lebendige Kraft von der Gegenseite empfunden wurden. *[6, S. 1]*

Die Sammlung enthält einige von Baecks frühesten und viele der Arbeiten aus den späteren zwanziger und den dreißiger Jahren. Mit der Selbsterkenntnis, die sich Baeck im Laufe der Jahre erworben hatte, konnte er in seinem Vorwort zu Recht darauf hinweisen, daß seine Beschäftigung mit den Einzelheiten jüdischen Lebens und Denkens in besonderem Verhältnis zu seiner Vision des Ganzen stand, um die er sich in seinen Schriften bemüht hatte, und er deutete auch den Grund der Veröffentlichung an: „Es sind eigene Methoden in diesen Arbeiten versucht worden, mit der Hoffnung, Pfade zu öffnen.“ *[6, S. 10]* Die Sammlung enthielt die großen polemischen Artikel und die bereits besprochenen Arbeiten zu Midrasch und Mystik. Es war gewiß eine wichtige Publikation, die in Baecks Denken das Ende einer Epoche bezeichnet, aber das Buch konnte sein Publikum nicht erreichen. Es wurde vernichtet – und ebenso die jüdische Gemeinde, an die es sich gewendet hatte.

Zu jener Zeit bildete Baecks Leben als Führer des deutschen Judentums seine Lehre. Dies wird um so anschaulicher, wenn wir das 1935 von ihm geschriebene Gebet betrachten, mit dem er seiner Gemeinde Kraft geben wollte und auf die ständige Flut von Lügen und Demütigungen seitens der Regierung antwortete. Auch dieses Gebet, das Baeck als „Hirtenbrief“ an alle jüdischen Gemeinden verschickt hatte, unterdrückten die Nationalsozialisten. Dennoch wurde es von vielen gelesen. Seine Sprache ist die Sprache des Trotzes:

Wir stehen vor unserem Gotte. Mit derselben Kraft, mit der wir unsere Sünden bekannt, die Sünden des Einzelnen und die der Gesamtheit, sprechen wir es mit dem Gefühl des Abscheus aus, daß wir die Lüge, die sich gegen uns wendet, die Verleumdung, die sich gegen unsere Religion und ihre Zeugnisse kehrt, tief unter unseren Füßen sehen . . . Ganz Israel steht in dieser Stunde vor seinem Gotte. Unser Gebet, unser Vertrauen, unser Bekennen ist das aller Juden auf Erden. Wir blicken aufeinander und wissen von uns, und wir blicken zu unserem Gotte empor und wissen von dem, was bleibt.[7]

Jetzt war Baeck wirklich zum Sprecher des gesamten deutschen Judentums geworden.

Ein wichtiger Bereich von Baecks Leben, der zwar nicht in den Rahmen dieser Arbeit gehört, darf nicht unerwähnt bleiben: Sein Wirken in der jüdischen Erwachsenenbildung, in der Verwaltung karitativer Organisationen, bei der Vorbereitung von Emigranten für neue Aufgaben und Berufe, in der gesamten Struktur des jüdischen Lehrsystems – all das gehörte zu Baecks Aufgaben in den Jahren zwischen 1933 und 1938. Wenn wir aber die gesamte Entwicklung seines theologischen Denkens verfolgen wollen, müssen wir uns der Zeit zuwenden, in der er mit seinen letzten Werken begann, und die historischen Ereignisse, die Erfolge und Mißerfolge berücksichtigen, die hinter dem geschriebenen Wort stehen.

Baeck schrieb sein letztes großes Werk – zumindest den überwiegenden Teil des ersten Bandes – im Konzentrationslager Theresienstadt (Terezin). Immer wieder hatte er sich geweigert, Deutschland und seine Gemeinde zu verlassen.[8] Als aber die Zeit kam, da es immer weniger Gelegenheiten gab, aktiv für die jüdische Gemeinde tätig zu sein – die Schulen waren geschlossen, die Krankenhäuser übernommen, die Menschen selbst deportiert, die Reichsvertretung war in ihrer Nachfolgeorganisation, der Reichsvereinigung (die nur noch Marionettenfunktionen hatte) untergegangen –, war ihm klar, daß es nur noch einen einzigen Weg des Wirkens für ihn gab: seinem Volk in das Konzentrationslager zu folgen. Als dann das Ende nah zu sein schien, wandte er sich wieder dem Schreiben zu, um einen Bericht von diesem jüdischen Leben, von diesem jüdischen Volk zu verfassen. Angefangen hatte er bereits damit, als er sich noch in seinem Haus in Berlin befand, und das kleine Bündel Papiere hatte ihn 1943 bei seiner Deportation nach Theresienstadt begleitet. Irgendwie fand dann Baeck inmitten dieses Infernos ruhige Momente und schrieb auf Papierfetzen weiter an seinem Manuskript.[9] Daß es überlebte, ist ein ebensolches Wunder wie das Überleben seines Autors. Baeck hielt das Manuskript zurück, bis er glaubte, die Zeit sei reif, es als Zeugnis für jene Vergangenheit herauszugeben. 1955 erschien es in Deutschland unter dem Titel *Dieses Volk. Jüdische Existenz [7]*. Ein zweiter, umfangreicherer Band kam 1957 hinzu, die englische Übersetzung erschien 1965.

Von Baecks Leben im Konzentrationslager wurde im 2. Kapitel berichtet. Entscheidend ist, daß ihm die geistige Arbeit keinen Rückzug aus dem Lagerleben bedeutete, daß ihm im Gegenteil das Schreiben eines Buches über die jüdische Existenz als Akt moralischen Widerstandes – und als Akt der Liebe – galt, als eine Hinwendung auch zu den Mitgefangenen. Von einem der Mitgefangenen jener Tage wird er als geliebte und verehrte Gestalt geschildert:

Nie entzog er sich dem Lager, doch in seiner Nähe schien es nicht zu bestehen, was daran liegen mochte, daß all der Schmutz rundum ihn nicht beflecken konnte. Die Würde des Alters ... verbreitete Frieden ... Baeck verkörperte das Gewissen des Lagers und stand im Zentrum einer sittlichen Widerstandsbewegung gegen die Korruption und Erbärmlichkeit der jüdischen Leitung. *[69, S. 254]*

Das muß mit großer Vorsicht aufgenommen werden. Für den Außenstehenden ist es fast unmöglich zu begreifen, was in den Konzentrationslagern wirklich vorging. Unberührt bleiben konnte ein Mensch indessen dort doch wohl nur, wenn er sich in einem Zustand gänzlicher Abgeschlossenheit in sich selbst befand, wie das bei dem sogenannten „Muselmann"-Syndrom der Fall war – wandelnde Tote, die sich wie Automaten bewegten, bis ihr Leben verlosch. Oder er hätte ein Heiliger sein müssen. Aber auch dies wäre ein Vorwurf, den das Judentum gegen einen Menschen vorbringen könnte, der als Heiliger aufgehört hätte, zu der existentiellen Gemeinde und ihrem gemeinsamen Schicksal zu gehören. Baeck hatte seine Schwächen, seine Leidenschaften und seinen Stolz. Da er sich nicht vor seinem Volk verschloß, muß es Augenblicke gegeben haben, in denen er unter der ungeheuren Belastung wankte. Worauf es ankommt, ist, daß er nicht fiel. Es ist durchaus möglich, daß die Ruhe, die so viel Frieden brachte, andere, die diese gleiche Ruhe als distanziert und fern empfanden, in Zorn versetzte. Desgleichen scheinen seine Vorträge in Theresienstadt, die geheimen wie die von der Kommandantur aus Propagandagründen genehmigten, auf den ersten Blick eine gelassene Gleichgültigkeit für seine Umwelt zu bekunden. Jedoch gehen hier Leben und Lehre nicht ineinander über. Adler hat recht, wenn er bemerkt: „Nie entzog er sich dem Lager, doch in seiner Nähe schien es nicht zu bestehen." Zum Schluß brachte dann Baeck soviel von seiner inneren Gewißheit und Selbsterkenntnis in diese Krisensituation ein, daß er sie beherrschte. Und diese Gewißheit ist in den Schriften aus dem Konzentrationslager evident.

II

In *Dieses Volk. Jüdische Existenz [7 und 9]* kommt Baecks Grundlehre, die „Polaritätsreligion", erneut zur Darstellung. Der erste Band beeindruckt um so mehr, als wir wissen, daß er ohne Bibliothek, ohne jedes Hilfsmittel außer des Autors eigenem Gedächtnis in der Dunkelheit des Lagers entstand. Wieder gibt es Anklänge an frühere Schriften, und wieder muß das Werk im Rahmen jener „neuen Midrasch" gesehen werden, der mit dieser großen Apologie des Judentums im zwanzigsten Jahrhundert einen Höhepunkt in Stil und Ausdrucksform erreicht.

Als das Buch 1955 in Deutschland erschien, wurde es mit größter Wärme aufgenommen – natürlich auch aus naheliegenden Gründen, die mit seinem Inhalt nichts zu tun haben. Eine Zeitschrift stellte Baeck neben Thomas Mann, Bertolt Brecht und Buber und bezeichnete Baeck als einen der Großen aus den Reihen der Lebenden, den der deutsche Leser kennenlernen sollte.[10] Der *Merkur* schrieb: „Man wird dieses Buch Baecks, wohl die letzte große jüdische Botschaft in deutscher Sprache, gewiß einmal als ein wesentliches Zeugnis jüdischer Lehre in dieser Epoche schätzen, ebenso gewiß als das gültige Vermächtnis eines Juden aus Deutschland an das deutsche Volk" *[Schutzumschlag zu Bd. II]*. Während dieses Urteil mehr über die Situation als über das Buch selbst etwas aussagt, geht die Würdigung durch die *Deutsche Rundschau* wesentlich tiefer: „Seine Sprache wird in ihrer Schönheit, Eindringlichkeit, Schlichtheit und Größe einfach wie die der Erzväter, als käme sie von weither, und sie erklang doch in tiefster Not aus unserer Mitte" *[Schutzumschlag zu Bd. II]*. In Amerika wurde das Werk 1965 von der Kritik mit ungewöhnlicher Begeisterung begrüßt, aber auch dabei erhebt sich die Frage, ob das nicht weitgehend aus äußerlichen Gründen geschah, das heißt, ob nicht die Legende um Baeck eine größere Rolle spielte als das, was er zu sagen hatte.[11] Die innere Beziehung zwischen *Dieses Volk* und dem *Wesen des Judentums* ist in Baecks Vision von der Einheit des Lebens gegeben, die das Volk Israel in seiner Religion und durch sie lebt; und die Religion spricht durch dieses besondere Volk zu der ganzen Welt *[4]*.[12] Aber die völlige innere Einheit von Baecks gesamten Schriften wird noch deutlicher, wenn man erkennt, daß das Grundmuster für *Dieses Volk* bereits in dem Vorwort zu *Aus Drei Jahrtausenden* vorlag:

Drei große Zeiten, die wieder ihre Räume umschließen, sind in der geistigen Geschichte des Judentums: die der Bibel, danach die der Durchdringung, des „Midrasch", welcher immer wieder die Bibel ergreift und von ihr immer neu ausgeht,... und nun die, erst in ihrem Beginne gesehene, der Bahnen einer wiedererwachenden Glaubenskraft. *[6, S. 9]*

Das ist kein Versuch, die jüdische Geschichte in drei voneinander abgesetzte Jahrtausende hineinzupressen und so einen symmetrischen, künstlichen Aufbau zu gewinnen. In der jüdischen Historiographie ist man der Unterteilung der Geschichte in Perioden zunehmend müde geworden, und Baeck hatte weder die Absicht, noch war er daran interessiert, die historischen Ereignisse so zu arrangieren, daß sie in sein Grundmuster paßten. Er schrieb keine Geschichte, er schrieb *Theologie.* Vielleicht liegen jeder historischen Konstruktion, die in Perioden von Jahrtausenden denkt, gewisse hegelianische Prinzipien zugrunde, aber in diesem Fall sind diese Perioden nicht dazu bestimmt, die gesamten Bewegungen der Menschheit zusammenzufassen oder zu werten. Sie veranschaulichen lediglich Epochen der jüdischen Geschichte, in denen die göttliche Offenbarung durchbrach und ihre Ziele durch die Antwort des jüdischen Volkes verwirklichte.

Wenn Baeck sagt, das jüdische Volk befinde sich gegenwärtig in seinem vierten Jahrtausend, das er als das Jahrtausend der Hoffnung bezeichnet *[8, S. 187]*, und wenn er die vorangegangenen drei Jahrtausende in klar unterschiedene Epochen trennt, dann macht er eine theologische Aussage, in der mehr enthalten ist als nur ein Hauch von Mystik.[13] Die Offenbarung Gottes manifestiert sich in der Geschichte Israels, und mit jeder „Epoche" antwortet ihr Israel:

Geschichte lebt und wird fruchtbar nur, wenn sie der Epochen fähig ist... Schon das individuelle, persönliche Leben, dieses Ringen des Menschen um sich selbst, erhält seine Prägung dadurch, daß es sein Lebensalter, seine Epoche gewinnt. *[9, S. 187–188]*

Baeck stellt den Anfang einer Epoche der Fähigkeit eines Volkes zur Wiedergeburt gleich. Der Vortrag in Theresienstadt hatte mit dem Ruf zur Wiedergeburt geschlossen, und dieses letzte Werk sollte Israel ausweisen als das Volk ständiger Wiedergeburt, ständiger gläubiger Bejahung der Welt und des Gebotes, das immer an dieses Volk ergeht.

Im ersten Stadium, dem Zeitalter der Bibel, errichtete Israel die *Einheit Gottes* gegenüber aller Vielzahl der Völker; im zweiten Stadium, dem Zeitalter des Midrasch, lernte und lehrte Israel den *einen Weg*. Das pharisäische Judentum, die Heiligung alles Lebens, die Erkenntnis dieser Aufgabe, die das ganze Leben erfüllte, führte Israel auf den Weg, der allein es ihm ermöglichte, seiner Funktion als Volk der Offenbarung nachzukommen. Die Bibel begleitete den Juden in jedes Land, in das er wanderte, und erfuhr überall eine neue Deutung, die zu dem einen Weg gehört. Oberste Idee des dritten Jahrtausends war dann die Wahl und die Tat der Entscheidung zwischen dem *einen Reich* Gottes oder einem der vielen Reiche des Menschen. Und in dem nun beginnenden vierten Jahrtausend wurde es zur Aufgabe, an der *einen Hoffnung* festzuhalten gegenüber den vielen Hoffnungen, die stets der Erfüllung so nahe schienen.

Jede dieser Epochen leitet in die folgende über: der eine Gott, der eine Weg, das eine Reich und die eine Hoffnung sind Bestandteile der Totalität des jüdischen Lebens; in den verschiedenen Zeiten jedoch mußte der Akzent in den Antworten auf die Probleme Israels verschieden gesetzt werden. Wieder besteht für Israel die Polarität zwischen Vollkommenheit und Spannung, und die Unterteilung in einzelne Epochen bedeutet eine Klärung der Polarität zwischen dem Einen und den vielen: der eine Gott gegen viele Götter, der eine Weg gegen alle anderen, das eine Reich, das sich von den übrigen abhebt, und die eine Hoffnung gegen die vielen Hoffnungen des Menschen.

Bezieht man die Darmstädter Vorträge in die Interpretation von Baecks Spätwerk mit ein, dann zeigt sich noch ein weiterer Aspekt dieses Systems von Jahrtausenden, das organischer, fast physiologischer Natur ist. „Tod und Wiedergeburt" *[32]* wendet sich den Epochen im individuellen Menschen zu, sieht sie als die Zäsuren von Tod und Wiedergeburt im Menschen – in dem Kind, das die Offenbarung einfach in sich aufnimmt, in dem jungen Mann, der darüber nachdenkt, was ihm gegeben war, und der den eigenen Weg sucht, sowie in dem Erwachsenen, der in der Welt steht und nun danach strebt, das eigene Gebiet abzugrenzen, auf daß es, von der Welt getrennt, für ihn sicher sei, und im alten Menschen, der sich in sich selbst zurückzieht und jede Schaffenskraft in sich ersterben fühlt, *es sei denn* er weiß, wer er ist und was seine Zukunftshoffnungen aus dem Tod machen werden, der letzten Zäsur, die ebensowenig wie alle Tode vorher das Ende ist. Der Tod selbst wird die Wiedergeburt offenbaren *[32, S. 60]*.

Baecks vier Lebensalter des Menschen finden ihre unmittelbare Parallele in den vier Jahrtausenden der jüdischen Existenz, die in *Dieses Volk* charakterisiert werden. Die eine Offenbarung, der eine Weg, das Reich Gottes und die Hoffnung durchdringen sich wechselseitig. War das Absicht? Ist es ein weiteres Beispiel für Baecks Konsequenz, wenn er die lebendige Ganzheit von Israel in genau der gleichen Weise sieht, die seine Analyse der Natur der Menschheit bestimmte? Die Antwort liegt weniger in Baecks Absichten als in seinen Methoden. Er war ein Psychologe der Religion, der Diltheys *verstehende Psychologie* auf sich selber anwandte. Er bezieht die Erfahrungen des inneren Selbst auf seine Theologie, auf seine Erkenntnis sowohl des Geheimnisses wie des Gebots. Erst dann geht er zur Geschichte weiter, zu den Erfahrungen Israels, die der gesamten Menschheit die Offenbarung von Gebot und Geheimnis vermitteln. So entspricht das Bild des Menschen dem Bild von Israel; der sich immer erneuernde Rhythmus der großen Polarität von Tod und Wiedergeburt ist in beiden wirksam und das Universale im Besonderen enthalten. Wie Baeck in Theresienstadt betonte, „ist dieses Volk eine Frage von Gott. Es selber und darum auch die Menschheit, in die es hineingestellt ist, sollen die Antwort geben, Antwort an Gott" *[7, S. 180]*.

Bevor wir uns nun dem Inhalt dieses Werkes zuwenden, noch ein Hinweis: Wir dürfen es nicht nur als Teil des neuen Midrasch werten, als eine Polemik des großen Apologeten des Judentums, der einst den Glauben verteidigte und nun für das Volk dieses Glaubens spricht – wir müssen in ihm ebenso die erneute Darstellung der Polaritätsreligion erkennen, die zusammen mit dem *Wesen des Judentums* ein umfassendes Verständnis von Juden und Judentum ermöglicht. Es ist ein Buch des Glaubens, ein theologisches Buch, geschrieben von einem modernen Jehuda Halevi, der bedingungslos an sein Volk glaubte, das als das Volk der Offenbarung zu einer göttlichen Mission in der Welt berufen ist.

III

Der erste Band von *Dieses Volk* setzt ein mit der Frage nach dem eigenen Ursprung, die sich jedes Volk, das an einer Wiedergeburt interessiert ist, stellen muß: Wer bin ich? Warum bin ich? Und man darf nicht vergessen, daß Baeck diese Frage in einer Umwelt stellte, die sein Volk gerade in ein Tal der Finsternis gestürzt hatte, so daß die einzig logische Frage jener Zeit eigentlich zu sein schien: Wann wird das alles enden? Baeck stellt jedoch die Frage anders, und die Antwort kommt von außerhalb der Welt, tritt ein in diese Welt als Teil der jüdischen Geschichte: der Bund mit Gott. Das Wort ist an Israel gerichtet, und Israel erfährt sich selbst gewissermaßen „als ein Volk aus der Bahn des Jenseits hervor, als ein Volk metaphysischer

Existenz stand es vor sich selbst da – ein Volk geworden kraft einer Offenbarung Gottes und für eine Offenbarung Gottes" *[7, S. 12]*.
Im Gegensatz zum *Wesen des Judentums*, wo das Geheimnis erst allmählich seinen Platz neben dem Gebot einnahm, beginnt *Dieses Volk* mit der Bekundung des „Zwiefachen" im Leben, mit der Erkenntnis, die aus dem Jenseits und derjenigen, die aus dem Diesseits kommt, mit der Beziehung zwischen dem Rationalen und Nichtrationalen und ihrem gemeinsamen Ursprung in Gott. Das war auch Israels Herkunft, die daher hinausgriff über seine unmittelbare Umgebung und geschichtslos erscheinen mochte:

„Geschichtslos konnte es daher dort erscheinen, wo Völker sich in die Selbstbetrachtung gebannt hatten und ihr Boden und ihr Umkreis allein ihnen sagen sollte, was Geschichte ist." *[7, S. 14]*

Das Volk Israel bietet der Welt somit einen besonderen Weg religiöser Erkenntnis, eine besondere Offenbarung, die mit allen geteilt werden soll (dies die Mission, die mit der Offenbarung gegeben ist), einen Weg, der aber außerdem der Prototyp für jede individuelle Begegnung mit religiöser Wahrheit ist. Als erstes eine Offenheit allen Aspekten der Existenz gegenüber: ein Volk – oder ein Individuum – darf sich nicht in die eigene Umwelt so verstricken, daß es ein Opfer dessen wird, was Paul Tillich „die Götter der Räume" genannt hat. Das Transzendente spricht aus dem Immanenten: Jede Begegnung in der menschlichen Erfahrung enthält Elemente des ewigen Seinsgrundes, die dem Fluß des Zeitlichen übergeordnet sind. Die Ewigkeit, die die Welt umschließt, und die ewige Aufgabe, die den Kern von Israels Existenz bildet, sind hier als Einheit gesehen (als Polarität zwischen Schöpfer und Geschöpf, dessen sittliches Tun seine schöpferische Antwort ist):

Zur Einheit, die untrennbar bleibt, ist das beides dem Volke geworden: das Wissen von Gott und das Wissen von sich selbst. So hat dieses Volk, mochte es sich in hellen oder in dunklen Tagen erleben, immer das erfahren sollen, was über ihm ist und vor ihm war. Es erahnte „die Arme der Ewigkeit" (5. Buch Mose 33,27). *[7, S. 215]*

Die Ergebnisse aus der menschlichen Erfahrung, die sich Israel eingeprägt haben, haben eine transzendente Dimension, welche es Baeck ermöglicht, die Offenbarung im Immanenten zu sehen: Die Umarmung durch die *brachia sempiterna* verleiht jeder Erfahrung die Dimension des Dauernden, und die Tatsache, daß Israel seine Geschichte als Volk mit dieser Erkenntnis beginnt, weist ihm seine Aufgabe und Sendung zu.

In welcher Weise antwortet nun Israel auf diese Erfahrung? Manches von Hermann Cohens Lehren ist in Baecks Insistieren auf der Idee des einen Gottes wirksam, der mit dem Augenblick der Schöpfung zu diesem Volk kommt und die volle Unterstützung der menschlichen Vernunft erhält; die Vernunft erkennt diese eine Aufgabe und ist ihr als notwendigem Korrelat zu Gott vollkommen ergeben. Aber sie steht nicht mehr allein als Schöpfer da. Baeck hat das Nichtrationale neben das Rationale gestellt. Er geht von den Einsichten seines anderen Lehrers, von Dilthey, aus und erforscht die Dimensionen der menschlichen Persönlichkeit, die für das Erlangen wahrer religiöser Erkenntnis ebenso wesentlich sind wie die Vernunft. Die Gefühle des Geschöpf-Seins, der menschlichen Abhängigkeit und jener menschlichen Größe, die das göttliche Fundament der Existenz bejaht – aus ihnen ergibt sich das Wissen um das Geheimnis wie auch das Wissen um das Gebot. Die Polarität jenes religiösen Wissens, das in Israel (das heißt auch: im Menschen) vorhanden ist, wird nun in diesen zwei Bänden ergründet, und Baeck geht der rationalen und nichtrationalen Bewußtheit Israels von seiner Sendung (das heißt auch: Offenbarung) durch die ersten drei Jahrtausende seiner Existenz hindurch nach. Die gleiche Polarität ist enthalten in den menschlichen Erfahrungen: das gleiche Geheimnis und das gleiche Gebot gehen von Gott aus, dem Grund allen Seins. In Baecks Religion der Erfahrung wird die tiefe Kluft zwischen Mensch und Welt überbrückt. Polarität bewirkt jenes Verwischen der Grenzen, das dem Fundamentalisten so ärgerlich ist, der die eine klare Offenbarung sehen möchte, die vor allen Einbrüchen der Welt durch eine Hecke geschützt und nur durch das besondere Tor des eigenen Glaubens erreichbar ist. Daher würde eine kantianische Kritik in Baecks System eine unverzeihliche Verwischung feststellen zwischen Phänomenon und Noumenon, dem Ding an sich, das nicht mittels der Kategorien der Vernunft erfahren werden kann, da diese nur die sinnlichen Eindrücke der Phänomene zu dem Wissen um die Welt der Phänomene formen können. Der kantische Gott existiert als notwendiges Postulat des Geistes, und das Transzendentale darf nicht durch das Immanente zum Menschen kommen. Baecks System hingegen unterstreicht sowohl das Nichtrationale im Menschen als auch den transzendentalen Aspekt des Immanenten, den der Mensch in seiner Existenz erfährt und der sich in der doppelten Bewußtheit des Menschen erschließt, die seine Fähigkeit zu religiösem Wissen darstellt. Eine Erkenntnistheorie, die von der Philosophie ernstgenommen werden muß.[14]

Diese Theologie und diese Vorstellung vom Menschen werden auf die Tatsachen der jüdischen Geschichte bezogen, wobei der Akzent nie auf den Ereignissen, sondern auf Israels Antwort auf diese liegt. Und während

Israel für Baeck immer ein Volk ist, das aus dem Geheimnis entstand, ein Volk metaphysischer Existenz, gilt ihm seine Besonderheit stets als Ausdruck für die Universalität des Menschen, der ein Geschöpf und die Korrelation Gottes ist und die Polarität der Existenz durch das sittliche Tun und die Antwort auf das göttliche Geheimnis bekräftigt.
Israels Geschichte gerät so zu einer Ausarbeitung von Baecks Theologie. Wieder zeigt sich Baeck als Apologet. *Dieses Volk* ist eine erneute Verteidigung des Glaubens (das heißt auch: des Volkes), wie er sie schon mehr als ein halbes Jahrhundert lang übernommen hatte. In bezug auf die Schwächen Israels schreibt er:

Auch das Wort von der Verderbtheit des Besten, welche die Schlimmste ist – corruptio optimi pessima –, hat sich mit mancher Zeile in diese Geschichte eingeschrieben. Aber wer das Ganze zu schauen vermag, der wird hier doch, fast könnte man sagen, einer Erhabenheit gewiß; die große Linie, die Linie einer letzten Treue gegen den Ewigen und sein Wort, bleibt offenbar. Über jedem dieser vielen Jahrhunderte, wie immer eines von ihnen gewesen sein mag, über allen den Wegen, auch den Abwegen und den Umwegen leuchtet doch eine Idee, diese Idee, die über dem Anfang strahlte, ein Volk vor Gott sein zu sollen. *[7, S. 16]*

Individuelle Unzulänglichkeiten und solche von Gruppen werden im Rahmen des Ganzen erklärt und verteidigt. Solange Israel seiner zentralen Offenbarung treu war – als das Gott verpflichtete Volk –, solange blieb es an den Weg des Lebens gebunden.
Auch von Baecks Zeitgenossen Buber und Rosenzweig, die in der Sprache der Bibel lebten, wurde der Begriff des Bundes nachdrücklich bejaht. Baeck warnt vor der Fehlinterpretation des Wortes *berit* („Bund") durch diejenigen, die es im Sinne der griechischen Rechtssprache verstehen wollen. Das biblische Wort ist elementar, lebensvoll, durchdrungen von immer neuer Bedeutung, die sich in der menschlichen Existenz auswirkt. Es ist ein primär religiöses Wort, in dem erneut das Zwiefache zum Ausdruck gelangt:

Die von Gott gegebene Ordnung, in der sich Diesseits und Jenseits, Nähe und Ferne, gleichsam Erde und Himmel verbinden, sollte hier den Ausdruck gewinnen. Ein Bund ist diese Ordnung gleichsam, denn der Mensch ist mit seinem freien Willen und zu seiner Entscheidung in sie hineingestellt, um sie zur Ordnung seines eigenen Bereiches zu machen. Die Poesie hat hier selbst das kühnere Gleichnis noch gewagt, daß es gewissermaßen eine Entscheidung der Natur auch gewesen sei, diese Ordnung anzuerkennen und anzunehmen. *[7, S. 19]*

Die Polarität des Menschen ist auf den freien Willen gegründet, und alles Immanente, Mensch und Welt, öffnet sich, um das Transzendente als Grundaspekt der Existenz aufzunehmen. Für Baeck hat das hebräische Wort *berit* eine Bedeutung, die er weder in der griechischen noch in der römischen Terminologie findet. *Nomos* bezeichnet etwas Funktionelles innerhalb eines Gesamten, eine formende, gestaltende Kraft. *Lex* besagt etwas Organisches, Konstruktives, das menschliche Beziehungen koordiniert. *Berit* umfaßt „zugleich die Idee der lebendigen Schöpfung durch den Einen, der lebendigen Offenbarung des Einen, diese Idee des Eintritts des Jenseits ins Diesseits. In dem einen Worte klingt hier dies alles zusammen: Gesetz, Schöpfung, Offenbarung“ *[7, S. 20]*.

Die Propheten hatten das Erlebnis der Gewißheit Gottes und des Bundes; von ihnen kam es zu ihrem Volk und wurde das Erlebnis von Israel und aller Völker der Erde:

In allem lebt als sein Grund und seine Bestimmung ein Einziges, Eines, ein Verborgens, Unergründliches, Unendliches, Ewiges. Es ist das Allumfassende, so daß niemand und nichts neben diesem Einen, außerhalb seiner sein kann ... Dieses ewige Ich, das zu uns spricht, dieses Ich alles Ichs, von welchem alles ausgeht, welches alles erschafft, alles bestimmt, alles erschaut ... Zu ihm kann ein jeder hinblicken und hinrufen, an ihm jeder sich aufrichten, zu ihm jeder sein Sorgen und Bangen hintragen. Der ewige, unendliche Bund ist geschlossen. *[7, S. 21–22]*

Die Polarität der äußerlichen und innerlichen Realität aller Dinge beruht auf dem Bund – dem freien Entschluß des Menschen zu der universalen Begegnung zwischen Mensch und Gott. Als Israel den Bund als Volk schloß, begründete es seine besondere Geschichte, die die Verwirklichung des Bundes in der Welt ist und damit die gesamte Menschheit berührt. Der Bund mit der Welt ist in den Bund jüdischer Erfahrung eingeschlossen.

Wenn Baeck den Begriff des Bundes durch die Bibel verfolgt, so ist für ihn die Bibel nicht allein das Buch Gottes, sondern auch das Buch jüdischer Erfahrung. Seine wichtigsten Lehren aus dem *Wesen des Judentums* werden noch einmal wiederholt. Aber jetzt sind sie dem Mutterboden jüdischer Erfahrung entnommen, und das Geheimnis nimmt den gleichen Rang ein wie das Gebot:

Aber wahrhaft um das Gesetz und so um Gottes Nähe zu erfahren, vermag er nur, wenn er zugleich um dieses Geheimnis erfährt ... Gott selbst können wir Menschen nicht erleben, aber wir vermögen, und in diesem Volke ist es zuerst so erfahren worden, das ewige Geheimnis, das um Gott ist, und das ewige Gesetz, das aus dem Geheimnis kommt, beide in einem, zu erleben ... [Das Gesetz] bedeutet das, was es ist, weil es die Offenbarung des Ewigen, das „Wort" des einen Gottes ist; aus dem Geheimnis hervor hat es seine Kraft und seinen Bestand *[7, S. 31]*.

Ethischer Monotheismus mit seiner Herausforderung für die Umwelt wurde Israels Bejahung dieses Bundes, wurde zum Zeugnis für den einen Gott, und Israels Geschichte erhielt dadurch ihren Sinn. „Darum hat es seinen Grund im Grunde des Alls gefunden" *[7, S. 36]*.
Zu dem Begriff des Bundes, der außerdem Israels erstes und bleibendes historisches Erlebnis war, gesellt sich das Erlebnis (und der Begriff) des Auszugs aus Ägypten, mit dem Israel seine historische Existenz beginnt. Israel hat dieses Ereignis immer in den Mittelpunkt seiner Liturgie gestellt, hat darüber meditiert und ihm die Bedeutung nicht nur als zeitlicher Anfang, sondern ebenso als Anfang des Lebens zuerkannt. Auch der Auszug ist ein Bund und daher Gesetz: Baeck weist auf das große Gebot des Auszugs hin – die Zehn Gebote –, das mit dem Auszug einsetzt. Offenbarung und Beginn der Geschichte fallen für dieses Volk zusammen, und Baeck sieht in der Geschichte erneut eine Lehre der Theologie, die dem Volk die Wege Gottes und des Menschen erläutert:

Auch in dieser seiner Geschichte lernte es [Israel] zugleich die Menschheit zu begreifen. Denn die Idee, die in seiner Geschichte sich ihm aufzeigt, zeugt von dem Ganzen der Geschichte, sie will den großen Zusammenhang von Gesetz und Geschehen aufweisen und verbürgen. Ist das Geschehen auch jeweils ein besonderes, so ist das Gesetz, das darin waltet, doch stets und überall das gleiche. Geschichte ist diesem Volke nie zur bloßen Zeitenkunde und nie zur bloßen Kunde der Völkerbeziehung geworden, sondern sie war ihm das Gesetz eines höheren Willens, das sittliche Gesetz, dem hier ein Volk nachgeht, wenn es seinen Weg sucht, und dem dort ein anderes ausweicht oder entgegen ist. Eine gebietende Satzung, so sah man es, tritt mit der Geschichte aus dem ewigen, unendlichen Jenseits hervor, eine Satzung, die darum für alle gilt, vor sie alle das Gebot von Gott, die bleibende, sittliche Aufgabe, hinstellt *[7, S.41–42]*.

Der Auszug bezeichnet den Beginn von Israels Wanderung als das Volk Gottes durch alle Bedrängnisse zu allen anderen Völkern, unter Verwirklichung der sittlichen Imperative des Bundes, der zu dem Auszug gehört. Für Baeck wird die Geschichte zur Selbstverwirklichung dieses Volkes wie aller anderen Völker. Und das große Pathos der Geschichte besteht für ihn darin, wenn ein Volk seinen eigenen Geist, seinen Weg nicht findet und sich verirrt. Der Auszug ist ein historisches Ereignis, das sich aber für jeden gläubigen Juden in jeder Generation aufs neue ereignet. Jedes Gesetz wird zum Gebot, sobald es von einer neuen Generation erfahren wird. Und Baeck betont, daß die jüdische Geschichte eigentlich nicht der *historia*, das heißt, dem griechischen Begriff der „Erforschung", sondern dem biblischen *toledot*, der gemeinsamen Erfahrung der „Generationen" entspricht *[7, S. 48]*. Womit wir zu der „Kette der Überlieferung" kommen, die eine operative Funktion in Baecks Prinzip der Offenbarung, das sich in Israel auf seinem Weg durch die Geschichte manifestiert, inne hat. Er spricht von der Spannung zwischen dem Besonderen und dem Universalen, welche „die Seele dieses Volkes durchpflügt" hat, stellt aber auch fest, daß diese Polarität als „seelisches Gesetz" *[7, S. 50]* erkannt werden muß – und wieder bringen uns jüdische Geschichte und Erfahrung zu der Erfahrung eines jeden Menschen:

Wieder steht das vor uns, was für dieses Volk kennzeichnend geworden ist: alles tritt in die Sphäre des Sittlichen, das aus dem Geheimnis hervorkommt. Seelische Erfahrung bezeugt sich hier. Denn nur im Sittlichen kann echte Individualität werden. Auf dem Boden des Sittlichen finden Unterschiedenheit und Gemeinschaft einander, hier werden sie innerlich eins. *[7, S. 50]*

Der Auszug aus Ägypten war eine moralische Entscheidung für Israel, eine Entscheidung, die zu Ägypten „Nein" und zu der ewigen Aufgabe des Zeugens für die Einheit Gottes „Ja" sagte. Baeck weist darauf hin, daß die römische Geschichte mit der Befestigung einer Stadt beginnt; Griechenland hatte die Größe, sein Volk als Zuschauer und Gestalter in einem „Schauspiele für Götter und Menschen" zu sehen, und seine Geschichte begann mit den olympischen Spielen. Israel hingegen begann mit seiner Befreiung von der Knechtschaft und lernte schließlich, die Jahre von der Erschaffung der Welt an zu zählen. „Auch dies", sagt Baeck, „ging von der großen Entscheidung und der großen Verneinung aus, die der Auszug aus Ägypten verlangte" *[7, S. 61]*.
Israel lernte zu begreifen, daß in seiner Existenz seine Aufgabe lag, in diesem Anderssein, das aber kein Auftrumpfen über die Nachbarn bedeutete. Neben dem Wissen um das Anderssein wuchs in Israel die Erkenntnis von etwas anderem: „Erst wenn zugleich und ebenso lebendig das Gefühl für eine große Verbundenheit und für die daraus folgende Verpflichtung aufwuchs, ist das Anderssein in einem sittlichen Bereich, in einem Bereich der Würde" *[7, S. 64]*. Wieder bietet das Volk Israel das Bild des Menschen. Wie jeder einzelne Mensch muß ein Volk die Existenz des Mitmenschen bejahen, und die Gesetze von Israel wenden sich an den Fremden und Dienenden: „Erinnere dich, daß du ein Knecht warst im Lande Ägypten." Zum Schluß ist die Bestätigung des Auszugs und der jüdischen Geschichte eine Bejahung der Weltgeschichte, so daß Jesaja zu Israel sprechen und dar-

an erinnern (Jes. 19, 22–25) kann, daß der Ewige der Heerscharen sagte: „Gesegnet mein Volk Ägypten und meiner Hände Werk Assyrien und mein Erbteil Israel.“

Der erste Band von *Dieses Volk* gliedert sich in vier Abschnitte: Der Bund, Der Auszug, Die Offenbarung, Wüste und Boden. Es sind die Fundamente jüdischen Denkens, die im biblischen Menschen gegeben sind und von jeder Generation dieses Volkes neuentdeckt werden. Jedes dieser Grundthemen spricht von dem Transzendenten, das in die Existenz eintritt, und alle sind unter dem Gesichtspunkt der jüdischen Existenz innerhalb der Erfahrung Israels behandelt. Der Abschnitt über die Offenbarung erstaunt zunächst, denn es schiene logisch, daß ein Buch, das ein theologisches System bietet, nun auf die Einzelheiten jener Offenbarung eingehen würde. Aber wir dürfen nicht vergessen, daß für Baeck das Volk Israel die Offenbarung ist; die Einzelheiten jener Offenbarung müssen mithin aus den lebendigen Erfahrungen des Volkes entnommen werden. Baeck hatte zunächst Geheimnis und Gebot im Menschen angesiedelt; der Mensch spürt das Geschöpf-Sein, er erlebt sowohl Abhängigkeit wie Selbständigkeit des Handelns und antwortet auf die sittlichen Imperative mit vollem Einverständnis seiner Vernunft, wodurch das sittliche Tun zu einem Begleitumstand des Lebendigseins wird. Ebenso muß Baecks System jetzt dieses Volk Israel als eine Ganzheit darstellen, in dem ein gleicher Prozeß erkennbar ist.

Israel hat die Offenbarung erlebt und ist Teil dieser Offenbarung geworden. Wie konnte es dieses Erlebnis mitteilen, das „an den Rand . . ., bis zu welchem menschliches Sinnen und Fühlen gelangt“ *[7, S. 78]*, führt? Nur das Gleichnis, nur die Sprache der Allegorie kann versuchen, das im Grunde Nichtsagbare zu vermitteln.

In den zwei Bereichen, in dem sichtbaren und dem unsichtbaren, hatte dieses Volk leben gelernt, und da es beide als eines erfaßte, mußte es den Ausdruck für das haben, worin die beiden sich berühren und ineinander übergehen. Dieser Ausdruck ist dieses dichtende Gleichnis. *[7, S. 78]*

Baeck begreift und definiert das Buch dieses Volkes, die Bibel, wirklich als die größte Dichtung, die die Menschheit je geschaffen, als poetisches Gleichnis, das die Begegnung mit dem Göttlichen (die Offenbarung ist) zum Ausdruck bringt. Ergriffen schrieb das Volk über das Unsagbare. Zuweilen sprach es in beredtem Schweigen, und Baeck will uns das Schweigen zusammen mit den Worten der Bibel verständlich machen, die Israels Begegnung mit Gott zum Ausdruck bringen. Auf das Schweigen der Bibel zu hören, wird zu einer wesentlichen Kategorie, um das Volk und die Offenba-

rung zu verstehen. (Vorübergehend verläßt Baeck die biblische Zeit, um von den Zeiten der Interpretation zu sprechen, wobei er jetzt das mystische Element viel stärker betont als selbst in der zweiten, überarbeiteten Fassung vom *Wesen des Judentums* und es in den Bereich des Gebotes stellt.) Die Bibel soll durch das Volk verstanden werden und das Volk durch die Bibel: sie brauchen sich gegenseitig, um am Leben zu bleiben.
Die Offenbarung beginnt als Geschichte Israels. Den Zehn Geboten des Bundes geht der Ruf voraus, der sich an das ganze Volk Israel wendet (Ex. 19, 1–8):

Ihr, ihr habt gesehen, was ich an Ägypten getan habe, und wie ich euch auf Adlerflügeln trug und euch zu mir führte. Und jetzt, wenn ihr auf meine Stimme hören und meinen Bund wahren werdet, so werdet ihr mir ein Besitztum sein mehr als alle Völker, wenn auch mir die ganze Erde zugehört. Ihr, ihr sollt mir ein Reich von Priestern und ein heiliges Volk sein. *[7, S. 85]*

Der Nachdruck liegt für Baeck auf dem Volk, auf dem *ganzen* Volk. Immer wieder stellt er sich in dieser Arbeit hinter die Worte des Propheten, das Volk sei bestimmt, „der Knecht dessen, der ist" zu sein *[7, S. 86]*. In diesen in Theresienstadt geschriebenen Worten klingt das Gleichnis vom leidenden Knecht an. Es folgt die alte Verteidigung der Pharisäer, die Menschen gewesen sind, die das Bibelwort überaus klar erkannten und deuteten und das ganze Leben zu einem Reich des Heiligen weihen wollten. Das Volk ist eine Ganzheit, und mit ihm seine Institutionen. Baecks Gegenüberstellung von Gemeinde und Kirche *[7, S. 92–93]* erweist ihn erneut als Polemiker, als Verteidiger seines Volkes – sogar in diesem Midrasch aus dem Konzentrationslager. Und außer dem Polemiker begegnen wir auch dem Apologeten wieder: Baeck erwähnt zwar ausdrücklich jene, die sich von dem Volke lösten, sich assimilieren und der äußeren Welt angehören wollten, aber er sieht die Integrität von Israels Volkstum dadurch nicht beeinträchtigt, und er spricht für seinen eigenen, im Grunde liberalen Standpunkt, wenn er sich den vielen verschiedenen Formen des religiösen Lebens in Israel zuwendet:

Vielleicht ist für viele Menschen sonst Religion nur eine Frage der Beschaffenheit? Für den Menschen dieses Volkes ist diese seine Religion – auch darum hat sie den unkonfessionellen, unorthodoxen Zug – eine Frage der inneren Existenz. Durch die Kraft, die alles bildet, ist dieses Volk so gebildet worden; nur so kann es sein. In vielen Klängen kann die Offenbarung hier vernommen werden, ihre Weite und Mannigfaltigkeit hat sie hier immer gehabt. So vieles darf hier den Raum für Frage und Antwort haben, wenn nur etwas von dem vernommen wird, was die Propheten hörten, als sie sagen konnten, sagen mußten: „So spricht Er, der ist." *[7, S. 99]*

Der Liberale kann sich nicht auf das Bibelwort allein begrenzen und es zu seinem Dogma machen. In den Polaritäten von Mensch und Welt liegt eine Offenheit, die sich der Konkretisierung des biblischen Gleichnisses in Endgültiges widersetzt. Kern der biblischen Offenbarung sind indessen für Liberale wie für Traditionalisten die Zehn Gebote. Aus den Ausführungen zu den Zehn Geboten spricht der Meister und ehemalige Lehrer der Exegese an der Berliner Lehranstalt. Er sieht sie als unteilbare Einheit, in der das Ganze Vorrang vor den Teilen hat. Nachdem Israel einmal in die Offenbarung eingeführt war, spricht der erste und erhabenste dieser Sätze

von dem einen Gott, der jedem Menschen sein Gott ist, von dem ewigen Ich, das Ursprung und Prinzip für alles menschliche Ich ist. In dem Beginn dieses Volkes hat das ewige Ich, dieser ewige Beginn, sich offenbart und hat diesem Volke Erlösung, Bund und Bestimmung aufgezeigt, hat es durch das Gebot und für das Gebot aufgerufen, so daß es nun um sich selbst, um die Eigenheit seines Ichs und die Besonderheit seines Weges wußte. *[7, S. 100]*

Dieses „ewige Ich" spricht zu der ganzen Menschheit, aber von Anbeginn zu und durch Israel. Das zweite Gebot, dem falschen Zeugnis gewidmet, folgt getrennt, ist aber mit dem ersten unlösbar verbunden:

Das erste Gebot, als Satz und als Gebot, hat dem Charakter des Volkes und seiner Geschichte den großen Zug verliehen, das zweite Gebot, und mit ihm das dritte, das von der Wahrhaftigkeit, sie haben das tiefe Ernstnehmen, dieses Wissen um den eifervollen Gott hier eingeprägt. Zusammen haben sie den Glauben zu dem gemacht, was er hier zuerst geworden ist: Entschlossenheit für das eine und ganze Leben, Bekenntnis zu der großen Forderung, die der Mensch durch alle seine Tage und in allen seinen Umkreisen erfüllen soll. *[7, S. 101]*

Im Verlauf der weiteren Darlegung der Zehn Gebote geht Baeck dann mit der christlichen Deutung ins Gericht, die den Dekalog als Teil des Naturgesetzes begreift (um es von dem Gnadengesetz zu unterscheiden). Hier streitet Baeck für Gesetz und Freiheit, die nicht als etwas bereits Gegebenes bestehen, sondern aus einer ganz anderen Sphäre kommen: „Das Reich des Gebotes ist ein Reich der Offenbarung und ist als dieses ein Reich der Gnade ... Ein Ewiges tritt in das Endliche, um es zu gestalten, es zu formen, um es so zu vollenden, daß es im Gottesreiche sei" *[7, S. 103]*. Das eine Absolute gibt Baeck zufolge allem Relativen seinen Sinn. Noch einmal bekräftigt er die Polaritäten der Existenz für die Welt und für Israel:

Hier ist darum kein Zwiespalt zwischen dem, was diesseitig und dem, was jenseitig, zwischen dem, was immanent und dem, was transzendent ist, zwischen Gebot und Gnade, zwischen Ethischem und Mystischem, zwischen Persönlichem und Kosmischem. Dasselbe Geheimnis und Gesetz, dasselbe Prinzip waltet in dem einen und anderen; dieselbe Wirklichkeit ist es, die sich hier wie dort eröffnet ... Hierin auch hat die Seele dieses Volkes ein Gepräge. Ein Zug zur unendlichen Ferne und eine Hinneigung zur greifbaren Nähe verweben sich ... Idealismus und Realismus sind zu einer Einheit geworden. Daher ist diesem Volke die Dynamik meist mehr eigentümlich als die Statik ... Darum ist die Spannung zwischen dem Diesseitigen und dem Jenseitigen so lebendig. *[7, S. 104 bis 105]*

So gerät dieses Spätwerk zu einer Zusammenfassung des Systems, in dem sich die Darmstädter Vorträge und das *Wesen des Judentums* zu einem folgerichtigen Ganzen vereinen, das an einer Geschichte des Volkes Israel anschaulich gemacht wird, die nichts weniger als ein Glaubensbekenntnis darstellt.

Biographie war Baecks Stärke. Die anschließende Vignette über Moses ist eine der vielen in diesen beiden Bänden. Aber die Kritiker, die diese Vignetten aus dem zuweilen komplizierten und erstaunlichen Gewebe religiöser Exposition herauslösten, verstanden nicht, daß Baeck auch in diesen Vignetten Wesen und Charakter des jüdischen Volkes und der Vision Israels aufzeigen wollte, in die er eine Offenbarung für alle Menschen sieht.

Die eine Biographie wird allerdings nie versucht: das Geheimnis des göttlichen Namens wird als Geheimnis bewahrt. Aber ebenso wie Hermann Cohen, Martin Buber und Franz Rosenzweig sich um eine eigene Formulierung des Tetragrammatons und seiner Erläuterung im 2. Buch Mose 3, 13–14 bemühten („Ich bin, der ich bin"), muß sich auch Baeck mit der Gewalt dieses Verses auseinandersetzen. „Was soll ich sagen?", fragt er und fährt fort:

Dieses eine Wort bricht immer wieder, zweifelnd und fast verzweifelnd, in der Rede durch. Aber dann ist doch ein Letztes gesprochen, das menschliche Sprache noch aufnehmen, zu dem menschliche Sprache noch gelangen kann. In einem Letzten der Bestimmtheit und Klarheit ist gesprochen, beinahe noch über das Gleichnis hinaus: „Ich bin, der ich bin", „Ich bin hat mich zu euch gesandt" – das Ich und das Sein, das Sein und das Ich in einem, der Ursprung alles Seins und der Ursprung jedes Ichs, Ursprung und Ich und Sein in einem. *[7, S. 111]*

Für Baeck liegt hierin etwas Neues. Unabhängig von dem Stofflichen ist der Bereich der Sprache erweitert worden und dadurch eine Offenbarung. Baecks mystische Seite, etwas von dem Forscher, der sich in den *Ssefer Jezira [36]* versenkte und in der Auseinandersetzung mit dem *Ssefer ha-Bahir [36a]* die Überzeugung vertrat, daß es das hebräische Alphabet war, das zum Werkzeug der göttlichen Schöpfung wurde, kommt hier ins Spiel.

Baeck ist sich des Geheimnisses und dessen Gefahren bewußt. Wenn er sich der Offenbarung Gottes (2. Buch Mose 34, 5–8) zuwendet, wird diese zu einem Dialog zwischen dem Schöpfer und dem Menschen, der zu der Erkenntnis der eigenen Schöpferkraft geführt wird, die in der Poesie des Glaubens durchbricht und sehr real ist. „Immer bleibt er dann des Geheimnisses gewiß – auch das Verborgene kann in einer Gewißheit, einer Gewißheit des Ahnens, erfaßt sein“ *[7, S. 119]*. Aber der Mensch solle nicht glauben, daß er alles begrifflich erfassen könne. Das Geheimnis bleibt, wird durch jüdische Philosophie, durch die Mystik umkreist. Wenn es den Juden jedoch überwältigt – beispielsweise die Kommentatoren, die den Vers aus dem Buch der Sprüche „Die tapfere Frau“ auf die Tora und nicht auf die Frau beziehen –, dann kann es die Religion zerstören.

Die Erkenntnis der Offenbarung. Immer, in den Vignetten von den führenden Gestalten, wie in den Erläuterungen der Texte und in den Untersuchungen zu den einzelnen Büchern der Bibel, sucht Baeck im biblischen Menschen, in diesem Volk Israel, nach Kategorien des Verständnisses, die universale Kategorien für das Erfassen religiöser Wahrheit ergeben. Er gibt eine tiefgehende Erläuterung der Weisheits-, der *chochma*-Literatur, des Unterschieds zwischen dem Buch Hiob und dem Buch Kohelet. Die Tatsache, daß er für beides Sinn hat, für die vulkanische Glut des Buches Hiob wie für die stille Kontemplation des Buches Kohelet, während er in Theresienstadt schrieb, spricht für den Menschen Baeck. In allen Formen und Gedanken seines Volkes erkannte er das Unendliche im Endlichen des Lebens. Das Volk hörte die Offenbarung immer und überall, wie Baeck sie in seiner Zeit und an seinem Ort vernahm:

Den Weg, welchen die Offenbarung zeigt, welchen Gott, der nie offenbarte und immer offenbarende, weist, sollte dieses Volk erkennen und gehen, um damit den Weg für Gott zu bahnen. So hat hier immer wieder eine Stimme aus dem Verborgenen gerufen. Wenn das Volk sie gehört hat, dann hat es in Tagen der Verwirrung gewußt, wo die Klarheit ist, und in Tagen des Dunkels, wo das Licht scheint. *[7, S. 131–132]*

IV

Der letzte Abschnitt des ersten Bandes stellt uns vor einige Probleme. Bisher hatte in dem Bild des Volkes Israel, das gleichzeitig ein Bild seiner Religion ist, der Akzent auf der metaphysischen Existenz gelegen, und Baeck

zeigte drei Einbrüche des Transzendentalen in das Immanente, die dieses Volk, während es ihnen antwortete, formten. *Berit*, der Bund, war ein Wort, das aus dem Jenseitigen kam und Gesetz, Schöpfung und Offenbarung verschmolz. Israel mußte ihm antworten, mußte den Bund als die Begründung seiner Geschichte in einer freien Antwort auf das gottgegebene Gebot annehmen; in einer wichtigen Randbemerkung wies Baeck noch darauf hin, daß der Bund außerdem eine Entscheidung auch der Natur gewesen sei, diese Ordnung anzuerkennen und anzunehmen *[7, 19]*.[15] Desgleichen trat Gott mit dem Auszug aus Ägypten in die Geschichte ein, als Teil der Offenbarung, die in dieses Volk einging. Die gleiche freie Antwort Israels hierauf bildete einen Teil dieser Offenbarung: die Konfrontation mit dem Geheimnis verlangt stets sittliches Handeln – in diesem Fall das Nein gegenüber Ägypten und das Ja zu der Aufgabe, zu der die Offenbarung verpflichtete. Die Zehn Gebote sodann werden als das große Manifest des Geheimnisses empfunden, das in den klarsten moralischen Imperativen zum Menschen spricht. Jetzt aber kommen wir zu einer letzten Kategorie: *Wüste und Land der Väter*. In welchem Grade kann man das Geheimnis aus dem Jenseits im Hier und Jetzt, kann man die moralischen Imperative vernehmen und den metaphysischen Rahmen des Volkes Israel in „dem Land“ erkennen?
Ein Teil der Antwort ist in dem mystischen Ansatz von Baecks Denken zu finden. Die große Polarität, der Kern dieses Buches – das Volk Israel als Judentum und das Judentum als Israel –, ist nicht als rationale Konstruktion gemeint, als theologisches System. Sie ist Midrasch. Und Midrasch ist Dichtung, die gebändigte Dichtung sittlicher Mystik, die versucht, Worte zu finden für die grundlegende Einheit des Universums, in dem Geheimnis wie Gebot zum Menschen sprechen. In seiner Arbeit über den ältesten kabbalistischen Text, dem dunklen, ungelenken *Ssefer ha-Bahir*, hatte Baeck bewundernd geschrieben:

Ein grandioser kosmischer Optimismus, eine stärkste religiöse Betonung der Einheit der Welt lebt in diesem Gedankengefüge. In ihm ist die entschiedenste Gegensätzlichkeit gegen den gnostischen Dualismus mit seiner Lehre vom absoluten Bösen, gegen diese Zerreißung der Welt, in der die Antike sich auflöste und unterging, und die den Spalt dann in das Mittelalterliche Denken eintreten ließ. Auch in dieser Mystik des Buches Bahir ... waltet der eigentümliche und besondere jüdische Geist. Auch sie ist Mystik von der Aufgabe und von der Umkehr, von dem ewigen Geheimnis, welchem der Segen mit seinem Gebot entspringt. *[36a, S. 289]*[16]

Dieser kabbalistische Text, wie er von Baeck vorgestellt wird, spricht in ähnlicher Weise von *erez*, dem „Land“, wie Baeck in seinem letzten Midrasch.

Die *beracha*, der „Segen", als die eigentliche Voraussetzung von allem, tritt ein in die Welt und ist auch *erez* genannt *[36a, S. 281]*.[17] Baeck interpretiert eine schwierige Stelle des *Ssefer ha-Bahir* folgendermaßen:

Da die Schechina die Zweifache ist, so ist es auch die *erez*. Es gibt die obere *erez*, die Stätte des Gan Eden, und die untere *erez*, die Stätte des geschaffenen Menschen und besonders des Volkes Israel. Dem Gan Eden oben entspricht unten Land und Volk Israel mit seinem Heiligtum; auch Israel heißt *erez*. Als der Tempel zerstört und das Volk verbannt war, hatte Gott „vom Himmel die *erez*, die Herrlichkeit Israels fortgeworfen" (Echa 2:1). Damals schien es, als wäre die *erez* vernichtet. Aber wie ein König, wenn Unglückskunde zu ihm kommt, wohl im Schmerz Krone und Mantel von sich wirft, aber sie dann wieder aufnimmt, da er nicht ohne Krone und Mantel sein will, so bleibt doch die *erez* droben wie drunten. *[36a, S. 284-285]*[18]

Auf die ihm eigene Weise kommt Baeck also zu einer Identifizierung des Volkes mit dem Lande, sieht beides als Einheit: „Volk dieses Landes und Land dieses Volkes" *[7, S. 149]*.

Das kann indessen äußerst weit gehen. Baeck verwendet immer Gleichnisse, aber hier müssen wir uns in die Tatsache hineinfinden, daß dieses Land nun selbst zu sprechen und zu lehren beginnt, daß es Geheimnisse enthüllt und das Gebot repräsentiert. Das Land wird zum krönenden Aspekt des Volkes Israel und seines Glaubens, zur letzten Bestätigung, daß das Transzendente aus dem Immanenten hervortritt. Jede Gegebenheit, die den Menschen berührt und ihre Spur in seinem Sinn für das Geheimnis und in seinen rationalen Wahrnehmungen hinterläßt, enthält bereits in sich selbst dieses Zwiefache. Und der Boden von Palästina zusammen mit der Wüste Sinai waren eine fundamentale Erfahrung dieses Volkes. Durch Analyse bringen Israel – und der Mensch – niemals Geheimnis und Gebot in die Gegebenheiten der Existenz. Geheimnis und Gebot sind bereits vorhanden. Die Schechina existiert in der Welt, wie sie jenseits der Welt existiert. Und nichts ist statisch, nichts ohne Geheimnis. Die *beracha*, der Segen, trägt alle Schöpfung und entspringt aus aller Schöpfung, und Baeck sieht Israel als das Volk, das den Segen vernimmt und ihm Gehör schenkt, das sich mit dem Lande des Segens identifiziert und mit ihm eins wird.

Worin besteht die Offenbarung des Landes an Israel? Zunächst in dem äußeren Rahmen, in seinem Zwiefachen:

... so blickt der Mensch dieses Landes zur Wüste, zu ihrem Sichnähern und ihrem Zurückweichen, zu ihrem Vertrauten und ihrem Unheimlichen ... sie hat innerlich die Menschen erfaßt. Sie sprach zu dem Volke von seiner Jugendzeit ... Hier hatten sie erlebt, was die Weite, was der Ausblick ist; hier hatten sie es auch gelernt, sich den Weg zu erkämpfen ... Hier war Kraft in seine [des Volkes] Seele getreten ... Hier in der Wüste hatten diese Menschen das Unerwartete, diese Zeichen und Wunder des Ewigen, immer wieder erlebt ... So hat dieses Volk diese Zeit gesehen, und so sah es die Wüste; so ist sie in seinem Gedächtnis geblieben. *[7, S. 137–138]*

Die Wüste als Stätte der weiten Sicht, deren ferne Horizonte und fernen Sterne den Menschen zur Erkenntnis des Monotheismus brachten, ist ein vertrauter Begriff in der Bibelkritik, deren größter Exponent wahrscheinlich Renan war. Heute geben die meisten Gelehrten zu bedenken, daß in genau derselben Wüste das arabische Heidentum entstanden ist. Baeck akzeptiert Renans Denken jedoch nur, soweit es in die eigene Gesamtvorstellung paßt, derzufolge die Spuren, die die Wüste in dem Charakter und in der Geschichte seines Volkes zurückließ (Wüstendichtungen von Hosea und Jeremias sowie das Laubhüttenfest, das die Erfahrungen der Wanderung und die Offenheit für die Wüste im Leben Israels verankern sollte), Bestandteile der Lehren des Judentums werden. Puritanismus ist eine Wüsten-Offenbarung, die in das Judentum eingegangen ist. Elias aus Tischbe, die Tradition der Rechabiten und die Essener führten zu einem begrenzten Hang zur Askese, der für die Polarität im jüdischen Denken notwendig war.
Das „gelobte Land“ selbst ist üppig und reich. Dennoch hat es auch eine gewisse Reinheit zu vermitteln. Hatte es nicht seine Verderber ausgespien, und gab es nicht Gottes Wort, daß dieses Land auch das Volk Israel ausspeien würde, sobald es das Land verunreinigt (3. Mose, 18)? Allein die Geographie gilt Baeck als etwas Lebendes: Berge und Täler kerbten Unterschiede in die Landschaft, welche die Individualität der einzelnen Stämme aufrechterhielten und die Einheit zu einer geschichtlichen Aufgabe werden ließen; aber die Grenzen aus Berg und Fluß, Wüste und Meer umschließen bewahrend die Gesamtheit der Einwohner:

Als die Stämme dieses Volkes erwählter Begabung herkamen, fanden sie hier einen erwählten Boden auch für die Einheit, zu der sie erwählt waren – hier, in diesem hartnäckigen Lande.
Wieder hat die Paradoxie sich dieses Volkes bemächtigt. Einen Willen, oft fast einen trotzigen, zur Sondierung und Gliederung und einen Willen, einen noch trotzigeren, zur Geschlossenheit und Einheit, hat dieses gegliederte und doch geschlossene Land gepflegt. Auch diesen Widerspruch hat die Persönlichkeit dieses Volkes in sich aufgenommen und hat ihn zu einer Kraft, zu einem inneren Reichtum werden lassen. *[7, S. 151]*

Das Zweifache des Landes hat sich Israel eingeprägt, und so erkennt Baeck, während er den Charakter seines Volkes skizziert, eine Vielfalt von Polaritäten in Israel, die aus einer Konfrontation mit dem Lande herrühren. Auf die sich hartnäckig haltenden Legenden von der Wurzellosigkeit des Volkes Israel, dem die Nazipropaganda bäuerliche Tugenden absprach, antwortete Baeck, daß die landwirtschaftlichen Fähigkeiten, über die das Volk Israel verfügte, während es im Lande Palästina lebte, noch immer vorhanden wären, selbst wenn sie zur Zeit nur noch in den Erntefestlichkeiten überlebten, die Israel an seine Beziehung zum Land erinnerten. Gleichzeitig beobachtete Baeck indessen das gewisse „Unbäuerliche" *[7, S. 146]* des Juden, seine Bereitwilligkeit zum Fortgeben, zum Opferbringen, zum Weiterziehen (die Polemik richtet sich gegen bestimmte „Tugenden" des vom Nazi-Mythos vergötterten Bauern). Baeck spricht von der Freude, die aus dem Kontakt mit dem Boden kommt, von dem unschuldigen Frohsinn, der allerdings gezügelt wird durch die Gegenwirkungen asketischer Tugenden. In dem Maße, in dem sich das Land ihm einprägt, wird Israel zu dem Volk der Polarität:

Es ist ein Volk mit seiner Paradoxie und ihrer Spannung: das verbundenste und das einsamste Volk, das konservativste sicherlich und vielleicht das radikalste, das geduldige und das ungeduldige, das gläubige und das kritische, das Volk der Väter und das Volk der Kinder, das lebensfrohe und das asketische, das Volk des aufnehmenden Humors und der abweisenden Ironie, das Volk des Weges und das Volk der „Hecke", das Volk, das mehr als andere nach außen und weit mehr als andere nach innen horcht und blickt, fast möchte man sagen: Volk des Landes und der Wüste in einem . . . Es lebt in dem einen Strome der Spannung, weil es zugleich in dem anderen lebt. Es kann seine wahre Kraft nicht aus dem einen holen, ohne sie zugleich in dem anderen zu gewinnen. *[7, S. 147]*

Die Vergeistigung des Bodens sowie das Transzendente, das sich Israel und die Menschheit in diesem Aspekt des Universalen offenbart, sieht Baeck bereits in der Bibel in der biblischen Sprache angelegt: die Worte „Mensch" und „Boden" kommen aus der gleichen Wurzel. *Adamah* heißt Boden, *Adam* ist der Mensch. In dem Wort „Boden" klingt somit das Wesen des Menschen wider, und in dem Wort „Mensch" das Wesen des Bodens *[7, S. 165]*. Baeck verwirft zwar jede Verwandtschaft zum Heidentum, ist aber doch der Ansicht, daß der Jude sein Vermögen zur Wiedergeburt und seine innere Kraft aus dem Boden bezieht, auf dem er lebte, als er jung war.

Mit dem Gleichnis vom Lande erhält Baecks Porträt des Juden eine letzte Dimension. Die Spannungen der inneren und äußeren Existenz werden miteinander verschmolzen, und die Identität von Schöpfung und Offenbarung wird erneut bekräftigt. Das Land selbst prägt das Zweifache von Geheimnis und Gebot einem Volk auf, das allein dazu befähigt ist, es zu empfangen. Auch hier gibt es eine Beziehung zwischen Leo Baeck und Jehuda Halevi. Der Dichter des *Kusari* versicherte, daß die besonderen prophetischen Gaben des Volkes Israel am besten im Lande Israel gediehen, und der poetische Midrasch von Theresienstadt blickt ebenfalls zurück zu dem Land der Offenbarung, das mit dem Volk der Offenbarung eine Einheit einging. Beide sind sich einig über Land und Volk, ihre Vorstellungen von der Offenbarung weichen jedoch drastisch voneinander ab. Wiederholen wir die schon vorher an Baeck gerichteten Fragen: Wenn die Offenbarung in allen Aspekten des Lebens existiert, kann es dann so etwas wie eine besondere Offenbarung geben? Und worin unterscheidet sich diese von anderen? Ist es möglich, das Wesen des Judentums in einem so dichterischen Porträt Israels klar darzulegen?

Baecks Absicht war es, „sich selbst Rechenschaft zu geben, Rechenschaft von diesem jüdischen Leben, diesem jüdischen Volk . . . dieses Buch [sollte] nun doch vor den Menschen auch sprechen, um ein Zeugnis abzulegen" *[7, Vorwort]*. In der Zeit der Vernichtung, an einem Ort äußerster Finsternis, legte Baeck sein Zeugnis ab: Ein Bündel Seiten, die bald eigenes Leben annahmen. Es wurde zu einem Buch für alle Zeiten und für jeden Ort, es bringt allen Menschen ein Bild des Volkes Israel, in dem etwas Leuchtendes liegt. Ist es aber auch ein Zeugnis des Lebens im Konzentrationslager?

Man könnte dazu anführen, daß in diesem Werk das große Schweigen spürbar ist, das Baeck als einen der wichtigsten Aspekte des Bibelwortes an den Menschen empfindet. Und wir wissen von dem kalten und bitteren Schweigen, das ganz gewiß zu dem im Dritten Reich geschriebenen „neuen Midrasch" gehörte. Tatsache bleibt jedoch, daß Baeck an der Schwelle des Todes kein Zeugnis des Leidens und der Qual schrieb, die er und seine jüdischen Mitgefangenen damals erlebten. Das Warschauer Tagebuch von Chaim Kaplan ist eine Schriftenrolle der Agonie, auf der Kaplan berichtete, was seine Augen gesehen und was sein Herz gefühlt. Die Ringelblum-Archive berichteten von dem Todeskrampf der Gemeinde und von den Todeswehen des Warschauer Gettos. Elie Wiesel schrieb über die Nacht in Auschwitz[19], Leo Baeck ließ seine persönlichen Erfahrungen nicht in das Werk ein. Sein letztes Testament und sein letztes Zeugnis bestanden in der stolzen Verkündung des metaphysischen Volkes Israel und des kosmischen Menschen, der nach der Zäsur des Todes, die nur ein Ereignis unter den vielen des Lebens ist, die Wiedergeburt erlebt. Die Darmstädter These von Tod und Wiedergeburt ist also wieder der übergeordnete Rahmen für die Erfahrung des schmerzlichen Augenblicks um eines größeren Verständnisses der aller Existenz unterliegenden Wirklichkeit des Göttlichen willen:

Der Mensch ist kosmisches Wesen, er ist es auch, und seit er denkt, und weil er denkt, sinnt er darüber nach. In ein Unendliches ist seine Stätte, ist auch seine Einöde hineingefügt, und er kann ihm nicht entrinnen. Seine eigenen Grenzen sind in diese Grenzenlosigkeit hineingestellt; Grenze und Grenzenlosigkeit zugleich ist sein Dasein. Eine Geburt und ein Tod, ein Anfang und ein Ende bezeichnen hier seine Spanne, und sie sind doch inmitten einer bis ins Jenseits aller Weiten erstreckten Erstreckung. Sie sind drinnen in einem All. Und wie zu seinem eigenen Jenseits sich erhebend zieht des Menschen Geist hinaus, hinein in dieses All. Zu immer Neuem, Fernem und Nahem dringt er hin. Aber kein Ziel zeigt sich ihm, kein fernes und kein nahes. Wundersames erzählt ihm das All, und wie ein Wunder ist dieses sein Forschen und Sinnen. Aber die Antwort auf sein Leben hört er hier nicht, und niemals ist er hier gefragt. Nur die Welt des Gebotes und der Gnade ruft ihn auf und kündet seine Bestimmung. Sie richtet an ihn die Frage und heißt ihn antworten, sie läßt ihn fragen und gibt ihm die Antwort. Geheiß und Verheißung ist sie in einem, sie zeigt immer den Weg und weist das Ziel. Frage ist hier Antwort zugleich, und jede Antwort stellt zugleich die Frage, so wie die Gnade Gottes zugleich das Gebot verkündet, und das Gebot Gottes zugleich seine Gnade hat. Läuterung, Versöhnung, Erlösung, sie sind immer beides, sie sind der Weg, und sie sind das Ziel. *[7, S. 181]*

Das ist Baecks Bild von Israel und dem Menschen. In mehr als einer Hinsicht ist es auch eine autobiographische Aussage – in der einzigen Art, in der es sich Baeck gestattete, als Person in Erscheinung zu treten. Unter den Umständen, in denen das geschrieben wurde, ist es ein letztes, bewußtes Testament, das für die Gesamtheit von Israel Zeugnis ablegt, in die der Autor sich selbst einschließt, – ein Testament, das seine persönliche Religion darlegt, in der ganz Israel enthalten ist. Hier bricht Baecks Persönlichkeit durch und verleiht dem Porträt Leben. Der junge Mann hatte seine Doktorarbeit über Spinoza geschrieben. Der Ruhe des alten Mannes, der mit kosmischem Sinn in die Ferne blickt, ist einiges von Spinozas Temperament und innerer Kraft eigen. Aber er verwirft Spinozas Vision. Dem Menschen, der in der Kontemplation des Jenseits, der weiten Räume verharrt, wird die Antwort nicht zuteil. Der Mensch muß zurückkehren in die Welt menschlicher Erfahrung, in die Welt des Gebotes und des Handelns. Vieles von dem, was Spinoza sagte, war auch für Baeck gültig, aber am Ende lehnte er das philosophische System ab, das nichts wußte von der Dynamik der Polarität und das in den weiteren Bereichen das zu finden suchte, von dem er glaubte, daß es nur innerhalb der menschlichen Erfahrung und in der Existenz dieses Volkes erkannt werden könnte *[9, S. 208]*.[20] Aber gerade das, worauf Baeck in seinem Bild des jüdischen Volkes den größten Akzent legt, kommt aus Baecks eigenem philosophischen System – das er von Hermann Cohen geerbt hatte: Die alles beherrschende Betonung des sittlichen Handelns; die Bejahung einer rationalen und ethischen Mystik (die gewiß zu Baeck gehörte, aber in einer historischen Übersicht des jüdischen Denkens abgewogen werden muß gegen eine dunklere Mystik, die tiefere Verzweiflung und eine Ekstase kennt, der jedes ethische Handeln und jede Vernunft fremd ist); seine Bewertung des Messianismus; seine geringschätzige Behandlung des Opferkultes; der Liberalismus, der letztlich ein hervorragender Zug in Baecks Judentum bleibt – all das sagt uns, daß diese Sicht jüdischer Existenz und des Judentums vor allem für eine bestimmte jüdische Existenz und ein bestimmtes Judentum gilt. Diese Sicht wird zwar von vielen geteilt, spricht jedoch im Grunde von dem einen bestimmten Leben und dem einen bestimmten Glauben – von Leo Baeck.

V

Der erste Band von *Dieses Volk* darf also als Midrasch gesehen werden, der sich durch eine gewisse leuchtende Qualität im Bilde der jüdischen Existenz auszeichnet, er muß aber auch als theologische Aussage begriffen und kritisch analysiert werden. Leider ist das innerhalb der jüdischen Gemeinschaft bisher noch nicht geschehen. Das Buch wurde zuerst in Deutschland veröffentlicht, wo es keine jüdischen Leser mehr gab. Es wurde von den in der ganzen Welt zerstreuten jüdischen Gelehrten gelesen, jedoch mehr als eine Beschwörung der Vergangenheit, als weiterer Beitrag zu der Legende um Leo Baeck, den unbeugsamen jüdischen Geist, der sich über alle Verfolgung erhebt. Der Midrasch des Volkes wurde gewürdigt, der theologische Gehalt indessen kaum zur Kenntnis genommen. Als 1965 die englische Ausgabe erschien, gab es gute editorische Gründe, sowohl den Midrasch aus Theresienstadt wie die viel ausführlichere Fortsetzung in einem Band zu veröffentlichen. Aber in der breiten Darlegung von dreitausend Jahren jüdischer Existenz geriet das theologische Fundament des ersten Bandes in den Hintergrund. Cecil Roths Kritik[21] konstatiert zwar einen Unterschied zwischen dem ersten und dem zweiten Band, geht jedoch nicht näher auf die Natur dieses Unterschiedes ein. Vielleicht ist es das Schicksal aller metaphysischen Dichter, daß ihre Schriften erst auf jeder Ebene verstanden werden, wenn einige Zeit vergangen ist. Baecks Midrasch hat jedenfalls noch lange nicht alles vermittelt, was er dem jüdischen Leser zu sagen hat.

Immerhin ist eine Antwort doch gekommen, eine Kritik der theologischen Aspekte, die den Kern von *Dieses Volk* bilden, und ganz logisch kam sie aus dem Lager der christlichen Theologen. Dem jüdischen Leser blieb der polemische Kern häufig verborgen oder wenig bemerkbar, aber der nachdenkliche christliche Leser konnte die Stacheln kaum übersehen. Und ebenso wie der Katholizismus in der Person des gelehrten Jesuiten Przywara die Herausforderung erkennt, die für die Kirche in der Polaritätsreligion liegt, so gibt es auch eine protestantische Kritik. Einige der gedankenreichsten kritischen Anmerkungen zu Baeck kamen, wie wir sahen, von Reinhold Mayer *[150]*, der *Dieses Volk* mit großer Aufmerksamkeit las. Ein weiterer Kritiker, dem wir uns jetzt zuwenden wollen, ist der lutheranische Gelehrte Martin Wittenberg *[193]*.

Professor Wittenberg hat die Natur des von Baeck gedichteten Midrasch sehr wohl erkannt. Er sieht die Beziehung zwischen Baeck und Jehuda Halevi, die beide dem jüdischen Volk das Vermögen beimaßen, die Offenbarung Gottes mit einzigartiger Begabung zu empfangen. Er erkennt die Spannungen und den Rahmen der Polaritätsreligion in Baecks Darlegungen, und vieles von dem, was Baeck zu sagen hat – über die Beziehungen des biblischen Glaubens und sogar über die Unzulänglichkeiten des Christentums –, ist für Wittenberg wertvoll und scheint ihm ebenso wichtig für die Kirche wie für das jüdische Volk.

Seine erste ernste Kritik setzt ein bei Baecks Polemik gegen die christliche Fehlinterpretation der Zehn Gebote:

Als die zur Herrschaft gelangte Kirche ihr Eigenes innerhalb eines Rechtsgebietes, in das sie eingetreten war, festlegen wollte, haben manche ihrer Denker das Zehnwort mit dem Naturgesetz, der lex naturae identifiziert, um es so von dem Reiche der Gnade zu scheiden. Das Wesen des Gebotes und der in ihm gegründeten Freiheit war aber damit verkannt ... Das Reich des Gebotes ist ein Reich der Offenbarung und ist als dieses ein Reich der Gnade ...

Als dann später in der Zeit der Reformation dem Staat auch eine neue Begründung bereitet werden sollte, hat eine Untertanen-Theologie das Zehnwort in den Bezirk des Staatlichen und seiner Ordnungsaufgabe gerückt; der Staat wurde zum „Wächter der beiden Tafeln“ erklärt ... Ein Wesentlichstes der Zehn Gebote wie alles Gottesgebotes ist aber gerade ihre Unmittelbarkeit; keine Obrigkeit kann der Mittler zwischen Gott und dem Menschen sein. Durch die Obrigkeit wird keine Offenbarung gebracht. *[7, S. 103]*

Wittenberg greift die historische Deutung hinter dem Urteil über die Rolle des Staates als „Wächter der beiden Tafeln“ an; sein Grundeinwand richtet sich jedoch naturgemäß dagegen, daß Baeck die Offenbarung mit Gnade gleichsetzt: „Es wäre der Mühe wert, Baecks Gesetzesbegriff herauszuarbeiten und zu durchleuchten; an ihm würde eine echte Auseinandersetzung sich entzünden können“ *[193, S. 22]*; im Augenblick geht es Wittenberg aber nur darum, daß Baecks Gleichsetzung von Offenbarung und Gnade die Existenz des göttlichen Zorns gänzlich übergeht. Und dies führt zu vier klaren Streitpunkten, die Wittenberg in seiner Auseinandersetzung mit Baecks Theresienstädter Midrasch herausarbeitet.

Seine erste Frage an Baeck ist, „ob Baeck wirklich *das* vollständig und vollmächtig (und das heißt auch: unverfälscht) dargestellt habe, was das alttestamentliche Erbe des Judentums" ist *[193, S. 23]*. Wittenberg ist der Meinung, Baecks Definition der Offenbarung weise einen „inneren Riß" auf, der von Anfang an spürbar sei. Die erste Seite von Baecks Midrasch spricht von der religiösen Erfahrung und von der Verpflichtung Israels, von jenem Worte der jenseitigen Welt, das aus dem Unendlichen und Ewigen komme *[7, S. 5–6]*. Manchmal scheine Baeck die Offenbarung aus der Bibel zu beziehen und manchmal (insbesondere die Gottesidee) aus der Philosophie und dann wieder aus den Naturereignissen:

Durch das ganze Buch hindurch zieht sich ... das Miteinander von theologischer Geltendmachung jenseitiger, göttlicher Autorität und religionsphänomenologischer, morphologischer Beschreibung israelitisch-jüdischen Seelentums. Soll auch dies Offenbarung sein? ... [Baeck sagt], daß die Offenbarung von Gott, dem Einen, komme und darum das Ganze umfasse, so daß es nicht um eine Scheidung der Welten gehen könne, sondern um Offenbarung einer höheren Welt in dieser Welt. *[193, S. 24]*

Warum kann dann diese Offenbarung nicht überall gefunden werden, fragt Wittenberg und meint, daß Baecks Neufassung von Jehuda Halevis Antwort (obwohl bei Baeck Halevis „prophetisches Vermögen" durch die Gabe für „poetische Bedeutsamkeit" ersetzt zu sein scheint) für Christen wie für Juden nicht ausreichend sei. Kann Baeck wirklich sagen, daß sein Begriff des Bundes als Zusammenklingen von „Gesetz, Schöpfung, Offenbarung" in „einem Wort" *[7, S. 20]* in der Bibel stehe?[22] Baeck verbindet Vernunft und Offenbarung (Wittenberg bezieht sich hier auch auf den gerade veröffentlichten Vortrag von Baeck über Maimonides *[61a]*[23]), und Wittenberg ist der Ansicht, daß dies dem innersten Wesen des Alten Testaments widerspricht, denn das Alte Testament wisse um den Unterschied zwischen den Gedanken Gottes und den Gedanken des Menschen. Baecks größter Irrtum besteht für Wittenberg jedoch darin, daß Gnade nicht nur immer Offenbarung sein solle, sondern Offenbarung auch immer Gnade. Wieder erinnert er Baeck an den Zorn Gottes, der nicht durch das dialektische Verhältnis zu Gottes Gnade versöhnt wird, sondern in Gott selbst *[193, S. 26]*.

Damit kommt Wittenberg zu seiner zweiten Frage: Wie versteht Baeck Gott? Baecks Übersetzung des Gottesnamens, seine Verwendung des „ich bin, der ich bin ... das Ich und das Sein, das Sein und das Ich in einem"

[7, S. 111][24] beunruhigt Wittenberg, der in dieser Definition mehr den neutralen Gott der Philosophen und weniger den persönlichen Gott des Alten Testaments sieht. Er fürchtet, daß Maimonides und Aristoteles hinter dieser Definition stehen – vielleicht sogar Spinoza, obwohl er zugibt, daß Baecks Betonung der Wirksamkeit jüdischen Gebetes gegen die Gottheit Spinozas spricht, der sich der Mensch allein durch Meditation nähern kann. Gleicherweise ist er bestürzt über Baecks Übersetzung und Erläuterung vom 2. Buch Mose 33, 19:

... ich benenne den Namen, der ist, vor dir also: Ich begnade, immer, ich erbarme mich, immer ...
Und wiederum wird Moses die Antwort zuteil, und in einer gleichen Formung des Wortes wird zu ihm gesprochen. „Ich bin, der ich bin" – immer bin ich – so hatte er damals den Namen Gottes erfahren. „Ich begnade, immer, ich erbarme mich, immer" – gleichsam die kategorische Gnade, das kategorische Erbarmen. *[7, S. 116f]*[25]

Wer das 2. Buch Mose 33, 19 als Aussage der Prädestination verstanden hat, muß sich durch Baecks Übersetzung verwirrt fühlen, ebenso derjenige, der Gnade als ständig erneuertes Handeln Gottes empfindet. Wittenberg sagt, Baecks Übersetzung des Gottesnamens und der Gottesnatur nehme Gott die Spannung von Zorn und Gnade, und die Entfernung des Dativs und Genitivs aus der grammatischen Konstruktion des Gottesnamens bilde eine Parallele zu der Verflachung des Gottesbegriffs durch die Entfernung der Dimension des göttlichen Zorns *[193, S. 28]*.

Der dritte Einwand steht mit den beiden ersten in Verbindung: *Wo spricht Baeck in diesem ganzen Buch von Sünde?* Hier setzt Wittenberg Baecks Methoden gegen ihn selbst ein. Wenn Baeck das Wesen des Judentums durch die Erfahrung jüdischer Existenz begründet, sollte er dann nicht auch Israels Sündenbewußtsein gebührend würdigen, das die Liturgie von Jom Kippur, dem jüdischen Versöhnungstag, zu dem eindrucksvollsten jüdischen Gebet macht? Wittenberg kann hierzu seitenlang Bibelzitate anführen, die das Sündenbewußtsein im Alten Testament belegen, aber er zeigt dieses große Sündenbewußtsein auch in anderen Bereichen der jüdischen Existenz. Ganz besonders wendet er sich gegen Baecks kantische Ansicht vom Ziel der Geschichte als einer Zeit, „in welcher im Leben der Völker Gebot und Geschichte eins geworden sein werden" ... die „sein wird, weil sie sein soll" *[163, S. 30]*.[26] Baecks Vorstellung von dem durch Sünde nicht geschwächten Menschen könnte so zu einem „Sollen" gelangen, das gleichzeitig ein „Können" wäre, aber für Wittenberg müßte dieses „Sollen" im Verheißungswillen Gottes und nicht im Menschen begründet sein.

Damit kommt Wittenberg zu seinem vierten Einwand: *Gründet Baeck seinen Messianismus nicht auf den Menschen anstatt auf Gott?* In dem Angriff auf Baecks Betonung eines ethischen Aktivismus, mit dem wirklich dem Menschen die Möglichkeit gegeben sei, die messianische Aufgabe zu erfüllen, trifft sich Wittenberg mit Przywara. Dahinter steht jedoch die Polemik zwischen zwei Religionen, die sich nicht über die Natur der messianischen Verheißung einigen können. Wittenberg zitiert jüdische Quellen, um zu zeigen, daß die (buchstabengetreueren) Glaubenspositionen im Jüdischen diesen Gedanken Baecks entgegengesetzt sind und daß die Liturgie (z. B. Tischgebet und Achtzehngebet) Gebete für das Kommen des Messias, des Sohnes Davids, einschließt. Es zeigt sich aber doch, daß Wittenberg dabei im Grunde mehr das Grundproblem des Christen im Auge hat, der wünscht, der Jude möge Jesus als Messias akzeptieren.[27] Seine größten Einwände beziehen sich auf Baecks Weise, das Alte Testament und Israels Rolle als „Gottesknecht“ im Gegensatz zu den späteren christlichen Interpretationen zu deuten. Und noch einmal zieht er die Verbindung zu Halevis *Kusari*, wenn Baeck die Verse aus Jesaja 53 auf Israels Gottesknechtschaft bezieht:

Das, was das Gleichnis hier zeigt, ist der Weg des Menschen, den Gott gerufen hat, und ist der Weg des Volkes, wenn es zur Persönlichkeit wird, wenn es Volk einer echten Begabung oder, wie die Bibel es nennt, ein erwähltes Volk ist. Jedes Volk solcher Kraft geht eine Strecke solchen Weges. *Aber diesem Volke war es zugewiesen worden, ganz den Weg zu gehen [7, S. 89; Kursiv nachträglich]*

Hier liegt der Kernpunkt von Baecks Lehre. Er sichert dem Volke Israel jene Überlegenheit, die er ein halbes Jahrhundert zuvor dem Judentum zugewiesen hatte. Da Baeck in diesem dichterischen Midrasch beides als Einheit sieht, handelt es sich um den gleichen Anspruch, der auch die gleiche polemische Antwort seitens des Christentums auslösen mußte.

Es gibt viele Möglichkeiten, auf diese vier Fragen an Baeck zu antworten. Einige gehören nicht in den Rahmen dieses Buches, und im Rahmen der jüdisch-christlichen Auseinandersetzung müssen manche Aspekte von Wittenbergs Kritik als dauerhafte Faktoren der Meinungsverschiedenheiten zwischen beiden Glaubensrichtungen akzeptiert werden. Anderen Einwänden wiederum muß man zustimmen, denn diese Untersuchung der Gedankengänge Baecks soll ja keine Verteidigung von Baecks Standpunkt, sondern eher eine Exposition dieses Standpunkts sein. Unbestritten ist, daß *Dieses Volk* als Darstellung des Judentums Unzulänglichkeiten aufweist. Es hat

nicht die Folgerichtigkeit und nicht die solide Struktur vom *Wesen des Judentums*. Die Verwendung des Gleichnisses führt zuweilen zu einer Verunsicherung des Lesers in bezug auf Baecks Standort, und die Polemik gegen das Christentum kommt zu historischen Urteilen über Kirche und Dogma, die die Tendenz zeigen, gegenteilige Beweise oder andere Strömungen im Christentum auszuschließen. Noch weitere Züge von Baecks Apologie treten erneut in Erscheinung: Israels Mängel werden minimalisiert, und Baecks eigene Ansichten drängen jede andere mögliche Interpretation des Judentums beiseite. Wesentlich für diesen Midrasch ist jedoch, daß seine Poesie eine metaphysische Struktur vermitteln soll, die in jedem Aspekt der jüdischen Existenz vorhanden ist, und man kann Baecks Werk nur gerecht werden, wenn man die ihm zugrunde liegenden Vorstellungen berücksichtigt.
Das tut Wittenberg nicht. Ihm ist die philosophische Position von Baecks Religion der Polarität entgangen. Während aber diese Position mit christlichem fundamentalistischem Denken wie auch mit einigen Bereichen des orthodoxen Judentums unvereinbar ist, kann man Baecks eigene absolute Folgerichtigkeit im Zusammenhang mit der Bibel und der allgemeinen philosophischen Auseinandersetzung begreifen. Seine letzten Schriften bringen Antworten auf diese Kritik, die unser Bild von Baecks religiösem Denken nach seiner Wiederkehr aus dem Konzentrationslager abrunden.
Wittenbergs erster Einwand zielte auf den Begriff der Offenbarung. Wittenberg sah in ihm eine hoffnungslose Vermischung der biblischen Offenbarung mit den inneren Vorgängen im Geiste des Menschen, eine Offenbarung, die überall gefunden werden könne. Baeck habe die Grenze zwischen Vernunft und Offenbarung durchbrochen, die Wittenberg wesentlich für die Natur der Religion ist. Aber gerade dieses Verhältnis zwischen Vernunft und Offenbarung, das in dem von Wittenberg herangezogenen Essay über Maimonides erläutert wird, beweist die Konsequenz von Baecks System. Baeck sah in Maimonides einen der wenigen Menschen, die Meister in den Naturwissenschaften (Arbeiten über Medizin), in der Rechtswissenschaft (Mischne Tora, „Führer der Schwankenden" usw.) und in der Philosophie waren. Diese Vielseitigkeit stellte das Problem, das Baeck auf das jüdische Denken erweitert:

Damit aber trat ein Problem unabweisbar vor das Denken hin ...: Wo ist die Grenze der Erkenntnis, welche die Wissenschaft gewährt, und wo öffnet sich die Erkenntnis, die durch die Religion, den Glauben gegeben wird. Hierin war ein anderes Problem zugleich enthalten, das des Geheimnisses.
Für die Wissenschaft ist das Geheimnis ein Grenzbegriff, sie muß, wie Aristoteles sagte, irgendwo „stehen bleiben". Für die Religion ist das Geheimnis das Zentrum; aus dem Geheimnis kommt Offenbarung. Unendlichkeit und Ewig-

keit, die ja im Grunde eines und dasselbe besagen, sind für die Wissenschaft eine Frage, die sich hier und dort nicht abweisen läßt. Für die Religion sind sie Bestandteil des tragenden Geheimnisses. Es ist bedeutsam, daß das hebräische Wort „olam", welches sowohl die Ewigkeit wie die Unendlichkeit benennt, zugleich in seinem Wortstamm das Geheimnis einschließt. Und fernerhin: was ist ewig – unendlich? Ist es Gott allein, ist es der Geist, der von Gott kommt, die Kraft, welche schafft und ordnet und gestaltet? Oder ist es der Stoff, die Materie auch ...? Wer gab hier die letzte Antwort? ... Geben das Glauben und das Wissen sie, jedes in seiner Weise, jedes für seinen Bezirk? *[61a, S. 23–24]*

Die Antwort Baecks für sich selbst und für Maimonides lautete, daß es eine einzige Wahrheit ist, die alle Bereiche durchdringt. Einen Aspekt jener Wahrheit bildet die Bibel und die prophetische Vision, die der Prüfung durch die Philosophie offenbleibt und weiter zum Menschen spricht: „Die Tore der Forschung sind nicht zugeschlossen" (More Nebuchim, 2. Buch).
Die Gewißheit religiöser Wahrheit, das Erbe Israels, sollte nicht im Lichte völligen Besitzstandes betrachtet werden, dem nichts mehr hinzugefügt werden könne. Die Erkenntnis der Welt um uns erweitert die Offenbarung; und die prophetische Offenbarung des moralischen Kosmos, der messianischen Aufgabe, des göttlichen Gebots, ist ebenso wesentlich: Religion, Wissenschaft und Philosophie sind alle zugleich Aspekte der Offenbarung des einen Gottes, womit die metaphysische Fragestellung in den Bereich des Psychologischen übergeht:

Das tiefe Problem, das das eigentümlich jüdische religiöse Problem ist, und aus dem hier alle Fragen und alle Forderungen hervorkommen, dieses Problem des Eintritts des Ewigen, des Unendlichen, des Geheimen, des Unbedingten, des Gebietenden in diese Welt des Endlichen, des Begrenzten, des Irdischen, des Natürlichen, des Wahrnehmbaren, dieses Problem der Schöpfung und der Offenbarung ist hier erfaßt worden ... Und er hat es in seinem Wesentlichen und Entscheidenden und damit in seinem Bleibenden begriffen. *[61a, S. 25]*

Begeben wir uns von dem System des Maimonides zurück zu Baecks eigenem System, dann erkennen wir, daß auch Baecks Definition der Offenbarung von dieser Struktur der Polarität abhängt, in der zwischen dem Inhalt und dem System der Offenbarung unterschieden wird. In der Logik gründet sich jeder Beweis auf das Gesetz der Beweisführung (aber diese Beweisführung zu begründen, würde hier eine endlose Abschweifung bedeuten); desgleichen wäre es unmöglich, den Begriff Offenbarung zu verwenden, wenn man nicht davon ausginge, daß der Mensch sich der Offenbarung mit Hilfe einer Struktur stellen muß, in der das Rationale ebenso grundlegend ist wie der nichtrationale Sinn, der auf das Geheimnis anspricht. Baeck sieht das Transzendente in allem Immanenten, und jedes menschliche Wesen kann dies erkennen, „nur daß dieses Volk bestimmt wurde, den ganzen Weg zu gehen". Die Verwendung des Wortes „Offenbarung" vereint Christentum und Judentum mit allen anderen Religionen, die den Begriff benutzen. Der Gehalt der Offenbarung, das sich manifestierende Unendliche, ist Teil einer gemeinsamen Sprache. Erst im nächsten Stadium, wenn die Gestalt Christi auf die Persönlichkeit dieses Volkes Israel trifft, entsteht die unüberbrückbare Kluft. Baeck beschäftigt sich mit dieser Vorstellung der Offenbarung in einem Aufsatz, den er fast unmittelbar nach seiner Rückkehr aus Theresienstadt in die Welt der Lebendigen schrieb. 1947 fuhr er wieder nach Ascona, wo er schon früher an den Tagungen der Eranos-Gesellschaft teilgenommen hatte, um sich an einer Diskussion über die Natur des Menschen zu beteiligen. Charakteristisch ist, daß seine Vorstellung von der Offenbarung in seiner Definition des Menschen enthalten ist: in dem *individuum ineffabile*, wie er diesen Essay nannte *[54]*.

Lebensform und Erkenntnis sind für Baeck Individualität. Wir kennen keine Abstraktion „der Baum", wir kennen die individuelle Kiefer oder die individuelle Buche. Es gibt eine Einheit in der Existenz, die unteilbar ist und die eine Individualität a priori genannt werden kann: „Einer weitdringenden Schau von dem umfassendsten fernsten Jenseits her . . . würde alle diese Existenz wie eine gewaltige Milchstraße von Individualitäten, von Einheiten erscheinen." *[54, S. 386]* Das Individuelle kann nicht definiert, nur konstatiert werden: *individuum ineffabile.* Das ist das talmudische Bild von Gott, dessen Prägestock die Menschen nicht wie Münzen prägt, sondern der jedes Geschöpf individuell schafft, aber alle nach Gottes Ebenbild. Gottes Attribut ist Schöpfung: er ist *deus creator*, während der Mensch, der den Gebrauch des Werkzeuges kennt, *homo faber* ist. Aber der schöpferische Funke kann im Menschen erwachen, denn der Mensch *ist* Gottes Ebenbild.

Die Tatsache der Existenz ist somit Individualität – aber Individualität innerhalb eines Systems. Alle konkrete Individualität tritt als ein Gefüge in unser Leben. Es ist die Individualität des Systems: Einheit existiert nur als Ganzheit. Und hinter einem System steht die Dynamik des Gesetzes: „Individualität, System, Gesetz sind so nur die verschiedenen Benennungen für diese Einheit und Ganzheit, welche die Form ist, in der alle Existenz erscheint." *[54, S. 389]* Baeck geht weiter auf diesem Weg: es gibt eine dem Gesetz, System und der Individualität unterliegende Universalität. Die Schlußfolgerung ist, daß

> alle Individualitäten, alle Systeme, alle Gesetze beschlossen sind und ihre Einheit und Ganzheit finden in einer letzten . . . Ganzheit und Einheit, einem letzten ersten System, einem letzten, ersten Gesetz, einer . . . Individualität . . .

Kontinuität ... in der alle Existenz ihre eigentliche Existenz hat, alle Lebensform ihre Grundform und damit ihre Gesamtform findet. *[54, S. 389–390]*

Somit kommen wir zurück zu Wittenbergs Einwand. Wenn das Transzendente in jeder Ganzheit und Individualität liegt, bedeutet das nicht eine Reduzierung auf eine Art Pantheismus? Baeck gibt zu, daß Pantheismus in der Religion – wie Pankosmismus in der Metaphysik – zu seinem Argument gehört. Aber nur, wenn der Pantheismus sich weiterentwickelt: „Pantheismus wird oft ein Durchgangsweg, ein vielleicht notwendiger, zum Monotheismus." *[54, S. 390]* Ebenso sagt der Talmud:

„Gott ist die Stätte der Welt, aber die Welt ist nicht seine Stätte" – doch ... die zwei sich hier wiederholenden Worte sind eigentlich unübersetzbar. Das erstere, das hebräische Wort „makom" ... bezeichnet zugleich und ebenso das, was unsere Worte „Bestand", „Existenz", „Gegebenheit" meinen. Und das andere Wort, das zunächst mit „Welt" wiedergegeben wurde, „olam" bezeichnet ebensosehr, und ursprünglich, die Ewigkeit; es bezeichnet in einem die Unendlichkeit des Raumes und die Unendlichkeit der Zeit. Man könnte am ehesten noch diesen Satz übersetzen: „Gott, der Eine, ist die Existenz aller Unendlichkeit, aber alle Unendlichkeit ist nicht seine Existenz", d. h. er gibt dem Ganzen, der Unendlichkeit ihre Einheit, aber all die Unendlichkeit gibt ihm noch nicht seine Einheit. Sie hat die Kontinuität in ihm, aber er nicht in ihr; sie ist in ihm, aber er nicht in ihr. Pantheismus und Pankosmismus kennen nur die erste Hälfte dieses Satzes. *[54, S. 390–391]*

Eine Linie, eine Entwicklung ist aufgezeigt. Für den „späten" Baeck ist es aber bezeichnend, daß diese Linie ihre Fortsetzung im Gebiet der Erfahrung finden muß. Die menschliche Existenz enthält die Tatsache der Individualität und die Tatsache des Systems. Sie enthält eine dritte Tatsache: die Zäsuren in der menschlichen Existenz, auf die Baeck zuerst in seinem Vortrag über „Tod und Wiedergeburt" hingewiesen und die er dann noch einmal in dem Vortrag im Konzentrationslager unterstrichen hatte; diese Tatsache der Zäsuren gewinnt jetzt größere Dimensionen in seinem System. Hier sind die Spaltung der menschlichen Existenz, die Polaritäten in dem Verhältnis zwischen Individualitäten und System im Rahmen der menschlichen Existenz mit ihren Zäsuren gesehen. In der Biologie wie in der Physik ist der Mensch mit den Gesetzen und Systemen der Polarität konfrontiert. So stellt die Polarität des Männlichen und Weiblichen jede Individualität in Beziehung und in Gegensatz zu der anderen Individualität:

Wenn man es anthropologisch ausdrücken wollte, so könnte man sagen: das Schicksal tritt hier in die Existenz ein, das Mann- und Weib-Schicksal, das

Vater- und Mutter-Schicksal – dieses fatum, dieses destinatum originale. Die Individualität wird eine dualistische, eine schicksalhafte. Geschichtlich gesehen hat aller Schicksalsgedanke in einem Dualismus seine Wurzel. *[54, S. 392]*

In dem Bemühen, das Individuelle und seine Beziehung zu der Offenbarung des einen Gottes zu begreifen, der alle Aspekte der Existenz umschließt, gewinnt nun die biologische Dimension des Menschen entscheidendes Gewicht. Bewußtheit, Selbsterkenntnis, das Vermögen des Menschen, sich selbst als Subjekt wie als Objekt zu begreifen, schaffen eine innere Spannung: die männlich-weibliche Spannung ist Teil der äußeren Beziehungen, in denen sich das Individuelle definiert; und die psychologischen Spannungen vereinen sich mit den biologischen Polaritäten im *individuum ineffabile.* Aus den Spannungen der inneren Konfrontation erwächst der Intellekt des Menschen *[54, S. 395–396].*
Der Intellekt des Menschen schafft eine weitere Polarität: zwischen dem Leben und der Vorstellung des Lebens. Das Leben spaltet sich in das Existente und in das Vorgestellte, und die Außenwelt des Systems spaltet sich in der gleichen Weise. Die Unmittelbarkeit der Beziehungen zwischen Individualität und System wird somit gestört; Ungewißheit und Zweifel werden Bestandteil der menschlichen Existenz. Der Instinkt, die ursprüngliche Form der menschlichen Beziehung zu dem System, wird geschädigt und zurück ins Unterbewußte gedrängt. Die Tatsache, daß der Mensch Erkenntnis erlangt hat – Baeck setzt die „Nacktheit" des Gartens Eden in Beziehung zum „Wissen" –, bedeutet, daß er sich von der tiefen Einheit des Universums gelöst hat und selbst einen Weg dorthin zurückfinden muß *[54, 397].*
Nicht daß der Mensch die Offenbarung erkennen kann, ist wesentlich, sondern er *muß* sie erfahren, um die Spaltung zu heilen. Hier wird Baecks Sicht des Menschen durch seine Haltung zum Judentum bestimmt: der Mensch hat Wahlfreiheit, er kann die Aufgabe seiner Individualität annehmen oder ablehnen:

Die Individualität, die Existenzform, die Einheit und Ganzheit ist auch hier die geschaffene, die gegebene, aber sie ist zugleich die aufgegebene, die geforderte. Zu dem „ich bin" tritt das „ich soll" hinzu. Der Mensch soll selbst auch ein Schöpfer, gleichsam sein eigener Schöpfer sein . . . Ein Gesetz tritt zu ihm hin, in der Form einer Forderung, eines Imperativs, eines Gebots, und er hat die Pause, die Möglichkeit der Entscheidung, durch die er das Gesetz anerkennt und annimmt oder verneint und verwirft. Auch dieses Gesetz hat, wie alles Gesetz, Wirklichkeit im System, und das System hat, wie alles System, Wirklichkeit im Gesetz. Aber es ist zugleich Forderung, die sich an den Menschen richtet. Es besagt das, was ist, und sagt zugleich das, was der Mensch soll. Der Mensch steht wie sich, so dem Gesetze gegenüber, daß er es zum Gesetze seines Lebens mache, daß er selbst sich selbst, seine Existenz ihm einordne und so schöpferisch werde. Es wird für ihn zur Wirklichkeit erst damit, daß es durch ihn zum formenden Gesetze seines Lebens, seiner Individualität wird, und seine Existenz, seine Individualität so in einem höheren, dem sittlichen System durch ein höheres, das sittliche Gesetz ihre Form erhält. Die Individualität wird zur Forderung. *[54, S. 400–403]*

Schöpfertum bedeutet demnach im menschlichen Leben die Antwort der Individualität auf das Gebot, die der Mensch geben kann, da er über Freiheit und über die Fähigkeit des Schaffens verfügt und daher zur Erfüllung seiner Individualität gelangen kann, jenseits der Zäsuren, die in der Existenzform des Menschen enthalten sind.
Baeck baut das Wissen um die Bezogenheit des Menschen zum Universum auf den Gegebenheiten der menschlichen Erfahrung auf. Er ist sich jedoch bewußt, daß manches zwar im Bereiche der Erfahrung steht, aber „auch vielfach über sie hinausgreift“, daß nämlich

das sittliche Gesetz, zu dem der Mensch kraft einer Entscheidung, einer Freiheit hingelangt, eben dadurch schon, daß der Mensch zu ihm erst hingelangt, etwas anderes ist und einer anderen Sphäre angehört als das gegebene Gesetz menschlicher Existenz, menschlicher Individualität. Von Natur aus, in seiner gegebenen Existenzform ist der Mensch nicht sittlich ... noch nicht selbstlos, gerecht, wahrhaftig, liebevoll. Das Sittliche ist nichts Natürliches ... und alle Ethik könnte hier nur ein Versuch sein, einen Weg aufzuzeigen ... wie der Egoismus veredelt oder auf nützliche Zwecke hingelenkt werden könne. Wenn Ethik etwas anderes noch, wenn sie mehr sein wollte, hat sie immer das andere, das höhere Gesetz anerkennen müssen. Erst mit dieser Anerkennung dessen, was über der geschaffenen und gegebenen Existenz steht, ... wurde hier Ethik möglich. *[54, S. 405]*

Ethik und Religion sind miteinander verknüpft, wahren aber gleichzeitig ihre jeweilige Autonomie (was an Hermann Cohen erinnert). Das Gesamtbild indessen hat mehr von einer Allegorie über die Natur der Religion, wie sie sich in der „verstehenden Psychologie“ findet, die Baeck von Dilthey übernommen hat: die ganze Fülle der noch unerfüllten Individualität des Menschen ist ihm in dem Gebot zur Selbstverwirklichung erreichbar. Das Bild wird weiter ausgeführt, bis zum Schluß jedes Individuum dem Grund und Urgesetz alles Seienden gegenübersteht. Aber es ist der Mensch, der die Gabe der Freiheit hat und deshalb dem Gebot entsprechen kann.
Infolgedessen reicht der Pantheismus nicht aus, obwohl er die Universalität der Offenbarung enthält. Hippokrates' angeblicher Spruch „alles ist göttlich,

und menschlich ist alles" läßt die Spannung, die potentielle Spaltung zwischen Menschlichem und Göttlichem unberücksichtigt. Die pantheistische Methode führt lediglich zu Kosmologie und nicht zu Psychologie; sie kommt zum kosmischen, aber nicht zum psychischen und moralischen Gesetz. Das sittliche „du sollst", die moralische Entscheidung, die schöpferische Pause, Autonomie haben keinen Platz im Pantheismus, sondern werden nur im Monotheismus erfaßt.

Schließlich weist Baeck noch auf einen weiteren Aspekt in der Natur des Menschen hin. Der Mensch hat die Fähigkeit zum Genialen im Bereich von Erkenntnis, Kunst und Sittlichkeit. Nur wenige Menschen sind imstande, in den ersten beiden Bereichen die volle Dynamik dieses Genialen zu entfalten. Jeder Mensch jedoch ist zur Dynamik in der moralischen Sphäre fähig, dort kann jeder ein *homo creator* sein:

Individualität schafft genial ein Individuelles, sei es in der Formung der Erkenntnis, sei es in dem Werke der Kunst, sei es in der sittlichen Tat. Ein Individuelles wird hier geschaffen, das heißt etwas, was ein Einmaliges und darum Unerklärliches ist, etwas was, so sagt die Religion, seine Wurzel im Geheimnis hat, seinen Zusammenhang besitzt mit dem Geiste alles Geistes, mit dem Urgrunde aller Einheit und Ganzheit.

So schließt sich der Kreis der Erfahrung, ihrer Beobachtung und der Linien, die sie von da aus zieht. Wohin immer sie gelangt, sie steht vor dem Individuum, seinem System und seinem Gesetz, vor dem Erkennbaren, in dem doch das Geheimnis, das Jenseitige bleibt. *[54, S. 410]*[28]

Anschließend entdeckt Baeck im Gebiete der Erfahrung sowohl den Menschen wie Gott. In der Welt ist ein Gebot wirksam, das an alle ergeht und im Menschen ist das schöpferisch Geniale zur Antwort angelegt. Das Geheimnis Gottes kann nicht erkannt werden, sein Wille jedoch erschließt sich jedem Individuum, das im moralischen Bereich zur Selbstvollendung strebt. Aber auch im Menschen existiert das Geheimnis seiner Individualität, das mit dem Urgrund aller Existenz verbunden ist. Das Jenseits zeigt sich dem Menschen in der Welt, alle Offenbarung kommt aus der Erfahrung, da jede Wirklichkeit Erfahrung beinhaltet. Das Schöpferische des Menschen jedoch ist ein Weg, auf dem sich das Leben in neuen Tatsachen und neuen Wirklichkeiten erfüllen kann, die aus der moralischen Aufgabe erwachsen. Das *Individuum ineffabile* enthält den *homo creator*.

Baecks wichtigste Nachkriegsarbeiten *Maimonides* und *Individuum Ineffabile* ergänzen unser Verständnis der theologischen Grundform von *Dieses Volk*. Seine Definition der Offenbarung fügt sich vollkommen logisch in eine religiöse Struktur ein, die auf der menschlichen Erfahrung aufbaut, aber Mensch wie die Welt in Begriffen des Transzendentalen analysiert, das in das Immanente einbricht und zu der Erfahrung der Spannung führt, die durch sittliches Handeln gelöst werden kann. Auch das eine Bestätigung für Wittenbergs Mutmaßung, daß Baecks Gott mehr der Gott der Philosophen, von Maimonides, sei. Wie Wittenberg jedoch ebenfalls feststellte, ist der Gott Baecks nicht die ferne Erste Ursache, sondern ein persönlicher Gott, an den sich der Mensch wenden kann. Baecks Erkenntnis des Geheimnisses hatte seinen Gottesbegriff erheblich gewandelt. Dennoch wollte er sich denen nicht anschließen, die die göttlichen Aspekte dieses Geheimnisses als Gottes Zorn oder Gottes Rückzug von der Welt definieren wollten. Der Wille Gottes, das ethische Gebot, war deutlich vernehmbar, das Geheimnis konnte erfahren werden, aber ebenso wie dem Individuum eine Qualität des Unsagbaren eigen ist, so auch Gott.

Wittenbergs Staunen über das Fehlen der Sünde in Baecks Religion ist übertrieben und bedeutet auch keinen wirklich wesentlichen Einwand gegen das System. Interessant ist es aber doch, daß die Sünde in Baecks Darlegung nur sehr gedämpft erscheint. Geleugnet wird sie nicht, die Schwächen des Menschen werden konstatiert. Aber sie werden ausgeglichen durch einen fundamentalen Optimismus, der Baeck zwei Jahre nach dem Verlassen des Konzentrationslagers gestattet, in seinem Urteil über den Menschen die Fülle der Kräfte und die Fähigkeit des Menschen zur Größe hervorzuheben. *Dieses Volk* ist Baecks Verteidigung und Würdigung seines Volkes, eine Apologie. Aber er zeigt sich auch als ein großer Apologet, der gänzlich folgerichtig vorgeht: nach Auschwitz und Dachau verteidigt er den Menschen gegen all jene, die in dem Versagen der Menschheit während der beiden Jahrzehnte davor den letzten Beweis für die Unfähigkeit des Menschen sehen wollten, seinen Weg in die Welt des Ethischen zu finden. Denken wir wieder an Wittenbergs letzten Vorwurf, Baecks Messianismus weiche in der Verteilung der Schwerpunkte vom traditionellen christlichen (und vielleicht auch traditionellen jüdischen) Messianismus ab. Baecks Messianismus ist auf das Vertrauen in den Menschen gegründet.

Das darf, wie wir sahen, nicht mit Humanismus gleichgesetzt werden, und auch die Betonung der Offenbarung in aller Existenz ist kein Pantheismus. Hinter allen Lehren Baecks steht tiefster Gottesglaube, sein Optimismus bezieht sich auf die Art und Weise, in der Gott durch den Menschen wirkt, und auf die Hoffnung, daß die Wahlfreiheit den Menschen zum Schöpferischen und nicht zum Zerstörerischen lenke. Es wäre zu einfach, diesen Optimismus als Erbe von Hermann Cohen zu bezeichnen, denn wenn auch die optimistische Sicht der messianischen Aufgabe von Cohen stammen mag, so unterscheiden sich Baecks Gedanken doch sehr von den Lehren des frühen Reformjudentums um die Jahrhundertwende. Baecks Denkweise entspricht eher der des tausendjährigen Messianismus. Für eine zeitlich begrenzte Hoffnung auf Erfüllung der messianischen Aufgabe ist in ihr kein Raum, während Hermann Cohen noch hoffte, das nächste Jahrhundert schon werde eine einigermaßen vollkommene, bessere Welt erleben; Baeck blickt in die Weiten der Jahrtausende. Die messianische Aufgabe wird niemals erfüllt, und sie wird immer erfüllt: die Menschen – und ebenso die Völker –, die sich um sie bemühen, verwirklichen ihre eigene Individualität und stehen als Schöpfer in der Welt. Und Baeck versichert, daß der Mensch ein *homo creator* inmitten aller Finsternis unserer Tage zu sein vermag. In der Spannung menschlicher Existenz sieht der Messianismus das Ziel am Ende eines nichtendenden Weges. Aber dieser Weg muß gegangen werden. Die göttliche Gnade, die für Wittenberg ein ganz besonderer, fast sichtbarer Eingriff in die Welt des Menschen sein soll, ist bereits in dem schöpferischen Genie gegeben, das im *individuum ineffabile* wirksam ist.

VI

Die Nachkriegsschriften von Leo Baeck zählen nicht mehr zu der polemischen Literatur – zum „neuen Midrasch" –, die sich gegen eine feindliche Umgebung wehrte. Sie gehören in eine neue Epoche, die im jüdischen Leben jedoch schon alt ist: der Tempel ist bis zu den Grundfesten zerstört, das Volk getötet oder zerstreut, und die Überlebenden irren durch die Ruinen und stellen Fragen. Wenn das Gefühl überwiegt, der Mensch habe versagt, dann werden diese Fragen dem Menschen gestellt, der häufig neu definiert wird als machtlos, wenn nicht als böse. Wenn der Verdacht besteht, Gott habe sich von der Welt zurückgezogen oder Mangel an Macht bewiesen, dann werden die Fragen Gott gestellt, und überall blühen und gedeihen Religionen ohne Gott. Baeck hatte weder den Glauben an Gott noch den Glauben an den Menschen verloren. Der Vortrag „Individuum ineffabile" hält beide Seiten seines Glaubens aufrecht, er bekräftigt, daß der Mensch mit seiner Aufgabe und mit seiner Freiheit als Ebenbild Gottes geschaffen ist. *Dieses Volk*, zumal der zweite Teil, den Baeck in seinen lezten Lebensjahren schrieb, ist der Ausdruck seines Glaubens an die eine besondere Individualität innerhalb der Menschengattung, des Glaubens an Israel, an sein Wandern durch die Jahrtausende der Geschichte. In dieser Richtung sucht Baeck weiter nach den Antworten. Er wendet sich an die Geschichte, an die Erfahrung von Generationen wie an die Erfahrung der eigenen Generation und bemüht sich, sie zu ergründen.

Auf den Übergang von seiner frühen Beschäftigung mit dem Wesen jüdischen Denkens zu seinen letzten Meditationen über die Bedeutung jüdischer Existenz haben wir bereits hingewiesen. Es handelt sich um einen Wandel in der Betonung und nicht um einen Wandel im System. Bei einem öffentlichen Vortrag im Jahre 1949 wurde Baeck über seine Einstellung zum Existentialismus befragt. Mit wenigen Worten verwarf er den theologischen Existentialismus, der aus des Menschen tiefer Angst in einer dunklen Welt herrührt und der die Verzweiflung des Lebens über den Tod mit dem Kern der Existenz gleichsetzt. Er erkannte indessen an, daß der philosophische Existentialismus einerseits den größten Nachdruck auf den existentiellen Charakter des Individuums, das durch das Hier und Jetzt bestimmt sei, lege, andererseits aber unterstreiche

die Philosophie des Existentialismus die Verantwortung des Individuums, die ihm aus seiner Existenz erwächst, aus dem „Ruf nach Ewigkeit", der es durch die Stimme des Gewissens aufruft, einen menschlichen Wert aus der Existenz zu machen. Dieser Existentialismus ist echte Philosophie, und ganz gewiß besteht hier eine Wechselbeziehung, ein gemeinsamer Boden, mit dem Judentum. *[57, S. 17]*

Dieser „menschliche Wert der Existenz" nimmt in den letzten Schriften einen hervorragenden Rang ein. Die ewigen Wahrheiten werden in der menschlichen Erfahrung aufgespürt und mit den Ereignissen der jüdischen Geschichte bekräftigt. Wieder geht Baeck den mittleren Weg der Polaritäten, der ihn von den existentiellen Denkern trennt und aus der idealistischen Gruppe ausschließt.
Der Akzent hat sich zwar verlagert, die Grundlehren jedoch bleiben unverändert. Einige Wandlungen kann man in dem Urteil über Paulus[29] feststellen, im ganzen aber bieten die historischen Schriften jener Jahre einmal mehr die Darlegung seiner *theologia viatorum* und überprüfen den zurückgelegten Weg unter Anwendung derjenigen Werte, die Baeck als das Wesen des Judentums ein halbes Jahrhundert zuvor definiert hatte.
1946 hielt Baeck einen der ersten Vorträge, die vom Londoner Rundfunk nach Deutschland ausgestrahlt wurden. Die Stimmung der Zeit ist wesentlich für diesen Vortrag: der Historiker wandert durch die zerstörten Stätten („selbst die Ruinen sind versunken") *[52, S. 9]*. Trotzdem wird jeder Pessimismus abgelehnt. Es sind merkwürdige Vorträge. Der erste, „Der Sinn der Geschichte", wiederholt zum Teil den Vortrag aus dem Konzentrationslager über Herodot und Thukydides und schließt mit einer ähnlichen Aussage über die Möglichkeit der Wiedergeburt derjenigen Individuen und Nationen, die der moralischen Aufgabe treu bleiben. Aufgabe und Ziel sind ewig:

„Und das ist der Sinn der Geschichte, das ist die Antwort auf die Frage: Was bleibt im Gange der Zeiten. Recht und Geist, sie sind auch auf Erden unsterblich.“ *[52, S. 12]* „Die Zivilisation und der Mensch“, der zweite Vortrag, beschäftigt sich mit dem *homo faber*, mit dem Menschen der neuen Welt, dessen Werkzeuge vervollkommnet und dessen Welt kleiner geworden ist. Und Baeck erinnert seine Hörer daran, daß immer noch der Mensch, seine Seele und sein Leben, die stärksten Realitäten auf Erden sind *[52, S. 18]*. Der letzte Vortrag diskutiert „Staat und Kultur“, die folgendermaßen definiert werden:

Kultur ist die Durchdringung der Gemeinschaft mit einem Geist, so daß eine sittliche Idee vor dem Gesetz und der Geschichte steht und diese sittliche Idee dem Gesetze und der Geschichte den Weg weisen kann, und die Gemeinschaft so nicht nur durch Boden und Geschick gegeben ist, sondern durch einen gemeinsamen wahren Geist. Damit erst gewinnen Volk und Staat einen inneren Wert, eine eigene Würde. Ganz wie der einzelne Mensch eine Persönlichkeit werden, das heißt, ein seelisches, geistiges, sittliches Besitztum in sich entfalten kann ... und er eine Bedeutung hat nicht nur ... durch das, was er leistet, sondern vorerst durch das, was er ist, durch seine Persönlichkeit eben, ganz so kann und soll es dem Volke, dem Staat beschieden sein. Sie auch können eine sittliche, eine geistige Kultur haben – diese allein ist ja wahrhaft Kultur – und damit der Menschheit etwas geben schon dadurch, daß sie das sind. *[54, S. 22]*

Kultur ist vorhanden in den einzelnen Menschen, in den Individuen, welche die Werte der Existenz hüten. Baeck sprach zu einem Deutschland, dem *Ein Volk, ein Reich, ein Führer* noch in den Ohren klang, und er sprach von der Individualität der Menschen, die dem Staat Bedeutung geben, von den „zehn Gerechten, die in ihr [der Stadt] sind“, durch welche die Gemeinschaft geschützt wird. Nur der Mensch kann den Wert des Staates bestimmen, das Gegenteil führt zu Vernichtung. Der Mensch steht in der Geschichte, gibt ihr aber den Sinn, den die Zeit dem Raum anweist: „Der Mensch steht in der Geschichte. Ihm ist es verliehen, daß er die kennen kann, von denen er hergekommen ist, und an die denken kann, die von ihm ausgehen. In ein Geschick von Generationen ist er hineingestellt. Er steht im Volke und im Staate, Schicksal empfangend und Schicksal gebend.“ *[52, S. 24]* Wieder befinden wir uns in der Theologie der Geschichte.

In diesen letzten Arbeiten rückt auch der Exeget erneut in den Vordergrund. Geschichte der Menschen und Geschichte der Völker können erfaßt werden, wenn man dieses eine Volk betrachtet, das den Sinn, der dieser Geschichte unterliegt, erkannt hat – Baecks Volk Israel. Und auch die jüdische Geschichte kann verstanden und gedeutet werden, wenn man die Leben der

Individuen betrachtet, die aus den verschiedenen Generationen hervorragen. In seiner letzten Vortragsreihe, die er 1956, wenige Monate vor seinem Tode hielt, setzte sich Baeck noch einmal mit der Geschichte des modernen Judentums auseinander, mit jener deutsch-jüdischen Gemeinde, die ihm in dem Zeitpunkt anvertraut worden war, als ihre tausendjährige Geschichte dem Ende zuging. Baeck sah diese Geschichte durch die „Typen jüdischen Selbstverständnisses in den letzten beiden Jahrhunderten" – durch die Männer der modernen deutsch-jüdischen Geschichte, die er für die bedeutendsten hielt: Mendelssohn, Heß, Rathenau und Rosenzweig *[63]*.
Bezeichnenderweise bilden diese Vorträge mit dem zweiten Teil von *Dieses Volk* ein Ganzes *[9]*. In dem umfangreicheren zweiten Teil dachte Baeck über den Gesamtverlauf der jüdischen Geschichte nach, und hier wie in den Vorträgen fällt ein Widerschein davon auf sein eigenes Selbst. Vergleichen wir die beiden Bände, dann zeigt sich im zweiten Band eine Schwäche: bestimmte Bereiche des jüdischen Lebens werden nur ganz kurz berührt, zum Beispiel das Mittelalter und die gesamte Entwicklung des Ostjudentums. Baeck übergeht sie nicht und hat nicht die Vorurteile von Heinrich Graetz und anderen, aber die irgendwie flüchtige Behandlung dieser Themen läßt doch Baecks Urteil über die letzten zweihundert Jahre europäischen jüdischen Lebens zu einseitig westlich orientiert erscheinen, wobei ihm manche Nuancen, die dem Judentum durch osteuropäische Quellen zukamen, entgehen.[30] Er versuchte allerdings auch nicht, eine vollgültige Gesamtgeschichte der jüdischen Existenz zu schreiben, vielmehr waren die Ereignisse für ihn eine Proklamation des Wesens des Judentums. Dennoch gibt es einen autobiographischen Aspekt, wenn der Historiker eine Auswahl aus dieser Geschichte seines Volkes treffen muß: Er bestätigt sich selbst durch seine Auswahl. Es gab dunklere Seiten des jüdischen Lebens und größere Schwächen, die diese Autobiographie eines Mannes und seines Volkes zwar vermerkt, aber nicht tiefer erforscht.
Dieses Volk ist durchgehend eine gelehrte und häufig glanzvolle Würdigung der jüdischen Geschichte. In bezug auf unser Thema liegt sein besonderer Wert darin, daß es uns die letzte Dimension von Baecks Denken aufzeigt. Die selbstreflektierende Theologie wird hier an dem Stoff der Geschichte geprüft, und die Polaritätsreligion findet die Beweise für das Zweifache der menschlichen Existenz in dem Einssein von Israels Leben. Das wird nicht zu weit getrieben und lenkt hin zu neuen historischen Einsichten, zu der Polarität innerhalb des europäischen Judentums, die in den Wechselwirkungen zwischen Aschkenasim und Sephardim aufscheint. Die *haside aschkenas*, die „Frommen Deutschlands", und die *hakhme sepharad*, „die Weisen, die Philosophen Spaniens", spiegeln die innere Antwort von Israel auf das Ge-

heimnis und das Gebot *[9, 157]*. Baecks Unterscheidung zwischen „Kulturfrömmigkeit" und „Frömmigkeitskultur" ist kein Wortspiel, sondern tiefe Einsicht in die Formen jüdischen Lebens:

Die eigentliche Besonderheit hatte sich aus den unterschiedenen Antworten ergeben, welche die Frage nach dem Bestand einer Kultur gefunden hatte. Es war die Frage, ob in der Menschenwelt ringsumher Vorbedingungen, ja vielleicht providentielle Vorbereitungen für die große Ordnung und Harmonie, für das Reich Gottes vorhanden wären, ob gewissermaßen Zugänge zu ihm hin sich dort zeigten. Als die Religion dieses Volkes und die Philosophie der Griechen sich zum ersten Mal begegnet waren, wurde diese Frage bejaht, jetzt auch durch die Sephardim ... Wege zur Religion hin, Bereiche der „Vorbereitung", wurden in ihr gefunden. Des Eigenen, dessen war man überzeugt, werde man noch deutlicher bewußt, wenn man das alles sehe. Das Wort „Harmonie", „Ordnung", „tikkun", wurde auch für die Kultur gebraucht. Die Religion war gewissermaßen eine Kulturreligion. *[9, S. 159]*

Die Aschkenasim hatten ein anderes Schicksal. In ihrer Isolierung von der Kultur ihrer Umwelt wäre die Übernahme von deren Kultur Selbstbetrug gewesen:

Nur wo „torah" ist, könnte die „chochmah" sein; in seiner Frömmigkeit sei diesem Volke die Kultur gegeben.
Das Problem der Frömmigkeitskultur und der Kulturfrömmigkeit mußte sich in diesem Volk immer wieder erheben und zu immer erneuter Formung hindrängen. Als eine Aufgabe ohne Ende ist es in seinem Glauben eingepflanzt. Beides will dieser Glaube sein, und nur beides zusammen kann er sein, damit er lebe: „torah", das Offenbarte, mit seinem immer neu zu erfüllenden und zu durchdenkenden Gebot, mit seiner Lehre, die es ist, und „chochmah", die dem Menschen verliehene, immer neu zu belebende und zu verwirklichende künstlerische Kraft, mit ihrer sittlichen Forderng, die sie sein soll. Sie gehören zusammen, und zusammen geben sie diesem Glauben seine Ganzheit und Einheit ... Beides, Chochmah und Torah, haben sie beide, die Aschkenasim und die Sephardim, und nur zusammen bedeuten sie den Geist und die Existenz dieses Volkes in dieser dritte Epoche. Zusammen haben sie beide, diese beiden, Aschkenasim und Sephardim, in ihrer besonderen geschichtlichen Weise und doch ineinandergefügt, in schöpferischer Einheit, die dritte große Bewegung geschaffen und haben in ihr die Bibel und den Talmud wiedergeboren sein lassen. Diese Leistung beider, in dieser Ganzheit und Einheit, ist dann Erbe und Auftrag an ein folgendes Jahrtausend geworden. *[9, S. 160f]*

In Schlüsselstellen wie dieser klingen die alten Themen von Geheimnis und Gebot, von Tod und Wiedergeburt, von dem Existierenden und dem Geforderten alle zusammen. Liest man aber die verschiedenen Parallel-Stellen mehrmals, dann kehrt man doch nicht einfach nur immer wieder zu demselben Grundbau zurück. Ein Kritiker, David Goldstein, stellte zu Recht fest:

Die eigentliche Botschaft Leo Baecks ist eins mit seinem Stil. Hier gibt es keinen konsequent geführten und verfolgten Faden durch 400 Seiten hindurch. Seine Worte sind wie für ein Orchesterkonzert geschrieben. Ein Thema wird angekündigt. Es wird entwickelt. Ein weiteres Thema wird angekündigt und entwickelt. Beide Themen verflechten sich, und langsam geht das Werk voran, gewinnt an Intensität, während die Überzeugung und das Vertrauen von Baeck selbst als unerschütterlicher Baß für die vielen Variationen, die um ihn gespielt werden, stets im Hintergrund bleiben. *[126, S. 15]*

Eine ähnliche Methode haben wir auch in dieser Untersuchung übernommen; wie Baecks Arbeiten hat sie eigentlich Midrasch-Charakter, gestaltet sich aus dem Stoff, den sie zu deuten unternimmt.
Warum aber hielt es Baeck für notwendig, dem Midrasch aus Theresienstadt einen zweiten Band hinzuzufügen, diesem Buch, das ein Testament und ein Zeugnis war? In seinem Vorwort sagt Baeck, daß der Mensch, zu dem die Geschichte gesprochen hat, niemals aufhören könne, Zeugnis abzulegen, und daß seine Bücher dies auch tun müßten. Der erste Band sprach von den ursprünglichen Kräften, die Baeck als Grundlagen jüdischer Existenz sieht, von der besonderen Verpflichtung, der besonderen Bahn, die Israel innerhalb der Weltgeschichte zugewiesen ist. Jetzt möchte Baeck wissen, ob Israel dem ihm gebahnten Weg gefolgt ist. Ist ihm die Richtung seiner Jugend verlorengegangen? Oder gab es in jeder Generation eine Wiedergeburt, ein Weiterreichen der alten Offenbarung, die zu jeder Generation neu sprechen muß? Er bejaht die Wiedergeburt, bejaht das Volk und seinen Glauben. Und es liegt etwas eigentümlich Ergreifendes in der Art, in der er sich den leuchtenden Hoffnungen der eigenen Zeit und der Vernichtung dieser Hoffnungen zuwendet.
Der Eintritt des Juden in die moderne Welt war für Baeck der Eintritt des *homo mysticus*, den das Zeitalter der Aufklärung nur als *homo rationalis* einlassen wollte:

Das war die schwere Aufgabe jener Zeit . . . Denn in dieser Mystik fanden die Juden damals überall in der Welt ihren Trost. An den Toren des Ghettos begann die höhere Welt; die Judengasse ging in die höheren Sphären hinüber. Dort, in dieser höheren Sphäre, lebte man; durch alle Türen der Häuser, durch alle Fenster der Häuser drang dieser mystische Geist ein. *[63a, S. 19]*

Baeck zufolge war das Fundament des deutschen Juden die Mystik – eine eigene Art Mystik, mystischer Erfahrung. Zwischen dem sephardischen System der Mystik und der Betonung der mystischen Persönlichkeit, wie sie von den Aschkenasim gepflegt wird, liegt der große Gegensatz. Die Aschkenasim lebten in einer Frömmigkeitskultur und standen dem ungeheuer schwierigen Problem gegenüber, in die Kultur ihrer Umwelt einzutreten.
Moses Mendelssohn, für Baeck der erste Typus jüdischen Selbstverständnisses in moderner Zeit, war kein Held, aber er handelte heldenhaft. Er war kein großer Denker, aber er fand in der Welt des Rationalismus einen Weg für den *homo mysticus*. Baeck beschreibt diesen Weg durch die Analyse von Mendelssohns *Jerusalem*, in dem Mendelssohn für das Existenzrecht kämpft, das jenen edlen Ausnahmen gebührt, die Gottes Gnade empfangen haben. Es gibt eine allgemeine Religion der Vernunft, die jedem – insbesondere dem Juden – offensteht. Mendelssohn erkannte jedoch die Ausnahmesituation:

Aber innerhalb dessen gibt es diese Tatsache, daß *ein* Volk, ein kleines Volk ... am Sinai stand, daß ihm eine Aufgabe gestellt wurde, sich treu zu bleiben ... bis zum Ende geschichtlicher Zeit. Kein Rationales kann es erklären. Die Tatsache besteht, die Tatsache dieses Volkes als eines Trägers der Offenbarung. Und darum ... soll der Jude ein Mensch der Vernunft sein, aber ganz ein Jude, ganz in seiner Besonderheit, ganz in der Tradition auch lebend, ohne die es keine Geschichte gibt. *[63a, S. 23–24]*

Baeck sieht darin die Verkündung eines Lebensstils. Diesen Lebensstil macht er sich als grundlegende Voraussetzung für ein Volk in Wiedergeburt zu eigen und zeigt dem Juden in der modernen Zeit, daß es einmal eine Lösung gegeben hat, die nicht Selbstbetrug, sondern Selbstbestätigung war *[63a, S. 24]*.[31]
Baecks zweiter Vortrag ist etwas überraschend; indem er von Mendelssohn zu Moses Heß übergeht, läßt er mindestens ein halbes Dutzend hervorragender deutscher Juden (Leopold Zunz, Heinrich Graetz, R. S. Hirsch usw.) unerwähnt, die er als Typen des deutschen Judentums hätte auswählen können. Aber er hatte etwas ganz Bestimmtes mit diesen Vorträgen im Sinn. Er sprach zu Deutschen, die Hitler hinter sich hatten, und die Ausführungen über Hess gaben ihm die Möglichkeit, jenen Mythos vom Staat anzugreifen, der sich so schicksalhaft auf sein Volk ausgewirkt hatte: „Und in dem Nationalstaat ist ein Mythus erstanden, ein Mythus mit doppeltem Antlitz, der Mythus vom Volk und der Mythus vom Staate. Mythus unterscheidet sich von der Idee darin, daß der Mythus dem Menschen nur etwas zuspricht, während die Idee etwas von ihm fordert.“ *[63a, S. 25]*

Mehr noch: Baeck konnte die Beziehung von Heß zu Marx herausheben und beide Denker im Rahmen einer Religion beleuchten, die „zuerst in die Welt eingetreten [ist] als eine religiöse Revolution, aber ebensosehr als eine soziale Revolution“ *[63a, S. 26]*. Aber sein Hauptziel muß wohl aus der Erkenntnis erwachsen sein, daß der moderne Jude ohne den Zionismus nicht verstanden werden könne, daß es also einen Weg aus dem eigentlichen Judentum heraus in die allgemeine Kultur gibt, der von den vielen begangen wird, die den Sinn für das Geheimnis verloren haben, aber trotzdem noch dem sittlichen Gebot zuhören wollen, das aus dem Leben spricht. Es gibt einen Typus des Juden – das sah Baeck sehr klar –, der das Judentum nicht verläßt, obwohl das seiner ganzen Umgebung so erscheint:

Salomo ibn Gabirol aus Spanien ... läßt ... den Menschen sagen: „Ich fliehe vor Dir, o Gott, zu Dir hin!“ Vor Gott geflohen, weil die Zweifel des Tages oder die Enttäuschungen des Jahres ihn forttrieben, aber zu Gott dann zurückgekehrt – so ist es das Leben Heines geworden. Er hat nie sein Judentum vergessen, geschweige denn verlassen. Aber andere, neue Ideen hatten ihn ganz gefangengenommen, und um dieser neuen Ideen willen hatte er Jude bleiben wollen. Jetzt erkannte er, daß um seines jüdischen Volkes willen diese neuen Ideen verwirklicht werden sollten. Ein Platz, ein Gebiet, ein Land auf Erden, das alte verheißene Land, sollte ihnen gehören, damit prophetisches Ideal verwirklicht werde. *[63a, S. 30]*

Auch den weltlichen Juden, der sich und seine Aufgabe als echte jüdische Existenz versteht, schließt Baeck in seine Typen jüdischen Selbstverständnisses ein, und bei Moses Hess bejaht er jenen Aspekt jüdischer Hoffnung und jüdischen Bemühens, das den Kritikern an Baecks eigenen Lehren verdächtig vorkam:

Die großen Propheten ... haben die Gegenwart bewältigt – sich nicht mit ihr abgefunden, sondern sie bewältigt dadurch, daß sie die Gegenwart in die Zukunft einpflanzten. Die Zukunft wird das Recht bedeuten, das die Gegenwart hat; die Zukunft wird Zeugnis für das ablegen, was die Gegenwart ist! Das war die Idee von Moses Heß. Es ist etwas von dem Messianischen in ihm wieder lebendig geworden. Es war das der Mangel der Zeit gewesen, in der er lebte, der Juden seiner Zeit auch, daß das Messianische in ihnen schwach geworden war. *[63a, S. 31]*

In Hess sah Baeck die große Hoffnung der Menschen, die noch nicht erfüllt worden war.

Walther Rathenau wird in *Dieses Volk* nicht erwähnt. Daß er in den Vorträgen auftritt, besiegelt diese als geistige Autobiographie Baecks. Hier erscheint ein persönlicher Zug: Baeck war ein enger Vertrauter der Familie Rathenau, und Rathenaus Mutter schenkte ihm die Bibliothek des ermordeten Staatsmannes. Baeck sagte von Rathenau:

Er suchte sein Judentum. Hätte er länger gelebt – man darf wohl sagen, er hätte es gefunden.

Es ist die Tragik dieses Mannes, daß er, der unterwegs war, auf dem Wege, gleichsam am Wegesrande, gestorben ist. Vieles hätte er dem jüdischen Denken und Hoffen auch geben können, hätte er länger gelebt, hätte er, der sein Judentum gesucht hatte, es auch gefunden. *[63a, S. 41]*

Das ist kaum reine Spekulation, denn Walther Rathenau, „Kronprinz" der AEG[32], war zwar eine Personifizierung jenes deutschen Judentums, das sich zu Wohlstand und Macht erhoben hatte und sich durchaus als Teil der deutschen Nation empfand, sich aber völlig klar darüber war, daß es nicht wirklich dazugehörte.

Rathenau ist ein gutes Beispiel für diesen Typ des deutschen Judentums, der von denen, die nicht die inneren mit den äußeren Aspekten zusammensehen, immer viel zu leicht als „assimiliertes Judentum" abgetan wird. Baeck zufolge hatte Rathenau von seiner nichtreligiösen Familie ausgesprochen jüdische Qualitäten geerbt: Stolz vom Vater, Gefühl von der Mutter. Für Baecks Typologie des deutschen Judentums gewann Rathenau exemplarische Bedeutung, denn sein Leben enthält das Pathos deutsch-jüdischer Existenz:

Walther Rathenau hat für die Juden nicht einen neuen Weg gezeigt wie Moses Mendelssohn aus Dessau, wie Moses Heß aus Bonn. Aber in seiner Person – und diese Person war in den entscheidenden Stunden immer Persönlichkeit –, in seiner Persönlichkeit steht das Ringen und Hoffen, die Enttäuschung und Erwartung, das Suchen der Juden in jener Zeit vor uns: in jener Zeit, da eine Generation mit ihren Erwartungen ausgefallen war und eine neue Generation so viel Unheil vor sich sah. In seinem Suchen in dieser Zeit war er wie ein Zeichen für vieles im Judentum. Er darf in der Geschichte der deutschen Juden nicht gemißt sein. *[63a, S. 42]*

Der letzte Vortrag dieser Reihe ist Franz Rosenzweig gewidmet. Er ist warm, großherzig und offen in der Würdigung und scharfsinnig in der Analyse. Trotzdem liegt etwas Unpersönliches darin – vielleicht sind Leben und Tod des deutschen Judentums zu deutlich in der Persönlichkeit und in dem Leben Rosenzweigs gezeichnet, als daß Baeck eine persönlichere Darstellung möglich gewesen wäre. In Rosenzweig fand er jene deutsche jüdische Gemeinde verkörpert, die Freud, Marx und Einstein in die Weltgeschichte entsandt, jedoch den eigenen Garten ebenso gut gepflegt hatte. Die Jahrtausende waren in die Jahrhunderte eingedrungen, eine Wiedergeburt war evident:

Und das ist die „Jüdische Renaissance". In allem zeigt sie sich: in einer religiösen Orthodoxie und in einem religiösen Liberalismus, in einer jüdischen Zionsbegeisterung und in einem jüdischen Universalismus. Die Jahrtausende haben ihren Weg, ihren Ausgang gefunden, und die große innere Sicherheit ist über die Menschen gekommen. Das ist die Zeit, in die Franz Rosenzweig hineingeboren wurde. Und sein Leben ist es, daß er diese Wiedergeburt zu begreifen suchte. *[63a, S. 44–45]*

Rosenzweig wollte sein Volk zu den Wegen jüdischen Lernens zurückführen, die sich jetzt öffneten. Er wollte, daß sie im jüdischen Gesetz lebten. Und Baeck kommt wieder auf den Grundzug des Gesetzes, der Lebensstil und Lebenspoesie ist, der den religiösen Menschen von seinem Gegenteil, dem Philister, unterscheidet. Er charakterisiert Rosenzweigs *Stern der Erlösung* als „die Poesie, welche bleibt" *[63a, S. 47]*. Er empfindet Rosenzweigs Gesetzesbegriff auch nicht als starr; es war kein Reformgesetz, sondern ein re-formiertes Gesetz, mit dem der alten Vision neues Leben gegeben wurde. Rosenzweig brachte die Erkenntnisse der Moderne in das Judentum, damit sein Volk zu einem neuen Ausdruck für sein besonderes Erbe finden könne. Mendelssohn ist der erste moderne Jude, der sowohl mit dem Judentum wie mit der Kultur um ihn herum übereinstimmte. Moses Heß folgte dem Gebot, das ihn zum Schluß zu seinem Volk zurückführte, aber das Geheimnis blieb ihm verschlossen. Walther Rathenau machte die Not einer jüdischen Gemeinde sichtbar, die nach der eigenen Identität suchte; er war begabt mit Poesie und Vision, erfuhr aber selbst in den Augenblicken großer weltlicher Erfolge die Abweisung durch die Umwelt. In Rosenzweig kommt die jüdische Wiedergeburt zum Durchbruch, die Verheißung Mendelssohns erfüllte sich, und das deutsche Judentum erkannte einen kurzen Augenblick lang, was das bedeuten kann. Daher „wird Rosenzweig seinen Platz behalten, so lange es ein jüdisches Volk, so lange es einen jüdischen Glauben gibt" *[63a, S. 50]*.
An diesem Punkt verließ Baeck das Rednerpult. Der Vortrag war beendet. Rechenschaft war gegeben, ihm selbst wie den Zuhörern, vom Aufstieg und Fall des deutschen Judentums. Das stimmt selbstverständlich nicht ganz. Der Weg von Mendelssohn zu Hess, Rathenau und Rosenzweig führt unausweichlich weiter – zu Leo Baeck. Etwas davon spürte offenbar der Leiter des Institutum Judaicum Delitzschianum, Professor D. K. H. Rengstorf,

der sagte, daß diese Vorträge, denen die Gruppe hatte zuhören dürfen, getragen waren von der Persönlichkeit eines großen Menschen, aus dem „eine solche reine und reife Geistigkeit und eine solche reine und unbegrenzte Gütigkeit ... hervorleuchtet“ *[63 a, S. 52]*.

Eine noch großartigere, tiefere und umfassendere Aussage Baecks findet sich in den letzten Seiten von *Dieses Volk*, die er als Testament einem Vortrag vorziehen würde, bei dem er das autobiographische Element, das an sich nicht sein Stil in der Öffentlichkeit war, gespürt haben muß. Aber beide Arbeiten sollten zusammengesehen werden, wie ja alle seine Schriften eine einzige Aussage bilden. Die Eigenschaft der Wiedergeburt, die er seinem Volke zuerkannte, das Vermögen, die Vergangenheit in die Gegenwart zu bringen, ist in dem Ganzen seines Werks deutlich. Niemals, seit er seine Aufgabe als Lehrer für sein Volk begann, hörte er auf, vom Wesen des Judentums zu sprechen. Aber Gebot und Geheimnis gehen in den späteren Arbeiten, die seinen frühen Gedanken zu größerer Klarheit verhelfen, eine Einheit ein. Und diese letzten Schriften, von dem „neuen Midrasch“ in den dreißiger Jahren bis zu den Vorträgen im Konzentrationslager und danach, führen Baeck auch zurück zu einer Neuformulierung dessen, um das es ihm von allem Anfang an ging. Noch einmal ist er Apologet. *Dieses Volk* ist eine hochherzige Definition seines Volkes, und ebenso ist es die Vortragsreihe, in der Größe und Hoffnungen des deutschen Judentums zu abschließendem dichterischem Ausdruck in der Erinnerung an große Persönlichkeiten gelangen. Die Definition des *individuum ineffabile* ist dann eine letzte und große Apologie des Menschen inmitten der Ruinen einer Welt, die jetzt daran zweifelte, ob der Mensch überhaupt fähig sei, mehr als Ruinen zu schaffen. Baecks Vision war klar und eindeutig: der Mensch ist größer. Man kann in der menschlichen Dimension Gott begegnen.

Der Mann, der das schrieb, war ein Rabbiner, ein Lehrer. Und wenn wir das Buch seiner Lehren und das Buch seines Lebens schließen, dann begreifen wir, daß das, was er zu sagen hatte, *alle* Menschen angeht.

Siebtes Kapitel
Das Ende aller Dinge

I

Ist Theologie heute überhaupt möglich? Wir leben in der Welt nach Auschwitz, in einem Zeitalter der Brutalität, der Unsicherheit. Ratlos und unbeholfen versuchen die westlichen Religionen mit der heutigen Theodizee fertigzuwerden. Ein geteiltes christliches Establishment erringt kleinere ökumenische Siege, während große Geister die Kirche verlassen und ihre Aufgabe in einem „religionslosen Christentum", in einer „Gott-ist-tot"-Theologie und endlich in der „Theologie der Revolution" finden. Das jüdische Denken läuft der äußeren Umwelt parallel, und viele der jüngeren Theologen sind durch Übernahme zeitgenössischen Ideenguts dem Zeugnis jüdischer Geschichte entfremdet. Quälendes Bewußtsein der gegebenen Existenz hat ihr Wissen um „dieses Volk Israel" erschüttert, aus ihrem Glauben ist das Verkünden des Individuellen in der verdüsterten Welt geworden. Solange jedoch Fragen nach den letzten Dingen gestellt werden, ist Theologie weiterhin relevant. Wenn diese Fragen sich auf das heutige Dasein beziehen, dann gewinnen Leben und Zeugnis von Leo Baeck grundlegende Bedeutung: Hier wurde die Theologie der jüdischen Tradition in den heutigen Brennöfen der Qual erprobt – und hat sie überlebt.

Auch die Christenheit muß Leo Baeck zuhören. Denn Baeck war Jude, ein Zeuge Gottes für die Welt. Das ganze Unternehmen Christentum ist von der Wahrheit dieser Feststellung betroffen. Professor Rylaarsdam von der Universität Chicago beklagte kürzlich die Tatsache, daß die Christenheit eigentlich niemals über ihre Behauptung hinausgelangt sei, die einzigen guten Juden seien entweder tote oder christliche Juden.[1] Wenn es dem Christentum nicht gelingt, den Juden als das zu erkennen, was er ist, war und sein wird – als Jude an sich und nicht als christliches Stereotyp –, wird dem Christentum auch die wahre Natur der eigenen Existenz unbekannt bleiben. Und wenn es stimmt, daß die westliche Welt im Verfall begriffen ist und wir in der „nachchristlichen Zeit" leben, dann wird vielleicht das Christentum doch noch sein jüdisches Erbe heranziehen müssen, das die Schriften Baecks in beredter Bestandsaufnahme präsentieren. Baeck ist das Musterbeispiel des Juden, wie ihn Berkovits Arbeit über die „nachchristliche Epoche" zeichnet:

Wir befinden uns an der Schwelle des neuen Zeitalters. Wir, die wir da waren, als das christliche Zeitalter begann; wir, mit deren Märtyrertum das Christentum seine schlimmste moralische Niederlage erlebte; wir, in deren Blut das christliche Zeitalter sein Ende fand – wir sind zur Stelle, wenn diese neue Zeit einsetzt, wenn sich diese neue Zeit dem Ende zuneigt – wir, die *edim*, Gottes eigene Zeugen, als *am olam*, als ewiger Zeuge der Geschichte *[77a, S. 84]*

Das Christentum kann nicht mehr in der Illusion verharren, es sei die militante Kirche, die mit dem Schwert in der Hand die Zukunft der Welt bestimmt. Das Schwert ist zusammen mit vielen Illusionen zerbrochen. Und der Jude, der in dieser Welt vor der Kirche steht, entspricht auch nicht mehr dem Bild der Synagoge aus den alten Kathedralen, die mit verbundenen Augen und gebrochenem Stab auf die Welt verzichtet. Das Zeugnis des Juden ist an die Welt gerichtet, an diese, unsere Welt. Israel ist kein metahistorisches Volk. Durch die Lehren von Menschen wie Leo Baeck erkennen wir, wie Israel die alte Aufgabe als Zeuge und Prophet Gottes erfüllt. Das ist heilsam für das Christentum. Denn die Schärfe von Baecks Polemik rührt von seiner Liebe zum Christentum: die Mutter-Religion liebt ihr Kind noch immer und möchte, daß es sich Wege wählt, auf denen die Fülle seines Erbes zur Blüte kommt. Der Dialog zwischen Judentum und Christentum ist möglich. Er muß beginnen auf der Ebene des Lebens mit der gemeinsamen Erfahrung einer gemeinsamen Menschlichkeit. Er muß weitergeführt werden auf der Ebene der Theologie in der gemeinsamen Vision von Gottes Oberhoheit, im gemeinsamen Begreifen Gottes unter dem Begriff der Mitmenschlichkeit. Baecks Leben und Lehren eröffnen dem Christen, der wahrhaft auf der Suche nach dem Mitmenschen ist, beide Bereiche.
Auch das Judentum muß Baeck zuhören. Nur wenigen ist es gegeben, sich das ganze Joch der Gebote aufzuladen, nur wenige vermögen, außerhalb der Geschichte und damit außerhalb ihrer Probleme und Nöte, mit der alleinigen Aufgabe des Zeugnis-Ablegens zu leben. Die meisten von uns müssen sich mit der jüngsten Geschichte auseinandersetzen und die Fragen der Zeit stellen. Eine Tradition, die nichts von den spezifischen Umständen unserer Zeit, nichts von den inneren und äußeren Dimensionen jüdischer Existenz weiß (und für welche die Verwirklichung eines Staates Israel reine Theorie ist), die nicht weiß, daß die früheren Jahrhunderte mit ihren Lehren überwunden sind – eine solche Tradition kann uns nicht erreichen. Die jüngeren Theologen von heute sind die Schüler der Theologen der zwanziger Jahre, der jüdischen und christlichen, die in Deutschland lehrten, bevor dort das Denken aufhörte. Aber während sie Rosenzweigs und Bubers Lehren in ihre Sprache und Formulierungen übernommen haben, wird Leo Baeck noch übergangen.[2] Sein Leben verstellt die Sicht auf seine Lehren: er galt als der

Sprecher einer Gemeinde, und da diese Gemeinde die Sprache von Hermann Cohen und vom Optimismus des neunzehnten Jahrhunderts angenommen hatte, galt Baeck nur als weiterer Sprecher jenes liberalen Judentums. Aber Hermann Cohen hat sehr viel mehr gesagt, als der deutschen jüdischen Gemeinde klar war, und Leo Baeck sehr viel mehr, als der amerikanischen jüdischen Gemeinde klar war. Bubers Bedeutung für die Erforschung der allgemeinen menschlichen Erfahrung wird jetzt, seit seine Einsichten für die Gebiete von Erkenntnislehre und Soziologie herangezogen werden, wesentlich deutlicher. Indessen ist er nicht der führende Kopf für die besondere jüdische Erfahrung, nach dem Theologen und Laien suchen. Rosenzweig und der Existentialismus haben ihren Einfluß gehabt. Vielleicht gerät jetzt Baecks Polaritätsreligion in den Vordergrund. Sie ist ein Nachkomme des Neukantianismus, geformt und aufgezogen vom zwanzigsten Jahrhundert. Gestützt wird sie durch einen subtilen und souverän aufgebauten geistigen Rahmen. Das hat viele zur Ablehnung von Baecks Lehren bewogen. Unsere Theologen haben Angst vor klassischer Philosophie, und der Existentialismus hat eine ganz besondere Art von Anti-Intellektualismus in die moderne Theologie gebracht. Aber Baecks Lehre über einen Lebensstil, über die alten Überlieferungen und Sitten, trifft auch auf Widerspruch bei Philosophen, die sich als gelöst vom Religiösen verstehen. Baecks Weg ist der Mittelweg, gegen den sich stets beide Seiten wenden. Die Auswüchse auf beiden Seiten nehmen ihren Lauf, und der Mittelweg kann durchaus der Weg sein, der alles überdauert. Baecks Lehren kommen nicht nur aus dem jüdischen Denken, sondern auch aus dem jüdischen Leben. Er war Rabbiner. Und wenn der säkularisierte Intellektualismus einmal diese Tatsache verdaut hat, wird sich diese Tatsache als Quelle der Kraft für Baecks Lehren erweisen. Baeck war ein Pharisäer, und wenn das christliche Denken einmal seine früheren Vorurteile überwunden haben wird, kann es von Baeck lernen, wie das ganze Leben geheiligt und man mit den laufenden Problemen fertig werden kann.

II

Um Baecks Bedeutung für das moderne Denken richtig einzustufen, müssen wir die Ergebnisse dieser Untersuchung noch einmal durchgehen. Daß Baeck ein Rabbiner war, muß wieder gesagt werden; nicht deshalb, weil sich ein Rabbiner vom jüdischen Laien unterscheidet, sondern weil er die Ziele allen jüdischen Lebens betont. Im jüdischen Leben gelangte Baecks Existenz zur Entfaltung, von der Geburt bis zum Tode. Stets leitete ihn das rabbinische Erbe seiner Ahnen. Betrachtet man seine Theologie und ihre Wurzeln in der Erfahrung, erkennt man das Gewicht der Erfahrung der traditionellen jüdischen Bräuche, die jeden Tag seines Lebens erfüllten. Von Anfang an unterstrich Baeck die Wichtigkeit ritueller Bräuche, die Ausdruck religiösen Denkens und notwendig sind, um die Lehre im menschlichen Leben einzubetten. Er legte Nachdruck auf das jüdische Gesetz, und, wie wir sahen, war es der Nachdruck eines Liberalen, der das Gesetz liebte, ohne das Bedürfnis nach Selbstunterjochung zu haben. Baeck war kein *Baal ha-Halacha*, er war ein *Baal ha-Midrasch*. Die Allegorien, mystischen Anspielungen und die stolze Verkündung des jüdischen Lebens, die den Midrasch bilden, haben ihn geformt.

Er war der letzte Führer der deutschen Judenschaft, war Symbol für ihre Größe und nicht frei von einigen ihrer Unzulänglichkeiten. Es gab Zeiten, in denen manche Menschen zwischen sich und Baeck eine gewisse Distanz, eine gewisse Kühle empfanden. Als Martin Buber einmal mit dem jungen Abraham Heschel über Baeck sprach, meinte er, das eine Adjektiv, das am besten zu Baeck passe, sei „adlig" *[198]*. Größe und ihre Unzulänglichkeiten liegen in diesem Ausdruck. Die Einzelheiten von Baecks Biographie – der „neue Midrasch" des Widerstands gegen die Unterdrücker, das starke innere Leben der jüdischen Gemeinde und Baecks Weigerung, sie zu verlassen, sein Leben in Theresienstadt, seine Handlungen in den letzten Jahren – alles ist charakteristisch für das deutsche Judentum und vermittelt gleichzeitig ein wahres Bild von Baeck.

Auch der deutsche Hintergrund von Baeck ist noch nicht in ganzem Maße gewertet worden. Jüdische Forscher auf diesem Gebiet wären gezwungen, sich an zu vieles zu erinnern, und die neuen deutschen Forscher vergessen zuviel. Der Jude mußte das Beklemmende der deutsch-jüdischen Beziehungen auf persönlicher Basis lösen. Für die jüdische Gemeinde gilt jedoch als feststehende Tatsache, daß die „metaphysische Liebe" zur deutschen Kultur nicht überlebt hat; die Auseinandersetzung innerhalb des Judentums um die Möglichkeiten eines deutsch-jüdischen Gesprächs haben wir erwähnt.[3] Aber Baeck wendet sich noch in den dunkelsten Tagen den besseren Elementen in der deutschen Gemeinschaft zu, und Baecks Lehren wuchsen auf deutschem Boden. Die sittliche Strenge ist rabbinisch, aber sie ist ausgedrückt in der Sprache des Neukantianismus. Man darf in Baeck daher das logische Resultat deutschen theologischen Denkens (Einfluß von Schleiermacher und Dilthey) sehen. Mit Harnack verband ihn mehr, als ihm klar war. Aber man kann Verallgemeinerungen auch zu weit treiben. Vergleiche könnten auch mit anderen empirischen Religionsphilosophen aufgestellt werden; nur würden sie leicht zusammenbrechen, sobald man die Unterschiede zwischen dem deutschen und dem amerikanischen Hintergrund und jene Seiten des Idealismus und Transzendentalismus berücksichtigt, die Baeck auf dem mittleren Weg hielten. Seine Anrufung der Erfahrung, ein gewisser Immanentismus, und der Akzent, den er auf die Fähigkeit des Menschen legte, Gott außerhalb des traditionellen Rahmens zu entdecken, gliedern ihn nicht in irgendeine Schule ein, sondern demonstrieren seine Offenheit dem Zeitgeist gegenüber. Gerade diese Offenheit macht ihn zu einem wirkungsreichen Verteidiger der jüdischen Tradition in unseren Zeiten.

Die Breite von Baecks theologischer Entwicklung läßt auch erkennen, wie sehr die jüdischen Reaktionen denen der äußeren Umgebung entsprachen. Sein Angriff gegen Harnack entspricht Loisys Verteidigung liberal katholischen Denkens gegenüber Harnack. Loisy wird jedoch aus dem Rahmen seiner Religion hinausgedrängt, während der ganz andere Typus des Denkens und jüdischen Gemeindelebens Baeck zu dem vornehmlichsten Apologeten des modernen Judentums machte. Dennoch ist *Das Wesen des Judentums* neben dem *Wesen des Christentums* mehr als die Verteidigung einer festen Position. Die Vorstellung eines dynamischen und entwicklungsfähigen Glaubens ist durch die Verwendung der „Paradoxie" darin eingebaut, die Baecks idealistisches System dem Bereich des menschlichen Lebens als Ort der Bewährung erschloß, als erster Schritt zur „Polaritätsreligion".

Seine Polemik gegen das Christentum ist für seine Lehre von so zentraler Bedeutung, daß sich das, worum es ihm geht, die Einstellung des klassischen Judentums zu einem romantischen Glauben, nicht nur an das Christentum richtet, sondern gleichzeitig an bestimmte Aspekte im jüdischen Denken und Gemeindeleben. In gewisser Weise noch herausfordernder ist das Wiederhereinnehmen von Jesus und dem Evangelium in die jüdische Tradition. Was jedoch das Christentum heute besonders angeht, ist die Warnung, daß man die Dogmen von Golgatha nicht zu den Grenzen der Offenbarung machen dürfe und daß die großen Fragen einer geistlichen Organisation vorgelegt würden, die intern Gehorsam fordert und sich nach außen mit weltlichen Mächten zu verbünden sucht, um sich selbst zu halten; ferner die Sorge, daß die gefühlsmäßige Erfahrung bei der Begegnung mit der Offenbarung überbewertet und das sittliche Tun innerem Gefühl und Schwärmerei untergeordnet werde. Am härtesten – und häufig am unfairsten – ging Baeck gegen Luther vor (was er durch qualifiziertes Lob für Calvin ausglich). Aber die Angriffe richteten sich nicht nur gegen Luthers Lehren, sondern gegen die Art und Weise, in der sich diese Lehren im Leben der Deutschen auswirkten. Das Leben von Dietrich Bonhoeffer demonstriert zwar eine Rechtfertigung dieser Lehren, aber das ist für Baeck nicht die ganze Antwort (und es gibt deutsche Arbeiten über Bonhoeffer, die das Calvinistische in ihm betonen, in dem auch Baeck die stärkere ethische Antriebskraft im Protestantismus sah). Das Christentum kann ebensowenig noch als *fides quae creditur* zusammengefaßt werden, wie *fides qua creditur* als Gesamtaussage für das Judentum genügen würde. Das Judentum ist häufig weniger als ein gläubiges Bekenntnis, und das Christentum ebenso häufig mehr als ein Bekenntnis, das Glauben an seine Dogmen verlangt. Aber in Baecks Angriffen geht es um Wesentliches im christlichen Denken wie im christlichen Leben. Der romantische Traum und die Idee der Griechen vom „vollendeten" Menschen haben die Gestaltung einer besseren Welt hinausgeschoben und behindert; Heiligkeit, die nur innerhalb der Kirche möglich und nur dem wahren Gläubigen erreichbar ist, kann sich als furchtbares Gefängnis erweisen[4], und die Haltung der christlichen Institutionen während der Jahre der Massenvernichtungen ist im besten Fall zweideutig zu nennen. Die Zwiefältigkeit von Baecks Polemik fordert Klarheit und intellektuelle Verantwortlichkeit im Reiche der Gedanken, aber sie fordert auch, daß die Gültigkeit aller Ideen durch menschliche Erfahrung beglaubigt werde. Wie Baeck das Judentum und das jüdische Volk als ein Ganzes empfindet, so sieht er auch das Christentum als eine Einheit, in der tragische Irrtümer des Denkens das Gewebe menschlicher Erfahrung zerrissen haben. Die Theologie unserer Zeit kann nur durch das zerrissene Gewebe heutiger Existenz in das Reich der Ideen aufsteigen. Baeck steht vor dem Christentum als ein alter Prophet: wenn die Christen ihr Heiligtum wieder betreten wollten, müßte zuerst die Sünde anerkannt, müßte Sühne geleistet werden. Der Weg zu Gott führt über den Mitmenschen.

III

Als Leo Baeck für Juden und Christen zu Beginn des Jahrhunderts das Wesen des Judentums zusammenfaßte, lag die Betonung nicht allein auf rationalem Denken und auf Optimismus. Von Anfang an unterstrich er, daß „das Judentum keine Dogmen" habe, keine klar formulierte Offenbarung, die beschützt und durch eine priesterliche Struktur weitergegeben würde. Baeck sprach von der Dynamik des jüdischen Glaubens, welche die Zukunft als Ort der Verwirklichung offenhielt. So bot er kein festes System an Glaubenssätzen, sondern eine fortdauernde Aufgabe, eine sittliche Aufgabe, die in dem kategorischen „du sollst" enthalten ist. Es gab ein Gebot. Dahinter, verborgen, stand das Geheimnis. Und ein Vorherwissen um künftige Leiden, das kein Hellsehen war, sondern auf die Erfahrung der vergangenen zweitausend Jahre gründete, rückte Israel als individuellen wie kollektiven Märtyrer in sein Blickfeld. Das *Wesen des Judentums* ist dominiert von dem Ruf nach sittlichem Handeln, und die Klarheit und Eigentümlichkeit seines geistigen Rahmens gehen auf Hermann Cohen und auf andere philosophische Vorfahren zurück. Indessen ist Cohens übermäßiger Optimismus bereits hier, in einem Werk, das den Glauben an Gott voraussetzt, den Akzent jedoch auf den Glauben an den Menschen legt, gemildert. Idealistischer ethischer Optimismus bewegt sich schon auf die spätere Religion der Polaritäten zu, die auf dem menschlichen Leben, seinen Tragödien, Ängsten und Bestätigungen, aufbaut und auf der jüdischen Geschichte als Offenbarung des Göttlichen, und die diese zweifachen Religionswerte in die Beschaffenheit des *individuum ineffabile* einbringt.

Die wichtigste Botschaft von Baecks Theologie für unsere Zeit ist, innerhalb der Polaritätsreligion, die Definition des Menschen als *individuum ineffabile*. Das religiöse Bewußtsein des Menschen beruht auf der Polarität seiner Natur und auf der Polarität der religiösen Gegebenheiten. Hermann Cohens Begriff der Korrelation, sein Wissen um Gott und sittliches Handeln, sind hier von zentraler Bedeutung. Baeck erbte Cohens Sinn für die Integrität des Intellekts, für die Gewißheit jener Welt des Intellekts, in der Gott und Mensch als religiöse Vorstellungen echte logische Abstraktionen sind, die notwendigerweise miteinander in Korrelation stehen und zu dem Begriff des Mitmenschen und Cohens grundsätzlicher Forderung nach unserem ethischen Handeln führen, das keinen Appell an das Gefühl benötigt. Baeck jedoch mußte hinausgehen über die Welt der Ideen; die Korrelation zwischen Gott und Mensch mußte im Rahmen der Existenz erfaßt werden, wo der Mensch nicht nur dem Gebot entsprechend handelt, sondern außerdem mit den nichtrationalen Seiten seines Seins nach dem Geheimnis strebt. Wir kommen damit zu dem „neuen Denken“ im jüdischen Leben des zwanzigsten Jahrhunderts. Baeck schritt nicht von Cohens These zu der Antithese von Buber und weiter zu einer neuen Synthese. Statt dessen ordnete er beide Einsichten in seine Polaritätsstruktur ein, in der sich Gebot und Geheimnis wechselseitig beinhalten.

Er beginnt mit der Erfahrung und ihren Polaritäten: das Unendliche erscheint im Endlichen, und was endlich ist, zeugt vom Unendlichen. Das Leben des Menschen führt von Gott zum Menschen und vom Menschen zu Gott. In Baecks theologischem Aufbau (der sich am deutlichsten in den Darmstädter Vorträgen abzeichnet) hat diese Zwiefältigkeit innerhalb des sittlichen Tuns ihr eigenes Leben. Die Kraft zum sittlichen Tun kommt aus dem Transzendenten, aber der Weg zum Transzendenten führt durch die menschliche Erfahrung. Und in diesem Rahmen hat Israel seinen besonderen Ort als das Volk der Offenbarung und daher der Mission. Sein Weg durch die Geschichte ist ein Musterbeispiel für den Menschen im Universum, der Gebot und Geheimnis gegenübersteht. Am Anfang des Weges ist der Glaube an Gott, aber die Kenntnis des Menschen von dem Wege stammt aus der Erfahrung. Das ist kein Immanentismus und kein Humanismus. Das *individuum ineffabile* hat eine göttliche und das Göttliche eine menschliche Dimension: mit Franz Rosenzweig glaubt Baeck, daß „Gott *zumindest* persönlich" ist. Baeck lehrt die Theologie jener, die sich auf dem Lebenspfad befinden: die Erkenntnis von der gegenseitigen Durchdringung von Menschlichem und Göttlichem wird im Leben verwirklicht. Menschen handeln gerecht. Gottes Liebe wird erfahren. Und das Zeugnis eines Lebens, das im Konzentrationslager nicht strauchelte, beweist, daß das, was Baeck lehrte, keine fromme theoretische Übung darstellte, sondern die Art und Weise, in der Juden leben sollen und in der Juden gelebt haben.

Die Substantive des Zeitalters der Ontologie sind für Baeck zu Verben des Zeitalters der Empirik geworden. Sein Akzent liegt auf dem Aktivismus; nicht Liebe, sondern der Akt der Liebe, nicht Gerechtigkeit, sondern der gerechte Akt haben in seinen Lehren den hervorragenden Rang. Aber der gerechte Akt ist nicht relativistisch, er ist im Rahmen der Polaritäten der Inhalt des Lebens und ruht auf den Grundfesten des Lebens. An diesem Punkt gehen Baecks Lehren und Handlungen die Einheit ein, die diese Wahrheit menschlicher Existenz bezeugt.

IV

Als Baeck von der Essenz des Judentums zur Existenz des jüdischen Volkes überging, kam er zu einer modernen jüdischen Theologie, die tiefe Bedeutung für die jüdische Gemeinde hat. Eine Theologie für die Synagoge, die in den reichen Zeremonien im Gebetshaus einen Lebensstil findet. Aber sie ist nicht auf die Synagoge begrenzt, da in der Gesamtheit des jüdischen Lebens die Offenbarung enthalten ist, die nicht an den einen Ort oder an die eine Einstellung gebunden ist. Weil jedoch die neuen Einsichten in der alten Sprache gesagt werden, werden sie verdächtigt oder übergangen. Es ist eine traurige Wahrheit des zeitgenössischen jüdischen Lebens, daß die Mehrheit der Kanzeln die alte Sprache verwendet – nur ohne die alten Einsichten. Die Verse der Heiligen Schrift werden wie magische Beschwörungen zitiert, nicht aber dem Leben einverleibt; die Theologie ist zungenfertig und schal. Greshams Gesetz gilt auch hier: das schlechte Produkt vertreibt das echte gute Produkt, und Baecks tiefe Theologie geht verloren unter den Banalitäten und gewöhnlichen Visionen, die sich der Öffentlichkeit als zeitgenössische Religion vorstellen.

Der Fehler liegt nicht so sehr in den Menschen als in den Institutionen. Wirklich engagierte Rabbiner werden leicht entmutigt, weil ihre Gemeinde weniger zur Synagoge kommt, um Antworten auf lebenswichtige Fragen zu erhalten, als aus gesellschaftlichen und wirtschaftlichen Gründen. *Fast alle* zuvor erwähnten jüngeren jüdischen Theologen haben ihre Kanzeln verlassen und sind Akademiker geworden. Zuweilen hat man den Eindruck, sie schreiben mehr für sich gegenseitig als für die Gemeinde. Aber die Synagoge kann nicht ohne Theologie überleben. Und die Theologie muß, um zu überleben, in der ganzen Gemeinde verwurzelt sein. Sie braucht die Überlieferungen und die Poesie des Lebens neben den Disziplinen der Theorie. Leben und Lehre von Leo Baeck, die mit der Integrität der Philosophie nach der Theorie und mit der Bekräftigung einer religiösen Existenz nach der Synagoge streben, erscheinen als ein Mittelweg, der allen offensteht.

Innerhalb der Synagoge muß sich manches wandeln. Sie muß das Ritual wieder als Verschönerung des Lebens und nicht als sein Surrogat bieten. Wo ist die Kanzel, die sich mit der Not der persönlichen Existenz befaßt und menschliche Bedürfnisse anspricht? Der heutige Midrasch, die Sprache, die man hört, findet sich in Filmen wie Antonionis *Blow-Up* und Kubricks *Clockwork Orange*. Die Kanzel muß mit dieser Sprache Schritt halten: sie muß fähig sein, uns zu sagen, was wir heute sind und was wir morgen sein können. Nur dann werden Theologie und Leben wieder ineinandergreifen, und erst dann wird unsere Generation die große Vision von Leo Baeck verstehen, die viele Aspekte der menschlichen Existenz bejaht, die aus dem heutigen Bewußtsein ausgeschlossen sind durch eine kybernetische Kultur, die ihren Sinn für Religion verloren hat.

Auch innerhalb der jüdischen akademischen Gemeinschaft muß sich manches wandeln. Die Maßstäbe an den Universitäten sind häufig von denen gesetzt, die den Reichtum des jüdischen Lebens nicht erfaßt haben, und jüdische Gelehrte folgen ihren Kollegen viel zu unkritisch. Bernard Martin schreibt dazu:

Tillichs Erkenntnis, daß Theologie mit der Lehre vom Menschen beginnen muß, ist eine Einsicht höchster Wichtigkeit, die, meine ich, von jüdischen Theologen übernommen werden sollte, und ... Tillichs Analyse der Natur der Vernunft und Offenbarung und ihrer gegenseitigen Beziehungen sollte jüdischen Theologen nützlich sein. *[152 a, S. 186–187; vgl. außerdem 152b]*

Die Wahrheit dieser Feststellung unterstreicht nur die Tatsache, daß Baecks *individuum ineffabile* und seine Polaritätsreligion von Baecks eigenen Schülern nicht ausgewertet worden sind. Auf der Suche nach dem Neuen kann der jüdische Theologe viel lernen, wenn er Tillich und Baeck, diese beiden

Männer der Religion, gegenüberstellt. Beide sind instruktiv für den modernen Geist. Baecks Sprache der Polaritäten bringt eine Offenheit in die Sprache der Theologie, die nicht unwichtig für linguistische Analyse ist. Der rationale Aspekt der Offenbarung und der offenbarende Aspekt der Vernunft treten deutlich aus Baecks Analyse des Menschen hervor, die das zwiefache Geöffnetsein der Offenbarung gegenüber betont; und diese gleiche Polarität findet sich in den Gegebenheiten der menschlichen Erfahrung, in der das Immanente und das Transzendente in einer Wechselbeziehung stehen, die Baeck wie Tillich wohlbewußt war. Eine gemeinsame Sprache kann also in verschiedenen Religionen verwendet werden. Mehr noch: Religion und Philosophie können miteinander sprechen – eine seltene Möglichkeit, die von beiden Disziplinen erforscht werden sollte.

Baecks Lehren haben ihren Platz im *toledot*, in der dynamischen Bewegung des jüdischen Lebens. Es ist eine Geschichtstheologie, die Auschwitz und seine Verzweiflung umfaßt, und auch der Euphorie, die auf den Sechstagekrieg von 1967 folgte, Raum läßt. Sie gestattet dem Volk Israel jedoch nicht, die eine Erfahrung durch die andere auszulöschen; sie zwingt es, beide als Stationen auf seinem Lebensweg zu sehen. Aber diese Stationen und diese Erfahrungen sind Teil der fortwirkenden Offenbarung. In künftigen Tagen, wenn Theologen und Psychologen gemeinsam über die aufrüttelnden Wirkungen der Ergebnisse des Sechstagekrieges im jüdischen Volke grübeln, kann der Mittelweg Leo Baecks Antworten geben, die sonst verloren wären. Die verborgenen Dimensionen jüdischer Säkularität werden dann klarer hervortreten. Baecks Vorstellung von der Zwiefalt jüdischer Existenz wird neue Bestätigung finden, neue Aufgaben, die aus seiner ethischen Dynamik erwachsen, werden sich dem Volke stellen.

Leo Baeck hat keine systematische Theologie hinterlassen, aber er hat einen Stil des Lebens hinterlassen. Dieses Leben vermittelt den alles beherrschenden Imperativ des ethischen Gebots, und die Lehren vermitteln das Wissen vom göttlichen Geheimnis. Baeck war ein metaphysischer Dichter seines Volkes, der aus der Realität des biblischen Menschen sprach – die nicht zu einem Symbol reduziert werden kann –, und er ging den Weg von der Offenbarung, die das Volk Israel ist, zu den Aufgaben, die Jude und Nicht-Jude verbinden. Judentum war für Baeck eine Missionsaufgabe, eine Offenbarung und ein Zeugnis, die gemeinsam bewältigt werden mußten. Judentum war außerdem die ewige Flamme in diesem Volk, die von Wiedergeburt zu Wiedergeburt führte. In unserer Zeit, in der viele in der Kälte jener Erkenntnis erfrieren, die Auschwitz als Vergangenheit und den persönlichen Tod als Zukunft enthält, wird Baecks Weg zu einer Bestätigung des Menschen, der dazu gelangt, die *Grundlagen* seines Seins in dem ewigen Geheimnis zu finden und den *Inhalt* der Existenz in dem fortdauernden Gebot der sittlichen Aufgabe unter messianischem Horizont.

Diese Lehre hat die Nächte von Theresienstadt überwinden können, und sie kann gewiß den Menschen durch das Feuer des Atomzeitalters leiten. Denn wenn sich die Dimensionen des Menschen bis zu dem Punkt erweitern, an dem das göttliche Geheimnis erkannt werden kann, kommt der Mensch auch zu dem Wissen um den Mitmenschen. Geheimnis und Gebot sind dann für immer vereint: „Du sollst deinen Nächsten lieben wie dich selbst; denn ich bin Er, der ist."

Anmerkungen

Erstes Kapitel. Präludium in Theresienstadt

1 Vgl. Walter Homolka in Von Wittenberg nach Memphis (Herausg. W. Homolka und O. Ziegelmeier, Göttingen 1989, S. 101ff).
2 Paul Tillich, The Protestant Era (Chicago 1957). S. IX.

Zweites Kapitel. Zwischen zwei Generationen: Das Leben von Leo Baeck

1 Dorothea Sölle, *Das Recht, ein anderer zu werden* (Neuwied und Darmstadt 1971), S. 130.
2 In eckige Klammern gesetzte Zahlen beziehen sich auf die Bibliographie am Schluß dieses Buches.
3 Vgl. Wilhelm Dilthey, *Gesammelte Schriften* (Stuttgart 1958), Bd. VII, S. 248: „Der Lebenslauf einer historischen [Persönlichkeit] ist ein Wirkungszusammenhang, in welchem das Individuum Einwirkungen aus der geschichtlichen Welt empfängt, unter ihnen sich bildet und wieder auf diese geschichtliche Welt zurückwirkt."
4 Haggai 2,13, zitiert von W. Van der Zyl in *[197, S. 26]*.
5 Ernst Simon berichtete in einer Unterredung am 23. Dezember 1965 in New York, daß „Baeck jeden Morgen mit *dawenen* (Beten) begann. Anschließend las er ein *blatt gemara* (eine Seite aus dem Talmud). Danach las er einen Akt aus einem griechischen Drama im griechischen Originaltext, und dann war er bereit für den Tag."
6 Vgl. eine der schönsten Vignetten von Baeck über seine Zeitgenossen in *[16, S. 357–361]*.
7 Salo W. Baron, *History and Jewish Historians* (Philadelphia, 1965), S. 269 bis 276.
8 Leo Baeck, Vortrag anläßlich der Einführungsfeierlichkeiten zu Ehren von Präsident Nelson Glueck am Hebrew Union College, Cincinnati.
9 Adolf Kober, „Die Hochschulen für die Rabbinerausbildung in Deutschland" in *[160, S. 23]*.
10 Vgl. Wilhelm Diltheys nie vollendetes Werk *Das Leben Schleiermachers* (Berlin 1870, 3. Aufl. Herausg. Martin Radetzer, Berlin 1970).
11 Z. B. „neuer kühner Denker" (S. 4); „Spinozas Mystik bestand darin, daß er

die Gesetze Gottes in die Herzen der Menschen eingeschrieben sein ließ" (S. 4). Zit. aus *[11]*.

12 Zitiert in *[188, S. 55]*.

13 Ein weiteres Ereignis aus dieser Zeit, das illustriert, wie unbeirrbar Baeck für das Recht auf freie Rede eintrat: als Rabbi Emil Cohn aus Berlin wegen seiner zionistischen Betätigung von seiner Gemeinde des Amtes enthoben wurde, schrieb ihm Baeck einen Brief, in dem er tiefes Mitgefühl und Sorge um seinen Kollegen zum Ausdruck brachte (Oppeln, 30. 4. 1907, zur Verfügung gestellt von Cohns Sohn, Rabbi Bernhard Cohn, New York): „Was Ihnen widerfahren ist, ist so illiberal, so unreligiös und so unjüdisch, daß man kaum begreifen will, wie es im Namen einer jüdischen Religionsgemeinde, die sich liberal nennt, hat geschehen können. Ebenso unfaßbar ist es mir, wie das Berliner Rabbinatskollegium dazu schweigen konnte ...
Lassen Sie mich auch den herzlichen Wunsch aussprechen, daß Sie ihrem Beruf erhalten bleiben mögen. Unser Stand ist nicht so reich an Männern von eigener, stetiger Gesinnung, daß er sich einfach damit abfinden könnte: ein Mann über Bord!"

14 Der gleiche Sachverhalt, aus jüdischer Sicht betrachtet, führt Klausner *[142]* dazu, von dem antijüdischen liberalen Deutschland zu Beginn des zwanzigsten Jahrhunderts zu sprechen.

15 Geschildert in den unveröffentlichten Aufzeichnungen von Dr. Alfred Jospe, einem Schüler Baecks, der es miterlebte. Rabbi Jospe ist mir eine große Hilfe gewesen, indem er mir seine Einsichten über Leben und Denken von Baeck mitteilte.

16 Deutsche Volkszählung von 1910; zitiert von Walter Breslauer, „Die Jüdische Gemeinde Berlin" in *[160, S. 43]*.

17 Leo Baeck, „Berichte des Feldgeistlichen Rabbiner Dr. Baeck an den Vorstand der jüdischen Gemeinde", *Gemeindeblatt*, Berlin 1914–1918.

18 Paul Tillich, *Time*, 16. März 1959, S. 47, zitiert in *[138, S. 262]*.

19 Dieses Werk erschien zwischen 1927 und 1931 in fünf Bänden. Baecks Beiträge sind in *[192]* unter Nr. 97 verzeichnet.

20 Wie jedoch aus Baecks Artikel hervorgeht, versuchte Baeck das Judentum innerhalb des Deutschtums zu finden und verwarf diejenigen Elemente in der deutschen Kultur, die mit dem Judentum in Widerspruch standen.

21 Vgl. *Leo Baeck Institute Yearbook III*, (London) S. 351–363, in dem Baeck ausführlich von Hans Reichmann über seine Kontakte zu Angehörigen des deutschen Widerstandes in den vierziger Jahren zitiert wird.

22 Angeführt in *[192]* unter Nr. 58 c.

23 Leo Baeck, „Jüdische Kultur in Deutschland", Vortrag *Bne Briss* (1922), S. 34–36, angeführt in *[192]* als Nr. 59.

24 Leo Baeck, „Nehemia Anton Nobel zum Gedächtnis", *Korrespondenzblatt des Vereins zur Gründung ... einer Akademie für die Wissenschaft des Judentums*, III, S. 1–3; als Nr. 60 in *[192]* angeführt. Ernst Simon erzählte mir (am 27. Dezember 1965 in New York): Ein orthodoxer Jude in Frank-

furt, Herr E., Anhänger des äußerst orthodoxen Rabbi Breuer und Gegner von Nobel, lud Baeck einmal zum Mittagessen ein. Baeck nahm an, setzte aber hinzu: „Ich kann in Ihrem Haus nur *milchig* essen.“ „Zweifeln Sie etwa an meinem *kaschrut?*“ fragte E. gereizt. Baeck antwortete: „Im Hause eines Menschen, der an dem *kaschrut* meines Freundes Nobel zweifelt, kann ich nur *milchig* essen.“ In diesem Ausspruch liegt sowohl Schärfe wie Loyalität dem Freund gegenüber.

25 Leo Baeck, „Records of the convention of the Vereinigung der liberalen Rabbiner Deutschlands in Berlin“ in *Liberales Judentum*, Vol. XIV, angeführt als Nr. 62 in *[192]*.

26 Angeführt als Nr. 56 in *[192]*.

27 Angeführt als Nr. 61 in *[192]*. Die geplante Arbeit wurde nicht von Baeck fertiggestellt.

28 Interessant ist, daß Carl Schmitt dann 1933 das Regime der Nazis begrüßte.

29 Vgl. Rosenzweig *[165]* und Altmann *[70, S. 377 f.]*.

30 Die letzte Ausgabe, in englischer Sprache *[40]*, enthält eine aufschlußreiche Einleitung von Krister Stendhal. (s. S. 221)

31 Vgl. *[132, S. 97–106]* sowie *[74, S. 76–85]*. Eine Reihe von Artikeln, die sich mit den verschiedenen Aspekten der von der Reichsvertretung geleisteten Arbeit befassen, enthalten die Leo Baeck Institute Yearbooks *[187]*.

32 Vgl. *[111, S. 47–55]*, wo das Thema eingehender behandelt ist.

33 Damit ist das moralische Problem eines Transfers von Gütern nach Palästina berührt, der nicht nur der jüdischen Gemeinde half, sondern für die Nationalsozialisten auch die Wirkungen des Boykotts gegen Deutschland milderte.

34 Aus einem Brief von Baeck an eine amerikanische Gemeinde, mit dem er eine Stellung in den Vereinigten Staaten ablehnte. Dr. Kreutzbergers geplante Forschungsarbeit kann vielleicht eine Aufgeschlossenheit Baecks für die Möglichkeit einer Emigration in den vierziger Jahren ergeben. Das würde sich mehr auf die gewandelte historische Situation beziehen und Baecks starke moralische Haltung in den dreißiger *und* vierziger Jahren nicht mindern.

35 Vgl. Ernst Simon *[177]*, die grundlegende Arbeit über diesen Zeitabschnitt.

36 Dr. Max Kreutzberger vom Leo Baeck Institute hat mir freundlicherweise gestattet, die Privatbriefe Baecks im Archiv durchzusehen. Dieses Zitat ist der Korrespondenz mit Dr. Rudolf Jaser aus Neustadt (1946–1956) entnommen (Brief vom 5. 9. 49).

37 Recha Freier *[116]* ist die wichtigste Vertreterin dieser Ansicht. Fanatismus beeinträchtigt hier das historische Urteil. Wenn sie sich auf nicht belegtes Hörensagen von einem Nazi stützt – „aber Dr. Baeck kollaborierte doch“ – und dies nicht als Beweis für die Dummheit der Nazis ansieht, sondern als Tatsache, die wichtiger sei als alle Zeugnisse der Selbstaufopferung und Hingabe an das Judentum seitens dessen führenden Persönlichkeiten, dann werden die Gefahren subjektiver Urteile evident. Rabbi J. Litvin („The Guilty Men“, *Jewish Quarterly*, Sommer 1964, S. 9–13) erhob die offene

Beschuldigung, daß „Baeck angeblich seine Stellung dazu ausgenutzt habe, den orthodoxen Juden, vor allem den Rabbinern, Ungelegenheiten zu schaffen". Die Quelle dafür ist „ein gewisser deutscher orthodoxer Rabbiner", ohne nähere Angaben. Aber diese Beschuldigung, die tatsächlich vorgebracht wurde, ist nur ein Beweis dafür, daß der Konflikt zwischen orthodoxen und liberalen Rabbinern sogar in Theresienstadt weiterging. H. G. Adlers *Theresienstadt [69]* zeigt, daß auch die Reibungen zwischen Zionisten und Nichtzionisten fortdauerten, die alten Auseinandersetzungen waren nicht vorbei. Wenn solche Art Behauptungen so einfach hingenommen werden, gehören sie in einen subjektiven Rahmen, der mit allen Emotionen früherer Streitigkeiten belastet ist. Wirkliche Geschichte kann nicht geschrieben werden, solange private Vendettas andauern.

38 Vgl. Kapitel 6.

39 Adler *[69]* bleibt die wichtigste Quelle. Ernst Simon *[177]* und Hans Erich Fabian *[107a]* sind weitere. Eric H. Boehm *[81]* berichtet, „in Baecks Worten" aus jenen Tagen. Aber Boehms Zuverlässigkeit der Erinnerung darf, da kein schriftliches Wort von Baeck vorliegt, in Zweifel gezogen werden.

40 Unterredung mit Paul Tillich *[201]*, zum größten Teil in *[112] enthalten.*

41 Wenn der Bericht von Boehm stimmt – und bisher ist noch keine Gegenstimme ans Licht gekommen –, würde das bedeuten, daß sich Baeck über die volle Wahrheit der Todeslager nicht klar war, während er zwangsweise in der Reichsvereinigung wirkte. Das muß bei einem Urteil über jene Jahre berücksichtigt werden. *E. L. Ehrlich* zufolge hat man „in Kreisen der Lehranstalt ... jedenfalls seit der 1. Hälfte des Jahres 1942 Genaueres über die Ermordung der Juden im Osten gewußt, und das darf auch für Baeck gelten" (Freib. Rundbrief XXV/1973, 75–78.76).

42 Leo Baecks Privatkorrespondenz (Brief an Dr. Rudolf Jaser vom 6. 5. 1947) im Archiv des Leo Baeck Institutes, New York *[66]*.

Drittes Kapitel. Das Wesen des Judentums

1 Diese Kritik wurde auch von Harnacks christlichen Kritikern vorgebracht. Vgl. Alec R. Vitler, *The Church in an Age of Revolution*, (London 1961): „Später traf George Tyrell den Nagel auf den Kopf, er sagte, daß Harnack in einem tiefen Brunnen den Jesus der Geschichte betrachtet und sein eigenes Gesicht gespiegelt am Grunde sah." (S. 123–124)

2 Indem er das 3. Buch Mose 19, 18 zitiert, wo die Menschenliebe durch die Gottesliebe verlangt wird – das Gebot endet mit „Ich bin der Herr" –, deutet Baeck zum erstenmal die Polarität von Geheimnis und Gebot an, die seine spätere Lehre beherrscht.

3 In einer Anmerkung der Ausgabe von 1908 geht Harnack auf Baecks Kritik ein: „Daß der eine oder andere jüdische Lehrer das Zeremoniellgesetzliche hinter dem Sittlichen zurücktreten ließ, kann hier nicht entscheiden, da er aus der Gesamterscheinung des jüdischen Lehrertums der damaligen Zeit doch nicht heraustrat" (S. X). Gleichzeitig betonte er ausdrücklich, daß er

„nichts Abscheulicheres“ als Urteil über Taten jüdischer führender Lehrer absichtlich habe stehenlassen. Von den Pharisäern hatte er S. 31 seiner ursprünglichen Vorlesungen gesagt: Auch die Pharisäer hatten das, was Jesus gelehrt hatte, *„aber sie hatten leider noch sehr viel anderes daneben“*.

4 Martin Buber in *Zwei Glaubensweisen* (Zürich 1950), S. 11: „Jesus habe ich von Jugend auf als meinen großen Bruder empfunden.“

5 Baecks zweite Ausgabe von „Harnacks Vorlesungen“ *[18]* ist um die talmudische Betonung von guten Taten als ethisches Handeln erweitert.

6 *[1, S. 5]* bezieht sich auf Harnacks *Wesen des Christentums*, S. 45 und S. 148 auf Harnacks *Mission und Ausbreitung des Christentums.*

7 Vgl. auch Baecks „Hat das überlieferte Judentum Dogmen?“ in *[5, S. 12 bis 27]*.

8 Wilhelm Dilthey, *Gesammelte Schriften*, Bd. VII (Leipzig 1927), zitiert von Bollnow *[83, S. 189]*.

9 Die Ausgabe von 1905 verwendet das Wort „Paradoxie“ und nicht „Polarität“. Aber die Voraussetzungen für das Polaritätssystem sind bereits vorhanden.

10 Kant, *Zum Ewigen Frieden*, Anhang II.

11 Seine Haltung hier rekapituliert seine bereits erwähnte Aussage von 1895.

12 „The Mission of Judaism“, *World Union of Progressive Judaism Report*, Sixth Internationale Conference (London 1949), S. 74.

13 Ebendort.

Viertes Kapitel. Leo Baeck und das Christentum

1 Eine spätere Ausgabe des *Bulletin* enthält Gegenstimmen und Scholems Erwiderung darauf, fügt Scholems klarem Standpunkt jedoch im Grunde nichts hinzu (*Bulletin of Leo Baeck Institute*, 1965, S. 30, und Scholems Antwort).

2 Siehe Nachbemerkung zu diesem Kapitel (S. 272).

3 Mayer *[150, S. 71, Anm. 135]* weist auf einige interessante Änderungen in der zweiten Auflage vom *Wesen des Judentums* hin: „Glaubensgedanken“ werden, konkreter, zu „Glaubenswegen“; „machtvolle Bewegungen“ zu „großen, entscheidenden Bewegungen“. Baeck lehnte mit den Jahren immer mehr die reine Macht ab.

4 Wolf *[194]* faßt viel davon zusammen, obwohl ein Resümee dieser Art unausweichlich zu einer Übertreibung gerät. In diesem Zusammenhang wertvoll ist auch Walter Jacob *[138 b]*.

5 Krister Stendhal beurteilt in seiner Einleitung *[40, S. XX, Anm. 18]* Baecks Beitrag als gewichtig. Er bezieht sich dabei auf die Entwicklung der Bibelforschung in diesem Bereich, über die sich ein Überblick findet in *Memory and Manuscript: Oral Tradition and Written Transmission in Rabbinic Judaism and Early Christianity* von B. Gerhardsson (Uppsala 1961).

6 Das zeitgenössische Streben nach *kerygma* steht hiermit in Zusammenhang.

7 Baeck vergleicht II. Sam. 7, 8–14 mit I. Chron. 22, 7–9.

8 Baeck vergleicht Awot I, 1 mit Awot de-Rabbi Natan I, 2–3.

9 Hermann Strack *[180]* zitiert Baecks Behauptung (in L. Baeck, „Der alte Widerstand gegen die Haggada" in *Maybaum Festschrift*, S. 164–172), daß die christliche Bibeldeutung den Stil der Haggada habe.

10 Baeck benutzt die Fassung von Marcion, ed. Harnack (S. 189), um eine noch spätere Behandlung des Vaterunsers im christlichen Denken zu zeigen.

11 Diese Stelle ist in der ersten Ausgabe *[1, S. 152]* viel weniger kritisch dem Christentum gegenüber als in der Ausgabe von 1922, in der das, was vorher als „christliche Polemik" bezeichnet wurde, zur „paulinischen Polemik" wird und von Baeck eingehender und schroffer behandelt wird.

12 Der Midrasch, dem Baecks besonderes Interesse galt, steckt voller Einzelheiten über die Natur des Messias, über seine Regierung, die Dauer seines Reiches (40 Jahre, 2000 Jahre) über seine Leiden – bezeichnend ist, daß Rabba und andere ausrufen:„Möge er kommen, aber ich möchte ihn nicht sehen!" –, seine Präexistenz usw. Jedoch ist der Midrasch ebenfalls voller moralischer und rationaler Angriffe auf den Apokalyptismus: Rabbi Yochanan verfluchte jene, die die Zeit des Messias ausrechnen wollten (Sanhedrin 95 b), und Ulla lehrte, daß Jerusalem nur durch eine gerechte Handlung erlöst werden könne (ebendort). Im dritten Jahrhundert wandte sich Rab gegen Samuel, indem er sagte: „Erlösung hängt ab von unserer Selbstvervollkommnung" (ebendort); im vierten Jahrhundert lehrte Rabbi Papa: „Wenn die Hochmütigen nicht mehr sein werden, wird die unterdrückende Macht der Magie ebenfalls weichen; das Ende der falschen Richter ist das Ende ihrer Soldaten" (ebendort). Die rabbinische Opposition, die mehr war als eine Reaktion gegen das Christentum, der es um mehr ging, als die messianischen Gedanken anzufechten, konzentrierte sich auf die Furcht, daß messianische Hoffnungen die Bemühungen der Menschen im täglichen Leben abstumpfen würden. Baeck unterschätzte zwar das apokalyptische Denken im Judentum, aber er hob zu Recht die starken antiromantischen Tendenzen der führenden Rabbiner hervor, die damals lehrten.

13 Fritz Strich *[182]* sagt, daß beides, Verständnis und Behutsamkeit, bei der Beurteilung der Romantik in unserer Zeit geboten sei: „Wenn es damals *[1929]* eine Aufgabe war, das eigene Recht der Romantik gegenüber der Klassik ins Licht zu stellen, so gestehe ich heute, daß mich die Entwicklung der Geschichte dazu geführt hat, in der deutschen Romantik eine der großen Gefahren zu erkennen, die dann wirklich zu dem über die Welt hereingebrochenen Unheil führten. Ihr ästhetischer Zauber ist geblieben. Aber ich habe gelernt, daß man ihm nicht zu weit verfallen darf, und daß er im Bereich des Lebens verführen und irreleiten kann." (S. 9)

14 *Bal ha-midrasch* ist kein üblicher Terminus, er wird in dieser Arbeit verwendet, um Baeck neben dem anerkannten *Baal ha-halacha* zu definieren, von dem er sich durch die Hermeneutik des Midrasch, der Dichtung seines

Lebens, unterscheidet. Louis Jacobs meint, daß *Baal midrasch* besser wäre: Der Text beherrscht den Meister!

15 Ein früherer rationalistischer Historiker war I. M. Jost. Aber gerade weil das System von Graetz auch Romantik einschließt, hat es eine Beziehung zu Leo Baeck. Jost war zu einseitig, während Baecks Polaritätssystem das Romantische nicht ausschließen konnte, sondern es einsetzen und kontrollieren mußte.

16 Abraham Geigers *Urschrift* von 1857 bereitete so den Boden für die heutige Würdigung des Pharisäertums, die Baeck so wichtig war.

17 Carl Schmitt *[167, S. 49]*: „Die Rettung Deutschlands konnte nicht aus dem System einer solchen Legalität [des bürgerlichen Verfassungsdenkens] kommen. Sie kam aus dem deutschen Volke selbst, aus der nationalsozialistischen Bewegung . . ." Hindenburg hat „einen deutschen Soldaten, aber eben einen *politischen* Soldaten, Adolf Hitler, zum deutschen Reichskanzler ernannt . . . Jetzt öffnet sich ein Weg, um klare innerpolitische Entscheidungen zu treffen." – Schmitt eröffnete 1936 eine wissenschaftliche Tagung mit folgender Attacke: „Wir müssen den deutschen Geist von allen jüdischen Fälschungen befreien, Fälschungen des Begriffes Geist, die es ermöglicht haben, daß jüdische Emigranten den großartigen Kampf des Julius Streicher als etwas Ungeistiges bezeichnen konnten." [Zitiert von Jürgen Habermas in „Der deutsche Idealismus der jüdischen Philosophen", *Porträts deutsch-jüdischer Geistesgeschichte*, herausgegeben von Thilo Koch, Köln 1961.)

18 Reinhold Mayer *[150, S. 95]* hat Baeck nicht richtig verstanden, wenn er Novalis als einen „nüchternen und pflichtgetreuen" Menschen bezeichnet. Leben und Lehre stimmen nicht immer überein.

19 Hans Liebeschütz, „Between Past and Future: Leo Baeck's Historical Position" im *Yearbook 1967 of the Leo Baeck Institute.*

20 Hier wie an anderer Stelle weiche ich (auf Anraten von Wilhelm Pauck) von Baecks Text ab, indem ich „Wiedertäufertum" (Anabaptismus) statt „Täufertum" setze.

21 Hans Liebeschütz *[145]* weist auf Geigers Abhängigkeit vom protestantischen Denken hin, zumal von dem Evolutionismus der Tübinger Schule. Und er macht mit Recht auf Baecks, teilweise im Sinne der Historischen Schule des Breslauer Seminars, abweichenden Standpunkt aufmerksam. Ein Beispiel jüdischer Theologie des zwanzigsten Jahrhunderts, die nach dem Muster protestantischer Theologie aufgebaut war und die deren innerem jüdischen Geist in gebührender Weise Rechnung trägt, ist Kaufmann Kohlers *Grundriß einer systematischen Theologie des Judentums auf geschichtlicher Grundlage* (Berlin 1910). Dennoch ist es bedauerlich, daß das Reformrabbinat in Amerika nicht Baeck, sondern Kohler studierte.

22 Baeck *[6, S. 90]* zitiert Martin Luther, *Werke*, Weimarer Ausgabe, Bd. XIV, S. 464.

23 Martin Luther, *Werke*, Erlanger Ausgabe, Bd. 48, S. 63.

24 Augsburgische Konfession XVII, 5, ed. Tschackert, S. 14.

25 Eliezer Berkovits [77 a] hat einige der schärfsten Fragen zu diesem Dialog beigesteuert. Die Schlagkraft seiner Polemik hat dieser Diskussion zu neuem Schwung verholfen.

26 Martin Bubers *Zwei Glaubensweisen [92]* bildet eine wichtige Parallele zu Baecks „Romantische Religion".

27 Vgl. dazu Walter Jacobs Interpretation von Baecks späten Schriften zum Christentum [138 b, S. 170].

28 Nur vereinzelte Kirchen (wie die Berlin-Brandenburgische und The Church of Scotland) bilden hier eine Ausnahme.

Nachbemerkung

Das auf S. 111 aufgeworfene Problem wird häufig von denen verwischt, die Buber für das Christentum in Anspruch nehmen oder ihn vom Judentum ausschließen möchten. Buber, Rosenzweig und Baeck sind alle der jüdischen Tradition verhaftet und gegen das Christentum. Bubers erste Auseinandersetzung mit dem Christentum von 1909 („Drei Reden über das Judentum": Die Erneuerung des Judentums) zeigt eine deutliche Parallele zu Baecks Standpunkt:
Was an den Anfängen des Christentums nicht eklektisch, was daran schöpferisch war, das war ganz und gar nichts anderes als Judentum. Es war jüdisches Land, in dem diese Geistesrevolution entbrannte; es waren uralte jüdische Lebensgemeinschaften, aus deren Schoße sie erwacht war; es waren jüdische Männer, die sie ins Land trugen; die, zu denen sie sprachen, waren – wie immer wieder verkündet wird – das jüdische Volk und kein anderes; und was sie verkündeten, war nichts anderes als die Erneuerung der Religiosität der Tat im Judentum." [87, S. 52]
Da er die Lehren von Jesus in der jüdischen Überlieferung begründet sieht, schließt er:
Was am Christentum schöpferisch ist, ist nicht Christentum, sondern Judentum ... was aber am Christentum nicht Judentum ist, das ist unschöpferisch, aus tausend Riten und Dogmen gemischt." [87, S. 54]
1933 führten Buber und Karl Ludwig Schmidt ein Streitgespräch, das 1936 als *Die Stunde und die Erkenntnis [89]* veröffentlicht wurde. Unter Bezugnahme darauf unterstreicht Hans Joachim Schoeps die Worte von Buber:
Wir Israel wissen um unser Nicht-annehmen-Können jener Botschaft [des Gekommenseins Christi] in anderer Weise. Wir verstehen die Christologie des Christentums durchaus als wesentliche Begebenheit zwischen Oben und Unten. [89, S. 153]
Jedoch besteht Schoeps zufolge ein Unterschied zwischen Glauben und Anerkennung, besonders da Buber fortfährt: „Wir vermögen nicht, Gott auf irgendeine Art seiner Offenbarung festzulegen." *[89, S. 154]*
1950 erklärte Buber nochmals in *Zwei Glaubensweisen [92]*, daß er Jesus als Teil der jüdischen Überlieferung akzeptierte, nicht aber Paulus. Und seine häufig falsch zitierten einleitenden Bemerkungen über Jesus müssen in diesem Zusammenhang verstanden werden:

Jesus habe ich von Jugend auf als meinen großen Bruder empfunden. Daß die Christenheit ihn als Gott und Erlöser angesehen hat und ansieht, ist mir immer als eine Tatsache von höchstem Ernst erschienen, die ich um seinet- und um meinetwillen zu begreifen suchen muß. Ein weniges von den Ergebnissen dieses Begreifenwollens ist hier niedergelegt. Mein eigenes brüderlich aufgeschlossenes Verhältnis zu ihm ist immer stärker und reiner geworden, und ich sehe ihn heute mit stärkerem und reinerem Blick als je. [92, S. 11]

Arthur A. Cohen unterteilt darüber folgendermaßen *[94, S. 65]:*

Die zeitgenössische jüdische Theologie – insbesondere die von Buber und Rosenzweig – ist nicht weniger kritisch gegenüber dem Grundcharakter des christlichen Denkens, auch wenn sie die echte Zeugenschaft der synoptischen Evangelien würdigt. Bubers Feststellung, „Jesus habe ich von Jugend auf als meinen großen Bruder empfunden", beweist lediglich die Folgerichtigkeit von Bubers Standpunkt und seine bedingungslose Aufrichtigkeit. Der Jesus, den Buber als Gefährten begreift, ist der Jesus, in dem er den Erben der prophetischen Tradition des „leidenden Knechtes" sieht.

Buber, Rosenzweig und Baeck lehnen konsequent das Wesen des Christentums ab, gehen aber dabei verschiedene Wege, und die Kritik von Baeck fällt bei aller „positiven Neutralität" am schärfsten aus.

Fünftes Kapitel. Leo Baeck und die Religion der Polarität

1 Franz Rosenzweig, „Apologetisches Denken; Bemerkungen zu Brod und Baeck (1925)", in *[163, S. 31–42]*.

2 Professor Walter Kaufmann, Princeton, der Baecks Essay und viele andere seiner Schriften zum Christentum ins Englische übersetzte, erzählte mir, daß seine erste Lektüre dieses Aufsatzes ein Erlebnis für ihn gewesen ist, das sein Leben tief beeinflußte. Rückblickend ist er heute weniger beeindruckt. Vielleicht war es mehr die allgemeine Stimmung des Aufsatzes als die Argumentation, die ihn gefesselt hat. Echte Konfrontation bewirkt, daß man Stellung nimmt, auch wenn die Argumentation unvollkommen ist. Keiner der anderen Lehrer Baecks, auch nicht Moritz Lazarus in seiner *Ethik des Judentums*, konnte ihm Richtlinien bieten, nach denen das Problem angemessen behandelt werden konnte.

3 Hermann Cohen (1842–1918) war von 1876–1912 Prof. für Philosophie in Marburg, danach an der Lehranstalt für die Wiss. des Judentums in Berlin.

4 Hermann Cohen, „Ein Bekenntnis in der Judenfrage" (1880) in *[96, II]*, in dem Cohen Treitschkes Standpunkt angriff.

5 Hermann Cohen, „Die Liebe zur Religion" in *[96, II, 142]*: „Die Liebe Gottes ist . . . das Erkennen der Moral."

6 Baeck schreibt dazu in „Lebensgrund und Lebensgehalt" *[22]*: „Es sind mannigfache Gedanken, in die der jüdische Gedanke heute auseinandertritt, und man hat zwischen ihnen oft nur den Gegensatz gesehen. Aber sie finden ihre Einheit in der jüdischen Individualität, in dieser Einheit von Lebens-

grund und Lebensgehalt ... Nicht der Zwiespalt ist zwischen ihnen, sondern die gegebene Spannung. Es ist kein Gegensatz, um eines zu nennen, zwischen der Idee Hermann Cohens, die das Judentum wieder in die geistige Weltgeschichte hineinstellt, ihm den Platz der Weltreligion wieder erweist, und dem Gedanken, der bisweilen dagegen tritt, der den Boden unserer Eigenart, unsere besondere Lebenstiefe, unsere Religiosität darlegt. In den Spannungen wächst das Leben." *[4, S. 149]*

7 Vgl. die Einführung zu *Spinoza's Critique of Religion [181]* von Rosenzweigs Schüler Leo Strauss, die sich mit diesen Bewegungen beschäftigt.

8 Vgl. Samuel H. Bergmann *[79]*, Julius Guttman *[131]* und Alexander Altmann *[70]*.

9 Arthur A. Cohen *[95, S. 98]* schließt seine zusammenfassende Untersuchung mit der Feststellung: „Mensch und Gott in Korrelation zu setzen, heißt, daß Mensch und Gott – der individuelle Mensch und der persönliche Gott – sich gegenseitig suchen und zueinander sprechen." Bevor man zu diesem Schluß gelangt, muß aber geklärt sein, ob Ideen oder Wirklichkeiten in Korrelationen gesetzt werden.

10 Zitat aus Cohens *Religion und Sittlichkeit.*

11 Vgl. S. H. Bergmann *[79, S. 50]* mit diesem Satz.

12 Zitat aus *Begriff der Religion*, Gießen 1915, S. 44.

13 Vgl. Zitat S. 148.

14 Baeck erwähnt, daß Bultmann, Gogarten und Karl Barth in diesem Punkt ähnlich denken, daß sich aber die christliche Lösung von der jüdischen deshalb unterscheidet, weil die Vorstellungen von Kirche und Offenbarung ein anderes Bezugssystem schufen. Max Gruenewald *[129]* geht hierauf im einzelnen ein.

15 Vgl. Max Gruenewald *[129, S. 9]*.

16 *Religion und Geisteskultur*, Zeitschrift für religiöse Vertiefung des modernen Geisteslebens, 5. Jahrgang, Göttingen 1911, S. 76–77. (Zitiert von Wilhelm in *[189, S. 124]*.)

17 „Die Welt ist dem Menschen zwiefältig nach seiner zwiefältigen Haltung." *[88, S. 9]*

18 Bubers Herkunft von Cohen wird so häufig vergessen, daß folgendes Zitat aus *Religion der Vernunft* daran erinnern mag: „Neben dem Ich erhebt sich, und zwar im Unterschiede vom Es, der Er: ist er nur das andere Beispiel vom Ich, dessen Gedanke daher durch das Ich schon mitgesetzt wäre? Die Sprache schon schützt vor diesem Irrthum: sie setzt vor das Er das Du. Ist auch das Du nur ein anderes Beispiel für das Ich und bedürfte es nicht einer eigenen Entdeckung des Du, auch wenn ich bereits meines Ich gewahr geworden bin? Vielleicht verhält es sich umgekehrt, daß erst das Du, die Entdeckung des Du mich selbst auch zum Bewußtsein meines Ich, zur sittlichen Erkenntnis meines Ich zu bringen vermöchte." *[98, S. 17]*

19 Bemerkenswert ist, daß dieser Artikel auf den Wunsch von Baeck in die Sammlung *Judaism and Christianity [28]* aufgenommen wurde und er selbst

die Übersetzung ins Englische überwachte. – *Das Wesen des Judentums*, zweite Ausgabe, erschien ebenfalls 1922, und Ernst Simons „Geheimnis und Gebot" *[178]* gibt eine scharfsinnige Analyse der Unterschiede zwischen beiden Ausgaben.

20 Scholem *[170, S. 278]* schreibt: „Die Aufgabe des Menschen ist von Luria als Wiederherstellung seiner ursprünglichen geistigen Struktur oder Gestalt definiert worden. Das ist die Aufgabe für jeden Menschen ... jede Seele enthält dieses Potential ihres Geistes ..."

21 Vgl. die Ausführungen in Kapitel 3: die Ausgabe von 1905 *[1]* enthält bereits die klare Formulierung der „Paradoxie", die später zu „Polarität" wird.

22 Abraham Heschel weist in *[198]* darauf hin, daß „Baeck *nur* durch seine einzigartige Persönlichkeit verstanden werden kann".

23 Jacob Petuchowski zitiert in *[195, S. 37, Anm. 34]* Y. Baer, *Israel Among the Nations* (Jerusalem 1955, S. 99–117) und Gershom Scholem, *Jewish Gnosticism, Merkabah Mysticism, and Talmudic Traditions* (New York 1960).

24 Auch Kurt von Fritz unterstreicht dieses Element der griechischen Religion *[117, S. 26]*: „... Die Aktivität des Menschen an sich und unmittelbar ist die angemessenste Opfergabe an die Götter."

25 Vgl. Baecks Ansichten zum Dilettantismus, der von der „romantischen Religion, dem Christentum", gefördert werde *[27]*.

26 Siehe J. H. Hertz, *The Pentateuch* (London, Soncino 1964) S. 6: „which God in creating had made (*Asher Bara Elohim La'asot*) – which God created to make", d. h. um weiter zu handeln durch die Zeiten hindurch (Ibn Esra, Abarbanel) mittels der unaufhörlichen Wirkung der göttlichen Gesetze ... oder, wie die Rabbiner sagen, die Arbeit der Schöpfung geht weiter, und die Welt befindet sich noch im Prozeß der Schöpfung, solange der Kampf zwischen Gut und Böse unentschieden bleibt. Ethisch gesehen ist die Welt daher noch ‚unfertig', und es ist der rühmenswerte Vorzug des Menschen, an ihrer Vollendung mitzuwirken ..."

27 Wichtig sind in diesem Zusammenhang noch andere Artikel von Baeck, vor allem „Geist und Blut" *[44]* von 1930 in *Der Jude*, der allerdings zurückgeht auf den früheren Artikel „Lebensgrund und Lebensgehalt" von 1917 *[21]*.

28 *Der Leuchter: Weltanschauung und Lebensgestaltung.* Jahrbuch der Schule der Weisheit (herausgegeben von Graf Hermann Keyserling VI. Band Darmstadt 1925), S. 1–289; vgl. insbesondere Keyserling, S. 5–25.

29 „Der Messias wird kommen an dem Tag, an dem alle Juden einen vollen Sabbat vollständig feiern werden." (B. Sab. 118 b)

30 Vgl. Kapitel 3.

31 Ernst Simon *[178]* untersucht die vielen kleinen stilistischen Veränderungen: *Volk* wird zu *Nation;* „aller Mystik und allem Geheimwerk entzogene –Religion" wird zu „aller Phantastik" entzogene Religion; das Judentum hat

„viel erfahren und viel gelernt“ wird umgestellt: „viel gelernt und viel erfahren“; aus „Standpunkt“ wird „Boden“; die „Eigenschaften“ Gottes werden in der 2. Ausgabe in Anführungszeichen gesetzt, gleichzeitig wird aus dem religionsphilosophischen Ansatz ein persönlicher. Ein neuer Nationalismus, ein wärmeres Gefühl für das jüdische Volk, eine tiefere Würdigung der mystischen Erfahrung treten deutlich hervor. Dieser kurze Artikel (zwei Zeitungsspalten) von Simon gehört zu den wichtigsten aller Analysen des *Wesens des Judentums.*

32 Die erste Fassung vom *Wesen des Judentums* weist in diesem Punkt sowohl Ähnlichkeiten als Unterschiede auf (s. Kap. 3). Die Grundlage für das System waren also bereits vorhanden.

33 Zitat aus Martin Bubers *Die jüdische Bewegung*, Berlin 1916, Bd. I, S. 63.

34 Professor Ernst Simon (jetzt an der Hebrew University, Jerusalem), eine der größten Autoritäten für diese Periode jüdischen Denkens, ist der Ansicht, daß Przywara Baeck vollkommen mißverstanden hat, wenn er ihm absoluten Immanentismus vorwirft. Baeck glaubte an einen transzendenten und an einen persönlichen Gott (d. h. mit Franz Rosenzweig, „Gott ist *zumindest* persönlich“). Simon griff Przywaras Einstellung zum Judentum damals als „niederträchtig!“ an (private Unterhaltung mit Dr. Simon am 23. Dezember 1965 in New York).

35 Baecks Urteil über das Christentum neigt zu außerordentlicher Schärfe, wenn man es einzig und allein in dem polemischen Rahmen sieht – der als solcher einschränkende Urteile meidet. In bezug auf die kompromißlose ethische Strenge bei Bonhoeffer fragte Eugene Borowitz: „Was ist aus der antichristlichen Polemik der jüdischen Neukantianer geworden (Leo Baecks *Romantische Religion* ... ist ein klassisches Beispiel), daß das Luthertum, welches die Erlösung allein durch den Glauben betont, nicht moralisch orientiert sein könne wie das Judentum?“ (Bonhoeffer's World Comes of Age, *Judaism*, Winter 1965, S. 85). Aber auch wenn damit eine mangelnde Einsicht seitens Baeck festgestellt ist, müssen seine Aussagen aus den zwanziger Jahren im Zusammenhang mit den Ereignissen der beiden folgenden Jahrzehnte gesehen werden. Das moralische Versagen der Kirche wiegt schwerer als ihre Erfolge. Baeck sagte dieses Versagen voraus, zugleich erwartete er moralische Größe von Männern wie Bonhoeffer, die dem Gebot des Christentums gehorchen würden, das unausweichlich das Mysterium durchleuchten müßte, welches es häufig verdunkelte.

36 Vgl. Ernst Simons „Geheimnis und Gebot“ *[178]*. Simon weist hin auf Baecks Bruch mit dem allgemeinen liberalen Denken; Baeck „begibt sich nach solchem Verzicht scheinbar steuerlos hinaus auf das offene Meer eines neuen jüdischen Glaubenswagnisses“. *[S. 31]*

37 Die liberale Wissenschaft des Judentums hatte die traditionelle Verteidigung des Talmud gegen seine Verleumder übernommen, aber weniger aus Engagement heraus als zur Selbstverteidigung.

38 In mehreren Unterhaltungen mit Abraham Heschel und Ernst Simon stellte

ich fest, daß Baeck stets weniger als bedeutender Denker und mehr als religiöse und moralische Persönlichkeit, als hervorragender Gemeindeleiter gewürdigt wurde (vgl. Kapitel 2). – Arthur A. Cohen *[95, S. 104]*, ein Vertreter der folgenden Generation, die Baeck nur durch seine Bücher kennt, berührt einen wichtigen Punkt, wenn er schreibt: „An Baeck ... kann man nicht vorübergehen. Obwohl seinem Denken die abstrakte Brillanz seiner Mitstreiter Cohen und Rosenzweig fehlen mag, verfügt er über eine unerschütterliche Hartnäckigkeit und einen Realismus, die die Grundlage für seinen moralischen Mut – der niemals eine rein geistige Tugend ist – begründen ... Daß wir nicht soviel aus seinem Denken wie aus seinem Leben lernen können, heißt weniger, daß wir sein Denken herabsetzen, als vielmehr, daß wir sein Leben hochschätzen." Leben und Denken müssen zusammengehen, aber Tatsache ist auch, daß diese Urteile nicht auf einer vollen Kenntnis und Würdigung von Baecks Denken beruhen.

39 Ernst Simon erinnert sich an einen Vortrag, in dem Roth dies sagte, und fand, daß Roth unrecht hatte, da zwischen Baeck und Schleiermacher höchstens oberflächliche Parallelen existierten (Interview mit Professor Simon am 27. Dezember 1965 in New York).

Nachbemerkung

Przywaras Urteil über Baeck, Buber und die deutsche jüdische Gemeinde im zwanzigsten Jahrhundert ist im Zusammenhang mit seinem Christentum zu verstehn. Es darf in keiner Weise mit den nationalsozialistischen Angriffen im folgenden Jahrzehnt auf eine Stufe gestellt werden. Trotzdem wurden sein Nachdruck auf den individuellen Geist einer jeden Nation gegenüber dem Wunsch des Judentums nach einer einzigen umfassenden Menschheit (die Przywara zufolge nur im Jenseits, in Christus möglich ist) und sein Mißtrauen der Dynamik der jüdischen Existenz gegenüber, die in einen säkularen Messianismus einmünde, von den nationalsozialistischen Gelehrten in den dreißiger Jahren übernommen. A und B sind eben nicht deshalb gleich, weil beide bei C enden. Die gleiche Quelle kann gebraucht und mißbraucht werden. Man kann indessen Baecks Beobachtungen hier zustimmen, daß das romantische Element den gemeinsamen Nenner bildet.

Die Entstellungen und Fehler der Wissenschaft im Dritten Reich machen es unmöglich, ihre Kritik am Judentum im zwanzigsten Jahrhundert auszuwerten. Ein Beispiel für viele:

Das Bibliographische Institut in Leipzig gab seit fast hundert Jahren eine der bekannten Enzyklopädien in Deutschland heraus (Meyers Lexikon). In der 7. Auflage von 1924, Spalte 1293 steht ein knapper und genauer Abriß über Baeck, der als jüdischer Gelehrter, Rabbiner und Dozent an der Hochschule für die Wissenschaft des Judentums mit drei seiner großen Werke vorgestellt wird. Unter der Rubrik Buber sind sowohl Salomon wie Martin aufgeführt mit einer

recht ausführlichen Darstellung von Bubers Schriften und seiner Tätigkeit als Herausgeber der Monatszeitschrift *Der Jude*. Daß er „aufklärend und die Entwicklung des modernen Judentums befruchtend gewirkt" hat, wird hervorgehoben (Meyers Lexikon, Bd. II).
Die 8. Auflage von *Meyers Lexikon* erschien 1936. Baecks Name fehlt überhaupt, Buber hingegen wird mit siebzehn Zeilen (die 7.Auflage war mit neun Zeilen ausgekommen) beehrt, während der Name seines Großvaters fortgelassen ist (*Meyers Lexikon*, 8. Auflage, Leipzig 1937, Bd. II, S. 207):
Jüdischer Religionsphilosoph und Schriftsteller ... anfangs dem Assimilationsjudentum zuneigend, gelangt er durch den Zionismus hindurch zum Chassidismus und seiner ostjüdischen Mystik und macht aus der jüdischen Entwurzelung und Zerrissenheit eine Tugend, indem er die Juden deswegen zum Volke des synthetischen Dranges sowie der messianischen Zukunftshoffnungen und ihrer Verwirklichung über die ganze Menschheit hin ausruft; dabei betonen gerade seine jüdischen Anhänger die Verwandtschaft seines Messianismus mit der Lehre von Karl Marx. Zusammen mit Franz Rosenzweig schuf er eine freie Übersetzung des Alten Testaments: „Die Schrift, verdeutscht" 1926 ff., in der die deutsche Sprache durch Anpassung an den hebräischen Rhythmus und schwülstige Ausdrücke vergewaltigt wird.
Nach dem Kriege (1961) veröffentlichte das Bibliographische Institut in Leipzig ein neues Lexikon (*Meyers Neues Lexikon)*. Baeck ist wieder aufgenommen (Bd. I, Kol. 557) und sein Aufenthalt im Konzentrationslager erwähnt. Auch Buber ist wieder in angemessener Weise vertreten.
Beide, Buber und Baeck, hatten 1929 auch in dem größten Lexikon (*Brockhaus*) Eingang gefunden. Im Nachkriegsdeutschland stehen sie wieder in Nachschlagewerken wie *Die Religion in Geschichte und Gegenwart* („Baeck", Bd. I, Kol. 840; „Buber" Bd. I, Kol. 1452–1453). *Der Große Herder*, 1953–1954 enthält beide: Baeck (Bd. I, Kol. 856). Das *Wesen des Judentums* wird gewürdigt als die „fundierteste Darstellung des jüdisch-religiösen Ideengutes". Buber (Bd. II, Kol. 428) gehört zu den wenigen, die mit ihrem Porträt vertreten sind.

Sechstes Kapitel. Das Spätwerk

1 Vgl. die Biographie von Leo Baeck in Kapitel 2.
2 Eine Übersetzung ins Englische erschien 1972.
3 Ernst Simon, einer der bekanntesten Schüler von Buber, sieht die Unterschiede zwischen Buber und Baeck etwas anders. Ihm zufolge war Baeck der Führer des deutschen Judentums, weil er ihrem Denken nicht so fern wie Buber war. Als führender Kopf war er zwar allen um ein paar Schritte voraus, blieb aber den meisten noch erreichbar, während Buber sich als echtes Genie in einem Bezirk bewegte, der für die Mehrheit des deutschen Juden-

tums außer Reichweite lag (Unterhaltung mit Professor Simon am 23. 12. 1965 in New York).

4 Hierzu Ernst Simon *[177, S. 22]*: „Das deutsch-jüdische Bürgertum hatte, soweit es nicht zionistisch war, in der Traumwelt eines Narrenparadieses gelebt. Es war zwar deutsch assimiliert, aber paradoxerweise nicht genügend, um die Wirklichkeit seiner Umwelt erkennen zu können."

5 Vgl. Kapitel 5, S. 192 ff.

6 Max Naumann und der Verband Nationaldeutscher Juden versuchten, auf das Risiko hin, nationalsozialistisch zu werden, in der deutschen Gemeinschaft zu verbleiben; Schoeps und seine Splittergruppe aus der jüdischen Jugendorganisation „Vortrupp" muß ebenfalls erwähnt werden, ist aber in keiner Weise mit der Naumann-Gruppe gleichzusetzen.

7 Kol Nidre-Gebet (Archiv des Leo Baeck Instituts, New York).

8 Es liegen ausreichend Belege dafür vor, daß Baeck in die Vereinigten Staaten eingeladen wurde und Deutschland ohne Schwierigkeiten hätte verlassen können – die Deutschen hätten ihn gern ziehen lassen. Professor Baron (Unterhaltung am 2. Januar 1966) berichtet von einer Anzahl von Gesprächen mit Baeck, bei denen Baeck sagte, daß „er seine Herde nicht verlassen könne". Professor Abraham Heschel schilderte ebenfalls eine Unterhaltung, die er mit Baeck an dem Sonntag vor Ausbruch des Krieges hatte. Heschel war gerade aus Warschau in London angekommen und traf Baeck, der sich auf dem Rückweg nach Deutschland befand. Beiden war klar, daß der Krieg vor der Tür stand, dennoch empfand es Baeck als seine Pflicht, nach Berlin zurückzukehren (Unterhaltung mit Heschel am 17. 12. 65). Das war 1939.

9 Im übrigen nahm Baeck noch ein weiteres Manuskript für ein Buch mit ins Konzentrationslager. Die Spekulationen darüber wurden durch Hans Reichmanns Artikel „The Fate of a Manuscript" (Das Schicksal eines Manuskriptes) im *Leo Baeck Institute Yearbook III* (London 1958) S. 361, aufgeklärt, aus dem hervorgeht, daß Baeck zwischen 1938 und 1941 ein (noch unveröffentliches) Buch über „Die Rechtsstellung der Juden in Europa" schrieb, dessen Manuskript sich im Archiv des Leo Baeck Institutes befindet.

10 *Die Kultur*, Zitat auf dem Schutzumschlag von *Dieses Volk* Bd. II.

11 *Dieses Volk* bekam sogar das „Imprimatur" vom *Time*-Magazin mit einer Photographie von Baeck, einer ganzseitigen Kritik und der Feststellung, daß es „einer der tiefsten und bewegendsten Versuche des Jahrhunderts ist, die Bedeutung des Judentums zu enträtseln . . . ein Buch, das den Geist des Friedens und der Hoffnung atmet." (*Time*, 19. Februar 1965). – In der *Saturday Review* vom 30. Januar 1965 würdigte Professor Cecil Roth Baeck als einen Propheten und das Buch als das geistige Testament des jüdischen Volkes: „Selten, wenn überhaupt, ist die Seele des jüdischen Volkes und das Wesen des Judentums besser geschildert worden als auf diesen herrlichen, unermeßlich bewegenden Seiten . . ." Ähnliche Kritiken erschienen an vielen Orten. Das Buch ist von der Jewish Publication Society ausgezeichnet worden und auch in England veröffentlicht.

12 Zitiert in *[8, S. XVII]*.

13 Baeck zählte zu den Vertretern des Rationalismus in der Mystik, denen diejenigen, die „das Ende voraussagen" wollten, sehr verdächtig waren. Jedoch sowohl Sanhedrin 97 a (nach Abajes) wie eine alte Tradition in Avoda Zara 9 a besagen, daß das messianische Zeitalter zwei der sechs Jahrtausende der Welt umfassen würde, während Rabbi Ketina und eine andere Tradition eine Weltgeschichte von 6000 Jahren mit dem nächsten Jahrtausend als messianisches Zeitalter annehmen (vgl. A. Biram, „Millennium" in *Jewish Encyclopedia* VIII, S. 593). Diese Zeitberechnungen weisen im besten Falle zufällige Ähnlichkeiten auf, aber der Gebrauch des Jahrtausends als Maßeinheit für Gottes Plan im Universum sollte zumindest am Rande berücksichtigt werden in unserem Urteil über einen *baal ha-midrasch*, der mit den Texten vollkommen vertraut war, in denen die Jahrtausende am häufigsten als Gerüste für die messianischen Hoffnungen verwendet werden.

14 Hier bin ich meinem Kollegen Reverend Lyman Lundeen zu Dank verpflichtet, dessen Doktorarbeit die Folgerungen aus A. N. Whiteheads Theorie der Erkenntnis umreißt und die Verwendung des Begriffs „Polarität" auf Sinneseindrücke und auf die sprachliche Analyse der religiösen Terminologie demonstriert.

15 Vgl. mit dem Zitat S. 215.

16 Zu *Ssefer ha-Bahir* vgl. Gershom Scholem, „Buch Bahir", *Encyclopedia Judaica*, Bd. III, Col. 969–979.

17 Abschnitt 16, *Ssefer ha-Bahir*.

18 Abschnitt 21, *Ssefer ha-Bahir*. Vgl. auch *[6, S. 285, Anm. 1]*.

19 Chaim Aron Kaplan, *Buch der Agonie*. Das Warschauer Tagebuch des Chaim A. Kaplan (Frankfurt/Main 1967); Emanuel Ringelblum, *Ghetto Warschau*, Tagebücher aus dem Chaos (Stuttgart 1967); Elie Wiesel, *Die Nacht zu begraben* (München-Eßlingen 1962).

20 „Eine Antwort hat er [Spinoza] gewonnen, aber sie konnte seinem Volke nicht die Antwort sein. Denn ein Zweifaches, ... die Dynamik des Gebotes und die Dynamik des Sozialen, hat im Systeme Spinozas seinen Platz nicht erlangt ... die treibende Kraft geht von ihm nicht aus ... Das Messianische fehlt; denn das große ‚Ich bin, der ich bin, Du sollst ...' wird nicht vernommen. Es ist gleichsam reich an Frucht, aber nicht reich an Samen." *[9, S. 208]*.

21 *Saturday Review* vom 30. Januar 1965.

22 Vgl. S. 216.

23 Indem Baeck die „verhängnisvolle Ausflucht" abweist, „daß es eine doppelte Wahrheit gebe", hatte er lobend Maimonides anerkannt: „Für ihn ist Wahrheit die eine, die eine und selbe im Glauben und Wissen, die eine und selbe in der Welt der Offenbarung und der Welt der Schöpfung. Die Einheit geistigen Lebens, und so auch die Einheit menschlicher Aufgabe und Hoffnung, war damit gefordert wie auch verbürgt." *[61a, S. 26]*.

24 Vgl. auch S. 222.

25 Eine revidierte Übersetzung, die von derjenigen der *Jewish Publication Society* abweicht. Die Buber-Rosenzweig-Übersetzung dieser Stelle lautet: „Ich werde dasein, als der ich dasein werde ... Ich-Bin-Da schickt mich" (2. Buch Mose 3, 33); „Daß ich gönne wem ich gönne; daß ich erbarme wes ich erbarme." (2. Buch Mose 33, 19).

26 Zitat aus *Dieses Volk [7, S. 71]*.

27 Interessant ist, daß Wittenbergs Untersuchung auf einem Vortrag aufbaut, den er vor dem Evangelisch-Lutherischen Zentralverein für Mission in Israel hielt.

28 Der zweite Teil des Artikels, „Wiedergeburt", ist eine Neufassung der Thesen des Darmstädter Vortrags und betont noch einmal die Fähigkeit des Menschen zur Wiedergeburt, welche die Zäsuren überbrückt. Die Schlußworte, der Mensch „kann erfüllte Individualität" sein, zeugen wieder von dem optimistischen Glauben an den Menschen.

29 „The Faith of Paul" *[59]* enthält ein wesentlich milderes Urteil über Paulus. Vgl. auch *[62]*.

30 Allerdings werden die osteuropäischen Aspekte der Haskala (Wiederbelebung des hebräischen Gedankenguts) ausreichend berücksichtigt, und die rationalere Mystik in Deutschland (Ssefer Hasidim) ist nach Baecks Ansicht charakteristischer für das Judentum als die machtvolle osteuropäische Mystik.

31 In *dieses Volk [9, S. 254]* ergänzt Baeck seine Würdigung Mendelsohns, und einige seiner anerkennenden Sätze könnten auf Baeck selbst angewendet werden: „Aber in seinem Wesen, seinem Menschentum, ist eine Erfüllung. Seine Persönlichkeit ist sein eigentlichstes Vollbringen, man möchte sagen, sie ist seine geschichtliche Leistung."

32 AEG: Allgemeine Elektricitäts-Gesellschaft, ein gewaltiger Industriekomplex, den sein Vater, Emil Rathenau, gegründet hatte.

Siebtes Kapitel. Das Ende aller Dinge

1 Zitiert von A. Roy Eckardt in „The Perennial Effrontery" (Besprechung von Kardinal Beas *The Church and the Jewish People)*, *Midstream*, Januar 1967, S. 66.

2 Die meisten der jüngeren jüdischen Theologen waren Schüler von Baeck, u. a. Emil Fackenheim, Eugene Borowitz, Stephen Schwarzschild, Arnold Wolf, Bernard Martin und Jacob Petuchowski. Es gibt zahlreiche Beispiele für den Einfluß von Baecks Lehren, wenn nicht des Lehrers Baeck, bei ihnen. Eine eindeutige Anerkennung von Baecks Akzent auf dem sittlichen Handeln und dem Geheimnis findet sich in Arthur A. Cohens Schriften über den „natürlichen und übernatürlichen Juden" *[95]*.

3 Gershom Scholems „Wider den Mythos vom Deutsch-Jüdischen Gespräch“ *[171]* eröffnete eine neue Phase in dieser Auseinandersetzung, an der Scholem und andere beteiligt waren. Die interessanteste Entgegnung auf Scholem kam von Salo W. Baron, „Jews and Germans: A Millennial Heritage“ *[76 a]*, einem optimistischen Vortrag, den Baron in Brüssel bei einem Kongreß des Weltjudentums hielt.

4 Der Fall von Charles Davis, eines prominenten katholischen Theologen, der kürzlich die Kirche verließ (vgl. die kurze Besprechung des Autors von Davis' *Gods Grace in History* in der *Saturday Review* vom 4. Februar 1967, S. 49), bestätigt diese Möglichkeit.

Albert H. Friedlander

Ein kurzes Vorwort zu Bertold Klapperts Nachwort „Brücken zwischen Judentum und Christentum"

Im Sommersemester 1988, an der Kirchlichen Hochschule in Wuppertal, kam es zu einer wirklichen, tiefen dialogischen Zusammenarbeit zwischen einem Systematiker und christlichen Exegeten des Neuen Testaments und einem Rabbiner, welche überraschende Folgen hatte. Als Rabbiner und Dekan des Leo Baeck College in London zeige ich meinen Studenten und Studentinnen den Weg in das Rabbinat. Ab und zu kommen auch christliche Studenten, um im Gebiet der Judaistik mit mir zu arbeiten. Aber eine tiefe und gründliche Arbeit in diesem Gebiet mit Christen war eine neue und gute Erfahrung für mich, als ich eine Gastprofessur in Wuppertal annahm, die mich zu einer gemeinschaftlichen Arbeit mit Bertold Klappert führte.

Wir beide lieben Leo Baeck. Es war ganz natürlich, daß dieses Thema sich uns in Seminar und Vorlesungen gestaltete. Aber dann kam es zu neuen Entdekkungen auf diesem Gebiet und zwischen uns beiden. Und eine neue Welt öffnete sich für uns.

Ich kam zu der Erkenntnis, daß Leo Baeck viel wichtiger für das Christentum war, als ich geahnt hatte. Ich wußte, daß seine Lehre jetzt innerhalb des Judentums wieder gehört wird oder, besser gesagt, noch immer ein Bestandteil des jüdischen Glaubens ist: Das große Buch *Das Wesen des Judentums* (1905) war nie vergriffen und wird noch heute in vielen Sprachen gekauft, besonders in Amerika und England. Der Mythos, demzufolge Baeck als „Befehlshaber der deutschen Judenheit" aus dieser dunklen Zeit der Zerstörung hervorragt, fängt langsam an zu verblassen. Aber Baeck, der Theologe und Lehrer des Judentums, erscheint wieder auf der Mitte der Bühne, und seine Lehren werden erneut mit größerem Interesse betrachtet. Juden und Christen werden sich bewußt, daß hier ein authentisches Wort über das Judentum gesprochen wurde, das noch nicht vollständig gehört worden ist. Man dürfte sich an eine alte Lehre erinnern, solange man sich bewußt ist, daß Baecks Wort nicht mit der Thora zu vergleichen ist: „Nur wenn Du das alte Wort verstanden hast, kannst Du es neu verstehen" (b. Sukka 26b), – eine Lehre der Rabbinen, die sich spezifisch auf die Worte der Thora bezieht. In diesem Sinn sprach das alte Wort zu der neuen Zeit, und das Neue wurde auch ein Teil der Offenbarung. Auf diese Weise betrachtet, kann man die Lehren Baecks als einen Teil der *shalshelet ha-kabbalah*, der Tradition in ihrer Fortbewegung durch die Zeiten betrachten, die sich immer wieder erneuert.

Bertold Klappert sieht parallele Denkweisen in der Theologie von Karl Barth und Leo Baeck. Baeck war kein Barthianer (wie z. B. H. J. Schoeps). Aber die zwanziger Jahre und der tiefe Ernst einer Theologie mit echtem Glauben und neuer Freiheit können auch in Leo Baecks Theologie der Polaritäten gehört werden. Baeck steht auf dem Boden der jüdischen Existenz in *dieser* Welt, innerhalb einer Affirmation des jüdischen Alltags und des Gemeindelebens, die auch das Land Israel als einen Bestandteil der Judenheit in der Welt anerkennt. Sein Denken ist von einem Universalismus geprägt, in dem die großen Hoffnungen des Judentums die Menschheit in sich einschließen. Im Gegensatz zu Franz Rosenzweig betont Baeck keinen doppelten Bund des Judentums und Christentums mit Gott, sondern den *einen* Bund der Schöpfung, in dem sich die Offenbarung jedem Menschen eröffnet, der jeden Menschen als individuum ineffabile in die Mitarbeit an der weiteren Schöpfung hineinstellt. Wichtig bleibt, daß diese Offenbarung innerhalb der Thora zum Menschen kommt, so daß der Schöpfungsbund nicht als Enterbungsvorwand gegen das Judentum benutzt werden kann, was man von christlichen Theologen immer wieder hört.

Baecks besondere Arbeit an den frühen mystischen Texten im Judentum, die sich mit der Schöpfung befassen, sollten in diese Betrachtung hineingezogen werden. Denn auch dies ist eine Brücke zwischen Bertold Klappert, dem Systematiker und Lehrer des Neuen Testaments, und Albert Friedlander, dem Rabbiner seiner Gemeinde in London. Und so muß der Rabbiner und Lehrer des Judentums seinen aufrichtigen Dank dem christlichen Theologen bringen, dessen Freundschaft und sorgfältige Arbeit Leo Baeck jetzt zu einem neuen Publikum bringt. Weitere gemeinsame Arbeiten liegen vor uns. Und wir sind uns bewußt, daß ein Bund des Glaubens, der Schöpfung und der Hoffnung uns in eine gemeinsame Zukunft bringen wird.

Bertold Klappert
Brücken zwischen Judentum und Christentum
L. Baecks kritische Fragen an das Christentum

Nachwort zur 3. Auflage des Leo-Baeck-Buches von A. H. Friedlander

Im Jahre 1955 erscheint Leo Baecks Buch „Dieses Volk. Jüdische Existenz" (Bd. I). Geschrieben – wie Baeck im Vorwort sagt – „in dunkler Zeit ..., als dem jüdischen Leben die Vernichtung angesagt und weithin zugefügt wurde".[1] Entstanden ist es zum einen Teil noch in der Berliner Wohnung, zum anderen Teil nach der Deportation Baecks ins KZ Theresienstadt. Wie Baeck selber, ist auch dieses Buch ein Zeuge der Errettung und „Befreiung" aus dem Holocaust. Ein Exemplar findet noch im selben Jahr seinen Weg nach Deutschland, zu dem alten Schüler aus Berliner Zeiten und späteren engen Freund Baecks, zu *R. R. Geis*, „mit besten Grüßen überreicht vom Verfasser".[2]

Im Jahre 1957 – ein Jahr nach Baeck Tod – erscheint „Dieses Volk. Ein zweiter Teil". Wenige Zeit vor Baecks Tod von ihm abgeschlossen, will dieser Band nach der Darbietung der Grundlagen jüdischer Existenz (Teil I: 1955) nunmehr den von Israel durch die Generationen und Jahrtausende gegangenen und erlittenen, gesuchten und geführten Weg darstellen (Teil II: 1957).[3] Beide Bände sind in Deutschland seit langem vergriffen. *A. H. Friedlander*, ein anderer Schüler L. Baecks aus dessen Lehrtätigkeit in Cincinnati, hat beide Teile von „Dieses Volk" 1964 ins Englische übersetzt und die Übersetzung als einen „Liebesdienst" verstanden und erklärt: Mit „diesem Liebesdienst ... habe ich mich dieser (besonderen persönlichen) Verpflichtung (Baeck gegenüber) nicht entledigt, sondern ich beginne sie zu erfüllen".[4]

Der nächste Schritt zur Erfüllung dieser Verpflichtung Baeck gegenüber erfolgte in dem Buch von *A. H. Friedlander* „Leo Baeck. Leben und Lehre", das 1968 in New York und in überarbeiteter Fassung zum 100. Geburtstag Baecks am 23.5.1973 in Stuttgart erschien.[5] In diesem Grundlagenbuch zu L. Baecks Lehre im Kontext seines Lebens und Baecks Lebenstreue im Kontext seines Lehrens urteilt Friedlander über *Dieses Volk*: „Wenn Baeck sagt, das jüdische Volk befinde sich gegenwärtig in seinem vierten Jahrtausend" und wenn er dieses vierte Jahrtausend, in das auch die *Shoah* fällt, „als das Jahrtausend der Hoffnung bezeichnet",[6] „dann macht er eine (entscheidende) theologische

Aussage".[7] Die zwei Bände sind in der Tat ein einzigartiges Dokument der messianischen Hoffnung im Angesicht der *Shoah*, gegen die *Shoah* und über diese hinaus.

Auch dieses Grundlagenbuch A. H. Friedlanders über Baeck ist – wie die beiden Bände von *Dieses Volk* – seit Jahren vergriffen. Ich habe eines der letzten Exemplare vor wenigen Jahren im Leo-Baeck-Institut in Jerusalem erhalten. Die dringend gebotene Neuauflage wird nunmehr dankenswerterweise durch den Chr. Kaiser Verlag vorgelegt.

Die Vermittlung von Lehre und Leben Leo Baecks nach Deutschland, die bis zum Jahre 1972 unermüdlich durch *R. R. Geis*[8] erfolgt ist, wird durch diese Neuauflage von Friedlanders Buch in neuer Weise fortgeführt.

1. *L. Baeck als verpflichtende Lektüre für die Deutschen*

Trotz des unermüdlichen Einsatzes von R. R. Geis, den ich als Student der Universität Göttingen noch gehört habe, und seiner Freunde und Schüler, wie H.-J. Kraus, H. J. Iwand und Friedrich-Wilhelm Marquardt, ist L. Baeck in Deutschland heute literarisch nicht mehr greifbar und viel zu wenig bekannt.[9]

Im Unterschied zu Buber taucht Baeck, der Repräsentant des deutschen Judentums während der Hitlerzeit, nicht einmal im Register der Kirchlichen Dogmatik *Karl Barths* auf. Auch bei *H. J. Iwand*, der als Freund von R. R. Geis zur Erinnerung an die Judenpogrome 1938 im Jahre 1958 sein wegweisendes Referat über „Umkehr und Wiedergeburt" hält und dabei die Namen der „deutschen Männer und Frauen jüdischer Abstammung" aufzählt, die „uns und andere Nationen wachgehalten (haben), den christlichen Universalismus nicht zu opfern für das Linsengericht des völkischen Selbstbewußtseins",[10] fehlt auf der längeren Liste jüdischer Namen der Name Leo Baecks. Selbst in dem neuen wegweisenden Buch von *J. Moltmann*: Der Weg Jesu Christi. Christologie in messianischen Dimensionen (1989), fehlt der Name Baecks im Register, obwohl Moltmanns Christologie im jüdischen Kontext die Messianologie des Judentums zur Grundlage der Christologie macht. Nur Buber und Rosenzweig erscheinen neben G. Scholem und W. Benjamin. *Der* Repräsentant jüdischer Theologie und Messianologie während und nach der Hitlerzeit taucht aber nicht auf.

Das sind – von anderen Dogmatik-Entwürfen der Gegenwart will ich gar nicht erst sprechen – Beispiele, die symptomatisch sind und das Schweigen und die Beziehungslosigkeit von der Seite des Christentums zu Baeck fortsetzen, wie sie schon im sogenannten Dritten Reich bestanden.

Als nämlich kurz *vor* der Verabschiedung der Nürnberger Rassengesetze *Baecks Aufruf* im Sommer 1935 erschien: „Laßt Euch nicht niederdrücken und laßt Euch nicht verbittern. Vertraut auf Den, dem die Zeiten gehören",[11] gab es auch aus den Kreisen der Bekennenden Kirche konsequenter Prägung kein Echo – mit der Ausnahme von *Marga Meusel*. Diese erstellt noch vor den Nürnberger Schand-Gesetzen eine Denkschrift „Zur Lage der Deutschen Nichtarier", deren Veröffentlichung zwar verhindert wurde, in der es aber heißt: „Daß es ... in der Bekennenden Kirche Menschen geben kann, die zu glauben wagen, sie seien ... aufgerufen, dem Judentum in dem heutigen historischen Geschehen und dem von uns verschuldeten Leiden Gericht ... Gottes zu verkündigen, ist eine Tatsache, angesichts der(er) uns eine kalte Angst ergreift".[12]

Und als Baeck kurz *nach* der Verabschiedung der Nürnberger Gesetze ein *Gebet zum Jom Kippur* verfaßte, in welchem er „mit dem Gefühl des Abscheus aus(sprach), daß wir die Lüge, die sich gegen uns wendet, die Verleumdung ... tief unter unseren Füßen sehen,"[13] gab es von der Steglitzer Bekenntnissynode vom September 1935 erneut kein Echo und keine Antwort: *H. J. Iwand*, der die Bibelarbeit hielt, erwähnte die Rassengesetzgebung und das Leiden des Judentums mit keinem Wort, [14] und *H. Vogel*, der in seinem Manuskript über die kirchliche Judentaufe hinaus etwas zur staatlichen „Judenfrage" sagen wollte, hat auf Druck von Präses K. Koch und Bischof Meiser die entsprechenden Seiten dann doch überschlagen.[15] H. Vogel hat mir 1984 auf der Barmen-Konferenz in Seattle (USA) erzahlt, wie sehr er unter diesem Versagen leide und dieses als seine Schuld erkenne.

Baeck ist bei seiner Hiob-Interpretation in *Dieses Volk* indirekt auf dieses unvergeßliche, von ihm verfaßte *Jom Kippur*-Gebet zurückgekommen, das dem Inhalt nach ein Hiob-Gebet war. Es heißt dort, verfaßt im Jahre 1942: Hiob „will zu jeder Stunde vor Gott sich demütigen, aber er weist es ab, vor den Menschen und ihren Vorwürfen sich zu Boden zu werfen".[16]

War die Bekennende Kirche, sofern sie in dieser erbarmungslosen staatlichen Diskriminierung und Rechtlosmachung des Judentums „das Gericht ... Gottes"[17] sah, nicht in der Tat auf der Seite der Freunde Hiobs, die auf die Sünde

Hiobs abhoben und eben deshalb am Ende von Gott ins Unrecht gesetzt wurden, während das Hiob-Judentum von Gott Recht bekam? Denn Hiob ist, anders als seine Freunde, der um das Geheimnis Gottes und die verborgene Weisheit Gottes (Hiob 28) wissende Mensch, „von welcher auch dieses Volk in all seinem Leid schließlich immer gewußt hat“, wie Baeck abgründig formuliert.[18]

Die Gestapo verbot das Verlesen dieses Gebetes. Diejenigen Rabbiner, die es doch zur Verlesung brachten, wurden – wie Baeck und Hirsch – verhaftet. Der Protest keines deutschen christlichen Kirchenführers oder Bischofs dagegen ist damals laut geworden.[19]

Damit sich dieses Schweigen und diese Beziehungslosigkeit von damals nicht heute in Unkenntnis und im Übergehen des Werkes von Baeck in Kirche und theologischer Wissenschaft fortsetzt, meinte Geis schon 1953, „daß man den Deutschen eine verpflichtendere Lektüre (als den verbreiteten Buber) geben sollte (nämlich L. Baeck), wenn sie schon Bücher jüdischer Autoren wieder lesen. Buber scheint mir einer recht bedenklichen ‚deutschen Geistigkeit‘ viel zu sehr entgegenzukommen“.[20]

Und damit dieses Übergehen und Verschweigen von Baeck sich nicht ungehindert fortsetzt, ist die Neuerscheinung des Werkes von *A. H. Friedlander* über Baecks Leben und Lehre (in dieser Reihenfolge) dringend nötig und geboten. Leo Baeck sollte in der Tat zur verpflichtenden Lektüre nicht nur der Theolog/Innen, sondern auch darüber hinaus der Deutschen werden, war er doch *der* Repräsentant des deutschen Judentums in der Zeit der *Shoah* und der „Hirt der Verfolgten“ in der Zeit des Entsetzens.

2. *Die neugeschriebene „Evangelienrolle“* (1938)

In der Nacht vom 9. auf den 10. November 1938 werden im ganzen Deutschen Reich die Synagogen des Volkes Israel zerstört und in Brand gesetzt, die Läden der meisten Juden in Deutschland verwüstet und geplündert und viele Juden geschmäht, mißhandelt, in Konzentrationslager gebracht und ermordet. Hier und da gelingt es tapferen Juden, in die Synagogen zu gehen und einige Thora-Rollen aus dem Brand zu retten.[21] Die Bekennende Kirche aber schweigt erneut, auch wenn einige wenige Pfarrer mutig das Unrecht anprangern, wie Pfarrer von Jan in Württemberg und Karl Immer in Barmen-Gemarke, der davon spricht, daß „das Wort Gottes verbrannt worden“ ist.[22]

a) *Das Evangelium als Urkunde jüdischer Glaubensgeschichte*

Diesem verbrecherischen Tun der Nazis und beschämenden Schweigen der Kirchen steht nun gegenüber, was auch im Jahre 1988, als wir des 50. Jahrestages der Synagogenbrände gedachten, wiederum weitestgehend vergessen worden ist. Im Jahre 1938 erschien nämlich in erneuter Überarbeitung und Auflage L. Baecks Büchlein „Das Evangelium als Urkunde der jüdischen Glaubensgeschichte".[23] Es wurde von den Nazis sofort eingezogen und eingestampft, aber es war der Sache und dem Zeitpunkt nach – so habe ich es im Jahre 1988 zum Gedenktag an die Judenpogrome des Jahres 1938 immer wieder gesagt – „die neugeschriebene Evangelienrolle".[24]
Dem brutalen *Verbrennen und Vernichten der Thora-Rollen* kommt Baeck mit der *Auffindung und Neuschrift der „Evangelienrolle"* zuvor.[25] Die herausragende *wissenschaftliche Leistung* kann hier nicht gewürdigt werden. Ich sehe den Rang dieser Schrift u. a. darin, daß hier bis heute viel Unabgegoltenes steckt, das weiterer wissenschaftlicher Erhebung und Würdigung bedarf.
Die *kontextuelle Brisanz* dieser neugeschriebenen Evangelienrolle kam aber darin zum Ausdruck, daß die Nazis sie gleich einstampfen ließen. Die Anspielungen und Aufforderungen an die Adresse der Nazis und der Kirche des Jahres 1938 waren ja nicht zu überhören, wenn man – wie die Gestapo-Beamten es 1938 längst gelernt hatten – hinter den Zeilen zu lesen verstand. So ist aus dieser Zeit der folgende Satz eines Gestapo-Beamten dokumentiert: „Wir wissen Bescheid über die alten Geschichten, die Sie zitieren. Wir sind keine Idioten. Wenn Sie Rom ... sagen, meinen Sie Deutschland".[26]

Auf diesem Hintergrund werden die kontextuellen Bezüge auf die Zeit des Jahres 1938 in Baecks „Evangelienrolle" sofort deutlich. Ich beschränke mich auf ein Beispiel, das aus dem historischen Kontext der Niederschlagung der jüdischen Aufstände durch die Römer stammt, aber auf die Situation der Jahre bis 1938 hin unmittelbar transparent ist: „Für die Christen, für die zumal, die außerhalb Palästinas lebten, konnte und mußte es nun zu einer politischen Frage auch, ja bisweilen zur Frage ihrer bürgerlichen Geltung werden, ob sie *zu den Juden gerechnet* werden sollten oder nicht. Und mit dieser Frage war zugleich unabweisbar die andere gestellt, ob sie *auf die Seite Roms treten* sollten ... Die meisten haben denn in der Tat damals die Entscheidung für Rom *und* gegen das jüdische Volk getroffen".[27]

Hat man vor Augen, was Baeck über das jüdische Überlieferungsverständnis und Geschichtsverstehen sagt,[28] so werden die Tiefenschichten dieser neuentdeckten „Evangelienrolle" sichtbar und die Bezüge zum Zeitgeschehen damals auch an folgenden Stellen unabweisbar: „die Zerstörung des Tempels" durch die Römer und deren Verständnis als Gericht Gottes,[29] die „besonderen Ausnahmegesetze", die Distanzierung der Heidenchristen, die Entlastung der Römer und die Belastung der Juden als Hauptschuldige an der Kreuzigung Jesu und als deren Folge die Leidensgeschichte des Judentums,[30] das verhängnisvolle Mißverständnis der Kirche, als sei „das Neue im Judentum" nur als „ein Neues *gegen* das Judentum" zu verstehen und zu praktizieren, das antijudaistische Theologumenon des Barnabasbriefes, demzufolge „ein Bund Gottes mit den Juden seit langem nicht mehr" besteht,[31] das scheinbar nur historische, im Jahre 1938 aber kirchlich und politisch höchst brisante, sog. „wissenschaftliche" Echtheitskriterium, demzufolge nur diejenige Überlieferung als echtes Jesusgut zu gelten habe, die sich weder aus dem Judentum noch aus der judenchristlichen Gemeinde ableiten lasse.

Demgegenüber lauten die Echtheitskriterien für die alte Überlieferung bei Baeck: „Alles ..., was im Hinblick auf die griechisch-römische Welt oder auf die römische Obrigkeit ... gesprochen ist, was (also) ... von dem Verlangen zeugt, vor ihnen nicht mit dem jüdischen Volke in eins gesetzt zu werden, ... gehört nicht dem alten Evangelium zu".[32] Die Kontextualität aller dieser scheinbar nur historischen, in Wahrheit – unbeschadet des Historischen – geschichtlich-relevanten Aussagen wird überdeutlich. *A. H. Friedlander* hat diesen Sachverhalt in seinem Buch in doppelter Hinsicht resumiert: „Man sollte sich vergegenwärtigen, daß Baeck mit diesem kleinen Buch der jüdischen Gemeinde Deutschlands eine warme einfühlende Einführung in christliche Schriften bot und eine Brücke über zweitausend Jahre schlug – und das in einer Zeit, als diese Gemeinde nicht nur von ihren Nachbarn, sondern auch von der Kirche der Nachbarn verlassen" wurde.[33]

Dieser Interpretation A. H. Friedlanders habe ich nichts hinzuzufügen. Sie bestätigt nur die Notwendigkeit der Neuauflage seines Buches, in dem diese neuentdeckte und neugefundene Evangelienrolle als jüdische Antwort auf die Verbrennung der *Thora*-Rollen ausführlich interpretiert wird.[34]

Baeck hat 1957 im Teil 2 von *Dieses Volk* das Thema der Evangelienrolle von 1938 unter der Thematik: Rom und das jüdische Volk[35] und das konstantinische Glaubensimperium und das jüdische Volk[36] wieder aufgenommen, erinnert und weitergeführt.

b) *Die Wegbereitung zur messianischen Utopie*

Im Jahre 1989 war auf dem Kirchentag in Berlin das Gleichnis vom sprossenden Feigenbaum (Mk 13, 28–33) auch für die Dialog-Bibelarbeit der Arbeitsgemeinschaft „Christen und Juden“ bestimmt. *A. H. Friedlander* und ich waren als Dialogpartner vorgesehen.[37] Dabei wurden uns bei der Vorbereitung besonders L. Baecks Hinweise aus seiner „Evangelienrolle“ des Jahres 1938 zum Verständnis des Gleichnisses in Mk 13 hilfreich und wegweisend. Ich beschränke mich auf folgende kurze Hinweise:

Eine breite antijudaistische Tradition verbindet mit dem Gleichnis vom Feigenbaum die Tradition von der Verfluchung des Feigenbaumes (Mk 11,12ff), derzufolge die Heilsgeschichte Gottes mit Israel und die Zeitgewährung Gottes an Israel abgelaufen und also das Ende der Geschichte Israels eingetreten sei.

Demgegenüber macht *L. Baeck* darauf aufmerksam, daß gerade im alten Evangelium, zu dem er auch unser Gleichnis zählt, eine positive Hoffnungsaussage für Israel vorliege: Das Sprossen des Feigenbaumes meint den Einbruch und das Sprossen der messianischen Erlösung. Baeck verweist zunächst auf das Hohelied 2,13, das große Liebeslied der hebräischen Bibel, das schon zur Zeit Jesu messianisch gedeutet worden ist: „Am Feigenbaum röten sich die Früchte, die Reben blühen und duften. Auf, meine Freundin, komm!“.[38]

Diese Zeichen des Sprossens der messianischen Erlösung machen für den „Fluch einer schwarzen Zeit“ nicht blind. Im Gegenteil: Sie werfen vielmehr – wie Baeck in einem Aufsatz über „Israel und das deutsche Volk“ 1952 sagt – ein grelles Licht auf die „schwarze Zeit der organisierten Ordnungslosigkeit“.[39] Die im Gleichnis vom messianischen Sprossen des Feigenbaums festgehaltene Hoffnung überspringt also nicht gnostisch „den Greuel der Verwüstung“.[40] Alles Sprossen geschieht nämlich im Dunkel der Nacht, beginnt im Dunkel des Todes, in der Nacht des messianischen Leidens. Alles Sprossen des Feigenbaumes ist Durchbrechen des messianischen Lebens durch den Tod.

Die Dunkelheit der *Shoah* und die schwarze Zeit des organisierten Verbrechens wollen also auch nach Mk 13 erinnert werden, auch und gerade angesichts der Hoffnung auf die messianische Erlösung. So gibt es eine Betrachtung der jüngsten Geschichte, wie Baeck in seinem Aufsatz „Israel und das deutsche Volk“ weiter ausführt, „die den meisten Juden ... notwendiger- und berechtigterweise eignet. Jahr um Jahr erfuhren sie, was (an Greueln der Verwüstung) geschah, und sie hörten dann später, daß die Wirklichkeit noch furchtbarer gewesen war als die Kunde, die zu ihnen drang. Aus der Ferne sahen sie das Schreckliche in seiner Ganzheit. Für sie konnte und kann es daher nur das deutsche Volk in seiner Gesamtheit geben. Hinter der einen großen Untat (der *Shoah*) erblickten sie den einen großen Untäter – um das Wort des Buches Daniel zu gebrauchen: den ‚schikkúz schomém‘, den ‚Greuel der Verwüstung‘“,[41] von dem auch in Mk 13 gesprochen wird.

Vergiß nicht, erinnere Dich! Es gibt – sagt Baeck nach der *Shoah* – in der Geschichte das Dunkel der Nacht. Und man kann auf die Zukunft des messianischen Reiches Gottes nur hoffen, wenn man teilnimmt am messianischen Leiden, an den „Geburtswehen“ der messianischen Zeit (Mk 13,8). Und „wer ausdauernd widersteht bis zum Ende, der wird gerettet werden“ (Mk 13,13). Würde man das Dunkel der Vergangenheit, das eben kein vergangenes Dunkel ist, vergessen oder verdrängen, würde man aus dem Schatten der Vergangenheit heraustreten wollen, anstatt die Fähigkeit zur trauernden Erinnerung und zum erinnernden Trauern sich zu bewahren und zu erhalten (M. Mitscherlich-Nielsen), würde man die verdrängte Vergangenheit der Väter und Täter im Leben der Kinder und Kindeskinder übersehen (D. von Westernhagen), so würde man Teilhaber und Komplize sein an der „zweiten Schuld“ (R. Giordano).[42]

Während der Vorbereitung der Dialog-Bibelarbeit stießen wir auf den wichtigsten Hinweis Baecks: Er verweist nicht nur auf das Wortspiel zwischen kez = „Ende und messianische Zeit“ und kajiz = „Ernte, Sommer“: „Wenn die Zweige des Feigenbaumes schon Blätter hervorgetrieben haben, dann wißt ihr, daß der Sommer (die messianische Zeit) nahe ist“ (Mk 13,28). Sondern er stellt auch das Gleichnis vom sprossenden Feigenbaum, das Gleichnis von den Zeichen des Sprossens der messianischen Erlösung bewußt an das Ende seiner ganzen Schrift über das alte Evangelium: „Das Reich Gottes gleicht dem Feigenbaum. Wenn er junge Zweige ansetzt und die Blätter hervorbrechen, dann erkennt ihr, daß nahe ist die Ernte“.[43]

Damit schließt abgründig und bezeichnend „das Evangelium als Urkunde der jüdischen Glaubensgeschichte“ im Jahre 1938, um 1957 im Teil II von *Dieses Volk* seine Fortsetzung zu erfahren, tragen doch die beiden letzten Kapitel nicht zufällig die Überschriften: „Das Reich Gottes“ und: „Die Hoffnung“.[44]

A. H. Friedlanders Hinweis, Teil II von *Dieses Volk* zufolge befinde sich „das jüdische Volk ... gegenwärtig" (!) – trotz des Greuels der Verwüstung und des „Fluchs der schwarzen Zeit" (Baeck) – „in seinem vierten Jahrtausend, das er (Baeck) als das Jahrtausend der Hoffnung bezeichnet", vermag dies erneut zu bestätigen.[45] Das Reich Gottes und die messianische Hoffnung, das Sprossen der messianischen Erlösung für Israel und die Menschheit umgreift kritisch und übergreift sprossend auch den Greuel der Verwüstung. Das ist Baecks Bekenntnis und Zeugnis im 20. Jahrhundert.

Deshalb handeln auch Baecks letzte Vorlesungen über die „Epochen der Jüdischen Geschichte", die er vom 16. 1. bis 9. 7. 1956, kurz vor seinem Tode, vor der Society for Jewish Studies in London gehalten hat, wiederum nicht zufällig über den Geist der messianischen Utopie und den gebotenen „Weg zur Verwirklichung der (messianischen) Utopie".[46] Baeck verweist darin zuletzt auf das *Alenu*-Gebet, worin gesagt wird, „es sei die Aufgabe des Menschen, ... die Welt zu ordnen durch das Reich des Allmächtigen, das heißt, das Reich des Allmächtigen in diese Welt des Menschen eintreten zu lassen, so daß die kommende Welt, das kommende Reich, das Reich Gottes, heute und hier bei diesem Menschen beginnt".[47] Die Wegbereitung zur messianischen Utopie bestimmt nach Baeck auch die prophetische Hoffnung und Aufforderung: „Bahnt den Weg!" (Jes 40,3). Die allumfassende Hoffnung und „ebenso (das) alle umfassende Gebot" lauten darum nach Baeck: „Bei dir beginnt die Utopie, jetzt, hier, bei dir beginnt die Ferne, hier in dieser Stunde und an dieser Stelle, jetzt. Fange an: beginne!".[48]

So weisen gerade die „Zeichen des Sprossens der Erlösung" (Mk 13,28–33) auf die notwendige und mögliche Wegbereitung zur Verwirklichung der messianischen Prophetie (Baeck). Aber diese Wegbereitung erinnert nach der *Shoah* den „Weg des Feuers bis in die Dunkelheit" (A. H. Friedlander).[49]

3. *Fragen des Judentums an das Christentum*

Diese willkommene Neuauflage des Buches von A. H. Friedlander über Leo Baeck erscheint im Jahre 1990. Das ist für den Christlich-Jüdischen Dialog auch insofern ein wichtiges Datum, als wir uns im Jahre 1990 an den Beschluß der Rheinischen Landessynode von 1980 zur *Erneuerung des Verhältnisses der Christen zu den Juden* erinnern. Beides – die Neuauflage des Buches über Baeck als auch das Gedenkjahr zum Rheinischen Synodalbeschluß – ist Anlaß genug, die von Baeck insbesondere nach der *Shoah* an das Christentum gestellten Fragen mit den im Rheinischen Beschluß mehr als ein Vierteljahrhundert später versuchten Antworten zu vergleichen.

Ich tue das in der Weise, daß ich einen lehrreichen, aber weitgehend unbekannten Aufsatz von L. Baeck aus dem Jahre 1954 „Einige vom jüdischen Standpunkt aus gestellte Fragen an das Christentum“[50] zugrunde lege und ihn mit den Entscheidungen der Rheinischen Synode in ein Gespräch bringe.

a) *Der gemeinsame Grund*

Zwei Möglichkeiten gibt es Baeck zufolge, das Verhältnis zwischen Judentum und Christentum zu gestalten: einmal das Hinüber- und Herüberrufen über einen unüberbrückbaren Abgrund und Spalt hinweg, zum anderen das wechselseitige Fragen und Antworten im Wissen darum, daß man auf einem gemeinsamen Fundament steht. Baeck spricht nur im letzteren Fall von „konstruktiven Fragen“[51] auf dem Boden eines beiden, Juden und Christen, gemeinsamen Grundes. Daß Baeck sich nur für diese Möglichkeit entscheidet, ist zwar nach der *Shoah* überraschend und in keiner Weise selbstverständlich, kann aber nach den beiden Bänden von *Dieses Volk* (1955.1957) nicht fraglich sein. Entfalten diese Bände doch die Grundlagen jüdischer Existenz (Bd I 1955) und den von Israel durch die Generationen hindurch erwählten und erlittenen Weg (Bd II 1957) in seiner universalen Absicht und Bestimmung: Segen zu sein für die Völkerwelt (Gen 12,1–3).

Dabei setzt der „gemeinsame Grund“ eine innere Differenzierung und Asymmetrie voraus, die nicht übersehen werden darf: Das Besondere der Erwählung des Judentums (Abrahamsbund und Exodus) hat nämlich nach Baeck von Haus aus eine universale Bedeutung und Bestimmung, die sich biblisch *protologisch* im Schöpfungsbund und Noah-Bund und *teleologisch*-eschatologisch in der Einbeziehung aller Völker in den Bund Gottes mit Israel (Jes 2,1–5) ausdrücken. Diese universale Bestimmung der besonderen Erwählung Israels darf aber nicht als Preisgabe des Besonderen Israels zugunsten des Allgemein-Menschlichen mißverstanden werden. Baeck scheint gelegentlich Anlaß zu einer solchen Interpretation zu geben – allerdings nur, wenn man den Weg außer acht läßt, den Baeck über die verschiedenen Auflagen des *Wesens des Judentums* bis zu den beiden Bänden von *Dieses Volk. Jüdische Existenz* gegangen ist. Kein Geringerer als *Y. Amir* hat in diesem Zusammenhang gemeint, Baeck habe „alles, was die Bibel über das Verhältnis zwischen Gott und Israel aussagt, auf das Verhältnis zwischen Gott und ‚dem Menschen‘ ausgeweitet, indem ... das biblische ‚Israel‘ als exemplarisch für die Menschheit überhaupt verstanden wird ... Es ist offenkundig, daß hier Baeck einen allerintimsten, jüdischen Ausdruck für die Aufgabe Israels auf Erden (gemeint ist der Zusammenhang von Bund und erstem Gebot) seiner Intimität entkleidet und ihn in den unendlichen Weltenraum zwischen Gott und Menschheit hineinstellt".[52]

Demgegenüber ist m. E. aber daran festzuhalten, daß Baeck – insbesondere in seinem Spätwerk immer unübersehbarer – das Besondere der Israelerwählung und der *Jüdischen Existenz* zwar auf das Universale der Menschheit und das Allgemeine des Menschseins *bezieht*, nicht aber wechselseitig eins im anderen aufgehen läßt. Deshalb hat *R. R. Geis* ganz im Sinne Baecks vom "Volk Israel als Modellfall einer zukünftigen Völkerwelt" und von der „Geschichte als Geschichte Gottes mit seinem Volk und allen Völkern"[53] gesprochen.

A. H. Friedlander formuliert in seinem Buch schon 1973 diesen Tatbestand bei Baeck in lapidarer Kürze: „Der Bund mit der Welt ist in den Bund jüdischer Erfahrung eingeschlossen". Friedlander spricht „von der Spannung zwischen dem Besonderen und dem Universalen, welche (nach Baeck) ‚die Seele dieses Volkes durchpflügt'".[54]

Diese von Baeck nie preisgegebene Verhältnisbestimmung von Israel und der Völkerwelt ließe sich nicht nur an seinem wichtigen Aufsatz *Individuum Ineffabile*[55] zeigen, in welchem Baeck den Weg vom Anthropologisch- und Kosmologisch-Allgemeinen zum Besonderen geht, aber schon im Anfang das Ziel vor Augen hat bzw. schon von Anfang an vom Ziel her argumentiert. Diese Verhältnisbestimmung zeigt sich auch in dem Terminus der „Psychologischen *Analogien*",[56] nach denen Baeck fragt. Diese unumkehrbare Verhältnisbestimmung ist nicht zuletzt auch in dem nicht vergessen, was Baeck den „gemeinsamen Grund" von Judentum und Christentum nennt. Es ist der gemeinsame Grund einer asymmetrischen und unumkehrbaren Verhältnisbestimmung, insofern die Völkerwelt in den ungekündigten Bund Gottes mit Israel einbezogen wird (Jes 2,1–5). In Anerkennung dieser Verhältnisbestimmung hat die Rheinische Synode 1980 formuliert: „Wir glauben die bleibende Erwählung des jüdischen Volkes als Gottes Volk und erkennen, daß die Kirche durch Jesus Christus in den Bund Gottes mit seinem Volk hineingenommen ist".[57]

Mit dieser Überzeugung vom *gemeinsamen Grund des einen ungekündigten Bundes*, in den auch die Völkerwelt einbezogen wird, unterscheidet sich Leo Baeck nicht nur von *Franz Rosenzweig* und dessen These eines doppelten

Bundes mit und einer doppelten Erwählung von Israel und der Kirche der Völker, worauf A. H. Friedlander in seinem Referat auf dem Rosenzweig-Kongreß in Kassel aufmerksam gemacht hat.[58] Mit diesem gemeinsamen Grund von Judentum und Christentum sind nach Baeck auch eindeutige und unaufhebbare Unterscheidungen gesetzt, die nicht verkleinert oder beseitigt werden können. „Diese Unterschiede haben sogar ihre tiefsten Wurzeln in ... dem gemeinsamen Grund selbst.“[59]

b) *Ein Neues im Judentum, nicht gegen das Judentum*

Daß gerade dieser gemeinsame Grund der Anlaß für die unaufhebbaren Unterscheidungen zwischen Judentum und Christentum ist, hat Baeck schon 1938 in seiner wiederentdeckten „Evangelienrolle“ an einem für die heutige Diskussion wichtigen und kontroversen Punkt deutlich gemacht, nämlich an dem alten judenchristlichen Bekenntnis zu Jesus als dem *Messias Israels*. Baeck schreibt zu Markus 1,11, der Überlieferung von der Taufe Jesu und seiner Salbung zum Messias: „Es ist sehr wahrscheinlich, daß hier eine alte Überlieferung erkennbar wird, eine wundersame Erzählung der Jünger. Für sie begann mit der Taufe die messianische Sendung Jesu, ... Helfer und Befreier des Volkes Israel zu sein ...; denn ... der Erwählte Gottes, sein Sohn, ist in der dichterischen Sprache der Propheten das Volk Israel (!) und der auch, in dem das Volk sich verpersönlicht, sein (Israels) Messias (!). Der späteren (heidenchristlichen) Zeit, die vom jüdischen Volk fortging, konnte dieses Symbol (scil. der Taube als Wahrzeichen, worin die Gemeinde Israels dargestellt wird) so nicht mehr gelten.“[60]

Dieses judenchristliche Bekenntnis zu Jesus von Nazareth als dem Messias Israels (Mk 1,11) in der alten Überlieferung der Gemeinde war – wie Baeck an anderer Stelle erläutert – „ein Neues im (!) Judentum“, nicht aber – wozu es später durch die Heidenchristen gemacht worden ist – „ein Neues gegen (!) das Judentum“. War doch „die Gemeinde der alten Apostel eine Gemeinde im jüdischen Volk“ und hatte sie doch „eine Botschaft im Judentum, in ihm, und nicht etwa nur neben ihm“ und erst recht nicht „gegen das jüdische Volk, gegen das Judentum“.[61]

Baeck kommt also im Jahre des Judenpogroms, der sog. Reichskristallnacht, zu der These: Nicht, daß die Judenchristen Jesus, wie in der alten Überlieferung, als *Messias Israels* bekannt haben, ist das Problem. Denn mit diesem Bekenntnis standen sie im Raum des Judentums und auf dem Grunde des Judentums. Sondern daß die *heidenchristliche* Gemeinde später das *Christus-*

bekenntnis *gegen* das Judentum gekehrt und Jesus nicht mehr als den Messias *Israels* verstanden hat, ist das entscheidende Problem zwischen Judentum und Christentum. Ähnlich hat sich *M. Wyschogrod* auf dem Berliner Kirchentag 1989 während einer Podiumsdiskussion geäußert: Nicht das judenchristliche Bekenntnis zu Jesus als dem Messias Israels, das vom Judentum nicht geteilt wird, ist das Problem, sondern die Formulierung des *Christus*-Bekenntnisses im Raum der heidenchristlichen Kirche gegen das Volk Israel und auf Kosten des Volkes Israel.

Deshalb hat die Rheinische Landessynode 1980 diese fundamentale Unterscheidung zwischen Judentum und Christentum, die aber – um mit Baeck zu sprechen – keine Unterscheidung im Fundament ist, sondern aus der „tiefsten Wurzel des gemeinsamen Grundes stammt“,[62] so formuliert: „Wir bekennen uns zu Jesus Christus, dem Juden, der (nur) als der Messias Israels (auch) der Retter (Versöhner und Erlöser) der Welt ist und die Völker der Welt mit dem Volk Gottes verbindet.“[63]

In diesem Bekenntnis ist mit Baecks Formel – „ein Neues im Judentum“ – ernstgemacht: Weil Jesus als der Messias Israels die Völker der Welt nicht vom Judentum trennt, sondern mit dem Judentum als dem Volk Gottes verbindet, deshalb ist dieses christologische Bekenntnis kein „Neues gegen das Judentum“, grenzt es sich vielmehr genau gegen dieses verhängnisvolle heidenchristliche Verständnis des *Christus*-Bekenntnisses als des Besseren und Überlegeneren gegenüber dem Judentum ab.

Der Rheinische Beschluß hat also mit dem Bekenntnis zum Messias Israels nicht nur die Minderheitentradition der Bekennenden Kirche konsequenter Prägung aufgenommen, die sich (wie Bonhoeffer, Barth u. a.) kontextuell und d. h. als Ausdruck der Solidarisierung mit dem verfolgten Judentum zum Messias Israels bekannt hat. Sondern sie hat auch die – wenn auch späte – Antwort auf L. Baecks Wiederentdeckung der alten Evangelienrolle gegeben, in der dieser das Bekenntnis zum Messias Israels nicht als ein Neues gegen das Judentum, sondern als ein Neues im Raum des Judentums verstanden hat. Die Antwort kam – berücksichtigt man Baecks Angebot aus dem Jahre 1938 – spät, aber sie kam vielleicht doch nicht zu spät.

Von daher formuliert Baeck in seinem Aufsatz von 1954 seine *erste Frage* an das Christentum, die als eine Frage der Unterscheidung in einer Beziehung von einem gemeinsamen Grund her gemeint ist: Geht es im Dialog zwischen Judentum und Christentum um eine echte Begegnung des Glaubens auf gemeinsamem Grund? Oder setzt die Kirche das verhängnisvolle Bündnis mit weltlicher Macht aus ihrer Geschichte fort, um sich von daher als bessere und überlegene Religion gegenüber dem Judentum zu etablieren?[64]

Anders formuliert und an einem wichtigen Punkt konkretisiert: Versteht die Kirche ihr *Christus*bekenntnis in der Tradition des judenchristlichen Bekenntnisses zum Messias Israels und also als etwas Neues *im* Judentum? Oder praktiziert sie dieses Bekenntnis in der Tradition heidenchristlicher Absolutheitsansprüche und Überlegenheitsphantasien und also in der Tradition imperialer Christologie, die den gemeinsamen Grund und Boden der bleibenden Erwählung Israels und des ungekündigten Bundes Gottes mit Israel, auf dem dieses Bekenntnis nur erwachsen konnte und auch weiterhin nur bestehen kann, verleugnet und bestreitet?

Baecks entscheidendes Urteil lautet dabei lapidar: „Auf die Länge der Zeit korrumpiert (das Bündnis mit der) Gewalt die Religion von innen her."[65]

c) *Der gemeinsame Ausblick*

Von dem gemeinsamen Grund her fragt Baeck nach der gemeinsamen Hoffnung von Judentum und Christentum.[66] Daß und wie Baeck die Frage der messianischen Hoffnung im Judentum umgetrieben und wie eindrücklich er sie gerade nach der Befreiung aus Theresienstadt in allen seinen Werken entfaltet hat,[67] kann und soll hier nicht dargestellt werden. Es geht nach Baeck um die für die jüdische Existenz entscheidende Ausrichtung auf die messianische Hoffnung, auf das Reich Gottes *und* die durch das göttliche Gebot ausgesprochene Weisung der Wegbereitung für das Kommen des Reiches Gottes – eine Terminologie, deren sich auch Bonhoeffer in seiner Ethik bedient hat, wenn er im Blick auf das Letzte von der Wegbereitung im Vorletzten auf das Letzte hin sprach.[68]

Von diesen biblischen Erkenntnissen Bonhoeffers her und im Einklang mit den entsprechenden Aussagen Baecks hat die Rheinische Synode im Jahre 1980 gesagt: „Wir bekennen die gemeinsame (messianische) Hoffnung eines neuen Himmels und einer neuen Erde und (den Heiligen Geist als) die Kraft dieser messianischen Hoffnung für das Zeugnis und Handeln von Christen und Juden für Gerechtigkeit und Frieden (und Bewahrung der Schöpfung) in der Welt."[69]

Von dieser gemeinsamen messianischen Hoffnung her stellt Baeck aber in seinem Aufsatz aus dem Jahre 1954 eine *zweite Frage*, die im christlich-jüdischen Dialog als Stichfrage präsent bleiben muß: Hat nicht die Kirche in ihrer Geschichte die Hoffnung auf das Kommen des messianischen Reiches Gottes und die durch die göttlichen Gebote gewiesene Wegbereitung durch die realisierte Eschatologie des konstantinischen Imperiums und durch die sakramentale Usurpation des Reiches Gottes in der Kirche ersetzt? Und hat nicht die Kirche während ihrer langen Geschichte Aufbrüche und „historische Bemühungen für eine menschliche Befreiung und Emanzipation“[70] als jüdischen Wahn, als judaica vanitas[71] diffamiert? Und hat diese Diffamierung nicht zutiefst mit dem verhängnisvollen Bündnis mit der Macht zu tun, der das Christentum sich immer stärker unterwarf, als es an die Stelle der Verwirklichung durch gewaltlosen Glauben die brutale weltliche Macht setzte? Und ist die Kirche bereit, die humanistischen und emanzipatorischen Befreiungstraditionen nicht nur nachträglich anzuerkennen, sondern sich im Sinne der messianischen Wegbereitung selber aktiv an der Verwirklichung dieser Traditionen zu beteiligen? Ist die Kirche z. B. bereit, die unter schweren Opfern erkämpfte Tradition der gewaltfreien Aktionen zivilen Ungehorsams eines *H. D. Thoreau* – Baeck erwähnt ihn in seinem Aufsatz „Die Weltverantwortung unserer Religion“ als Beispiel der für das Judentum vorbildlichen und es verpflichtenden Emanzipation und Befreiung[72] – nicht nur anzuerkennen und ihnen Schutz zu gewähren, sondern sich auch selber aktiv an der Verwirklichung dieser Tradition zu beteiligen?

A. H. Friedlander und ich haben uns jedenfalls auch über dieser Tradition des gewaltlosen Widerstandes, die auf einer übergroßen Fotografie des Bürgerrechtsmarsches Martin Luther Kings gegen Rechtsverletzung und Rassendiskriminierung in Detroit in der Mensa der Kirchlichen Hochschule Wuppertal dokumentiert und erinnert wird, persönlich verbunden gefunden.[73] Es war ja auch nicht zufällig, daß A. H. Friedlander von der Tradition L. Baecks her an dem Marsch M. L. Kings von Selma nach Montgomery teilgenommen hatte.[74]

d) *Die je eigene Sendung*

Nach dem *gemeinsamen Grund* (gemeint ist der ungekündigte Bund Gottes mit Israel) und nach dem *gemeinsamen Ausblick* (gemeint ist die messianische Hoffnung und Wegbereitung auf das Kommen des Reiches Gottes) kommt Baeck auf *die je eigene Sendung* von Judentum und Christentum zu sprechen. Dabei ist Baeck klar: Weder das Judentum noch das Christentum können und dürfen auf die je eigene Sendung an die Welt verzichten. Würde dies geschehen, so wäre das die jeweilige Preisgabe der „Verpflichtung“ zu der je eigenen Sendung. Denn der Verzicht auf die je eigene Sendung an die

Welt würde nach Baeck nicht Stärke, sondern eher „Schwäche" und eine problematische „Konzentration auf sich selbst" verraten.[75]

Und auch das ist bei Baeck festgehalten: Nur von dieser je eigenen Sendung an die Welt her können Juden und Christen auch echte und wechselseitige Zeugen Gottes voreinander sein.

Die Rheinische Synode hat nicht nur im Hinblick auf die Geschichte des Scheiterns der Judenmission in der Zeit der Bekennenden Kirche, nicht nur angesichts der verhängnisvollen Folgen des heidenchristlichen Programms der Judenmission seit dem 2. Jahrhundert n. Chr., sondern auch als Antwort auf das bei Baeck formulierte Wissen von der je eigenen Sendung von Judentum und Christentum die Absage an die Judenmission folgendermaßen ausgesprochen: „Wir glauben, daß Juden und Christen *je in ihrer Berufung* (durch Gott) Zeugen Gottes vor der Welt *und voreinander* sind; darum sind wir überzeugt, daß die Kirche ihr Zeugnis dem jüdischen Volk gegenüber nicht wie ihre Mission an die Völkerwelt wahrnehmen kann."[76]

Die *dritte Frage*, die von dieser fälligen Absage an die Judenmission her an die Kirche zu stellen ist, hat Baeck so formuliert: Ist die Kirche – unbeschadet der Verpflichtung zu der ihr eigenen und vom Judentum also unterschiedenen Sendung – bereit, der verhängnisvollen Tradition des „kirchlichen Imperialismus und Kolonialismus"[77] abzusagen? Ist die Kirche bereit, die Geschichte der Judenmission im Bündnis mit „den irdischen Mächtigen und herrschenden Vorurteilen"[78] aufzuarbeiten und sich ihr kritisch zu stellen? Ist die Kirche nur bereit, die Methoden der Judenmission ein wenig oder radikal zu ändern, aber der Sache der Judenmission sich weiter verpflichtet zu fühlen? Oder ist die Kirche ernsthaft willens, eine grundsätzliche Absage an das heidenchristliche Programm der Judenmission zu vollziehen? Anders formuliert und auf den Grenzfall der Konversion zugespitzt: Geschieht, wenn es zu Konversionen kommen sollte, diese aus Überzeugung oder unter gesellschaftlichen Vorbedingungen und um weltlicher Vorteile willen, etwa um ein Entrebillet in bestimmte gesellschaftliche und politische Kreise zu erhalten?[79]

Die Tatsache, daß die Rheinische Landessynode infolge der Absage an die Judenmission einen Lehrstuhl für Geschichte, Theologie und Philosophie des Judentums an der Kirchlichen Hochschule Wuppertal eingerichtet hat, auf dem jüdische Hochschullehrer aus Israel, den USA oder Europa das eigene Zeugnis des Judentums christlichen Theologiestudent/Innen darstellen, kann als eine konkrete Konsequenz bezeichnet werden. Daß nach M. Wyschogrod (USA) und W. Hamburger (USA) zuletzt auch A. H. Friedlander (England) als Leo-Baeck-Schüler diesen Lehrstuhl bekleidet und auf diesem Lehrstuhl Leben und Werk Leo Baecks und also des *Wesen des Judentums* und *Jüdische Existenz* den Student/Innen vermittelt hat, kann als eine glückliche Konsequenz des Rheinischen Synodalbeschlusses bezeichnet werden. Von den Studierenden der Kirchlichen Hochschule Wuppertal aus ist denn auch die Bitte nach einer Neuauflage des Baeck-Buches von A. H. Friedlander und der Bücher und Aufsätze aus dem Bereich des Spätwerkes von Leo Baeck nach 1945 besonders nachdrücklich gefordert worden.

e) *Die Anerkennung jüdischer Existenz*

Baeck kennzeichnet in seinem Aufsatz aus dem Jahre 1954 nach dem gemeinsamen Grund, der gemeinsamen Hoffnung, der je eigenen Sendungsaufgabe schließlich die Anerkennung des *Wesens des Judentums* und *Jüdischer Existenz* seitens des Christentums als den „entscheidenden Punkt", der im Dialog zwischen Judentum und Christentum auf der Tagesordnung stehen muß und wird: Es ist „die fortdauernde Aktualität und die bleibende Bedeutsamkeit und Bedeutung des jüdischen Glaubens, Liebens und Hoffens".[80] Baeck meint den besonderen Platz, die besondere Aufgabe, die besondere Berufung und Erwählung des Judentums durch Gott als eine nicht vergangene oder erst zukünftige, sondern als eine durch die Geschichte „von Generation zu Generation" sich bestätigende und erneuernde Wirklichkeit.

Diesen von Baeck namhaft gemachten entscheidenden Punkt hat die Rheinische Synode im Jahre 1980 wie folgt aufgenommen: „Wir bekennen uns dankbar zu den Schriften (gemeint ist die Hebräische Bibel) ..., unserem Alten Testament, als einer (sachgemäßer wäre gewesen: *der*) gemeinsamen Grundlage (!) für Glauben und Handeln von Juden und Christen. Wir glauben mit den Juden, daß die Einheit von Gerechtigkeit und Liebe das geschichtliche Heilshandeln Gottes kennzeichnet. Wir glauben mit den Juden Gerechtigkeit und Liebe als Weisungen Gottes für unser ganzes Leben."[81]

Weil es sich hier um den entscheidenden Punkt handelt, hat Baeck die anstehende *vierte Frage*, die das Judentum von daher an das Christentum zu stellen hat, vier-fältig gestellt:

(1) Ist die Kirche bereit, die bleibende Erwählung des jüdischen Volkes anzuerkennen und die Absage an die Substitutionstheorie, als habe die Kirche als das neue Israel das Judentum ersetzt, glaubwürdig auszusprechen? Tut sie

das, indem sie positiv die *besondere Leidensgeschichte* des jüdischen Volkes als eine Zeugengeschichte für die Heiligung des Namens Gottes und also nicht als Ausdruck der Verwerfung, sondern der geistlichen Kraft und Stärke des Judentums zu verstehen und zu würdigen lernt?[82]

(2) Ist die Kirche bereit, nicht nur die Leidensgeschichte des jüdischen Volkes, sondern auch „*seine Geschichte der Erneuerungen*“ durch die Epochen und Jahrtausende hindurch als Ausweis der Wiedergeburt und geistliche Kraft des Judentums zu sehen? Und kann die Kirche darüber hinaus zugleich dankbar anerkennen, daß die Kraft zum Widerstand und zur Erneuerung im Christentum – wo diese denn überhaupt stattgefunden haben – als ein genuines Erbe aus dem Judentum zu würdigen und dankbar anzuerkennen ist? Daß also Reformation und Wiedergeburt im Christentum ein Erbe des Wesens des Judentums und jüdischer Existenz sind.[83]

(3) Ist die Kirche bereit, anzuerkennen und daraus die Konsequenzen zu ziehen, daß die *Hebräische Bibel* die gemeinsame Grundlage von Judentum und Christentum ist? Daß das Christentum ohne diese Hebräische Bibel paganisieren würde und weder eine christliche Gemeinde noch eine Rechtsgemeinde in besonderer Verantwortung für den Rechtsstaat ohne die *Hebräische Bibel* hätte werden können? Ist die Kirche bereit, anzuerkennen, daß sie, sofern es in ihr zum Kampf gegen die Gnosis und das Heidentum und zur echten gesellschaftlichen Verantwortung gegenüber der Bürgergemeinde wirklich gekommen ist, nicht zuletzt von der Kraft und Lebendigkeit der Hebräischen Bibel gezehrt hat und genährt worden ist?[84]

(4) Ist die Kirche bereit, die Hebräische Bibel nicht nur als das Alte Testament anzuerkennen, sondern sie auch zugleich als die *Grundlage auch des Neuen Testaments* zu sehen, ohne welche das Neue Testament sprachlos und hoffnungslos werden würde? Und ist die Kirche darüber hinaus willens, dankbar zu sehen und anzuerkennen, daß das Neue Testament ohne die Gedanken, *Hoffnungen und Gewißheiten des damaligen zeitgenössischen Judentums* nicht verstanden werden kann, so daß das Neue Testament in der Tat als „Urkunde jüdischer Glaubensgeschichte“ verstanden werden muß? Und ist die Kirche sich schließlich bewußt, daß sie ohne den lebendigen Kontakt nicht nur zum zeitgenössischen Judentum des Neuen Testaments damals, sondern erst recht ohne die *lebendige Begegnung mit dem zeitgenössischen Judentum heute* nicht nur die Hebräische Bibel, sondern auch das Neue Testament in seiner Bedeutung und Aktualität für heute verfehlen muß und wird?[85]

Erst wenn und indem, so lautet das Fazit dieses aufregenden Artikels aus der Feder Baecks aus dem Jahre 1954, das Christentum auf diese Fragen des Judentums lebendig und gewissenhaft eingehen würde und könnte, würde nicht nur das Judentum zum Gewissen des Christentums werden, sondern könnte am Ende umgekehrt auch das Christentum zum Gewissen des Judentums sich erneuern.[86]

Der Kraft und Wucht dieser Fragen Baecks, aber auch ihrer Spiritualität und Autorität wird sich so leicht niemand entziehen können. Antwort auf diese Fragen Baecks werden wir in der Zukunft zu geben haben. Wir können diese aber seitens des Christentums solange nicht geben, wie uns das Lebenswerk Baecks in Deutschland auch literarisch nicht wieder zugänglich gemacht wird.

Es mag hier angemerkt werden, daß Baeck nicht nur im Jahre 1954 diese grundlegenden Anfragen an das Christentum, sondern daß er ein Jahr zuvor entsprechende Anfragen auch an das Judentum formuliert hat: auf einer Rede der Konferenz der Weltvereinigung für Progressives Judentum in London unter dem Titel „Our Religious Approach to World Problems" (1953).[87]

4. *Das Zeugnis von Widerstand und Treue*

Es gibt drei Dokumente aus dem Jahre 1956 – dem Todesjahr L. Baecks –, die als Baecks Testament verstanden werden können, zumal sie auch untereinander eine große inhaltliche Affinität aufweisen.

A. H. Friedlander hat in seinem Leo-Baeck-Buch mit Recht auf die Vortragsreihe Baecks *Von Moses Mendelssohn zu Franz Rosenzweig*[88] vom Juni 1956 hingewiesen.[89] Er hat sodann „in den letzten Seiten von *Dieses Volk*" zurecht so etwas wie das „Testament" von Baeck gesehen[90] und den Abschnitt nicht zufällig unter der Überschrift „Questions after the Storm" an das Ende seines Readers über den Holocaust, die *Shoah*, gestellt.[91] Es ist in der Tat Baecks Zeugnis von Widerstand und Treue aus der *Shoah* und angesichts der *Shoah*.

Ich würde diesen beiden Dokumenten noch die Schlußabschnitte aus Baecks *Epochen der jüdischen Geschichte* hinzufügen, die Baeck im Juli 1956 abgeschlossen hat.[92]

Wir haben es in allen diesen Dokumenten mit der Kontur – nicht einer Theologie *der Shoah*, sondern – der Baeckschen Wegweisung *nach* der *Shoah* zu tun.

a) *Individuum Ineffabile*

Wer die soeben erwähnten Dokumente testamentarischen Charakters aus dem letzten Jahr Baecks vergleicht, macht die erstaunliche Beobachtung, daß das Thema des *Individuum Ineffabile* (das Geheimnis der Individualität jedes Menschen) in ihnen allen auftaucht. Das muß seine besondere Bewandtnis haben. Ich sehe darin mit A. H. Friedlander die Besonderheit der Baeckschen Wegweisung nach der *Shoah*.

Der 1947 – nur kurze Zeit nachdem Baeck aus dem KZ Theresienstadt lebend herausgekommen war – vor der *Eranos*-Gesellschaft in Ascona gehaltene Vortrag handelt nicht zufällig über das Thema *Individuum Ineffabile* und ist Baecks Bekenntnis zum Jüdischen Volk und darin zum Menschen, zu jedem Menschen als Individuum, nach der *Shoah*. Baeck schließt seinen Aufsatz mit der grundlegenden, auch in seinem Maimonides-Aufsatz (1954)[93] entfalteten These, daß das Letzte allen anthropologischen „Wissens und das Erste aller Religion ... das Geheimnis" ist.[94] Ein Weg des anthropologischen Wissens steigt auf zum Geheimnis – es ist der induktive Weg, den Baeck in seinem Aufsatz *Individuum Ineffabile* verfolgt. Und „ein Weg des Geheimnisses (führt) zum Wissen",[95] das ist der Weg, wie ihn Baeck von der Offenbarung und *Jüdischen Existenz* her in *Dieses Volk* gegangen ist.

Individuum Ineffabile ist Baecks Protest gegen die im KZ erfolgte Erniedrigung des Menschen zur bloßen Nummer, unter die auch Baeck selbst als Individuum unter Verlust aller Individualität gezählt und gerechnet wurde.[96] Diesem numerierten und ausgelöschten Menschentum der KZ's und ihrer Erbauer stellt Baeck den unauslöschlichen Menschen und dessen Geheimnis gegenüber. A. H. Friedlander interpretiert richtig: „Nach Auschwitz und Dachau verteidigt er (Baeck) den Menschen gegen alle jene, die in dem Versagen der Menschheit während der beiden Jahrzehnte davor den letzten Beweis für die Unfähigkeit des Menschen sehen wollten, seinen Weg in die höhere Welt (des Ethischen) zu finden."[97] Nur zwei Jahre nach der *Shoah* vorgetragen, ist *Individuum Ineffabile* deshalb „eine letzte und große Apologie des Menschen inmitten der Ruinen einer Welt, die jetzt daran zweifelte, ob der Mensch überhaupt fähig sei, mehr als Ruinen zu schaffen".[98] *Individuum Ineffabile* ist die Öffnung des Menschen für seine Individualität und ineins damit für sein Geheimnis in Gott. Da es aber „die eigentliche Aufgabe des jüdischen Volkes (ist), diese Öffnung offen zu halten",[99] kann *Individuum Ineffabile* auch als die in das *Allgemein-Anthropologische* übersetzte Erfahrung unverwechselbarer *Jüdischer Existenz* verstanden – noch genauer: als die im Allgemein-

Anthropologischen aufweisbare „Analogie“ und Entsprechung[100] jüdischen Erbes und jüdischen Leidens gedeutet werden. In dem Schlußabschnitt von *Dieses Volk* heißt es deshalb nicht zufällig: „Mit der Geburt eines Menschen wird das ganze Problem der Menschheit wieder neu hingestellt.“[101]

b) *Gerechtigkeit und Treue*

Das *Individuum Ineffabile* kann aber nur durch Gerechtigkeit und Treue bewahrt werden. Deshalb veröffentlicht Baeck unmittelbar nach seiner Befreiung aus dem KZ einen Aufsatz über das Thema *Gerechtigkeit*.[102] Und deshalb behandelt Baeck in den Dokumenten testamentarischen Charakters aus dem Jahre 1956 dieses Thema nicht zufällig an allen Stellen: das große Thema der *sozialen Gerechtigkeit*, durch die das Judentum als eine „soziale Revolution“ in die Geschichte eintritt. Die fünf Bücher Mose – darin besonders Ex 21f und Lev 25 – sind „die große soziale Proklamation!“[103] Baeck will nach der *Shoah* und nach der organisierten sozialen Ungerechtigkeit zeigen, „wie eine ganz andere Stellung zu den sozialen Problemen durch die Bibel gegeben war. Die Gesetze in der Welt ringsumher – in der orientalischen, in der griechischen, der römischen Welt – waren geschrieben vom Standpunkt des Besitzenden aus: Dem Besitzenden sollte sein Besitzstand garantiert sein!“ Demgegenüber gilt für die Tradition der hebräischen Bibel, das Urchristentum und die Tradition der jüdischen Gemeinden: „Das alte biblische Gesetz, wie dann die Propheten es verkündigten, ist vom Standpunkt des Kleinen, des Schwachen, des Bedürftigen aus geschrieben. Das Schlußwort ist immer: ‚Dein Armer …, dein Bedürftiger, … die Witwe …, die Waise …, damit sie leben können, und der Fremdling, der im Lande ist, leben kann‘.“[104]

Anders formuliert: Gerechtigkeit und „Recht bedeuten immer Recht des kleinen Mannes. Menschenrecht ist Recht des anderen; Gerechtigkeit ist das, was dem kleinen Manne hilft“.[105]

Zu der Gerechtigkeit tritt sodann *die Treue*[106], die Baeck nur in Ausnahmen von deutschen Menschen – wie Probst Grüber – erfahren hatte.[107] Und diese wenigen Menschen, die Treue geübt hatten im Meer von Unmenschlichkeit, wollte Baeck nicht vergessen.

Diese Treue hat aber Baeck, der sich konstant weigerte, Deutschland zu verlassen, als „Hirt der Verfolgten“ zu allererst selber gezeigt und bis zuletzt erwiesen. Deshalb gilt dieser Treue (emunah) auch die abgründige Bemerkung Baecks aus dem Schluß von Teil I von *Dieses Volk*: „Darum ist das letzte Ziel in aller Menschheitshoffnung ... eine Treue aller gegen alle, die Treue im Angesichte Gottes."[108]

c) *Dieses Volk um der Menschheit willen*

Diese Einheit von Gerechtigkeit und Treue, für die Baeck als Zeuge des Widerstandes gegen die Ungerechtigkeit und als Hirt seiner Verfolgten lebte und stand, ist nicht nur Israel aufgetragen, sondern zielt auf die Menschheit im ganzen. Deshalb verweist Baeck immer wieder auf Micha 6,8: „Es ist dir *Mensch* gesagt, was gut ist: Rechtes tun und Treue lieben."[109] Bis die Menschheit dieses universale Gebot übernimmt, soll „dieses Volk daran festhalten ..., daß es in der Menschheit und um der Menschheit willen seine Existenz hat".[110] Israel – so hat es *R. R. Geis* auf der Linie Baecks öfters formuliert – ist ein Modellfall für die Völker.[111] Daß Israel letztlich und seiner Bestimmung nach nicht für sich, sondern um der Menschheit willen da ist, hat Baeck in seiner Rede auf der 8. Konferenz der Weltvereinigung für Progressives Judentum (1953) durch drei Unterscheidungen deutlich zum Ausdruck gebracht: (1) Es gibt den Kampf des Judentums für die *bürgerlichen Rechte* seit der französischen Revolution. (2) Es gibt den Kampf des jüdischen Volkes im Zionismus um die *nationalen Rechte* seit den Befreiungskriegen. (3) Die eigentliche Sendung Israels ist aber darüber hinaus von der Erwählung her seine *religiöse* Sendung und Weltverantwortung im Dienst an und als Modell für die befreite und gerechte Menschheit: „Das Judentum darf nicht abseits stehen, wenn die großen Probleme der Menschheit, die in jeder Epoche neu auftauchen, in den Köpfen der Menschen miteinander ringen ... Wir sind Juden auch um der Menschheit willen."[112]

d) *Jüdische Existenz*

Drei Aussagen Baecks aus dem Jahre 1956 vermögen *Dieses Volk* zu charakterisieren:

„Um dieses Volk ist mehr des Geheimnisses noch, als um die anderen (Völker) ist – Geheimnis aus dem ewigen Geheimnis hervor."[113]

„Wenn man das ganze Problem des Judentums von Anfang an, von Ägypten her bis zu unseren Tagen, in eine kurze Formel bringen sollte ..., so könnte man sagen: das große Problem des Judentums ... ist der Eintritt des Seienden, des Unendlichen, des Ewigen in eine Welt des Endlichen, Begrenzten ..., so daß im letzten Ende das Leben durch das große Gebot bestimmt wird. Das ist vom Pentateuch bis in die Philosophie und Theologie des Judentums im letzten Jahrhundert, von einer Generation zur anderen ... das, was immer die Menschen, die aus ihrem Judentum heraus nachdachten, beschäftigt hat. Und man versteht das Judentum nur, wenn man eben davon ausgeht, wenn man das vor allem weiß."[114]

Von daher zu dem Thema *Israel und das deutsche Volk*: „Die Schuld, die an diesem Volk begangen wird, bedeutet mehr noch an Schuld als andere Schuld. Mehr noch an ‚Versöhnung, die bei Gott ist' bedarf (sie) ... Denn dieses Volk ist, wie der Prophet es benannte, ‚ein Bund für Völker', ein Gesetz für Völker."[115]

E. L. Ehrlich hat dies besonders unterstrichen: „Ein Nein wird sichtbar, das, wie alles, was von Baeck ausging, urjüdisch ist: Das Schweigen über das Christentum in seinem Buch ‚Dieses Volk'. Im rabbinischen Judentum ist das Schweigen die wirksamste Polemik. Baeck war wohl der Meinung, und nicht wenige Juden sind es mit ihm, daß die Masse der Christen die Prüfung, die ihnen in den Jahren 1933–1945 auferlegt wurde, nicht bestanden hat, und mit ihnen ihre Institutionen. Dieses Wissen ... schloß natürlich die tiefe Dankbarkeit nicht aus, die er gegenüber den Wenigen hatte, welche den Juden die Treue hielten: Allen voran Gertrud Luckner ... oder jener unbekannte Mann auf der Straße, der dem mit dem Judenstern Gekennzeichneten verstohlen einen Apfel zusteckte."[116]

Baeck hat die Erinnerung an die „Zeit des Schreckens" 1946 mit der beschwörenden Aufforderung verbunden: „Wir dürfen niemals vergessen, was wir verloren haben und wen wir verloren haben." In der Zeit der *Shoah* hatten die Christen und die Institutionen der Christenheit versagt: „Diese *Shoah* (Tortur, Feuerprobe) war so schrecklich, sie steigerte sich zu einer solchen Qual und einem solchen Elend, weil Menschen, die für Teile der Welt verantwortlich waren, weil die Führung der großen Institutionen (Gemeinschaften) schwiegen, wenn sie hätten sprechen sollen, und dabei standen und zuschauten, wenn sie zu Handeln und Hilfe hätten schreiten sollen."[117]

Die Pfeiler für die Brücke zwischen Judentum und Christentum sind vom Judentum Leo Baecks und seiner in Deutschland bekannt gewordenen Schüler *E. L. Ehrlich*[118], *A. H. Friedlander, R. R. Geis, N. P. Levinson*[119] und *E. Simon*[120] während und nach der *Shoah* errichtet worden.[121] Die Frage ist, ob wir als Christen und Christinnen die Pfeiler von der anderen Seite her bauen, um so zum echten Dialog und gemeinsamen Tun in Gerechtigkeit und Treue vorzustoßen.

Diesem Ziel mag die vorliegende Neuauflage von A. H. Friedlanders Leo-Baeck-Buch ein Stück weit dienen. Diesem Ziel *soll* die geplante Herausgabe derjenigen Aufsätze, die Baeck nach 1945 – nach der *Shoah* – gehalten hat und die besonders in meinem *Nachwort* vorgestellt wurden, weiter dienen.

Vorerst jedoch wagen wir nur zu hoffen, Christen mögen sich in das Gedankengut Leo Baecks vertiefen. Bisher ist davon noch wenig sichtbar. Vielleicht könnte die Neuauflage des Buches von A. H. Friedlander dazu dienen, mit dem Bau einer Brücke zu beginnen, auf der sich Juden und Christen begegnen. In jedem Fall ist Leo Baeck bei diesem Brückenbau einer der wichtigsten Repräsentanten des Judentums, von dem Christen jüdisches Selbstverständnis erfahren können und ohne den ein Dialog schlechthin unmöglich bleiben wird. Friedlanders Beschreibung dieses Dialogs zwischen den Lehren Baecks und den Studierenden der Kirchlichen Hochschule unter dem Stichwort „Wuppertal und Leo Baeck" ist ein hoffnungsvolles Zeichen aus der heutigen Zeit.[122]

e) *Brücken zwischen Judentum und Christentum*

In seinem Vortrag „Judentum, Christentum und Islam", gehalten am 22. April 1956 in Brüssel[123], hat Baeck ein halbes Jahr vor seinem Tod noch einmal die tragenden Pfeiler für diesen Brückenbau benannt und das Gemeinsame zwischen Juden und Christen in folgenden Punkten testamentarisch zusammengefaßt:

1. Die Juden und Christen *gemeinsame Bibel*: „Das Einende ist eines vor allem: unsere Bibel oder, wie die Kirche sie nennt, der alte Bund, das alte Testament. ... In der christlichen Bibel ist unsere Bibel ... (Die Kirche) hat das alte Testament vor dem neuen Testament in die Bibel aufgenommen ... Und damit kam ein Ferment, ein Sauerteig in die Kirche hinein. Das alte Testament war wie ein Gärungsstoff. Man könnte eine Geschichte der Kirche schreiben ... unter dem Titel: ‚Das Judentum in der Kirche' ... Das Christentum müßte seine Geschichte verwerfen, wenn es das Judentum verwerfen wollte. ... In der Kirche ist Jüdisches, und wenn Juden und Christen in früheren und neuen Tagen den Weg zueinander suchten, ... war es immer kraft dieses Jüdischen in der Bibel."[124]

2. Der Juden und Christen *gemeinsame aaronitische Segen*: „Die Psalmen sind die Gebete auch der Kirche, und wenn der Segen der Kirche gesprochen wird, ist es derselbe Segen, der in der Synagoge gesprochen wird, der Prie-

stersegen aus dem vierten Buch Moses: ‚Der Herr segne dich und behüte dich'. Das ist das erste Verbindende."[125]

3. Die Juden und Christen *gemeinsame messianische Hoffnung*: „Und das andere ist die Hoffnung; in der Kirche nicht immer offiziell anerkannt, aber doch immer lebendig geworden, lebt die Hoffnung auf die Wiederkehr des Messias, so daß nur das eine Wörtchen *wieder* den Unterschied (zwischen Christentum und Judentum) bildet. Die Hoffnung auf die kommende Zeit ist in der Kirche auch lebendig."[126]

4. Das Juden und Christen *gemeinsame Gebot der Nächstenliebe*: „Und dann ein Gebot, das die Kirche auch aufgenommen hat, das Gebot des Wohltuns, das Gebot der Nächstenliebe aus dem dritten Buch Moses, aus dem 19. Kapitel. Nächstenliebe und Wohltun. Darin einen sich Judentum und Christentum."[127]

5. Das Juden und Christen *gemeinsame Bekenntnis zur Einheit Gottes*: „Und dann (einen sich Judentum und Christentum) in der Einheit Gottes. Die Kirche lehrt die Dreieinigkeit, den trinitarischen Glauben, aber sie betont doch immer zugleich die Einheit in der Dreieinigkeit. Mit dem Judentum fühlt die Kirche sich verbunden in dem Gegensatz zum Heidentum."[128]

6. Die Juden und Christen in allen Unterschieden *verbindende Einheit*: „Es werden sich immer Juden und Christen zusammenfinden können im Bewußtsein dessen, was sie unterscheidet und im Bewußtsein dessen, was sie eint. So allein sehen Menschen einander, im Einenden und im Trennenden. So allein können Judentum und Christentum sich sehen. Nicht das Trennende übersehen oder verschweigen, aber auch nicht das Einende übersehen und verschweigen. Beides zusammen, um zu begreifen, um zu verstehen."[129]

A. H. Friedlander hatte und hat in der Tat Recht, als er 1989 bemerkte: „Leo Baecks Lehren bauten und bauen Brücken".[130]

Anmerkungen

1 *L. Baeck*: Dieses Volk. Jüdische Existenz Bd I, Frankfurt 1955, 7.

2 Die Kopie dieses von Baeck an *R. R. Geis* geschickten Exemplars befindet sich in meinem Besitz.

3 *L. Baeck*: Dieses Volk. Ein zweiter Teil, Frankfurt 1957, 7: Vorwort von Teil II.

4 *L. Baeck*: This People (beide Bände von *Dieses Volk*), New York 1964, Übersetzung und Vorwort von A. H. Friedlander, S. XXIII.

5 *A. H. Friedlander*: Leo Baeck. Leben und Lehre, Stuttgart 1973; vgl. weiter die in den Anm. 9.49.58.82.91 genannte Literatur von Friedlander über Leo Baeck.

6 *L. Baeck*: (Anm. 3) II, 185ff. – Zum Buchtitel Leo Baecks „*Jüdische Existenz*" vgl. *Fr.-W. Marquardt*: „Wenn von Auschwitz her irgendein Sinnrest ... zu vernehmen wäre, dann ... das Recht ... zu behaupten: da zu sein ..., jüdisch da zu sein" (Von Elend und Heimsuchung der Theologie, München 1989, 130).

7 *A. H. Friedlander*: (Anm. 5) 210.

8 *R. R. Geis*: Vom unbekannten Judentum, Freiburg/Basel/Wien 1961; ders.: Gottes Minorität. Beiträge zur jüdischen Theologie und zur Geschichte der Juden in Deutschland, München 1971; *D. Goldschmidt* (Hg.); Leiden an der Unerlöstheit der Welt. R. R. Geis,. 1906–1872. Briefe, Reden, Aufsätze, München 1984. Zu R. R. Geis vgl. den informativen Aufsatz seines Freundes, *H.-J. Kraus*, Robert Raphael Geis. Dialog in prophetischer Perspektive, in: H. Kremers/J. H. Schoeps (Hg.), Das Jüdisch-Christliche Religionsgespräch, Stuttgart/Bonn 1988, 150–167.

9 Eine Ausnahme bilden neben *Fr.-W. Marquardts* Prolegomena zur Dogmatik (Anm. 6) 232–236 die Arbeit von *R. Mayer*: Christentum und Judentum in der Schau Leo Baecks, Stuttgart 1961, und die verdienstliche Herausgabe einiger Quellen Baecks und der Aufsätze seiner Schüler (E. L. Ehrlich, N. P. Levinson und A. H. Friedlander) durch *W. Licharz* (Hg.): Leo Baeck – Lehrer und Helfer in schwerer Zeit. Arnoldshainer Texte Bd 20, Frankfurt 1983. – Dazu die 1970 in Deutsch erschienene, vorzügliche und lehrreiche Arbeit von *H. Liebeschütz*: Leo Baeck: Judentum und Protestantismus, in: ders., Von Georg Simmel bis zu Franz Rosenzweig.

Studien zum Jüdischen Denken im deutschen Kulturbereich. Schriftenreihe Wissenschaftlicher Abhandlungen des Leo Baeck Instituts Bd 23, Tübingen 1970, 55–102; ders. Judentum und Religionsgeschichte in Leo Baecks Werk, in: *E. G. Reichmann* (Hg.), Worte des Gedenkens für Leo Baeck, Heidelberg 1959, 104–124 (englisch erschienen im Jahrbuch des Leo Baeck Instituts Bd II, London 1957, 8–20). Vgl. den weiterführenden Aufsatz von *Fr.-W. Marquardt*: Jüdische Freiheit – christlich bedacht, in: (Anm. 118, FS Mayer) 208–220, 221f. 214–217. – Indem *L. Baeck* die Jüdische Existenz und Geschichte dieses messianischen Volkes als Offenbarung Gottes versteht (I und II, Friedlander, Anm. 5, 260), treibt er eine Theologie des Judentums (und nicht nur Religionsgeschichte) im Spiegel der Existenz des jüdischen Volkes, betreibt er also eine indirekte Erkenntnis, die im Spiegel jüdischer *Existenz* und Geschichte die Polaritäten von Gott und Israel, Israel und Menschheit, Natur und Sittlichkeit usw. erkennt. Analoges gilt für *K. Barth*, der in seiner Kirchlichen Dogmatik die Grundthese entfaltet: Das Judesein Jesu von Nazareth in seiner Geschichte und in Israels Geschichte ist der Spiegel der Göttlichkeit des Gottes Israels. Wie sich Baecks Aussagen über *Dieses* (messianische) *Volk* (I 73) und Barths Darlegungen über *Diesen* (messianischen, königlichen) *Menschen* (KD IV, 2 § 64,3, 1955) unterscheiden und entsprechen, wäre zu untersuchen, wie ein Vergleich zwischen Baeck und Barth dringend geboten und wissenschaftlich wünschenswert wäre. *E. L. Ehrlich* hat – wie er mir mündlich mitteilt – nach dem Holocaust Leo Baeck auf die Theologie Karl Barths eigens hingewiesen. Vgl. zu Barths Theologie als Entfaltung aller theologischen Aussagen im Spiegel der messianischen *Existenz* des *Menschen Jesus* meinen Aufsatz: Daß Jesus ein geborener Jude ist. Das Judesein Jesu und die Israelwerdung Gottes nach Karl Barth (Anm. 118, FS Mayer), 221–252.

10 *H. J. Iwand*: Nachgelassene Werke Bd II: Vorträge und Aufsätze, München 1966, 362ff. 368. Dazu *B. Engelmann*: Deutschland ohne Juden, Köln 1988.

11 *L. Baker*: Hirt der Verfolgten. Leo Baeck im Dritten Reich, New York 1978; deutsch: Stuttgart 1982, 273; R. R. Geis (Anm. 8), Leiden, 211.

12 *E. Bethge*: D. Bonhoeffer, München 1967, 557f.

13 *A. H. Friedlander*: (Anm. 5), 207; *L. Baker*: (Anm. 11), 274f.

14 *J. Seim*: Israel und die Juden im Leben und Werk H. J. Iwands, in: H. Kremers/B. Klappert/ L. Siegele-Wenschkewitz (Hg.): Die Juden und M. Luther. M. Luther und die Juden, Neukirchen 1985, 249ff. 251f.

15 *H. Vogel*, zitiert in: B. Klappert/U. Weidner (Hg.), Schritte zum Frieden, Neukirchen [2]1983, 104f.

16 *L. Baeck*: (Anm. 1) I, 126; der Text ist nach L. Baker (Anm. 11), 369, noch vor dem Mai 1942 verfaßt worden. Der noch vor Theresienstadt verfaßte Text Baecks umfaßt demnach die Teile 1–3 aus dem 1955 veröffentlichten Band (Anm. 1) I.

17 *M. Meusel*: (Anm. 12), 558, die fassungslos kritisiert, daß man das „von uns verschuldete Leiden" des Judentums in Kreisen der Bekennenden Kirche als „Gericht und Gnade" zu verkündigen wagt.

18 *L. Baeck*: (Anm. 1) I, 126.

19 *L. Baker*: (Anm. 11), 278f.

20 *R. R. Geis*: (Anm. 8), Leiden, 320.

21 *L. Baker*: (Anm. 11), 268ff.307.312.405.

22 *K. Immer*: Tut um Gottes Willen etwas Tapferes. Karl Immer im Kirchenkampf, hg. von B. Klappert und G. van Norden, Neukirchen 1989, 24ff.30f.117ff.

23 *L. Baeck*: Das Evangelium als Urkunde der jüdischen Glaubensgeschichte (1938), in: ders., Paulus, die Pharisäer und das Neue Testament, München/Frankfurt 1961, 99–196. – Dazu *L. Baker* (Anm. 11), 270 und *H. Liebeschütz*: (Anm. 9), 85f – Baecks Schrift erscheint 1938 in der Schocken-Bücherei Nr. 87, Berlin 1938, auch abgedruckt in: *L. Baeck*, Aus drei Jahrtausenden 1938, 236–312. Im Nachdruck dieses Sammelbandes mit einer Einführung von *H. Liebeschütz*, Tübingen 1958 fehlt diese Arbeit.

24 *B. Klappert*: „... und niemand stand auf und zerriß sein Kleid", in: *Tora met Hart en Ziel*. Festschrift für Y. Aschkenasy zum 65. Geburtstag, Hilversum 1989, 97–114.

25 Das ist natürlich eine sachliche und keine historische Aussage: *H. Liebeschütz* (Anm. 9) schreibt: „Diese Darstellung hat er (Baeck) in Hitlers Berlin von 1938 als ein ‚jüdisches Buch, inmitten der jüdischen Bücher' herausgehen lassen" (86). Vgl. weiter: Baker (Anm. 11), 270; Geis, Minorität (Anm. 8), 153; Mayer (Anm. 9), 132. – Vgl. auch *P. Lapide*: Warum kommt er nicht? Jüdische Evangelienauslegung, GTB 1421, Gütersloh 1988, 7ff.

26 *L. Baker*: (Anm. 11), 289.

27 *L. Baeck*: (Anm. 23), 143. (Kursivierung von mir) – Den weitergehenden Prozeß der Abgrenzung des Christentums vom Judentum beschreibt Baeck in seinem Aufsatz: Haggadah and Christian Doctrine, in: Hebrew Union College Annual Bd XXIII, Teil I, Cincinnati/Ohio, 1950 (51, 549–560, bes. 555f) – Vgl. dazu *E. L. Ehrlich* (Anm. 9 bei Licharz), 90: Baeck „sah in der Haggada nicht etwa, wie man meinen könnte, eine literarische Gattung des Erzählgutes, sondern die spezifisch jüdische Aus-

drucksform der weltanschaulichen Auseinandersetzung mit der (heidenchristlichen) Umwelt. *Für ihn tritt im Judentum an die Stelle des Dogmas die Haggada*" (90; Kursivierung von mir). – *J. Moltmann*, Der Weg Jesu Christi, München 1989, schreibt: „Die Christologien, die in solchen Theokratien (wie dem christlichen Imperium der Kaiser Konstantin, Theodosius und Justinian) entwickelt werden, sind ‚antijüdisch', weil diese politischen Theokratien es sind" (49, vgl. auch 72f über den „politischen Sitz" der antijüdischen Christologie der Alten Kirche).

28 a.a.O., 112: „Einst und heute begannen zusammenzuleben".

29 Vgl. die Synagogenbrände des Jahrs 1938. – Vgl. *Baecks* Hinweis, der indirekt die Klage von *M. Meusel* (Anm. 12 und 17) aufnimmt: „Die Hand des Römers hatte die Brandfackel geschleudert, aber sie war (in der Sicht der Heidenchristen und auch der Bekennenden Kirche) nur das Werkzeug (Gottes) gewesen. Gott hatte geurteilt, er hatte in dem verzehrenden Feuer vor den Augen aller bezeugt sein lassen, daß die Zeit (Israels) beendet ... sei" (Anm. 23), 139.

30 *L. Baeck*: (Anm. 23), 143f.144.

31 a.a.O., 142.141.

32 a.a.O., 159.

33 *A. H. Friedlander*: (Anm. 5), 121.

34 a.a.O., 117ff.

35 *L. Baeck*: (Anm. 3) II, 137ff.

36 a.a.O., 142ff.

37 *B. Klappert*: Zeichen des Sprossens der Erlösung. Bibelarbeit auf dem Deutschen Evangelischen Kirchentag in Berlin über Mk 13, 28–33, am 9.6.1989.

38 *L. Baeck*: (Anm. 23), 196. – Zur messianischen, theologischen und typologischen Interpretation des Hohenliedes durch die Rabbinen vgl. *L. Baeck* (Anm. 27), 550ff; ders., (Anm. 23), 193.196.

39 *L. Baeck*: Israel und das Deutsche Volk, in: Merkur VI. Jahrgang, 10. Heft, Oktober 1952, 901ff.907f. – Die *Shoah* kennzeichnet L. Baeck als „schwarze Zeit", als „Experiment des Willens zum Bösen" in seinem *Geleitwort* zu dem Buch von *H. G. Adler*, Theresienstadt 1941–1945. Das Antlitz einer Zwangsgemeinschaft. Geschichte – Soziologie – Psychologie 1955; zweite, verbesserte und ergänzte Auflage Tübingen 1960, S. VII. – Vgl. auch die Beschreibung der *Shoah* als Zeit der „Qual", des „Elends" und des „Horrors" in: *L. Baeck*: The Task of Progressive Judaism in The Post-War World, Ansprache auf der 5. Internationalen Konferenz der Weltvereinigung für Progressives Judentum vom 28. Juli 1946, London 1946, 1–7, 1f.5f.: „Während der Zeit des Horrors wurden

nicht nur – wie zuvor – Jüdische Gemeinden, sondern ganze Jüdische Regionen zerstört", 2.

40 Dan 9,27; 12,11: „der Greuel der Verwüstung" wird in Mk 13,14 aus alter Tradition aufgenommen. – Vgl. dazu *L. Baeck* (Anm. 23), 154, demzufolge dieser Greuel die Zeit „des wahnsinnigen Caligula, der sein Standbild auch im Tempel zu Jerusalem aufrichten lassen wollte", kennzeichnet. – Vgl. weiter *E. L. Ehrlich* (Anm. 9), 94.

41 *L. Baeck*: (Anm. 39), 904.

42 *M. Mitscherlich-Nielsen*: Erinnerungsarbeit. Zur Psychoanalyse der Unfähigkeit zu trauern, Frankfurt 1987; *R. Giordano*: Die zweite Schuld. Von der Last, Deutscher zu sein, Hamburg 1987; *D. von Westernhagen*: Die Kinder der Täter. Das Dritte Reich und die Generation danach, München 1987; *B. Klappert:* Schuld und Schuldübernahme, epd 3/89, Frankfurt 1989, 16–29.

43 *L. Baeck*: (Anm. 23), 196.

44 *L. Baeck*: (Anm. 3) II, 131ff.185ff.

45 *A. H. Friedlander*: (Anm. 5), 210.

46 *L. Baeck*: Epochen der jüdischen Geschichte (1956), hg. von *H. I. Bach*, Stuttgart/Berlin/Köln/Mainz 1974, 122.

47 a.a.O., 122; vgl. die entsprechende Stelle in: *L. Baeck* (Anm. 3) II, 158.

48 *L. Baeck*: (Anm. 46), 124.

49 *A. H. Friedlander*: Ein Streifen Gold. Auf Wegen zur Versöhnung, München 1989, 126f.127. Über die von Leo Baeck trotz der *Shoah* gebauten Brücken zwischen Judentum und Christentum nach 1945 schreibt Friedlander: „Es war die Verbindung mit der ... deutschen Kultur, die es Leo Baeck ermöglichte, Deutschland nach dem Krieg wieder zu besuchen ... [Leo Baecks] Lehren bauten Brücken und bauen Brücken" (a.a.O. 50f). – Vgl. Friedlanders Midrasch über den abgebrochenen messianischen Weg (a.a.O. 126f) mit Baecks Midrasch in: (Anm. 3), 138f. – *J. Seim*, in: Friedlander, Ein Streifen Gold, a.a.O. 128, urteilt zutreffend: „Wenn es wahr ist, was Albert Friedlander sagt, daß Juden und Christen in einem Bund leben, dann können wir aus dieser Dichtung neu die messianische Hoffnung lernen, wir Christen mit dem Juden" (128). – Mit dieser biblischen These von dem einen Bund Gottes mit Israel, in den auch die Völkerwelt einbezogen wird, folgt Friedlander seinem Lehrer, L. Baeck (vgl. Anm. 52).

50 *L. Baeck*: Some Questions to the Christian Church from the Jewish Point of View, in: *G. Hedenquist* (Hg.), The Church and the Jewish People, Edingburgh 1954, 102–116. – Zum Ganzen vgl. die vorzügliche Studie von *H. Liebeschütz* (Anm. 9), 55ff. – Vgl. weiter *L. Baeck*: The Scope and

Limitations of Co-operation between Jews and Christians, in: The Liberal Jewish Monthly, London, Dezember 1954, 133–135. – Zum Verhältnis des Judentums zum Islam vgl. Baeck (Anm. 3) II, 148–156 und ders., Judentum, Christentum und Islam. Vortrag am 22. 4. 1956 in Brüssel (Baker, Anm. 11, 458).

51 a.a.O, 103f.

52 Y. *Amir*: Religion und Nation bei Leo Baeck (1983), in: W. Licharz (Hg.), (Anm. 9), 113ff.119. – Vgl. zu diesem wichtigen Fragenkreis des Verhältnisses des Partikularen des Bundes, der Erwählung und des Gebotes Israels zum Universalen der Menschheit und Schöpfung *L. Baecks* Abschnitt „Der Bund" (Anm. 1) I, 11–73 und den *Aufbau* seines Aufsatzes „The Task of Progressive Judaism (Anm. 39), der zunächst das Grauen der *Shoah* (1f), das Besondere jüdischen Lebens (2f), die besondere jüdische Aufgabe (3f) und dann erst *das Besondere der Beziehung des Judentums auf die Menschheit* behandelt (4–6) und dabei auf die Einbeziehung der Völkerwelt in den Bund Gottes mit Israel anhand von Jes 56,6 und Ps 155,9–11 verweist. – Die verkürzte Wiedergabe der Rede Baecks auf der 5. Internationalen Konferenz in dem Heft: *In Memoriam Leo Baeck*, hg. von der Weltvereinigung für Progressives Judentum, London 1957, 39ff läßt *dieses unumkehrbare Gefälle vom Besonderen des Judentums zum Universalen der Völkerwelt* nicht mehr deutlich erkennen. – Baeck sagt 1946: „Wir müssen unseren festen jüdischen Standpunkt einnehmen ... um der Menschheit willen" (Anm. 39), 5.

53 *R. R. Geis*: (Anm. 8), Leiden, 206.205.

54 *A. H. Friedlander*: (Anm. 5), 216.218 – Vgl. dazu die Ausführungen von Baeck (Anm. 39) The Task, 6.

55 *L. Baeck*: *Individuum Ineffabile* (1947), in: Eranos-Jahrbuch 1947. Bd XV: Der Mensch. Erste Folge, hg. von *O. Fröbe-Kapteyn*, Zürich 1948, 385–436.

56 *L. Baeck*: (Anm. 46), 107.

57 *B. Klappert/H. Starck* (Hg.): Umkehr und Erneuerung, Erläuterungen zum Synodalbeschluß der Rheinischen Landessynode 1980, Neukirchen 1980, 265: Rh Sy B 4,4.

58 *A. H. Friedlander*: Baeck and Rosenzweig. For Arthur A. Cohen. Paper given at the Franz Rosenzweig Centennial Conference, Kassel December 11th, 1986, in: European Judaism, Volume 20, No 2, Winter 1986, Issue Nr. 39, London 1986, 9–15.14.

59 *L. Baeck*: (Anm. 50), Some Questions, 104.

60 *L. Baeck*: (Anm. 23), 158; vgl. 134 u. ö.

61 a.a.O., 142.

62 *L. Baeck*: (Anm. 50), 104.

63 *B. Klappert/H. Starck* (Hg.): (Anm. 57), 265: Rh Sy B 4,3.

64 *L. Baeck*: (Anm. 50), 105f.

65 a.a.O., 106.

66 ebd.

67 *L. Baeck*: (Anm. 1) I, 178ff; (Anm. 3) II, 321ff; (Anm. 46), 110ff.

68 *D. Bonhoeffer*: Ethik (1949), München 1975, 142ff: Wegbereitung

69 *B. Klappert/H. Starck*: (Anm. 57), 265f: Rh Sy B 4,8 (Ergänzungen in den Klammern jeweils von mir).

70 *L. Baeck*: (Anm. 50), 107; ebenfalls *J. Moltmann*: Der Weg Jesu Christi. Christologie in messianischen Dimensionen, (Anm. 27) 42ff.

71 M. Luther, die CA, Calvin, Institutio IV 20 und die Confessio Helvetia XL sprechen von der judaica vanitas. Diese Tradition geht dann nahtlos bis in das Dritte Reich, wofür ich nur *E. Hirsch* als ein Beispiel nenne: „Nicht umsonst empfinden wir Christen den ‚Messianismus' als den uns fremdesten Zug der jüdischen Religion ... Der von Jesus in der Versuchungsgeschichte abgewiesene satanische Versucher ist der jüdische Messiasgedanke" (zit. bei J. Moltmann, [Anm. 27],18). – *W. Schottroff*: Theologie und Politik bei Emanuel Hirsch, Kul Heft 1/1987, 24–49 und Heft 2/1987, 137–158.

72 *L. Baeck*: Our Religious Approach to World Problems. Presidential Address given at the 8th Conference of the World Union for Progressive Judaism, July 5th 1953 in London, London 1953, 4. – Vgl. auch *Baecks* Ansprache auf der 5. Konferenz der Weltvereinigung für Progressives Judentum 1953 (Anm. 52), In Memoriam, 48–52.

73 *B. Klappert*: Warum wir die südafrikanische Botschaft gewaltfrei blokkiert haben (Frankfurter Rundschau vom 9. Oktober 1989).

74 *A. H. Friedlander*: (Anm. 49), 33.

75 *L. Baeck*: (Anm. 50), 108f.

76 *B. Klappert/H. Starck*: (Anm. 57), 265: Rh Sy B 4,7 (Sperrung und Ergänzungen in Klammern von mir).

77 *L. Baeck*: (Anm. 50), 109.

78 a.a.O., 106.

79 a.a.O., 109.

80 a.a.O., 109f.

81 *B. Klappert/H. Starck*: (Anm. 57), 265: Rh Sy B 4,2 und 4,5.

82 *L. Baeck*: (Anm. 50), 112. – Zur Frage des Besonderen der *Leidensgeschichte des Judentums* bei Leo Baeck vgl. weiter die Arbeiten von *A. H. Friedlander*: Leo Baeck and the Concept of Suffering, the Claude Monte-

fiore Memorial Lecture 1973, 1–11, Deutsch in: Licharz, Anm. 9, 129–141; ders., Suffering: A Jewish View, London 1974, 1–20; ders., The Death Camps and Theology within the Jewish-Christian Dialogue, London 1984, 1–12.

83 a.a.O., 112f. – Vgl. zum Verständnis von Erneuerung, Revolution und Wiedergeburt im Judentum *L. Baeck*: Ansprache auf der 9. Konferenz der Weltvereinigung für Progressives Judentum 1955, Paris, (Anm. 52) In Memoriam, 52–54; *ders.*, Epochen (Anm. 46), 26–29 „Das Judentum als Revolution und Wiedergeburt"; ders., Judaism: Revolution and Rebirth, in: The Synagogue Review, London, November 1964, 52–54.

84 a.a.O., 113f.

85 a.a.O., 114f. – Vgl. die aus der Zeit vor Mai 1942 stammenden entsprechenden grundlegenden Sätze aus *Dieses Volk* (Anm. 1), 84f: „Das Volk ist dieses Buch, und das Buch ist dieses Volk. Ohne sein Buch (gemeint ist die Hebräische Bibel) würde dieses Volk nicht mehr leben, und *ohne sein Volk würde dieses Buch ... nicht mehr lebendig sein*" (Sperrung von mir). – Daß zur lebendigen Begegnung mit dem zeitgenössischen Judentum unserer Gegenwart auch und gerade die theologische Bedeutung des *Landes Israel* und die Anerkennung der Notmaßnahme des *Staates Israel* gehört, war für Baecks Zionismus unumstößliche Gewißheit, auch wenn er in diesem Aufsatz dazu keine Aussagen macht. – Vgl. die Aussagen Baecks zum *Land Israel*: *Dieses Volk* (Anm. 1) I, 133ff: Wüste und Boden; ders., Das Judentum auf alten und neuen Wegen (1948), Judaica 6/1950, 133–148. 144f; ders., Epochen (Anm. 46), 85ff: Der Kampf mit dem Land, u. ö. – Vgl. die Aussagen Baecks zum *Staat Israel*: 6. Konferenz der Weltvereinigung für Progressives Judentum 1949, 40–47, bes. 43–47; ders., Israel und das Deutsche Volk, (Anm. 39), 909–911. – Vgl. die vorsichtige und zugleich unverzichtbare Aussage zu Land und Staat Israel im *Rheinischen Synodalbeschluß* von 1980: Die Landessynode stellt sich der geschichtlichen Herausforderung, ein neues Verhältnis der Kirche zum Jüdischen Volk zu gewinnen. Dabei leitet sie „die Einsicht, daß die fortdauernde Existenz des jüdischen Volkes, seine Heimkehr (Rückkehr) in das Land der Verheißung und auch die (Notmaßnahme der) Errichtung des Staates Israel Zeichen der Treue Gottes gegenüber seinem Volk sind" (These 2,3; sinngemäße Ergänzungen in den Klammern von mir). Vgl. die Aussagen Baecks zu *Land und Staat Israel* in seiner Vortragsreihe: Judaism: The Religious Character and the Historical Situation (1950), The Jew: The Mental Character and the Historical Situation (1950), und The State of Israel: The Social Character and the Historical Situation (1950), in: The Dr. Nathan Krass Lectures at the He-

brew Union College-Jewish Institute of Religion, New York 1950, 24–32, 33–39, 40–47.

86 *L. Baeck*: (Anm. 50), 116.

87 *L. Baeck*: (Anm. 72).

88 *L. Baeck*: Von Moses Mendelssohn zu Franz Rosenzweig, Stuttgart 1956.

89 *A. H. Friedlander*: (Anm. 5), 249ff.

90 *L. Baeck*: (Anm. 3) II, 312ff; *A. H. Friedlander*: (Anm. 5), 253.

91 *A. H. Friedlander*(Hg.): Out of the Whirlwind. A Reader of Holocaust Literature, New York 1968, 522–533. – *Baeck* hat die *Shoah* des KZ von Theresienstadt im Geleitwort zu *Adlers* Buch als Experiment der Bosheit beschrieben: „Ein solches Experiment des Willens zum Bösen war in ganz besonderer Weise das ausschließlich für Juden bestimmte Konzentrationlager Theresienstadt ... Mit einem Minimum der Möglichkeit, gesund zu bleiben, wurde dort ein Maximum an Erkrankungsmöglichkeit verbunden; der Daseinsraum wurde durch den Sterbensraum ersetzt. Das war das Eine. In einen immer mehr verengerten kleinen Bezirk wurden immer mehr Menschen hineingepreßt, so daß einer am anderen sich rieb und stieß: jede Selbstsucht mit ihrer Gier sollte aufwuchern und jede Anständigkeit verkümmern. Das war das Andere. Und das Dritte schließlich war, daß in dieser Enge Juden aus vielen Teilen Europas zusammengedrängt wurden, Menschen also, die seit Generationen heimatlich, kulturell und sprachlich unterschieden waren; jede Eifersüchtelei mit ihrer Überheblichkeit, so schien es, mußte aufbrechen und jedes Gesamtempfinden verkommen" (Anm. 39), S. VII.

92 *L. Baeck*: (Anm. 46), 110ff. – Man könnte diesen Dokumenten testamentarischen Charakters auch noch den Schlußabschnitt von *Dieses Volk* (Anm. 1) I, 178ff aus dem Jahre 1955 hinzufügen, der sich durch Stil und Inhalt mit den anderen Dokumenten deckt und an Tiefe und Würde messen kann.

93 *L. Baeck*: Maimonides, der Mann, sein Werk und seine Wirkung. Vortrag anläßlich der Gedenkfeier zur 750. Wiederkehr des Todestages des großen Gelehrten, Moses Maimonides, am 7. Juli 1954 in Düsseldorf, Düsseldorf 1954; vgl. auch ders., The Interrelation of Judaism and Science (1949), The Interrelation of Judaism and Philosophy (1949) und The Interrelation of Judaism and Ethics (1949), in: The Dr. Samuel Schulman Lectures at the Hebrew Union College-Jewish Institute of Religion, Cincinnati 1949, 3–10, 11–17, 18–23.

94 *L. Baeck*: (Anm. 55), 435.

95 ebd. – „Das Letzte allen Wissens und das Erste aller Religion ist das Geheimnis. Ein Weg des Wissens geht so zum Geheimnis und ein Weg des

Geheimnisses zum Wissen" (435). Der entsprechende Satz im *Maimonides*-Aufsatz lautet: „Für die Wissenschaft ist das Geheimnis ein Grenzbegriff ... Für die Religion ist das Geheimnis das Zentrum" (Anm. 93), 23. – Vgl. die exakte Parallele schon in *Dieses Volk* (Anm. 1) I, 181.

96 *L. Baker*: (Anm. 11), 383f. – Vgl. *Th. W. Adorno*: „Mit dem Mord an Millionen durch Verwaltung ist der Tod zu etwas geworden, was ... so noch nie zu fürchten war. Enteignet ist das Individuum des Letzten und Ärmsten, was ihm geblieben war. Daß in den Lagern nicht mehr das Individuum starb, sondern das Exemplar, muß das Sterben auch derer affizieren, die der Maßnahme entgingen. Der Völkermord ist die absolute Integration, die überall sich vorbereitet, wo Menschen gleichgemacht werden" (Negative Dialektik, Frankfurt 1966, 357).

97 *A. H. Friedlander*: (Anm. 5), 242.

98 a.a.O., 253.

99 *L. Baeck*: (Anm. 46), 126.

100 *L. Baeck*: a.a.O., 107.

101 *L. Baeck*: (Anm. 3) II, 314, vgl. auch 320f.

102 *L. Baeck*: *Justice*, in: The Synagogue Review, Bd XXII, Nr. 6, Februar 1948, 85f. – Vgl. ders., The Interrelation of Judaism and Ethics 1949 (Anm. 93). – Zum Thema *Gerechtigkeit* vgl. auch Baecks Rede auf der 8. Konferenz der Weltvereinigung 1953 in London, 48–52, bes. 50f. – Zum Thema *Frieden* vgl. Baecks *Vortrag über den Frieden in Europa* in Lübeck 1948 (zitiert in: Baker [Anm. 11], 432) und seine Ausführungen über *Peace*, in: The World Union for Progressive Judaism, Bulletin Nr. 19, London, Januar 1948, 9–10.

103 *L. Baeck*: (Anm. 88), 26. – Vgl. dazu die parallelen Aussagen Baecks in: Epochen (Anm. 46), 94–101; ders., Das Judentum auf alten und neuen Wegen (1948), (Anm. 85), 138f; ders., Das Soziale in der jüdischen Religion, in: Gleichheit, Bonn, August 1954, 278–280.

104 *L. Baeck*: (Anm. 88), 26f.27.

105 *L. Baeck*: Epochen (Anm. 46), 98; vgl. *L. Baker*: (Anm. 11), 451.

106 Vgl. die bewegenden Aussagen Baecks in *Dieses Volk* (Anm. 1) I, 152f: „Treuere ... Menschen ... hat kaum je ein Gemeinwesen besessen, wo immer und wann immer eine Bereitschaft da war, sie zu verstehen". „Die Geschichte dieses Volkes ... ist diese Geschichte einer großen Treue". – Vgl. in *Dieses Volk* (Anm. 3) II, 318: „Es war die große Aufgabe in den dunklen Tagen und die größere noch in hellen Stunden, dieser (messianischen) Erwartung die Treue zu halten". – Vgl. *E. L. Ehrlich* (Anm. 9, bei Licharz und Anm. 118), 98f.

107 *L. Baker*: (Anm. 11), 356.

108 *L. Baeck*: (Anm. 1) I, 178 und ders., Epochen (Anm. 46), 113.

109 Vgl. *L Baeck*: (Anm. 1) I, 158.

110 *L. Baeck*: (Anm. 3) II, 313.

111 *R. R. Geis*: (Anm. 8) Leiden 206; ders., (Anm. 8) Minorität, 29, 199.

112 *L. Baeck*: (Anm. 72), 8ff; – Vgl. ders. schon in: Task (Anm. 39) und in seiner Rede auf der 5. Konferenz der Weltvereinigung (Anm. 39) 1949, 39f. – Auf der 8. Konferenz (Anm. 39) 1953 macht Baeck die Unterscheidung zwischen dem Kampf um die bürgerliche Gleichberechtigung des „*Jewish Citizen*", den Kampf des „*Jewish People*" um die nationale Befreiung und die Aufgabe der „*Jewish Religion*" gegenüber den Problemen der Menschheit (48ff). – Vgl. dazu die Interpretation von *E. L. Ehrlich* bei Licharz, (Anm. 9) und (Anm. 118), 96f und *L. Baker* (Anm. 11), 447f.

113 *L. Baeck*: (Anm. 3) II, 324.

114 *L. Baeck*: (Anm. 46), 117f.

115 *L. Baeck*: (Anm. 3) II, 317.

116 *E. L. Ehrlich*: Leo Baeck – Leben und Lehre. Ein Buchbericht, in: Freiburger Rundbriefe, Jahrgang XXV, 1973, 75–78.77f. – Zu *G. Luckners* Begegnung mit L. Baeck während der Zeit des Entsetzens vgl. *Baker* (Anm. 11), 365.367.504. – Vgl. auch die Würdigung L. Baecks durch *G. Luckner* in FR 1973, 75: „Aus dieser Erfahrung (der Begegnung und Ermutigung durch L. Baeck während der *Shoah*) entstand auch der Impuls zur Schaffung des (Freiburger) Rundbriefes, an dem Dr. Baeck dann ermutigenden Anteil nahm." Zu G. Luckner vgl. weiter *R. R. Geis*, Leiden (Anm. 8; dort im Register 393); *N. P. Levinson* (Anm. 119), 108 und *E. L. Ehrlich* (Anm. 9), 94f.

117 *L. Baeck*: The Task (Anm. 39) 1946, 1f.

118 Zu *E. L. Ehrlich* als Schüler L. Baecks vgl. *L. Baker* (Anm. 11), 9, 456, 504 u. ö. und *R. R. Geis* (Anm. 8), Leiden (dort im Register 389). Vgl. weiter: *E. L. Ehrlich*: Leo Baeck – Der Mensch und sein Werk (Anm. 9, Licharz), 80–100; ders.: Der Reformprozeß in der jüdischen Geschichte. Tendenzen historischer Entwicklung, in: E. L. Ehrlich/B. Klappert/U. Ast (Hg.), „Wie gut sind Deine Zelte, Jaakow ...", FS für *R. Mayer* zum 60. Geburtstag, Gerlingen 1986, 2. Aufl. 1980, 76–89, 86–88. – Vgl. schließlich *E. L. Ehrlichs* treffende Charakteristik des Buches von A. H. Friedlander: Friedlander „sieht (1.) in ihm (Baeck) richtig den bedeutendsten Apologeten und Polemiker der deutschen Juden und erkennt, daß Baeck viel schärfer und kompromißloser als etwa Buber und Rosenzweig mit dem Christentum umgegangen ist, mit dem er während seiner ganzen Schaffensperiode in einem kritischen Dialog stand, der freilich die jüdischen Grundlagen des Christentums nicht in Frage stellte. Fried-

lander hat ferner (2.) richtig gesehen, daß für Baeck nicht die Halachah, sondern der Midrasch wesentlich war, und daher erfindet F. für Baeck den treffenden Terminus Baal Ha-Midrasch, um anzudeuten, wie Baeck das Judentum eben nicht in der Einspurigkeit des Gesetzes ... begriff ... Präzise beschreibt Friedlander (3.) ferner, und das ist bisher selten geschehen, obwohl es offensichtlich ist, in welcher Weise Baeck von Hermann Cohen beeinflußt, und sicher Baecks ‚ethischer Aktivismus' auch durch Cohen bestimmt wurde" (Anm. 116), 76f. – Die durch mangelnde Verlagsbetreuung seinerzeit entstandenen Ungenauigkeiten und Fehler, die *E. L. Ehrlich* in seiner Besprechung aufgelistet hat, sind in der vorliegenden Neuauflage korrigiert worden.

119 Zu *N. Peter Levinson*, einem der letzten Schüler L. Baecks in Deutschland, vgl. Leo-Baeck-Gedenkfeier, FR 1973 (Anm. 116), 75. Vgl. auch *N. P. Levinson*: Glaube in der Treue zur Wurzel, in: *Licharz* (Anm. 9), 101–112. – Vgl. aber besonders *N. P. Levinson:* Ein Rabbiner erklärt die Bibel, München 1982, – ein über die explizite Zitierung L. Baecks hinaus ganz aus dem Geist Baecks geschriebenes Buch seines Schülers. Levinson überliefert von Baeck: Es „solle die Liebe Gottes nicht im Munde geführt, sie solle ausgeführt werden" (43). Aus Anlaß der Eröffnung der Hochschule für Jüdische Studien in Heidelberg im Oktober 1979 erinnert Levinson: „An der Berliner Lehranstalt, der früheren Hochschule für die Wissenschaft des Judentums, dozierte Leo Baeck noch bis zum Jahre 1942." (46). – Levinson schildert anschaulich *Baecks Lehrweise* am Beispiel von dessen Analyse eines ersten Predigtversuches seines Schülers: „Ich erinnere mich heute an meine erste Predigt über den Bibelabschnitt dieses Sabbats. Es war im Rabbinerseminar in Berlin, in der Vorlesung für Homiletik, die Kunst des Predigens, an der Hochschule für die Wissenschaft des Judentums. Jeden Freitagmorgen predigte einer der Studenten vor den Kommilitonen und dem Dozenten für Homiletik, dem verehrten Rabbiner Dr. Leo Baeck. Es war seine Art, nach dem Vortrag der Predigt dieselbe zu analysieren, Vorschläge zu machen, Zusammenhänge aufzuzeigen, Literatur zu benennen, die man noch hätte heranziehen können. Er entwickelte dann seine eigene Predigt zu diesem Bibelwort, die von allen Zuhörern eifrigst mitgeschrieben wurde. Nicht nur Studenten kamen zu dieser Freitagmorgenvorlesung, sondern auch amtierende Rabbiner, die meinten, für die morgige Sabbatpredigt hier Anregungen und Gedanken mitnehmen zu können. Ich weiß noch, wie mir die Knie zitterten, als ich an das Pult trat und meinen auswendig gelernten Text vortrug. Ich schloß, und Dr. Baeck bemerkte mit freundlichem Lächeln, daß besonders meine Aussprache so gut ge-

wesen sei. Dann fügte er hinzu: ‚Lieber junger Kollege, das war eine ganz vorzügliche Predigt, in der Tat, es waren sehr viele gute Predigten, ich kann daraus mit Leichtigkeit ungefähr zehn oder zwanzig Predigten zusammenbauen. Sie müssen doch nicht unbedingt alles sagen, was Sie wissen.‘ So konnte Dr. Baeck auf sehr liebenswürdige Art vernichtende Kritik üben; zuerst lobte er, dann bemängelte er die Schwächen. ... Die Bibelstelle, die mir zu schaffen machte, war die bereits erwähnte, die davon spricht, daß Gott selbst das Herz Pharaos verhärtet hatte, damit er das Volk nicht ziehen lasse. ... Ich erinnere mich nicht, wie ich das Grundproblem beantwortete, weshalb Gott das Herz des Pharao verhärtet hatte. Ich weiß nur noch Baecks Antwort: daß die Menschen, die die Bibel schrieben, sich nichts in der Welt vorstellen konnten, das ohne Gottes Willen geschieht“ (78f). – Als Levinson 1950 – nach 9 Jahren – wieder in das zerstörte Berlin zurückkehrt, erinnert er in seiner Predigt in der Synagoge Pestalozzistraße indirekt auch an Baeck: „Berlin waren seine Menschen. Ich frage mich, wo sind diese Menschen? Wo die Alten und wo die Jungen, die Kinder und die Frauen, die Rabbiner und die Weisen, die ich einst so geliebt hatte? Sie sind grausam aus dieser Stadt herausgerissen worden, mit Brutalität und Unmenschlichkeit, und sie sind nicht wiedergekommen“ (111). – Zu der in A. H. Friedlanders Buch geschilderten Szene, „wie Baeck im Konzentrationslager als Zugtier vor einen Müllwagen gespannt, mit dem anderen Zugtier, einem Professor der Universität Leyden, die Dialoge Platons diskutierte“, schreibt Levinson: „*Das* ist der Mensch, der Mensch, den man erniedrigen, den man töten, den man aber nicht seines Menschseins, seiner Würde berauben kann“ (146). – Es ist das Erbe Leo Baecks, wenn Levinson sagt: „Deshalb ist jüdische Geschichte ... keine Aneinanderreihung von Episoden“ (46), sie ist vielmehr charakterisiert durch „Epochen jüdischer Geschichte“ (Baeck). *Den Weg von der Schöpfung über die Offenbarung zur Erlösung*, der das Judentum zum Volk der Geschichte par excellence bestimmt, vor Augen, sagt Levinson mit L. Baeck: „... Wir sind immer auf dem Wege zum Gottesreiche hin, nicht, wie Rosenzweig meint, daß wir, im Gegensatz zum Christentum, schon angekommen wären ... Wir sind nicht jenseits von Welt und Geschichte, wir peilen in der Geschichte das Gottesreich ständig an, es ist uns Ziel und laufende Verpflichtung“ (47). Auch *Karl Barth* zufolge ist „die Geschichte Israels Paradigma und Modell für die Geschichte *aller* Menschenvölker und ... der Schlüssel zum Verständnis der *Welt*geschichte. Sie ist ... *exemplarische* und insofern *stellvertretende* Geschichte. Sie spielt sich inmitten aller anderen Geschichten ab – so aber, daß sie deren Ursprung [Schöpfung], Inhalt [Offenbarung], Ziel [Erlösung] ... in sich zusammenfaßt ... und vorwegnimmt" (KD IV 3, Zürich 1959, 69). Als Volk dieser Geschichte lebt das Judentum – wie Levinson weiter ausführt – zwischen dem Land Israel und der Diaspora „aus der Spannung zwischen Zentrum und Peripherie heraus. Leo Baeck sprach von den zwei Brennpunkten einer Ellipse" (a.a.O., 49). Und da die Geschichte des jüdischen Volkes eine Geschichte von Wiedergeburt und Revolution ist, übersetzte Baeck – wie Levinson weiter mitteilt, „die ersten Worte der Bibel [Gen 1,1] noch auf eine andere Weise: ‚Im Anfang schuf Gott': Um immer wieder anfangen zu können, schuf Gott Himmel und Erde" (ebd.) – Aber Baeck ist in den Auslegungen seines Schülers Levinson auch ohne explizite Namensnennung ständig präsent: So z. B. in der *Auslegung des Jakobtraumes* (Gen 28) als Angsttraum (Levinson a.a.O., 65–67), wozu Baecks entsprechende Auslegung mit Verweis auf Lev. Rabba 29,2 (in: [Anm. 3] II, 138f) verglichen werden kann. Das *Thema der sozialen Gerechtigkeit* (Levinson a.a.O., 19,23,94–96 u. ö.) ist ein Grundthema Leo Baecks (Belegstellen erübrigen sich hier!) Auch Levinsons folgender Satz hätte aus der Feder Baecks stammen können: „Es ist sicher kein Zufall, daß zu den wirklichen Verbesserern dieser Welt von Mose bis Marx, von Amos bis Einstein, von Akiba bis Freud, Juden einen unverhältnismäßig großen Anteil gestellt haben" (Levinson a.a.O., 107; vgl. die entsprechenden Äußerungen Baecks über *Marx, Freud und Einstein* in: L. Baker [Anm. 11], 354.431). Die *Beschreibung der Synagoge* als Haus der Gemeinschaft, des Gebetes und der Lehre (Levinson a.a.O., 140–144) findet sich entsprechend bei Baeck (in: [Anm. 3] II, 102f). Schließlich: Zu der *Methode der Schriftinterpretation* sagt Levinson: „Neben ... dem Erschließen des einfachen Wortsinns, fußt die jüdische Predigt vor allem auf dem aggadischen Midrasch" (Levinson a.a.O., 9). Dazu sind Baecks Ausführungen über *Halachah* und *Haggadah* zu vergleichen, nicht zuletzt auch Baecks Fazit: „Erst zusammen geben sie das Ganze" (in: [Anm. 3] II, 82ff.82).

120 *E. Simon*: Brücken. Gesammelte Aufsätze, Heidelberg 1965. In seinem Aufsatz „Geheimnis und Gebot. Über Leo Baeck" aus dem Jahre 1948 findet sich der Satz: „In Leo Baecks Gestalt ..., der in ... seiner Person ... das Wesen unseres Judentums vorlernte und vorlebte, war ein Jude da: der repräsentative Jude des deutschen, ja des westeuropäischen Judentums dieser Geschichtszeit" (ebd. 385–392,392).

121 Weitere Baeck-Schüler kommen zu Wort in dem Gedenkband von *E. G. Reichmann* (Hg.), Worte des Gedenkens für Leo Baeck, Heidelberg 1959. – Einer der sensiblen Leo-Baeck-Interpreten unserer Zeit ist nicht zufällig der Mitbegründer der Arbeitsgemeinschaft Christen und Juden beim

Deutschen Evangelischen Kirchentag (AG DEKT) und Judenchrist *Heinz David Leuner* (1906–1977) gewesen, der mit dem Baeck-Schüler R. R. Geis befreundet war und dem Geis einmal geschrieben hat: „Der einzige, dem ich sein Christentum glaube und den ich als Jude dennoch brüderlich nahe empfinde ... sind Sie, sonst hapert's auf der einen oder der anderen Seite" (R. R. Geis, [Anm. 8] Leiden, 370). *Leuners Charakteristik der Gestalt Leo Baecks* hat von daher besonderes Gewicht: Baeck „gilt als der bedeutendste Protagonist des liberalen Judentums, entwikkelte sich aber im Laufe der Jahrzehnte zum geistig-geistlichen Haupt des gesamten deutschen Judentums und gewann die Achtung und Verehrung auch jener Richtungen, die dem Liberalismus kritisch oder ablehnend gegenüberstanden. Selbst orthodoxe Kreise stellten nicht in Abrede, daß er der profilierteste jüdische Theologe und Gelehrte unserer Zeit war. Er verfügte über ein geradezu universales Wissen, [be]zog das gesamte talmudische und rabbinische Lehrgut in sein literarisches Werk [ein], das auf diese Weise ein Kompendium jüdischer Religion überhaupt wurde. Die Kennzeichnung des jüdischen Glaubens als eine[r] Religion der Tat, der ethischen Handlung, fand in Leo Baeck ihren deutlichsten Ausdruck" (H. D. Leuner, Religiöses Denken im Judentum des 20. Jahrhunderts, Wuppertal 1969, 56ff, 56). In Leuners Aufsatz „Soziale Gerechtigkeit bei den Propheten und heute", heißt es über Baeck: „Die Reihe jüdischer Apostel einer sozialen Gerechtigkeit ist endlos und reicht (über Karl Marx und den Kommunistenrabbi Moses Hess) bis in unsere Tage. Rabbiner Leo Baeck hatte sich ihr verschrieben, als er sagte: ‚Das Judentum ist in die Welt eingetreten als eine religiöse, aber ebensosehr als eine soziale Revolution, als eine Proklamation an alle die Armen und die Kleinen, die Bedrückten und Bedürftigen'. (Der Leo-Baeck-Schüler) Rabbiner Robert Raphael Geis war sein Leben lang ein Mahner für Gerechtigkeit, und dasselbe kann von Rabbi Abraham Joshua Heschel gesagt werden, der die soziale Gerechtigkeit von Kanzel und Lehrstuhl predigte und sich zusammen mit Martin Luther King und anderen an Demonstrationen für Entrechtete beteiligte" (in: H. D. Leuner, Zwischen Israel und den Völkern. Vorträge eines Judenchristen, Veröffentlichungen aus dem Institut Kirche und Judentum bei der Kirchlichen Hochschule Berlin, hg von P. von der Osten-Sacken, Heft 6, Berlin 1978, 140ff, 146).

122 *A. H. Friedlander*: Ein Streifen Gold (Anm. 49), 28ff, 46ff.

123 *Leo Baeck*: Judentum, Christentum und Islam. Rede, gehalten anläßlich der Studientagung der District-Gross-Loge Kontinental-Europa XIX in Brüssel am 22. April 1956, 3–19 (Sonderdruck). Zu diesem Aufsatz sind

die inhaltlich parallelen Abschnitte in (Anm. 3) *Dieses Volk* II, 142ff, 148ff und in (Anm. 46) *Epochen*, 112–114, 118–128 zu vergleichen.

124 *Leo Baeck*: (Anm. 123), 13f. – Im Rheinischen Synodalbeschluß 4,2 heißt es zu der Juden und Christen gemeinsamen Bibel, sie sei „gemeinsame Grundlage für Glauben und Handeln von Juden und Christen" (Anm. 57), 265. – Zu der noch ausstehenden Kirchengeschichtsschreibung zum Thema „Das Judentum in der Kirche" vgl. Baecks gleichnamigen Aufsatz in: Aus drei Jahrtausenden, 1938, Tübingen 1958, 121ff und seine Bemerkungen über „die Geschichte des Judentums in der Kirche" in: (Anm. 46) *Epochen*, 127f.

125 *Leo Baeck*: (Anm. 123), 14. – Im Rheinischen Synodalbeschluß 4,8a heißt es zu der von den Christen neuentdeckten Gemeinsamkeit mit den Juden im Blick auf den aaronitischen Segen: „Wir bekennen beide Gott als den Schöpfer Himmels und der Erde und wissen, daß wir als von demselben Gott durch den aaronitischen Segen Ausgezeichnete im Alltag der Welt leben" (Anm. 57), 265.

126 *Leo Baeck*: (Anm. 123), 14. – *A. Soetendorp*, Rabbiner der jüdischen Reformgemeinde in Den Haag und Schüler des Leo-Baeck-College in London hat Leo Baeck einen „Dichter der (messianischen) Hoffnung ‚dieses Volkes Israel'" „gegen allen Wahnsinn des großen Sterbens" genannt. Er berichtet folgende Geschichte über Leo Baeck: „Nach seiner Heimkehr als Überlebender aus Theresienstadt zeichnete er während seiner ersten Vorlesung im Swiss Cottage eine nach innen geführte Spirale an die Tafel und sagte: ‚Diese Figur gleicht der jüdischen Geschichte: Steigt die Linie aufwärts, setzen wir Pluspunkte, fällt sie ab, so verzeichnen wir Minuspunkte, in Übereinstimmung mit den Hoch- und Tiefpunkten jüdischer Geschichte. Die Linie führt indes weiter, bis sie den Mittelpunkt erreicht. Vielleicht stehen wir jetzt an einem der schlimmsten Tiefpunkte dieser Geschichte. Doch selbst an dieser Stelle sind wir dem Mittelpunkt, dem Endpunkt, näher gekommen: Es ist die messianische Zeit!" (in: *W. Zuidema* [Hg.]. Isaak wird wieder geopfert. Die „Bindung Isaaks" als Symbol des Leidens Israels. Versuche einer Deutung, Neukirchen 1987, 92). – Wie schon im Jahre 1938 in seinem Büchlein „Das Evangelium als Urkunde der jüdischen Glaubensgeschichte" (Anm. 23), so hat *Baeck* erneut in seinem *Brüsseler Vortrag* die These vertreten, daß das judenchristliche Bekenntnis zu Jesus als dem Messias Israels ein Besonderes und Neues im Judentum und innerhalb des Judentums gewesen ist, das als solches nur im Raum des Judentums zu verstehen ist, m. a. W. das als das „Unterscheidende" nur im Raum des „Verbindenden" und „Gemeinsamen" verstanden werden kann (Anm. 123), 4. – „Vom Mes-

siasglauben hat das Christentum seinen Ausgang genommen" (ebd.). Die vor dem Auftreten Jesu präsente messianische Hoffnung im Judentum beschreibt Baeck so: „Es wird ein Mann kommen, als der Erlöser, als der Befreier, als der wahre König der Juden, als der Gesalbte seines Volkes ... und die ganze Menschheit werde in diesem Frieden, in diesem Heil ... geeint sein" (ebd.). In diesem Bekenntnis zu *Jesus als dem Messias Israels und Erlöser der Völker* „fühlten sich (die Judenchristen) als Juden, man könnte fast sagen, als strenggläubige Juden. Unter den Juden war dieser Mann gewesen, ein Jude, und nur das hat er sein wollen, ein König der Juden zu sein, das war für ihn verheißen worden ... Und der Unterschied zwischen diesen Anhängern Jesu und den anderen Juden war einer: der Unterschied, der in dem einen Wort *wieder* ausgedrückt werden kann. Alle Juden sonst glaubten in aller Inbrunst ..., der Messias werde kommen, eines Tages, vielleicht heute, vielleicht morgen, vielleicht eines andern Tages, und die Anhänger Jesu glaubten, er werde *wieder* kommen. Er sei gewesen, er hätte unter ihnen gelebt, zu ihnen gesprochen, ihnen geholfen, sie getröstet; und er sei auferstanden, und wenn der Tag erfüllt sei, werde er wiederkommen ... Dieses eine Wort *wieder* war der Unterschied und blieb der Unterschied" (a.a.O., 8). – Der Rheinische Synodalbeschluß hat in These 4,3 (Anm. 57, 265) diesen von Baeck 1938 und 1956 beschriebenen Sachverhalt als auch für die Christengemeinde verbindliches Bekenntnis bestätigt.

127 *Leo Baeck*: (Anm. 123), 14. – Vgl. Rheinischer Synodalbeschluß These 4,5.

128 *Leo Baeck*: (Anm. 123), 14f. – Baecks Einladung, *die Lehre von der Trinität* als Auslegung der Einheit und Einzigkeit des Gottes Israels zu verstehen, weist in weite Horizonte: *Die Trinitätslehre* will und muß in der Tat als *Auslegung des ersten Gebotes* verstanden werden (vgl. 1Kor 8,6), die die Einheit und Einzigkeit Gottes nicht etwa aufhebt, sondern in Richtung auf die *konkrete Lebendigkeit des Gottes Israels* auslegt und den lebendigen Gott von allen *abstrakten Monotheismen* wie auch heidnischen Polytheismen unterscheidet. Dabei zeigen die in der Reihenfolge noch schwankenden triadischen Formeln des Neuen Testaments (1Kor 12,4–6; 2Kor 13,13; 1Petr 1,2; Apc 1,4–5; Matth 28,19), daß von der konkreten Lebendigkeit Gottes im Hinblick auf sein Kommen zur Welt in Israel, seine Erniedrigung im Messias Israels und seine Einwohnung im Geist gesprochen werden muß. Die Erwählungsgegenwart Gottes in Israel, die Persongegenwart Gottes in Jesus, dem Messias Israels, und die Geistgegenwart Gottes in Schöpfung und Neuschöpfung sind die Wurzeln des triadischen Redens von Gott, wie der Verweis der Geisttaufe der Chri-

sten (Matth 28,19; Röm 8,14f) auf die Geisttaufe des Messias Jesus (Matth 3,18f) als proleptische Erfüllung von Ps 2,7, Jes 42,1 und Gen 22,2 und die Ausgießung des Geistes Gottes auf alles Fleisch zu Pfingsten (Acta 2,17) als anfangende Erfüllung von Joel 3,1ff zeigen. Die *Erwählungsgegenwart Gottes* in seinem Kommen zu Israel, die *Messiasgegenwart Gottes* bis in das Leiden und Sterben Jesu am Kreuz und die *Geistgegenwart Gottes* seit Pfingsten legen die konkrete Lebendigkeit des einen Gottes und der Einheit Gottes aus. Von daher wäre *die Trinitätslehre die Einzeichnung der Erwählungsgegenwart, der Messiasgegenwart und der Geistgegenwart des Gottes Israels in das Gottesbekenntnis.* – Vgl. dazu die weiterführenden Überlegungen in dem Buch von *D. Ritschl*, Zur Logik der Theologie, München 1984, 176–206 und *P. M. van Buren*: Eine Theologie des christlich-jüdischen Diskurses, München 1988, 77–102.

129 *Leo Baeck*: (Anm. 123), 15. – Die traditionell antijudaistische Theologie und Dogmatik hat sich immer wieder der Formel bedient: Was das Christentum vom Judentum unterscheidet, das *trennt* das Christentum vom Judentum (so zuletzt wieder *H. Dembowski* in seinem Aufsatz: „Jesus Christus verbindet und trennt", in: E. Brocke/J. Seim [Hg.], Gottes Augapfel, Neukirchen 1986, 25ff.). Demgegenüber prägt Baeck die neue und Brücken zwischen Judentum und Christentum ermöglichende Formel vom Unterscheidenden im Verbindenden: Was uns als Christen von den Juden *unterscheidet, verbindet* und *eint* uns mit dem Judentum. In der Suche nach dem Verbindenden im Unterschied und nach dem Unterscheidenden im Einigenden vollzieht das Christentum dann die Ausschließung des Trennenden, weil dieses Trennende immer wieder das Heidnische im Christentum gewesen ist. Auf eine einfache Formel gebracht: Was das Christentum vom Judentum *unterscheidet*, das verbindet es zugleich mit dem Judentum. Was aber das Christentum vom Judentum *trennt* und was es auf Kosten des Judentums bekennt, das ist das Heidnische im Christentum, von dem sich das Christentum zu lösen hat, wenn es nach Auschwitz wieder zum wahren Christsein zurückfinden will. Nach Auschwitz haben wir Christen zu erkennen, daß das uns vom Judentum Trennende nie das Proprium des Christentums war, sondern immer das Heidnische im Christentum gewesen ist und sein wird. – Baeck hat das *Trennende* vom Judentum auch in diesem Aufsatz im sog. hellenistischen Christentum das *Paulus* beginnen lassen (Anm. 123, 8ff). Gegenüber der Paulus-Deutung Baecks hat freilich *R. R. Geis* schon 1964 bemerkt: „Für Paulus passen mir alle jüdischen Melodien nicht, ob Klausner oder Baeck, ob Schoeps und Buber" (Anm. 8, Leiden, 274). –

Vgl. zu diesem Problemkreis: *K. Stendahl*, Der Jude Paulus und wir Heiden. Anfragen an das abendländische Christentum, München 1978 und *M. Barth,* Der gute Jude Paulus, in: Richte unsere Füße auf den Weg des Friedens. FS für H. Gollwitzer zum 70. Geburtstag, München 1979, 107ff.

130 *A. H. Friedlander*: (Anm. 49), 50f. – Vgl. auch *Friedlanders* Eröffnungspredigt: Das Evangelium betrachten, in: Kirchentag '89, München 1989, 135ff., wo Baecks Anfrage an die Leser des Evangeliums wieder erneuert wird.

Albert H. Friedlander
Leo Baeck. Leben und Lehre
Stuttgart 1973

Bibliographie
Primärliteratur: Arbeiten von Leo Baeck
(in chronologischer Folge)

Hauptwerke und gesammelte Werke

1 *Das Wesen des Judentums.* Schriften der Gesellschaft zur Förderung der Wissenschaft des Judentums. Berlin, 1905, 167 S.

2 2. neubearbeitete Auflage. Frankfurt am Main, 1922, 308 S.

2a 4. Auflage. Frankfurt am Main, 1926, 327 S.

3 *The Essence of Judaism,* rev. ed. Rendition by I. Howe, based on the translation from the German by H. Grubenwieser *(sic)* and L. Pearl (London, 1936). New York, 1948.

4 *Wege im Judentum. Aufsätze und Reden.* Berlin, 1933, 428 S.

5 *Aus drei Jahrtausenden. Wissenschaftliche Untersuchungen und Abhandlungen zur Geschichte des jüdischen Glaubens.* Berlin, 1938, 531 S.

6 *Nachdruck des Werkes* (ohne die Beiträge über Die Pharisäer und Das Evangelium). Einleitung von Hans Liebeschütz. Tübingen, 1958, 402 S.

7 *Dieses Volk. Jüdische Existenz.* Frankfurt am Main, 1955, 182 S.

8 *This People Israel: The Meaning of Jewish Existence.* Translated and with an introductory essay by Albert H. Friedlander. New York, 1964. Diese Übersetzung enthält sowohl die Ausgabe von *Dieses Volk* 1955 als auch den 1957 veröffentlichten zweiten Teil des Werkes.

9 *Dieses Volk. Jüdische Existenz. Ein zweiter Teil.* Frankfurt am Main, 1957, 326 S.

Andere Arbeiten

10 Siehe [8]

11 Spinozas erste Einwirkungen auf Deutschland. Dissertation an der philosophischen Fakultät der Friedrich-Wilhelm-Universität Berlin, Berlin 1985.

12 Rezension über „Dreizehnter Bericht über die Lehranstalt für die Wissenschaft des Judentums in Berlin. Von Martin Schreiner (Berlin 1895)“, in: Jüdische Chronik, 2. Jahrgang 1895/96, S. 90–91.

12a – Wiederabgedruckt in: Jüdisches Lehrhaus Zürich (Hg.), Leo Baeck-Heft mit dem erstmaligen Wiederabdruck der drei frühesten Aufsätze von Leo Baeck, 8-Veröffentlichung, September 1959, Zürich 1959, S. 9–11 [124].

13 Rezension über „Die Staatslehre Spinozas von Josef Hoff", in: Jüdische Chronik, 2. Jahrgang 1895/96, S. 188–189.

14 Wiederabgedruckt in [12a, S. 12–13]

15 „Orthodox oder ceremoniös?", in: Jüdische Chronik, 3. Jahrgang 1896/97, S. 237–243.

16 Wiederabgedruckt in [12a, S. 13–19]

17 „Harnacks Vorlesungen über das Wesen des Christentums", in: Monatsschrift für Geschichte und Wissenschaft des Judentums, MGWJ Bd XLV, September 1901, Breslau 1901, S. 97–120.

18 Zweite, vermehrte und mit Anmerkungen versehene Auflage, Sonderabdruck aus [17], Breslau 1902, 31 S.

19 „Die Schöpfung des Mitmenschen", in: Soziale Ethik im Judentum. Zur 5. Hauptversammlung in Hamburg 1931, Verband der deutschen Juden, Frankfurt am Main 1913, S. 9–15.

20 „Griechische und jüdische Predigt". Inaugural-Vorlesung an der Lehranstalt für die Wissenschaft des Judentums am 4. Mai 1913. Lehranstalt Bd XXXII, S. 57–75. – Wiederabgedruckt in [5, S. 142–156].

21 „Lebensgrund und Lebensgehalt". Der Jude Bd II, 1917/18, S. 78–86.

22 Wiederabgedruckt in [4, S. 134–150].

23 „Heimgegangene des Krieges. Über den preußischen Staat" (1919). – In [4, S. 382–400].

24 *Die Lehren des Judentums nach den Quellen.* Herausgegeben vom Verband der deutschen Juden. Unter Mitwirkung von L. Baeck und anderen, bearbeitet von S. Bernfeld und Fritz Bamberger, Berlin 1920 – Leipzig 1929.

24a „Sittlichkeit als Grundforderung des Judentums", in [24, 1. Teil, Berlin 1920, S. 11–13; 3. Auflage Leipzig 1928].

24b „Wille zum Leben", in [24, 1. Teil, Berlin 1920, S. 118f].

24c „Wahrhaftigkeit", in [24, 2. Teil, Berlin 1921, S. 7–9; 3. Auflage Leipzig 1928, S. 151–153].

24d „Der soziale Charakter des Judentums. Der ewige Friede", in [24, 3. Teil, Berlin 1923, S. 7–9, 212–214].

24e „Inbegriff von Sittlichkeit, Liebe, Gerechtigkeit und Heiligkeit", in [24, 4. Teil, Berlin 1924, S. 7–8].

24f „Die Auseinandersetzung mit dem entstehenden Christentum", in [24, 5. Teil, Leipzig 1929, S. 56–60]. – Wiederabgedruckt in: *R. R. Geis/H.-J.*

Kraus, Versuche des Verstehens. Dokumente jüdisch-christlicher Begegnung aus den Jahren 1918–1933, Th Bü Bd33, München 1966, S. 52–56.

24g „Abweichungen der christlichen Religionen (sic!) vom Judentum in den Grundgedanken. A. Einleitung", in [24f, S. 67–69].

24h „Abweichungen der christlichen Religionen vom Judentum in den Erscheinungsformen. 1. Stellung des Einzelnen zur Glaubenslehre", in [24f, S. 201–205].

25 „Geheimnis und Gebot". In: Der Leuchter, Bd III, Darmstadt 1921–1922, S. 137–153. – Wiederabgedruckt in [4, S. 33–48].

25a In: Judaism and Christianity [28].

26 „Nehemia Anton Nobel. Über schöpferische Empfänglichkeit" (1922). – Wiederabgedruckt in [4, S. 357–361].

27 „Romantische Religion". Ein erster Abschnitt aus einem geplanten Werk über „Klassische und romantische Religion", in: Festschrift zum 50jährigen Bestehen der Hochschule für die Wissenschaft des Judentums, Berlin 1922, S. 1–48. – Wiederabgedruckt und mit drei Zusatzkapiteln erweitert in [5, S. 42–120].

28 In: Judaism and Christianity. Essays by Leo Baeck, Translated by Walter Kaufmann, Philadelphia 1958.

29 „Bedeutung der jüdischen Mystik für unsere Zeit", Die Tat, August 1923, S. 340–344. – Wiederabgedruckt in [4, S. 96–102].

30 „Die Spannung im Menchen und der fertige Mensch", Der Leuchter, Bd IV, Darmstadt 1923, S. 117–141.

31 Dieser Aufsatz erscheint unter dem Titel „Vollendung und Spannung" in [4, S. 9–32].

31a „Judaism in the Church", HUCA Bd II, 1925, S. 125–144. – Übersetzt und abgedruckt in [5, S. 121–140].

32 „Tod und Wiedergeburt", Der Leuchter, Bd VI, 1925, S. 195–218. – Wiederabgedruckt in [4, S. 49–71].

33 „Zwei Beispiele midraschicher Predigt", Monatsschrift für Geschichte und Wissenschaft des Judentums, Bd LXIX, 1925, S. 258–271. – Wiederabgedruckt in [5, S. 157–175].

34 „Besitzt das überlieferte Judentum Dogmen?", Monatsschrift für Geschichte und Wissenschaft des Judentums, Bd LXX, 1926, S. 225–236.

35 „Hat das überlieferte Judentum Dogmen?". In [5, S. 12–27].

36 „Ssefer Jezira". In [5, S. 256–271].

36a „Ssefer Ha-Bahir". In [5, S. 272–289].

36b Gedenkrede zur Erinnerung an die Kuratoren Albert Mosse, Paul Meyer und Max Weiß und den Dozenten Martin Schreiner am 31. 10. 1926, Lehranstalt Bd XLIV 1927, S. 81–32.

37 „Das Judentum". In: C. Clemen (Hg.), Die Religionen der Erde. Ihr Wesen und ihre Geschichte, mit F. Babinger, L. Baeck u. a., München 1927, S. 401–422; 2. Auflage München 1949, S. 261–298.

37a „Geist", „Gesetz", „Judentum", „Mendelssohn", „Messias", „Mystik", „Offenbarung", „Sittlichkeit", „Speiseverbote", „Sünde", „Verdienst und Vergeltung" usw. (insgesamt 33 Artikel) in: Die Religion in Geschichte und Gegenwart, 2. Auflage 1927–1931.

37b „Die jüdische Religion in der Gegenwart", in: Süddeutsche Monatshefte, Heft 12, 27. Jhg., September 1930 (Sonderheft zum Thema „Die Judenfrage"), S. 828–832.

38 „God and Man in Judaism" (1931), New York 1951.

39 „Die Pharisäer", Lehranstalt für die Wissenschaft des Judentums Bd XLIV, 1927, S. 34–71; in erweiterter Fassung in: Schocken Bücherei Bd 6, Berlin 1934, 84 S. – In dieser Fassung wiederabgedruckt in: *H. Lamm* (Hg.), Paulus, die Pharisäer und das Neue Testament, München, Frankfurt, 1961, S. 39–98.

40 The Pharisees and other Essays. Mit einer Einleitung von K. Stendahl, New York 1947, 2. Aufl. 1966.

41 „Die Mystik im Judentum" (1928). In [4, S. 90–95].

42 „Neutralität". Blätter des Deutschen Roten Kreuzes 1929. In [4, S. 215–223].

43 „Franz Rosenzweig. Über Bildung" (1930). In [4, S. 362–373].

44 „Geist und Blut". Vortrag gehalten auf der Jubiläumstagung der Gesellschaft für freie Philosophie in Darmstadt, 1930, Der Morgen, Bd VI 1930, S. 583–590. – In [4, S. 72–89].

44a „Zwischen Wittenberg und Rom", Der Morgen, Bd VII 1931. In [4, S. 270–287].

45 „Theologie und Geschichte", Lehranstalt für die Wissenschaft des Judentums Bd XLIX 1932, S. 42–54. Wiederabgedruckt in [5, S. 28–41.]. Unter dem Titel „Theology and History" übersetzt von M. Meyer, Judaism, Sommer 1964, S. 274–285.

46 Die Arbeiten Baecks in den 6 Bänden des Schocken-Almanachs von 1933–1938. – Darunter:

46a „Das jüdische Jahr", Schocken-Almanach für 1934/35, Berlin 1935, S. 8–18.

46b „Die Gestalt des deutschen Judentums", Schocken-Almanach für 1935/36, S. 53–63. – Wiederabgedruckt in: *H. J. Schoeps*, Jüdische Geisteswelt, Darmstadt 1959, S. 291–298.

46c „Israel und die Schechina". Zwei Midraschim/Deutsch mitgeteilt von Leo Baeck, Schocken-Almanach für 1936/37, Berlin 1937, S. 11.

46d „Offenbarung, Überlieferung und Erwartung. Zum Verständnis der mündlichen Lehre und der Apokalyptik“, Schocken-Almanach für 1937/38, Berlin 1938, S. 8–24.
47 „Schöpfungsordnungen“, Jüdische Allgemeine Zeitung, Bd XVI, Berlin 1936, Nr. 22, Beilage S. 3.
47a „Der jüdische Mensch“, Der Morgen Bd X, 1934/35, S. 527–538.
48 „Nachruf auf Felix Warburg“, Der Morgen Bd XIII 1937/38, S. 368–371.
49 „Der Menschensohn“, Monatsschrift für Geschichte und Wissenschaft des Judentums, Bd LXXXI, 1937, S. 12–24. – In [5, S. 187–198].
50 „Das Evangelium als Urkunde der jüdischen Glaubensgeschichte“, Schocken-Bücherei Nr. 87, Berlin 1938, 105 S. – Wiederabgedruckt in: Aus drei Jahrtausenden 1938, S. 236–312. – Im Nachdruck von 1958 [6] fehlt diese Arbeit. Wiederabgedruckt in: *H. Lamm* (Hg.), Paulus, die Pharisäer und das Neue Testament, München/Frankfurt 1961, S. 99–196.

Andere Literatur und Aufsätze Baecks nach 1945

51 In [28, S. 41–139].
51a Gedenken an zwei Tote (unmittelbar nach 1945), in: *A. H. Friedlander* (Hg.), Out of the Whirlwind. A Reader of Holocaust Literature, Schocken Books Nr. 1976, New York 1968; auch in: Leo Baeck Institute Year Book I, 1956; erneut abgedruckt in: *R. Weltsch* (Hg.), Deutsches Judentum – Aufstieg und Krise, Stuttgart 1963, S. 307ff; erneut erschienen in: A. H. Friedlander (Hg.), Out of the Whirlwind. A Reader of Holocaust Literature, Schocken Books Nr. 1976, New York 1968, S. 124–132; erneut erschienen in: *W. Licharz* (Hg.), Leo Baeck – Lehrer und Helfer in schwerer Zeit. Arnoldshainer Texte Bd 20, Arnoldshain 1983, S. 35–44.
52 „Der Sinn der Geschichte“. Drei Vorträge aus der Sendereihe „Lebendiges Abendland“ des Deutschen Dienstes des Londoner Rundfunks: 1. Der Sinn der Geschichte; 2. Die Zivilisation und der Mensch; 3. Staat und Kultur, Berlin 1946, 24 S. (am 5. 12. und 19. 5. 1946)
53 „The Task of Progressive Judaism in the Post-War World“. Presidential Address given by Rabbi Dr. Leo Baeck at the Fifth International Conference of the World Union for Progressive Judaism on July 28th, London 1946, S. 1–7. Ebenfalls erschienen in: The World Union for Progressive Judaism (Hg.), Report of the Fifth International Conference vom 25.–30. 7. 1946, S. 53–58. – Eine Kurzfassung dieser Rede findet sich auch in: World Union for Progressive Judaism (Hg.): In Memoriam Leo Baeck 1957, S. 39–40.

53a „Life in a Concentration Camp", in: The Jewish Forum, März 1946, London 1946, S. 29–32.

53b „Changes in Jewish Qutlook", Vortrag gehalten im Rahmen der Arthur Davis Memorial Lectures am 15. 12. 1946, London 1947, S. 14–42.

54 „*Individuum Ineffabile*" (1947), in: Eranos – Jahrbuch 1947, Bd XV: Der Mensch. Erste Folge, hg. von O. Fröbe-Kapteyn, Zürich 1948, S. 385–436.

55 „Why Jews in the World? A Reaffirmation of Faith in Israel's Destiny", Commentary Bd III, New York 1947, S. 501–507; ebenfalls in deutsch erschienen: „Warum sind die Juden in der Welt?", in: Jüdische Rundschau 2/Heft vom 16.17. Oktober 1947, S. 3–6.

56 „A People Stands before Its God" (1949), in [81, S. 284–298].

56a „Das Judentum auf alten und neuen Wegen", Vortrag gehalten bei der 1. Studientagung des Deutschen Ausschusses für Dienst an Israel in Darmstadt, Oktober 1948, in: Judaica 6/1950, S. 133–148; ebenfalls auf englisch erschienen: „Judaism on Old and New Paths", in: The International Review of Missions, April 1950, London 1950, S. 190–200.

56b „*Justice*". Being Part II of a Trilogy, in: The Synagogue Review, Vol. XXII, No. 6, February 1948, London 1948, S. 85–86.

56c „Peace", in: The World Union for Progressive Judaism, Bulletin No. 19, January 1948, London 1948, S. 9–10.

56d „The Jewish Spirit Among The Nations", in: Commentary Bd I, February 1949, New York 1949, S. 132–139.

56e „The Mission of Judaism – Its Present Day Application. Its Later Development and Its Significance for World Judaism Today". Ansprache L. Baecks auf der 6. Konferenz der Weltvereinigung für Progressives Judentum vom 15.–19. Juli 1949, London 1949, S. 21–29, 72–76. – Ebenfalls in [53, S. 40–47].

57 Two Series of Lectures: 1. „The Interrelation of Judaism and Science, Philosophy and Ethics". The Dr. Samuel Schulman Lectures at the Hebrew Union College-Jewish Institute of Religion, Cincinnati/Ohio 1949, S. 3–10, 11–17, 18–23. – 2. „Judaism. The Jew. The State of Israel". The Dr. Nathan Krass Lectures at the Hebrew Union College – Jewish Instute of Religion, New York 1950, New York City 1950, S. 24–32, 33–39, 40–47.

57a „Haggadah and Christian Doctrine", Cincinnati/Ohio 1950, in: Hebrew Union College Annual, Vol. XXIII, Part I, Cincinnati 1950/51, S. 549–560.

57b „The Law in Judaism", in: Association of Synagogues in Great Britain (Hg.), Pamphlet No. 4, December 1950, London 1950, 4 S.

58 „Jewish Mysticism“, undatierter Sonderdruck, in: Journal of Jewish Studies, Bd II, Nr. 1, London 1951, S. 3–16.

58a Ansprache Leo Baecks auf der 7. Konferenz der Weltvereinigung für Progressives Judentum, London 1951, in [53, S. 47–48].

58b „Die deutschen Juden“, in: American Federation of Jews From Central Europe (Hg.), Ten Years. 1941–1951, New York 1952, S. 9–13.

58c „Israel und das Deutsche Volk“, in: Merkur VI. Jahrgang, 10. Heft, Oktober 1952, S. 901–911.

59 „The Faith of Paul“. Based on a lecture delivered to the „Society for Jewish Study“ in London, in: Journal of Jewish Studies, Bd III, London 1952, S. 93–110. – Neudruck in [28], worauf sich auch die Seitenangaben beziehen.

60 „The Psychological Root of the Law“. Wingate Lecture at the Hebrew University London 1951, Hebrew University Garland, London 1952, S. 1–7.

60a „Our Religious Approach To The World Problems“. Presidential Adress given by Rabbi Leo Baeck at the 8. Conference of The World Union for Progressive Judaism, 5th July 1953 in London, London 1953, S. 3–11. – Vgl. auch die davon abweichende Wiedergabe der Rede Baecks in [53, S. 48–52].

60b „World Religion and National Religion“. Reprinted from M. M. Kaplan Jubilee Volume The Jewish Theological Seminary of America, New York 1953, S. 1–7.

60c „The Scope and Limitations of Co-operation between Jews and Christians“, in: The Liberal Jewish Monthly, London, Dezember 1954, S. 133–135.

60d „Das Soziale der jüdischen Religion“, in: Gleichheit, Bonn, August 1954, S. 278–280.

60e „Seelisches Schicksal – Die innere Gemeinschaft – Vom Begriffenwerden“, in: H. Bott – H. Leins (Hg.), Begegnungen mit Th. Heuss, Tübingen 1954, S. 418–421.

61 „Wanderer zwischen zwei Welten. In Memoriam Eugen Täubler“, in: Aufbau Bd XIX, Nr. 35, 1954, S. 9.

61a „Maimonides. Der Mann, sein Werk und seine Wirkung“. Vortrag anläßlich der Gedenkfeier zur 750. Wiederkehr des Todestages des großen Gelehrten Moses Maimonides am 7. 7. 1954 in Düsseldorf, in: Zentralrat der Juden in Deutschland (Hg.), Düsseldorf-Benrath 1954, S. 13–30.

62 „Some Questions to the Christian Church from the Jewish Point of View“, in: G. Hedenquist (Hg.), The Church and the Jewish People, International Missionary Council, London 1954, S. 102–116.

62a „Geleitwort“ (1955) zum Buch von H. G. Adler, Theresienstadt. 1941–1945. Das Antlitz einer Zwangsgemeinschaft, in [69, S. VII].

62b Ansprache Leo Baecks auf der 9. Konferenz der Weltvereinigung für Progressives Judentum, Paris 1955, in [53, S. 52–55].

62c „Judaism: Revolution and Rebirth“ (1955), in: The Synagogue Review, November 1964, London 1964, S. 52–55.

62d Rede von Leo Baeck anläßlich der Installation der Districts-Gross-Loge Kontinental-Europa XIX in Basel am 4. September 1955, S. 3–11 (Sonderdruck).

63 „The Writing of History: Academic Adress, given on 15th June 1944, at the Community House, Theresienstadt“, in: The Synagogue Review, Journal of the Reform Synagogues of Great Britain: „Leo Baeck on Survival“, London, November 1962, S. 51–59.

63a „Von Moses Mendelssohn zu Franz Rosenzweig. Typen jüdischen Selbstverständnisses in den letzten beiden Jahrhunderten“. Franz Delitzsch-Vorlesungen gehalten am Institutum Judaicum Delitzschianum in Münster am 14. und 15. 6. 1956. Mit einem Vorwort und Worten zur Eröffnung der Franz Delitzsch-Vorlesungen 1955 von K. H. Rengstorf, Stuttgart 1958, 64 S.

63b Vorlesungen vom 16. Januar bis 9. Juli 1956 „Epochen der jüdischen Geschichte“, (Hg.) H. I. Bach, Stuttgart/Berlin/Köln/Mainz 1974.

64 „From The Last Days of the Reichsvertretung. Letters from Berlin“ (1942), in: Leo Baeck Institute Yearbook II, London 1957, S. 309–314.

65 „Wandlungen der Weltanschauung und der Parteien“ und „Das Wiederaufleben im Judentum“. Zwei Kapitel aus einem unveröffentlichten Manuskript, ausgewählt von H. Liebeschütz, in: Leo Baeck Year Book Bd. III, London 1985, S. 361–372.

65a „Judentum, Christentum und Islam“. Rede gehalten anläßlich der Studientagung der Districts-Gross-Loge Kontinental-Europa XIX in Brüssel am 22. April 1956, S. 3–19 (Sonderdruck).

Andere Quellen

66 Die Archive des Leo Baeck Institutes. Diese Archive enthalten unveröffentlichte Briefe von Leo Baeck, aus einem Zeitraum von 40 Jahren, einschließlich der Korrespondenz Baeck-Jaser (1946–1956), aus der mit Erlaubnis des Institutes einiges in diesem Buch zitiert ist, und andere unveröffentlichte Schriftstücke von Leo Baeck (siehe *[65]*).

67 Persönliche Unterhaltungen mit Leo Baeck während der Wintermonate 1950–51 und 1951–52 im Hebrew Union College-Jewish Institute of Religion, Cincinnati, Ohio.

68 Unterrichtsaufzeichnungen aus dem unter *[67]* erwähnten Zeitraum.

Sekundärliteratur: Arbeiten über Leo Baeck und von seinen Zeitgenossen

Veröffentlichte Werke

69 Adler, H. G., *Theresienstadt 1941–1945*. Das Antlitz einer Zwangsgemeinschaft. Geschichte Soziologie Psychologie, Tübingen 1955. 2. verbesserte und ergänzte Auflage, Tübingen, 1960.

70 Altmann, Alexander, „Hermann Cohens Begriff der Korrelation". In *[184a, S. 377–400]*.

71 –, „Theology in Twentieth Century German Jewry", *Leo Baeck Institute Year Book I* (London), 1956, S. 200 ff.

72 –, „Zur Auseinandersetzung mit der ‚dialektischen Theologie'", *Monatsschrift für Geschichte und Wissenschaft des Judentums,* Bd. 79 (1935), S. 345–361.

73 Alexander, Kurt, Ansprache. *Gehalten bei der Trauerfeier der American Federation of Jews from Central Europe.* New York, 9. September 1956.

74 –, „Die Reichsvertretung der deutschen Juden". In *[160, S. 76 ff.]*.

75 Bach, Hans E., „Leo Baeck (1875-1956)", *Synagogue Review* (London), Januar 1957. Neudruck 1959.

76 Bamberger, Fritz, „Leo Baeck: The Man and the Idea", *Leo Baeck Memorial Lecture No. 1.* New York, Leo Baeck Institute, 1958, ohne Seitenzahlen, deutsch in *[159]*.

76a Baron, Salo W., „Jews and Germans: A Millennial Heritage", Midstream, Januar 1967.

77 Baumann, Julius, *Neuchristentum und reale Religion.* Bonn, 1901.

77a Berkovits, Eliezer, „Judaism in the Post-Christian Era", *Judaism,* Winter 1966.

78 Bergmann, Samuel Hugo, „Das Dennoch des Glaubens" (Übersetzung des hebräischen Artikels „Leo Baeck" in *Davar,* Tel Aviv, 11. Dezember 1956). In *[59]*.

79 –, *Faith and Reason: Modern Jewish Thought,* Alfred Jospe, trans. and ed. New York, 1961. Schocken paperback, 1963.

80 –, „The Problem of Christianity in Jewish Thought", *Prozdor* (Tel Aviv), 1965. Review of Jacob Fleishman, *The Problem of Christianity in Jewish Thought from Mendelssohn to Rosenzweig* (Jerusalem, 1965).

81 Boehm, Eric H., *We Survived.* New Haven, 1949.

82 Brodnitz, Friedrich, „Die Reichsvertretung der deutschen Juden". In *[184a, S. 106 ff.]*.

83 Bollnow, O. F., *Wilhelm Dilthey: Eine Einführung in seine Philosophie,* 2. Auflage. Stuttgart, 1955. 1. Auflage, Leipzig, 1913; Seitenangaben beziehen sich auf die 1. Auflage.

84 Bonhoeffer, D., *Widerstand und Ergebung. Briefe und Aufzeichnungen aus der Haft*. München, 1952. WEN, München 1970.
85 Bousset, W., „Das Wesen des Christentums", *Theologische Rundschau*, Bd. 4, (1901), S. 89–103.
86 Brod, Max, *Heidentum – Christentum – Judentum*, 2 Bde. München, 1921.
87 Buber, Martin, *Reden über das Judentum*. Gesamtausgabe. Frankfurt am Main, 1923.
88 –, *Ich und Du. Um ein Nachwort erweiterte Neuausgabe*. Heidelberg, 1958.
89 –, *Die Stunde und die Erkenntnis, Reden und Aufsätze*, 1933–1935. Berlin 1936.
90 –, *Dialogisches Leben*. Gesammelte philosophische und pädagogische Schriften. Zürich, 1947.
91 –, *Eclipse of God*. New York, 1957.
91a –, „Der Mensch von heute und die jüdische Bibel". In *[93]*.
92 –, *Zwei Glaubensweisen*. Zürich, 1950.
93 Buber, Martin, und Rosenzweig, Franz, *Die Schrift und ihre Verdeutschung*. Berlin, 1936.
94 Cohen, Arthur A., *Martin Buber*. London, 1957.
95 –, *The Natural and the Supernatural Jew*. New York, 1962.
96 Cohen, Hermann, *Jüdische Schriften*. Veröffentlichungen der Akademie für die Wissenschaft des Judentums 1, Einleitung von Franz Rosenzweig, Bruno Strauss, ed., 3 Bde. Berlin, 1924.
97 –, *Deutschtum und Judentum*. Gießen, 1915.
98 –, *Die Religion der Vernunft aus den Quellen des Judentums*. 1918, nach dem Tod von Cohen, von seiner Frau Martha herausgegeben. 2. Auflage. Frankfurt am Main, 1929.
99 Dienemann, M., „Besprechung von L. Baeck's Das Evangelium als Urkunde der jüdischen Glaubensgeschichte". *Monatsschrift für die Geschichte und Wissenschaft des Judentums*, Bd. 82 (Neue Folge 46), 1938, S. 353 ff.
100 –, *Midraschim der Klage und des Zuspruchs*. Schocken Bücherei, Nr. 36. Berlin, 1935.
101 Dilthey, Wilhelm, *Das Erlebnis und die Dichtung*. Berlin, 1905. 12. Auflage, Göttingen, 1921.
102 –, *Das Wesen der Philosophie* (1907), *Gesammelte Schriften*, Bd. V, Berlin, 1957; S. 339–416.
103 –, *Die Biographie*, *Gesammelte Schriften*, Bd. V, 1957.
104 –, *Einleitung in die Geisteswissenschaften*. Leipzig, 1883.
105 –, *Die Entstehung der Hermaneutik*, *Gesammelte Schriften*, Bd. V, 1957.
106 Dubnow, Simon, *Weltgeschichte des jüdischen Volkes*. Berlin, 1925.
107 –, *Nationalism and History: Essays on Old and New Judaism*, trans. by Koppel Pinson, Philadelphia, 1958.
107a Fabrian, Hans Erich, „Die letzte Etappe". In *[160]*.
108 Fackenheim, Emil, „Jewish Existence and the Living God", *Commentary*, August 1959.
109 Friedman, Maurice, *Martin Buber: The Life of Dialogue*. Chicago, 1955.

110 –, „Christianity and the Contemporary Jew", in *Rediscovering Judaism*, New York, 1965, S. 240 ff.

111 Friedlander, Albert Hoschander, „The Arendt Report on Eichmann and the Jewish Community", *CCAR Journal*, Oktober 1963.

112 –, „A Final Conversation with Paul Tillich", *Reconstructionist*, 12. November 1965; erneut hg. von A. H. Friedländer, Out of the Whirlwind 1976, S. 515–521.

113 –, „Rolf Hochhuth's ‚Deputy' on the College Campus", *CCAR Journal*, Juni 1964.

114 –, „Umbra Vitae: Zum 10. Todestage Eugen Täublers", *Ruperto Carola* (Jahrbuch der Universität Heidelberg), 1963.

115 –, Einleitung zu *[8]*.

116. Freier, Recha, „Who Are the Guilty?" *Jewish Quarterly* (London), Frühjahr 1965.

117 Fritz, Kurt von, „Greek Prayer", *Review of Religion*, November 1945.

118 Geiger, Abraham, *Allgemeine Einleitung in die Wissenschaft des Judenthums*. Berlin, 1875.

119 –, *Judaism and Its History*. New York, 1865.

120 Geiger, Ludwig, *Geschichte der Juden in Berlin*. Berlin, 1871.

121 Geis, Robert Raphael, Hammelsbeck O., Simmel O. (Hg.), *Männer des Glaubens im deutschen Widerstand (Baeck, Bonhoeffer, Delp)*. München/Frankfurt, 1959, 2. Aufl. 1961, S. 11–22.

122 –, „Leo Baeck", *Frankfurter Hefte*, Jahrgang 12, Heft 1, Januar 1957.

122a Goldschmidt, F., „Der Anteil Deutscher Juden an der Gründung und Entwicklung des Ordens B'nai B'rith". In *[160]*.

123 Goldschmidt, Hermann Levin, *Die Botschaft des Judentums*. Frankfurt am Main, 1957.

124 –, *Leo Baeck Heft und Achter Jahrsbericht*. Zürich, Jüdisches Lehrhaus, September 1959.

125 –, *Das Vermächtnis des Deutschen Judentums*. Frankfurt am Main, 1957.

126 Goldstein, David, „The Jewish Spirit: Review of *This People Israel*", *Pointer* (Quarterly Journal of Union of Liberal and Progressive Synagogues). Winter 1965.

127 Glatzer, Nahum N., *Franz Rosenzweig, His Life and Thought*. New York, 1953.

128 Grünewald, Max, „Leo Baeck: Witness and Judge", *Judaism*, Herbst 1957; deutsch in *[159]*.

129 –, „Theology and History", *Leo Baeck Memorial Lecture No. 3*. New York, Leo Baeck Institute, 1960.

130 –, „The Modern Rabbi", *Leo Baeck Institute Yearbook II* (London), 1957.

131 Guttmann, Julius, *Philosophies of Judaism*. Translation by David W. Silvermann. New York, Jewish Publication Society, 1964.

132 Hahn, Hugo, „Die Gründung der Reichsvertretung". In *[184a]*.

133 Harnack, Adolf, *Das Wesen des Christenthums*. Leipzig, 1900. Seitenangaben beziehen sich auf die Ausgabe von 1913.

134 –, What is Christianity? Translation by Thomas B. Saunders. London und New York, 1901.
135 Heschel, Abraham Joshua, *Man is Not Alone*. New York, 1951.
136 –, *The Sabbath: Its Meaning for Modern Man*. New York, 1951.
137 –, *Who Is Man?* Stanford, 1965.
138 Horton, W. M., „The Development of Theological Thought", in *Twentieth Century Christianity* (neubearbeitete amerikanische Auflage), New York, 1963.
138a Italiener, Bruno, „Der Rabbiner". In *[160]*.
138b Jacob, Walter, „Leo Baeck and Christianity", *Jewish Quarterly Review*, Oktober 1965.
139 Kaplan, Mordecai M., *The Meaning of God in Modern Jewisch Religion*. New York, 1937.
140 Kaufmann, Walter, Biographical Sketch and Preface to *[28]*.
141 –, *Critique of Religion and Philosophy*, New York, 1958.
142 Klausner, Joseph, *Jesus von Nazareth*, 3. Auflage, Jerusalem, 1952.
143 Kluckhohn, P. *Die deutsche Romantik*. Leipzig, 1924.
144 Leschintzer, Adolf, „The Unknown Leo Baeck", *Commentary*, Mai 1957.
145 Liebeschütz, Hans, „Jewish Tought and its German Background", *Leo Baeck Institute Yearbook I* (London), 1956; deutsch in *[159]*.
146 –, Einleitung *[6]*.
147 Loisy, Alfred, *L'Evangèle et L'Eglise*. Paris, 1902.
148 –, *The Gospel and The Church*, 1904.
149 Losie, John P., „Biblical Religion and Ontology: Has Tillich Established a Point of Identity?" *Journal of Bible and Religion*, Juli 1965, S. 223–29.
150 Mayer, Reinhold, *Christentum und Judentum in der Schau Leo Baecks*. Stuttgart, Studia Delitzschiana, 1961.
151 Maybaum, Ignaz, *God's Face After Auschwitz*. Amsterdam, 1966.
152 Mackintosh, Hugh Ross, *Types of Modern Theology: Schleiermacher to Barth*. New York, 1958.
152a Martin, Bernard, „Paul Tillich and Judaism", *Judaism*. Frühjahr 1966.
152b –, *The Existentialist Philosophy of Paul Tillich*. New York, 1963.
153 Martin, James Alfred, Jr., *Empirical Philosophies of Religion*. New York, 1945.
154 Perles, Felix, „Was lehrt uns Harnack?" *Jüdische Skizzen*. Leipzig, 1912, S. 208–232. 1. Auflage 1902.
155 Petuchowski, Jakob, J., „Faith as the Leap of Action", *Commentary*, Mai 1958.
156 –, in *Rediscovering Judaism*, Chicago, 1965, S. 35 ff.
157 Przywara, Erich, S. J., *Ringen der Gegenwart*, Gesammelte Aufsätze, Bd. II, Augsburg, 1929.
157a –, *Gott*. München, 1926.
158 Reichmann, Eva G., „Symbol of German Jewry", *Leo Baeck Institute Yearbook II* (London), 1957.

159 –, ed., *Worte des Gedenkens für Leo Baeck.* Heidelberg, 1959.
160 –, *Festschrift zum 80. Geburtstag von Leo Baeck am 23. Mai 1953.* London, 1953.
161 Rengstorf, K. H., „Leo Baeck als Theologe und im theologischen Gespräch". In *[159].*
162 Rosenzweig, Franz, *Der Stern der Erlösung* (1921), 3. Auflage, Heidelberg, 1954.
163 –, *Kleinere Schriften.* Berlin, 1937.
Babsch
164 –, *Understanding the Sick and the Healthy,* New York, 1953.
165 –, Einleitung zu *[96].*
165a Schleiermacher, Friedrich, *Über die Religion, Reden an die Gebildeten unter ihren Verächtern,* anonym 1799, später umgearbeitet; neu 1961.
166 Schmitt, Carl, *Politische Romantik* (1922), 2. Auflage, München und Leipzig, 1925.
167 –, *Staatsgefüge und Zusammenbruch des zweiten Reiches.* Hamburg, 1934.
168 –, *Verfassungsrechtliche Aufsätze.* Berlin, 1958.
169 Schoeps, Hans Joachim, *The Jewish Christian Argument.* New York, 1963.
170 Scholem, Gershom G., *Major Trends in Jewish Mysticism.* New York, 1946.
171 –, „Wider den Mythos vom Deutsch-Jüdischen Gespräch", *Bulletin of Leo Baeck Institute, Nr. 27,* 1964.
172 –, „Zur Literatur der letzten Kabbalisten in Deutschland". In *[184a].*
173 –, „Martin Buber's Hasidism: A Critique", *Commentary,* Oktober 1961.
174 Schwarzschild, Steven, „To Recast Rationalism", *Judaism.* Sommer 1962.
175 –, *Franz Rosenzweig. Guide for Reversioners,* London, Education Committee of Hillel Committee, undated.
176 –, „The Democratic Socialism of Hermann Cohen", *Hebrew Union College Annual,* Bd. XXVII (1956).
177 Simon, Ernst, *Aufbau im Untergang.* Tübingen, 1959.
178 –, „Geheimnis und Gebot. Zu Leo Baecks 75. Geburtstag", *Aufbau,* 21. Mai 1948, in: E. Simon, Brücken, Ges. Aufs., Heidelberg 1965, S. 385–392.
179 –, *Brücken: Gesammelte Aufsätze.* Heidelberg, 1965.
179a –, The Jew as God's Witness to the World", *Judaism,* Sommer 1966.
180 Strack, Hermann L., *Einleitung in Talmud und Midrash,* 5. Auflage, München, 1921.
181 Strauss, Leo, *Spinoza's Critique of Religion.* New York, 1965.
182 Strich, Fritz, *Deutsche Klassik und Romantik* (1922). 4. Auflage. Bern, 1949.
183 Tillich, Paul, *Die Judenfrage, ein christliches und ein deutsches Problem.* Vier Vorträge, gehalten an der Deutschen Hochschule für Politik, Berlin, 1953.
184 Täubler, Eugen, „Heimat". In *[160].*
184a Tramer, Hans, ed., *In Zwei Welten.* Tel Aviv, 1962.

185 Troeltsch, E., „Was heißt ‚Wesen des Christentums'?" (1903), in *Gesammelte Schriften*, Bd. II. Berlin, 1913.
186 Weltsch, Robert, „Trag ihn mit Stolz, den gelben Fleck!" *Jüdische Rundschau* (Berlin), Bd. IV, Nr. 4 (1933).
187 Weltsch, Robert, ed., *Leo Baeck Institute Yearbooks*. London, 1956–1966. Diese Jahrbücher sind eine Primärquelle für die deutsch-jüdische Geschichte.
188 Wilhelm, Kurt, „Der Zionistische Rabbiner". In *[184a]*.
189 –, „Leo Baeck and Jewish Mysticism", *Judaism*, Frühjahr 1962, S. 123–131.
190 –, *Das Erbe des deutschen Judentums*, 1957.
191 Wiener, Max, *Abraham Geiger and Liberal Judaism*. Philadelphia, 1962.
192 Wiener, Theodore, *The Writings of Leo Baeck, a Bibliography (Studies in Bibliography and Booklore*, Bd. I, Nr. 3). Cincinnati, 1954. Dies ist eine beinahe vollständige Bibliographie der Baeck'schen Schriften bis 1954.
193 Wittenberg, Martin, *Jüdische Existenz nach Leo Baeck*. Neudettelsau, 1955.
194 Wolf, Arnold J., „Leo Baeck's Critique of Christianity", *Judaism*. Frühjahr 1963, S. 190–194.
195 Wolf, Arnold J. (ed.), *Rediscovering Judaism*. New York, 1965.
196 Wolfsberg, Oscar (Jeschajahu Aviad-Wolfsberg), „Zu Leo Baecks Gedächtnis". In *[159]*.
197 van der Zyl, W., „Memorial Tribute", *In Memoriam Leo Baeck*. London, 1957.

Andere Quellen

198 Persönliches Interview mit Professor Abraham J. Heschel, Jewish Theological Seminary, New York City, 17. Dezember 1965.
199 –, mit Dr. Max Kreutzberger, Leo Baeck Institute, New York City, mehrmals 1964, 1965, 1966.
200 –, mit Professor Ernst Simon, Hebrew University; in New York City, 23. Dezember 1965; 27. Dezember 1965.
201 –, mit Professor Paul Tillich in Easthampton, Long Island, 14. August 1965; siehe *[112]*.
202 –, mit Professor Hannah Arendt, New York City, 7. Januar 1966.
203 Unveröffentlichtes Material von Dr. Alfred Jospe, National B'nai B'rith Hillel, Washington, D. C.

Register